北京师范大学史学探索丛书

陈其泰史学萃编

史学与中国文化传统

◎陈其泰 著

华夏出版社

图书在版编目（CIP）数据

史学与中国文化传统 / 陈其泰著 . —— 北京：华夏出版社，2018.1
（陈其泰史学萃编）
ISBN 978-7-5080-9367-3

Ⅰ．①史… Ⅱ．①陈… Ⅲ．①史学史 – 研究 – 中国 Ⅳ．① K092

中国版本图书馆 CIP 数据核字 (2017) 第 288420 号

陈其泰史学萃编·史学与中国文化传统

著　者	陈其泰
责任编辑	杜晓宇　董秀娟　王　敏
责任印制	汪　军　周　然

出版发行	华夏出版社
经　销	新华书店
印　装	三河市万龙印装有限公司
版　次	2018 年 1 月北京第 1 版 2018 年 3 月北京第 1 次印刷
开　本	720×1030　1/16 开
印　张	27
字　数	372 千字
定　价	76.00 元

华夏出版社　地址：北京市东直门外香河园北里 4 号　邮编：100028
　　　　　　　网址：www.hxph.com.cn　电话：（010）64663331（转）
若发现本版图书有印装质量问题，请与我社营销中心联系调换。

陈其泰　广东丰顺人，1939年出生。1963年毕业于中山大学历史系。现为北京师范大学历史学院教授、博士生导师，山东大学兼职教授，全国哲学社会科学规划学科组成员，享受国务院政府特殊津贴专家。主要著作有：《陈其泰史学萃编》（九卷）、《中国史学史·近代卷》、《从文化视角研究史学》、《历史学新视野——展现民族文化非凡创造力》。主编《20世纪中国历史考证学研究》及《中国马克思主义史学的理论成就》，分获北京市第九届、第十一届哲学社会科学优秀成果二等奖、一等奖。发表论文、文章约三百篇。

就读于中山大学 / 1960 年

与白寿彝先生合影 / 1985 年

《北京师范大学史学探索丛书》
编辑委员会

顾　问　刘家和　瞿林东　郑师渠　晁福林
主　任　杨共乐
副主任　李　帆　易　宁
委　员（按姓氏笔画排序）
　　　　　　宁　欣　刘林海　安　然　张　升
　　　　　　张　皓　张　越　张荣强　张　建
　　　　　　吴　琼　周文玖　罗新慧　郑　林
　　　　　　庞冠群　侯树栋　姜海军　郭家宏
　　　　　　耿向东　董立河

出版缘起

在北京师范大学的百余年发展历程中，历史学科始终占有重要地位。经过几代人的不懈努力，今天的北师大历史学院业已成为史学研究的重要基地，是国家"211"和"985"工程重点建设单位，首批博士学位一级学科授予权单位。拥有国家重点学科、博士后流动站、教育部人文社会科学重点研究基地等一系列学术平台，综合实力居全国高校历史学科前列，被列入国家一流大学、一流学科建设行列，正在向世界一流学科迈进。在教学方面，历史学院的课程改革、教材编纂、教书育人，都取得了显著的成绩，曾荣获国家教学改革成果一等奖。在科学研究方面，同样取得了令人瞩目的成就，在出版了由白寿彝教授任总主编、被学术界誉为"20世纪中国史学的压轴之作"的多卷本《中国通史》后，一批底蕴深厚、质量高超的学术论著相继问世，如十卷本《中国文化发展史》、二十卷本《中国古代社会与政治研究丛书》、三卷本《清代理学史》、五卷本《历史文化认同与统一多民族国家的发展》、二十三卷本《陈垣全集》以及《历史视野下的中华民族精神》、《上博简〈诗论〉研究》等巨著，这些著作皆声誉卓著，在学界产生较大影响，得到同行普遍好评。

上述著作外，历史学院的教师们潜心学术，以探索精神攻关，又陆续完成了众多具有原创性的成果，在历史学各分支学科的研究上连创佳绩，始终处在学科前沿。为了集中展示历史学院的这些探索性成果，我们组织了这套"北京师范大学史学探索丛书"，希冀在促进北师大历史学科更好发展的同时，为学术界和全社会贡献一批真正立得住的学术力作。这些作品或为专题著作，或为论文结集，但内在的探索精神始终如一。

当然，作为探索丛书，不成熟乃至疏漏之处在所难免，还望学界同仁不吝赐教。

北京师范大学历史学院
北京师范大学史学理论与史学史研究中心
北京师范大学史学探索丛书编辑委员会

自　序

我于1939年农历十月十九日出生在粤东韩江边的一个小镇。我的外祖父是清末秀才，曾担任本地一所小学的校长，母亲于20世纪30年代初在粤东著名的韩山师范学校就读，后来辍学出嫁到陈家，我舅舅是镇上中心小学的教师。我在少年时代经常随母亲到江对岸十几里地外的外祖父家，最有兴趣的一件事情，是读舅舅房间小楼上保存得很完整的《小朋友》《东方杂志》等书刊。我的父亲和叔叔也都上过中学，家里有一个小书橱，记得书架上摆有《辞源》，鲁迅、周作人、孙伏园的散文著作集，《三国演义》和中国地图、世界地图等书，因年龄小读不懂鲁迅的文章，而《三国演义》则很有吸引力，在家里曾经如饥似渴地读过。我母亲平日也常将她学习过的古诗和散文名篇给我背诵、讲解。因此，我从小就培养了阅读的兴趣，以后上初中、高中至大学，都喜欢在课余阅读文学作品和各种报章杂志，从中吸取知识和思想营养。

我的初中、高中阶段更有许多值得回忆的地方。1951年，我考入家乡的球山中学。在我就读的三年中，担任校长、教导主任的都是教育界的精英，又恰好学校从汕头、潮州聘来一批有学识、有新的观念和作风、热爱教育事业的青年教师，课程开设齐全，采用新的"五分制"，老师认真改进教学方法，重视课堂上师生互动，提高教学效果，体育课也上得新颖、活泼，活动多样，总之整个学校呈现出蓬勃向上的景象。1954年我考入丰顺中学读高中，学校设在县城，是县里的重点中学。这里不仅学校规模更大，环境更优美，更重要的是许多任课老师讲课都很精彩，每天引导我们在知识的海洋中畅游。县城离家乡山路一百里，我们这些来自球山中学的学生只有放寒假、暑假才回家，平时每个星期天上午都坐在教室里安静地做作业，或预习，下午则到操场锻炼身体，整理内务，生活过得很充实、愉快。在校也不是死读书，学校重视社会实践和参加生产，安排学生上山植树、挖水渠，参加附近乡村的生产劳动和抗旱，我虽然个子小，视力不好，但也能在烈日下蹬水车，蹬几个小时车水抗旱，干得劲头十足。从1951年上初中到1957年9月考入大学，这六年时间，正是新中国成立后国家蒸蒸日上、社会风气良好的时期，我在老师指导下专心地读书，广泛地吸收知识，并且接触了一些社会实践。这是一段极其珍贵的岁月，使我以系统、坚实的各学科知识和奋发向上的社会理想武装了头脑，这对于我的人生道路和学术历程是极其重要的。在许多年之后，我的《史学与民族精神》出版，有一位作者在书评中说，"阅读本书能强烈地感受到著者论述诸多史家史著和文化传统时所怀有的昂扬、饱满的热情"。我以为这话讲出了书中的一个特点，而它恰恰是我在中学时代这一关键时期形成的世界观、价值观奠定的。

在中学阶段，我的文科、理科成绩都属优良，喜欢钻研数学、物理问题，记得高一《物理学》课本后面有约三百六十道总复习题，有的题很有难度，我利用假期大部分都做完了。当时对历史课兴趣一般，对地理却很有兴味，家中那两本《中国地图》《世界地图》是彩色大开本，虽是解放前出版的，却印制精美，又采用了一些很直观的显示方法，如"世界十大河流"，按比例并排地宛延画出每条河流从发源地流到海洋的示意图,依照当时测量的长度顺序为:密西西比河、尼罗河、亚马逊河、长江、多瑙河、黄河……并在地图边整齐地标出公里数,使读者一目了然,印象深刻难忘。我常常双手捧着"读"地图,一遍遍阅读、记忆图中城市、铁路、地形、河流、山脉、海岸线、港口、湖泊、名胜、沙漠、国界、省界、洲界等等,读得津津有味,许多知识历久而不忘。到了高中二年级时,我面临着高考选择什么志愿的问题。记得是和同学散步时一起议论,问到我报考什么时,我脱口而出:"我当然报理工科。"立即有一位同学表示十分惊异,说:"你怎么不报文科?你如果报理工科,考上名牌大学不一定有把握,如果报文科,就准能考上。"同学的话引起我的一番思索,我倒并不同样认为考文科定能考上最好的学校,而是考虑到自己先天性近视,报考理工科有许多限制;那就报文科吧!就这样,也没有请教过老师或其他长辈,报考文科的事情便这样决定了。到高三临近填报高考志愿时,班主任何方老师找我谈话,他是优秀数学老师,表示为我未报考理工科感到遗憾,建议我在志愿表中加填哲学系,说如学哲学,数理知识能有用处。事后多年回想起来,虽然我后来走上学习历史学科的道路,未能直接用上数、理学科知识,但是,在老师教育下长期下功夫学习数学、物理、化学、生物学等学科知识,长期地训练逻辑思维与严谨、严肃的治学态度和方法,对于以后在历史学领域的发展,仍然是十分重要的。

1957年高考,我幸运地考上中山大学历史系。这一年正赶上大学招生的"低谷",因为上一年,全国"向科学进军",大学扩大招生,到这一年就赶上调整压缩,全国只招生10.7万人,录取率为40%。丰顺中学由于师生奋发努力,成绩良好,录取率超过60%,且有不少学生考上全国著名大学,我的母校因而一下子在粤东出了名。考上中山大学,当然是我学习的新起点。踏进美丽的康乐园,见到一座座古典式建筑的教学楼,藏书丰富的图书馆，宽敞的操场……这里一切都是那么新鲜！特别是，历史学系拥有一批全国著名的教授，陈寅恪、岑仲勉、刘节、梁方仲、戴裔煊、董家遵、金应熙，还有当时比较年轻的李锦全、蔡鸿生等先生，他们有的亲自为我们授课，有的虽未授课却能读到他们的著作或耳闻师生对其为人为学的讲述，让青年学子感受到他们的学术风范。我就在这样优越的环境中认真读书，吮吸着智慧的甘露。

在中大，对我影响最大的是著名史学家刘节教授。他于1928年毕业于清华大学国学研究院，师从梁启超、王国维、陈寅恪先生研习古代史。曾任国立北平图书馆金石部主任，自1946年起长期在中山大学任教授（1950至1954年兼任系主任）。他于1927年撰成的《洪范疏证》是学术界首次对《尚书·洪范》篇撰成年代进行系统、严密考证的名文，梁启超曾称赞文中提出的见解"皆经科学方法研究之结果，可谓空前一大发明"。其后撰著的《好大王碑考释》《管子中所见之宋钘一派学说》均受到学界的重视。新中国成立后，刘先生曾撰有《西周社会性质》等多篇文章，主张西周已进入封建社会，并论述由低级奴隶社会向封建制度的过渡、社会发展的不平衡性与一贯性等带规律性问题。他多年开设史料学和史学史课程，著有《中国史学史稿》，对于历代修史制度、史籍之宏富多样和著名史家的成就均有详实的论述，见解独到，尤其重视历史哲学的发展，是中国史学史学科重要代表作之一，著名史学家白寿彝先生称誉该书和金毓黻先生所著《中国史学史》"同为必传之作"。我在校即听了刘节先生开设的"历史文选"课程，对他渊博的学识和认真教学的态度深感敬佩。后来先生为研究生讲授《左传》，也让我去听讲。1963年初，全国第一次统一招考研究生，我即选择了刘先生的"中国史学史"为报考志愿。大约至5月初，正值等待录取消息的时刻，有一次恰好在路上遇到刘先生，那时他是校务委员会委员，高兴地对我说：你已被录取，校务委员会已经讨论批准，报教育部备案,你可准备下学期初开学要用的书籍。当时我们都绝未料到,一场批判刘节先生的风暴即将刮起,后来发生的一切就都完全事与愿违。虽然自毕业离校后我再无机会见到刘节先生,但我今日从事的专业,渊源则始自大学时代受业于先生,师恩难忘。

1963年7月由中山大学毕业,我被分配到河南省工作,一直担任高中语文教师,至1978年。虽然在基层工作与科研机构差别很大,但我认真从事,十五年下来,自觉在对中国优良文化传统的认识,对古今名著名篇的钻研阐释,对语言文字的精心推敲运用等项,都有颇为深刻的体会,实也为此后学术研究之一助。粉碎"四人帮"之后,我国历史进入新时期,1978年全国恢复统一招考研究生,我有幸考取了白寿彝教授指导的"中国史学史专业"研究生,真正实现了大学时代从事本专业的梦想。

这时,正值全国拨乱反正、解放思想的年代,举国上下意气昂扬、千帆竞发,彻底批判极左路线、砸烂思想枷锁,呼唤科学的春天、重视知识重视人才,成为不可阻挡的时代洪流。我深深庆幸自己赶上了这个伟大的时代,庆幸投到名师门下受业深造。白寿彝先生在多个学科领域均深有造诣,他又担任全国人大常委、中国史学会主席团成员、中国社会科学院历史民族宗教三个研究所学术委员等多项职务,而他的主要精力则放在学术工作上,尤其专注于主编多卷本《中国通史》和推动中国史学史学科建设。其时先生已届七旬,但他不知老之将至,相反地是迎来他学术上最辉煌的时期,许多重要著作,正是在他人生道路最后二十年中完成的。他热爱伟大祖国的历史文化,同时他坚持以与时俱进、不断发展的马克思主义来指导学术研究和各项工作。"在唯物史观指导下从事新的理论创造"这句掷地有声的话,精当地概括了白寿彝先生的学术宗旨。他真正做到了把认识和总结客观的历史、体现当今的时代要求、关心国家和民族的未来三者有机地统一起来。他几十年的著述,则是把坚持正确的理论方向、丰富详实可靠的史料、恰当优美、雅俗共赏的表现形式三者有机地统一起来。

　　白先生担任总主编、汇集国内众多学者共同完成的多卷本《中国通史》（共十二卷，二十二巨册，总字数约一千四百万），于 1999 年由上海人民出版社全部出版，被学术界誉为"20 世纪中国史学压轴之作"。白先生又是中国史学史学科的重要奠基者和开拓者。他在这一领域辛勤耕耘达半个多世纪，出版有一系列重要著作，如：《史记新论》、《史学史教本初稿》（上册）、《历史教育与史学遗产》、《中国史学史论集》、《白寿彝史学论集》、《中国史学史》（第一册），并主编了《史学概论》、《中国史学史教本》、多卷本《中国史学史》等。他提出了许多精辟的论点和推进学科建设的构想，如，于 50 年代提出史学史研究要摆脱书目解题式格局，至 80 年代初进而提出要突破学术专史的局限，要总结史学如何反映了时代的特点和成功史书撰成之后又如何推动时代前进；论述研究史学史应区分精华与糟粕，传统史学是一笔宝贵遗产，应当根据时代的需要，大力继承和发扬；对于史著或一个时期的史学成就，应从历史思想、史料学、历史编纂学和历史文学四个方面来分析评价。又如，论述古代史家提出的问题可以作为今人观察历史与社会的思想资料；论述不应以凝固不变或互相孤立的观点看待古代几种主要史书体裁，而应看到其发展和互相联系，要从传统史学提出的改革历史编纂的主张获得启示，并设想以"新综合体"来撰写通史或断代史。事实证明，白先生提出的这些重要观点和命题，对于推进史学史研究均有指导性意义。先生领我走进学术殿堂，我研究生毕业后，即留在北京师范大学历史学院任教，前后跟随先生达二十一年，时时聆听教诲，使我受益终生。

　　我在研究生阶段除完成学位论文《论魏源的爱国主义史学著述》外，还撰写有《司马迁经济思想的进步性》《龚自珍的社会历史观》《史书体裁应有创新》《中国古代史学史分期问题》等论文。以后在教学与科研工作中，逐步确立了以先秦两汉史学、清代及近代学术史、20世纪中国史学等作为研究的重点。我念研究生时已三十九岁,深感时间珍贵,时不我待,因而认真读书、写作。先后出版的著作有十一种,主编的著作二种,另有合著三种。进入80年代以后,学术界出现前所未有的思想活跃局面,一方面是大胆破除旧的思想束缚,勇于探索和创新,另一方面,又出现不同观点的交锋和碰撞。我认为,置身于这样的环境实属难得,使我能够从多方面吸收思想营养,也启发我思考:在各种主张纷至沓来的时候,应当坚持正确观点,大力弘扬先辈们的优秀学术遗产,同时要防止和克服消极的倾向。只有这样,经过大家努力,才能不断创造学术发展的大好局面。在科研和教学工作中,我坚持两项基本指导思想。第一,史学史研究应当以发掘、阐释优良遗产为主;对于传统学术的精华,要根据时代需要加以改造和大力弘扬。第二,要充分占有材料,遵循"实事求是"的原则,严谨治学。既重视材料的发掘,又要重视理论的分析。"充分占有材料"应当包含三层意思:一是研究问题务必尽可能完备地搜集材料,通过发现新材料提出新见解;二是对材料要深入分析,去伪存真,去粗取精;三是尤应重视典型材料的价值,提供有力的论证依据。创新不是故意标新立异,不是为了取得轰动效应。尊重前人的成果,以之作为出发点,根据自己发掘的新材料,认真地进行广泛联系、上下贯通、客观辩证的分析,从而得出证据确凿、经得起时间考验的新见解,这才是学术创新的大道。

为了推进学术研究和中国史学史学科建设,我们应当着力探讨中国史学演进中带有关键性的问题,要努力总结和阐释那些显示出中国史学的民族特色,彰显民族文化伟大创造力,具有当代价值,具有中西融通学理意义的内容、思想、命题、方法,以展示传统史学和近现代史学的成就和独具魅力,促进中国学术向世界的传播。这是中国学人的时代责任。围绕这些问题,遵循这一思路,我鼓励自己深入探索,并力求作出新概括、新表述。举例来说，有以下八项。

（一）从文化视角研究史学

中国古代史学高度发达，但以往对史家、史著的研究，却容易局限于单科性的局部范围之内。因此，应当跳出这种局限，转换角度，"从文化视角研究史学"。即是说：认识历史学的发展与文化学和其他学科有多向性的联系，它跟一个时代的文化走向、社会思潮有紧密联系，不可分割。因此，研究者应当跳出单科性研究的局限，将"史学"与"文化"作互动考察。即：探究和评价一部优秀的史著，应当与它所产生的时代之社会生活、民族心理、文化思潮、价值观念等结合起来，从而更恰当地揭示出这部优秀史著的思想价值，捉住书中跳动的时代脉搏。同时，"史学"与"文化"互动考察，又能通过更加准确评价优秀史家、史著的成就，增加我们对中国优秀文化传统丰富蕴涵的了解，更加深刻地认识中华文化的向心力、凝聚力和伟大创造力，提高民族自信心。我所著《史学与中国文化传统》《史学与民族精神》《再建丰碑》《学术史沉思录》等书，对于《史记》《汉书》《史通》《文史通义》，以及《春秋》《左传》《日知录》，乾嘉考史三大家钱大昕、王鸣盛、赵翼及龚自珍、魏源、崔述等名著、名家，都力求提出新的看法，作出新的阐释。

（二）深入探索，揭示出史学演进的纵向联系和时代的特点

史学史作为一门专史，对它的研究应当将深度开掘与纵向考察二者相结合。前者是指对一部名著或一个时期的史学成就，应当从著述内容、编纂形式、同时代人的学术交往、史著与社会思潮的互动等项作深入的分析；后者是指应将史著置于史学长河的演进作纵向考察，探讨它对前代学术的承受、对后代的影响，它解决了史学演进中的什么问题而构成了新的学术高峰。还需注意对学术界曾经提出过的一些看法作出回应，或赞成、引申，或解疑、辩难，通过学术争鸣，以推进真知。如《史记》，之所以被赞誉为"史家之绝唱""传统史学之楷模"，这除了司马迁本人具

有雄奇的创造力以外,又决定于他对先秦各家学说精华的大力吸收,和对汉初多元文化格局的自觉继承。汉初思想家陆贾、贾谊、晁错等人吸收秦亡教训,谴责秦的文化专制政策,他们勇于提出自己的思想主张,同时重视吸收各家之长。如陆贾重视儒家"仁义"学说,又吸收道家、法家思想。司马谈《论六家要旨》总结各家学说,有肯定,也有批评,成为司马迁的重要学术渊源。汉初学术的多元化局面,是先秦百家争鸣的继响,是对秦朝文化专制政策的巨大超越,因而成为司马迁社会思想成长的肥沃土壤。当时,封建制度处于上升时期,具有蓬勃的活力,国家的空前统一,都为他的著述提供了极好的时代机遇,因而勇于提出"成一家之言"的目标,形成自由表达思想的高尚志趣。还有,以往有的哲学史教科书评价司马迁的思想倾向是"崇道抑儒",实际上,我们结合司马迁生活的时代,却能从书中举出大量证据,证明他高度评价"六经"对于治理国家的作用,以"继《春秋》"自任,书中评价人物和历史事件的标准均大量地以孔子的论断作为依据,其《孔子世家》系对孔子在文化史上的崇高地位作了全面的论述。所以梁启超称他是西汉时代独一无二的大儒。当然司马迁又善于吸收各家学说之所长,有拥抱全民族文化的宽广胸怀,他对道家的智慧和哲理也重视采纳。

再如《汉书》,本来历史上长期《史》《汉》并举,但是在一段时间内,《汉书》的评价却处于低谷。其中一个重要原因,是一度盛行"对立面斗争"的思维定势的影响,要肯定《史记》的杰出成就,称它是"异端"思想的代表,就要拿《汉书》作为陪衬,贬低它是"正宗"思想的典型。这与史学发展的实际情形大相径庭,需要结合中国史学的纵向发展与班固所处的时代环境作深入分析,重新评价《汉书》的历史地位。《史记》著成之后,成就卓异,人们仰慕不已,此后一百余年间只能"续作",写出若干零篇。这些续作者自褚少孙以下有十余人,所做的工作自觉不自觉地置于司马迁巨大成就的笼罩之下。他们并未意识到需要构建新的史学体系，而这个问题不解决，则"保存历史记载长期连续"的目的便会落空。试看，这些"续作"之大部分都已湮灭无闻，就是明证。班固既继承了司马迁的纪传体结构，同时又认识到"大汉当可独立一史"，因而"断汉为史"。在内容上提供了时代所需要的历史教材，在构史体系上取得了重大突破，推动中国史学向前跨进一大步。以前，有的研究者对班固"宣汉"大加批评，认为是对封建皇朝唱赞歌。其实，与班固同时代的大思想家王充著《论衡》一书，内容有《宣汉》《恢国》《超奇》《齐世》等篇，都是记述和赞美汉朝比前代的进步。他并且尖锐地批评当时俗儒"好褒古而贬今"，因为他们生下来读的就是颂扬三代的书，"朝夕讲习，不见汉书，谓汉劣不若"，所以识古不识今。我们联系王充的大量论述，正可证明：班固是以其成功的史学实践回答了时代的需要。在历史编纂上，起自高祖，终于王莽，这一断代史格局正与以后历代皇朝周期性更迭相适应，所以被称为后世修史者"不祧之宗"，历两千年沿用不改。进而再深入探析《汉书》的内容，有大量史实证明，班固发扬了司马迁的实录精神，"不为汉讳"；在对汉初历史变局和藩国由猖獗到废灭等历史问题的阐述上，具有唯物主义的因素；有一定的人民性，尤其是对封建刑律的残酷作了深刻揭露；十志则在反映封建国家政治职能上提供了丰富的材料和很有价值的看法。简要言之，我们结合纵向和横向考察，可以雄辩地得出结论：《汉书》是一部适应时代需要的、继《史记》而起的巨著，在史学发展上无疑应占有崇高的地位。由于《汉书》的成功，自东汉至唐六百年间形成了一门发达的"汉书学"。

（三）对"经"与"史"作贯通考察，拓展史学史学科的研究领域

经史关系对史学研究有重要的意义。"六经"是中国文化的源头，是古代先民智慧的结晶。其中包含着关于自然、社会以及人类思维活动的现象和规律之深刻观察和概括，影响极其深远，

构成了中华民族的文化基因。"六经"在长期封建社会中处于独尊地位,成为政治指导思想和学术指导思想,因此,重视考察各个时代的经史关系,是深化史学史研究和拓展学术探索范围的关键之一。《春秋公羊传》即与史学的长期发展关系很大,它是儒家经典之一部,又是解释《春秋经》的三传之一,在西汉和晚清时期曾两度大盛于世,但因时过境迁,当代许多人都对它感到陌生。公羊学说既有深刻的政治智慧和精微的哲理,又包含有隐晦芜杂甚至怪异神秘的内容。研究这套学说,就特别需要思辨的智慧和剥离剔别的能力,才能于"荒诞丛中觅取最胜义"。公羊学说的源头,在于《春秋》之"义",而《公羊传》对《春秋》大义的解释,便构成公羊学说具有活跃生机的内核。再经过汉代董仲舒和何休的大力推演,更成为有体系的学说,以专讲"微言大义"而在儒家经典中独具特色。我在以上分析的基础上,归纳、提炼出公羊学体系的三大特征:一是政治性。主张"大一统",倡导适应时代需要而"改制","拨乱反正","为后王制法",阐发经义以谴责暴君贼臣,关心民族关系。二是变易性。提出一套含义深刻的变易历史观,强调古今社会和制度都在变,变革是历史的普遍法则,时代越来越进步。三是解释性,或称可比附性。其优点是善于解释,在阐发经书"微言大义"的名义下,为容纳新思想提供合法的形式。但大胆解释又容易造成穿凿武断,随意比附,这又是明显的弊病。清中叶以后,研治春秋公羊学的学者甚众,有庄存与、孔广森,至晚清夏曾佑、皮锡瑞等十余家,写出风格多样的著作,经过深入探究、辨析,我们能够准确地把握住其演进脉络和本质特征。晚清公羊学说的展开,恰与清朝统治危机相激荡,又与新思想的传播相伴随、相呼应。它环环相扣,符合逻辑地有序展开,由庄存与揭起复兴序幕,至刘逢禄张大旗帜,至龚自珍、魏源改造发展,至达到极盛,成为近代维新派领袖康有为倡导变法维新的理论武器。戊戌前后,好学深思之士,都喜谈《公羊》。至20世纪初年,公羊学说在政治上的作用,随着变法失败而告终结，但在思想文化层面，它却成为中国学者接受西方进化论学说的思想基础，并且是五四前后兴起的"古史辨"派学术源头之一。这些足以证明，绅绎春秋学说，对于深化先秦、西汉史学的研究和清代、近代学术史的研究，确实裨益甚大。

（四）重视比较研究

比较研究的主要功能在于，它能够推进我们的认识能力，开阔我们的视野，使我们对研究对象的认识更加准确、更加深刻。事物的特点和意义是相比较而存在的，而且由于适当的比较而相得益彰。马克思研究资本主义的生产、交换、流通的特点，就不仅研究它们本身，还以之与前资本主义的生产方式相比较，与资本主义生产关系发展程度不高的国家作比较。比较不同时期的史学名著，就可以广泛地考察两者之间联系、继承、发展的各个侧面，更加清楚地认识其不同特点，以及各自在史学发展史上的地位，促使我们的认识更趋深化和更加正确。

如，《史通》和《文史通义》这两部名著被称为"古代史评双璧"，但是章学诚本人却曾经强调二者的相异，在其一封家书中说："自信发凡起例，多为后世开山，而人乃拟吾于刘知幾。不知刘言史法，吾言史意；刘言馆局纂修，吾议一家著述。截然两途，不相入也。"但我们通过认真的比较研究，却的确能够深刻地认识这两部名著的共同性：刘、章二人都重视总结史学演进的经验和教训，以理论的创新推进著史实践的发展；二人都具有强烈的批判意识，都有独到的哲学思想作指导，重"独断"之学，重"别识心裁"。通过比较研究而认识这两部书的共同性，对于史学史研究意义甚大，证明刘知幾和章学诚都重视历史体裁创新，凸显出中国史学有重视理论总结的优良传统，以之指导史学实践。这就更加彰显中国传统文化的独特魅力！通过比较研究，我们又能认识到两部著作的差异性，由此更深刻地把握唐代与清代史学面临的不同特点和刘、章二位著名史家不同的学术个性:刘知幾处在断代史正史纂修的高峰期,他承担的主要使命是总结以往、提出著述的范式,他提出的范畴、命题内涵丰富,且颇具体系性。章学诚则处于正史末流在编纂上陷于困境阶段,其主要任务是开出新路。他洞察当时史识、史学、史才都成为史例的奴隶之严重积弊,又发现晚出的纪事本末体因事命篇的优点正是救治之良方,因此主张大力改造纪传体,创立新的体裁,其论述具有深刻的哲理性和明显的超前性。

又如,魏源完成于鸦片战争时期的《海国图志》和黄遵宪于甲午战争前撰成的《日本国志》同为近代史学两部名著。《海国图志》第二次增订本为一百卷,全书包括论(《筹海篇》一至四)、图(各国沿革图)、志(《志东南洋海岸各国》《志大西洋欧罗巴各国》等)、表(《中国西洋纪年表》等)。《日本国志》全书共四十卷,分为十篇"志"(国统、邻交、地理、职官、食货等)。假如从表象看问题,《海国图志》介绍外国史地知识包括了亚、欧、美、非各大洲,而《日本国志》只专记日本一国,两书范围之广狭相去甚远,似乎不适于比较。其实,这是由于未能达到对两部史书深层认识的原故。我们试就两书的背景、观点、内容、影响作逐层比较,即可以认识:两部史书具有相同的主题,都不愧为近代向西方寻找真理的里程碑式的著作。这两部书的编纂内容和体裁的共同特点,是创造性地运用典志体以容纳具有时代意义的新鲜内容。作为谙熟史书体裁特性和感觉敏锐的学者,魏源和黄遵宪都采取改造了的典志体来撰写史著。他们充分地发挥了传统典志体所具有的两大长处。一是它适合于反映社会史的丰富内容。典志体可以包容各种典章制度、天文、地理、民族、经济、物产、军事、外交、学术文化等。每一部分既可反映社会史的一个侧面,同时又可储备各种知识。在近代,迫切需要了解外国的历史、地理、制度文化,典志体史书正适合囊括这些内容。二是具有灵活性。这种体裁没有固定的框框,可根据需要调整,可以灵活变通。通过比较,我们能够进一步认识近代史学发展的阶段特点。在近代史开端，反侵略的需要十分迫切；到了19世纪后期，则进而要求学习西方的制度文化。处在近代史开端时期的进步史家向往资本主义的民主制度，但认识比较肤浅；到19世纪后期，这种认识则要深刻得多。在历史编纂上，《海国图志》和《日本国志》有共同的特点，但后者的编撰技术更加成熟了。

（五）探讨传统史学向近代史学转变的途径，阐发其理论意义

"传统史学"一词，大体上是指鸦片战争以前在中国文化自身环境中演进的、原有的史学。至鸦片战争后，则进入近代史学时期；而"近代史学"的正式产生，应以20世纪初梁启超发表《新史学》，以及在此前后出版的新型学术史和通史著作，为其标志。"传统史学"与"近代史学"基本格局迥异，近代史学无论在历史观念、治史内容等方面都有极其鲜明的时代色彩。由此之故，对于"传统史学是如何向近代史学转变的?"这一问题，研究者的看法很有分歧。我国历史进入改革开放时期后，国门大开，西方思想大量涌入，使人感到格外新鲜。于是，有的人因对中国文化的自身价值认识不足，遂产生一种偏颇看法，认为传统史学与近代史学之间存在一个断裂层，近代史学从理论到方法都是由外国输入，在编纂上也是摒弃了传统史书形式而从外国移植的。我认为，这种"断层论""摒弃论"的看法，与历史事实极不相符。传统史学向近代史学演进的轨迹清晰可寻，而转变的动力，乃在于传统史学内部有近代因素的孕育。研究这一"转变的中介"，不但内涵十分丰富，而且具有重要的理论价值，进一步证明传统文化的精华在近代具有一定的应变力，具有向现代学术转变的内在基础。从清初顾、黄、王三大家，到乾嘉时期一批出色学者，再而继起的龚自珍、魏源等人，都为酝酿、推动这种转变做出了贡献。他们相继的努力汇集起来创辟了如下的转变途径：在历史观点上，批判专制，憧憬民主，以及对公羊学朴素进

化观的阐释；在历史编纂上，是章学诚提出的改革历史编纂的方向，和魏源、夏燮等史家所作的成功探索；在治史方法上，则是乾嘉史家严密考证的科学因素在新时代条件下的发展。近代史学就是发扬传统学术的精华与接受西方新学理二者结合的产物。近代著名史家，如梁启超、王国维、陈寅恪、陈垣等人，他们都勇于吸收西方新思想，同时又都深深地扎根于中国文化土壤之中，写出来的论著都是地道中国式的，所以才为学者和大众所欢迎。

（六）高度珍视20世纪中国史学的思想遗产

20世纪中国史家人才辈出、成果丰硕。由于中国文化悠久的优良传统的滋养，又适逢中西文化交流提供的相互对话、切磋和启示，加上大量考古文物和稀有文献重见天日，凭借这些难得的时代机遇，学者们精心耕耘，因而取得众多佳绩，蔚为大观，这里包含着对待祖国文化传统的正确态度，包含对外来学说吸收容纳的勇气和善于鉴别的眼光，是留给我们的极其珍贵的思想遗产。由于20世纪史家大量的创新性、系统性研究，使我们对于中国漫长历史认识的广度、深度和准确度，都大大推进了，使我们对中国统一多民族国家如何发展巩固，各个历史时期的特点，国家治乱盛衰的总结，各种制度的建立、沿革，民族关系的处理，历史人物评价，学术文化的发展、变迁等重要方面的认识，较之以往要丰富得多、正确得多。20世纪几代学人的贡献，诚然功不可没！我们绝不能因为中国近代社会积贫积弱，就妄自菲薄，而对先辈的遗产有丝毫的低估。20世纪中国史学遗产的丰厚，最集中的显示是形成了"三大干流"，并且它们互相吸收、互相影响和互相推动。第一，是新历史考证学派。它与乾嘉考证学派有继承关系，同时又接受西方近代史家重视审查史料、拓展史料、严密考证等观念的影响，代表性人物有王国维、陈寅恪、陈垣、胡适、顾颉刚、傅斯年等。第二，是马克思主义史学流派。其创始在五四时期，以后经过奠基、壮大，新中国成立后在全国范围确立其指导地位等阶段，代表性人物有李大钊、郭沫若、范文澜、翦伯赞、吕振羽、侯外庐等。第三，是新史学流派。以往，曾称前二者是"20世纪史学两大干流"，对于"新史学"则一般只关注它是20世纪初年由梁启超倡导、形成磅礴声势的重要学术思潮，而未明确认识它事实上已经形成为一个重要"学派"。我们经过深入探究即能把握到，这一学派不但有影响巨大的领军人物、重要的代表性著作，而且有共同遵奉的学术旨趣，有明显的学术传承关系。构成"新史学流派"基本的学术特点是：以进化史观为指导，主张探求历史的因果关系和规则性；不局限于研治政治史，而要研究、叙述人类社会生活的整体面貌；史家要关心国家民族命运，著史要激发国民的爱国热情；重视史学与其他学科的关系，扩大视野，扩大史料范围；重视历史编纂的创新，写出受大众欢迎的史著。不仅"新史学"倡导者梁启超本人，他如萧一山、吕思勉、张荫麟、周予同、周谷城等，尽管各有其学术个性，而上述诸项，又构成他们学术上的共性。不同学派并非互不相干、壁垒森严，而是互相吸收、互相影响。譬如，梁启超的史学方法影响了新考证学派学者，而马克思主义史家郭沫若、侯外庐等又很重视考证学派的成就。学派繁盛，各展风采，又互相取鉴，正是20世纪中国史学发达的确证。更加深入地考察"三大干流"的形成及其影响，无疑是推进20世纪史学研究的重要课题。

推进对20世纪史学的研究，还需要着力解决一些难点、重点问题。如，唯物史观和实证史学都是为了探究历史的真相，二者之间绝非互不关联，更不是互相对立。唯物史观也强调搜集史料，要求占有充分的材料；同样重视对材料的考辨，去伪存真，重视史料出处的环境，重视甄别、审查的工作，务求立论有坚实的史料依据；同样遵从孤证不能成立的原则，遇有力之反证即应放弃，训练严谨、科学的态度，反对主观臆断，所得的结论必须经受住事后的验证，发现原先认识有错误迅即改正，决不讳饰；同样要求尊重前人的成果，同时又反对盲从，学贵独创，要有所发现，不断前进，等等。诸如此类，因为都是做学问的基本方法和原则，所以唯物史观与实证史学都是相通的。新中国成立后，许多研究者通过自觉学习唯物史观，收获巨大，能够对复杂的历史现象和学术问题，透过现象，看到本质，以辩证的眼光作具体、细致的分析，互相联系，上下贯通，从而得出正确的结论，解决了长期困惑自己的问题，获得真理性的认识。这些事实证明唯物辩证法确是比传统思想和近代流行的诸多学说远为高明，唯物辩证法能给人以科学分析问题的理论武器。当时有一批四十岁上下的学者，如徐中舒、杨向奎、王仲荦、韩国磐、邓广铭、周一良、谭其骧、唐长孺等史学俊彦，他们原本熟悉传统经史文献典籍，在运用历史考证方法上很有造诣，其具有科学价值的观念和方法，本来就与唯物史观相通；而马列主义、唯物史观理论又比传统学术、近代学术具有更高的科学性，以之为指导，能帮助研究者更全面地把握研究对象的全局，更深入地揭示研究对象的本质。因此，这些学者得到科学世界观指导以后，极感眼前打开了一片新天地，学术研究达到更高的层次。这些年，有的人由于痛恨教条主义，而不恰当地将之与提倡唯物史观联系起来。关键在于，对教条主义盛行的原因应当作深入的具体分析。"十七年"中一度教条主义泛滥，其原因甚为复杂，除了研究者因经验不足，运用不当以外，主要的，是因当时政治上"左"的路线的影响、干预，以及其后"四人帮"别有用心的破坏。实际上，"十七年"中存在着两种对立的学风，与教条主义恶劣学风相对立的，是实事求是的优良学风。这是许多正直的马克思主义学者和像徐中舒、杨向奎、谭其骧、唐长孺等一批严谨治学的学者所坚持的，因此，"十七年"史学虽经历了严重曲折，但仍取得许多重大的成绩。令人欣喜的是，进入新时期以后，教条主义恶劣学风受到彻底清算，而实事求是、坚持唯物史观与时俱进的优良学风则更加显示出其蓬蓬勃勃的活力！

(七) 历史编纂学：新的学术增长点

传统史书体裁的丰富多样充分显示出中华文化的巨大创造力，每一种体裁都有成功之作，世代流传。这些名著是历史家呕心沥血著成的，其成功，包含着进步的史识，渊博的学识，高明的治史方法，合理、严密的编纂技巧，这些具有宝贵价值的内涵都承载在历史编纂的成果之中。以往一般认为，史书的体裁、体例，似乎只关乎技术性问题。其实决非如此。史书的组织形式与其内容、思想是辩证的统一，组织形式的运用，结构、体例的处理，体现出作者的史识、史才、史学，包含着多方面的思想价值和深刻的哲理。白寿彝先生在其所著《中国史学史》（第一册）中曾说："史书的编纂，是史学成果最便于集中体现的所在，也是传播史学知识的重要的途径。历史理论的运用，史料的掌握和处理，史实的组织和再现，都可以在这里见个高低。刘知幾所谓才、学、识，章学诚所谓史德，都可以在这里有所体现。"这对于我们有深刻的启发。我们应当对历史编纂学的内涵和特点重新给予恰当的定位：历史编纂学是一个时代史学发展水平的集中体现，也是衡量史家的史识、史学、史才、史德达到何种水平的有效尺度。史家再现历史的能力如何，其史著传播历史知识的效果如何，在这里都直接受到检验。历史编纂学既是史学史研究的内容之一，同时，它又是推进研究史学发展的新颖视角和重要方面。通过深入研究历史编纂学，就能提出一系列新的课题，拓展史学理论与史学史的研究广度与深度，因而是重要的新的学术增长点。近些年，历史编纂学领域的研究成果已日见增多，这是很好的现象，我们应当举起双手欢迎，并经过共同努力，尽快建立起"中国历史编纂学"这一分支学科。无论从主要史书体裁的发展，或不同历史阶段历史编纂的特点，或一些名著中对体裁体例的匠心运用等项，值得探讨的问题无疑都很多，而其中我们尤应深入地探讨"编纂思想"如何体现和运用，作为推进研究工作的关键环节；因为史书的框架设计、体例运用，都是为了反映客观历史进程的需要，而精心安排，或作调整、改造、创新。故此，应当特别重视从"编纂思想"这一角度来深入揭示史学名著成功的真谛。所谓"编纂思想"，可以初步提出主要包括以下数项：一是史家著史的立意，最著名者，如司马迁之"究天人之际，通古今之变，成一家之言"，司马光之"关国家盛衰，系生民休戚，善可为法，恶可为戒者"。二是史家对客观历史进程的理解，并在史著中努力加以凸显的。三是史家为了达到再现客观历史的复杂进程，如何精心地运用体裁形式和体例上的处理。四是史家的编纂思想如何与社会环境、时代条件息息相关。以此作为重要的切入点，再联系对风格各异的史学名著的独创性、时代性，不同时期历史编纂的特点，以及学者提出的观点主张等项深入考察，就一定能够不断获得有原创性价值的新成果。

（八）大力发掘和阐释传统学术精华的当代价值

传统文化典籍内容博大精深，承载着古代先民观察社会生活、总结历史进程所得到的睿思和经验。历史是过往的社会生活，当今时代是历史的发展。现代社会虽然比古代远为复杂和进步，但作为人类社会活动的一些最基本的内容和原理，古今是相通的，因此，古代经典中的精深哲理和先辈们的创造性成果，具有超越时空的意义，具有当代价值。我们应当大力发掘和阐释这些珍贵的原理、原则和精神，展示中华文化的独特魅力，并结合今天时代的需要进行改造和再创造，以大大增强民族文化创造活力。对于古代历史名著，同样应当努力发掘、总结其中具有珍贵价值的思想、观念和方法，作为我们发展新史学的借鉴。譬如，《史记》创立的体裁以"本纪"为纲，其余"表""书""世家""列传"与之配合，体例完善，故被后代学者称誉为"载笔之体，于斯备矣"，又称为著史之"极则"。《史记》的体裁一般称为"纪传体"，实际上其本质和优长，是五体配合的综合体裁。以后历代正史的纂修者只知因循，不求创造，只会刻板地沿用体例，而丧失运用别识心裁加以驾驭和灵活变通的能力，因而遭到章学诚的严厉批评，称之为如洪水泛滥，祸患无穷！章学诚由此提出改革历史编纂的方向："仍纪传之体，而参本末之法。"这就是：要创造性地发扬《史记》诸体配合、包罗宏富的体例特点，和根据记载客观历史变迁的需要，灵活变通、"体圆用神"的著史灵魂；同时，糅合纪事本末体的特点，以解决"类例易分而大势难贯"的严重缺陷。此后，梁启超、章太炎撰著中国通史的尝试和罗尔纲著《太平天国史》，都体现出朝着这一方向继续努力。至20世纪末白寿彝明确主张对传统纪传体实现创造性改造，用"新综合体"撰著多卷本《中国通史》，完成了既大力发扬传统史学精华，又具有鲜明时代特色的成功巨著。

我们既有历经数千年形成的中华文化优良传统，又有一百年来创造性运用马克思主义、引领社会前进的优良传统，这两者是保证中华民族处于当今国际激烈竞争中繁荣、发展的强大精神支柱。马克思主义中国化，正是中国共产党人创造性地将马恩著作中的基本原理，与中华民族的优良传统相结合而确立的正确方向。如何在实现现代化大业中，更加自觉地把这两个优良传统结合起来，是当前我们应该解决的具有重要理论意义和现实意义的课题。通过研讨，更加深刻地认识传统文化的精华与马克思主义中国化方向二者互相贯通，使我们在大力弘扬民族优良文化传统的同时，更加自觉地坚持马克思主义中国化的正确方向，与时俱进，发展21世纪的中国马克思主义理论。我在2008年主编《中国马克思主义史学的理论成就》一书时，专门写了一个题目：传统思想的精华何以通向唯物史观。我提出的基本观点是："中国传统思想中的精华，同样表达了历代人民大众的美好追求和理想，虽然未达到欧洲19世纪先进学说的高度，但其发展方向是相同的；这就成为'五四'以后先进的中国人接受唯物史观学说的思想基础和桥梁。""马克思主义的基本原理与传统思想的精华，与中国文化形成的价值观的内涵深深地相契合，无疑是马克思主义中国化的伟大事业在过去将近一个世纪中与时俱进地发展,一直保持旺盛的生命力的重要原因。"并从传统思想中有丰富的唯物主义思想资料;历代思想家有大量关于辩证、发展的观点的论述,光辉闪耀,前后相映;历代志士仁人反抗压迫、同情民众苦难的精神;先哲们向往的大同思想四个方面,作详细论证。文章发表后,得到学界同仁的肯定和鼓励。我愿继续对此探索,为学术研究和服务社会尽绵薄之力。

当前我们正处于社会主义学术文化发展的黄金期。发扬中华文化的优良传统和近现代优秀学者的精神;当前学术界持续高涨的创新意识;大力吸收外来文化并加以鉴别、选择的自觉态度:这三大要素,为学术的繁荣、发展提供了极佳条件。我深信,更加光辉灿烂的未来必将展现在我们面前!

2015 年 3 月 17 日
于北京师范大学寓居

目　录

叙篇　文化视角·比较研究

从文化视角研究史学 ……………………………………… 3
史学与中国文化传统 ……………………………………… 13
传统史学确立期和转变期比较 …………………………… 25

上篇　传统史学的确立与文化问题

孔子与中国史学传统 ……………………………………… 39
《左传》的史学成就和民本思想 ………………………… 52
"过秦"和"宣汉"：两汉时代精神之体现 …………… 63
司马迁和孔子：两位文化巨人的学术关联 ……………… 81
《史记》久远生命力的奥蕴 ……………………………… 100
司马迁在中国文化史上的崇高地位 ……………………… 129
《春秋》与西汉社会生活 ………………………………… 144
《汉书》历史地位再评价 ………………………………… 159
公羊历史哲学的形成和发展 ……………………………… 181

下篇　传统史学向近代史学转变与文化问题

传统史学向近代史学的转变 ………………………… 197
全祖望对清代学术的贡献 …………………………… 211
王鸣盛史学：朴学家的理性探求 …………………… 225
钱大昕治史的特色 …………………………………… 253
《文史通义》：传统史学后期的理论探索 ………… 267
崔述古史新说及其价值观 …………………………… 287
龚自珍与传统文化的转折 …………………………… 304
近代史开端时期史坛的新风气 ……………………… 319
《日本国志》的时代价值 …………………………… 345
黄遵宪与儒学 ………………………………………… 364
进化论传播与近代史学的产生 ……………………… 374

1992 年初版后记 ……………………………………… 395
1999 年增订本跋 ……………………………………… 397

跋语 ………………………………………………… 402

叙篇　文化视角·比较研究

从文化视角研究史学

一、视角的转换

历史学的内容是什么？

它是以往生动丰富的社会生活的反映，昨日激荡风云的记录，而绝不是僵死的事实的收集；它是人类对自身活动成败得失的反思，而绝不是重复老掉牙的故事或沉溺于无谓的考证。因此，这门学科有理由要求人们给予更多的关注。历史记载有奔腾的生命在，可让我们真实地知道今日现实状况之所由来；历史记载中又闪耀着人类智慧之光，可使我们避免前车覆辙，认清未来的方向，以帮助推动时代前进。

文化是人类物质生产活动和社会生活在观念意识上的反映，历史学自然是文化现象的一种。但历史学的意义又决不局限于此。由于历史学本身是过去社会生活的反映，所以，它又是文化的重要载体。按照一些当代学者的观点，文化可以包括平民大众的社会心理、风俗习惯和代表一个时代智慧高度的学术思想两个不同层次。社会心理、风俗习惯是形成学术思想的基础，而后者又最终对前者起引导、提高的作用。——而这两项，平民大众的心理、习俗和特出人物的学说主张，大量的正是靠历史典籍记载下来的。

根据上述两项界定，以记载过去的人类活动为对象的历史学，它跟文化学和其他学科有着多向性的联系，它跟一个时代的文化走向、社会思潮尤其紧密相连，不可分割。这就是历史学内涵丰富的综合性的特点。可是，以往长时期内我们对历史学的看法，却是基本局限于单科性的狭隘范围之内，未能重视它与社会生活和文化思想的密切联系。造成这种状况，重要原因之一是近代以来过分强调学科门类的划分，不注重学科之间的互相联系、贯通。近代以来各个学科门类的出现和明确划分，固然是认识史上的巨大进步，促使了各门学科趋于精密和系统化。然而，毋庸讳言，过分强调学科之间的界限，便削弱了学科之间本身固有的联系，限制了人们的视野；对于历史学来说，忽视一部优秀史著的产生与当时社会思潮、文化走向的关系，更会严重障碍我们揭示出这部优秀史著的灵魂，捉住书中跳动的时代的脉搏。近年来兴起的文化史研究，对社会生活、时代思潮、民族心理、文化价值观念相互间的关系作宏观的整体性考察。这种重视"整体性考察"的思路，正好弥补我们以往研究史学的不足。从以往局限于本学科范围的研究，到注重从文化视角作整体性研究，是一种"视角的转换"，有助于开阔思路，推进我们的认识。本书即试图在上述思想指导下，对史学与中国文化传统相关的一些重要问题进行探索。

我国古代本来就经史不分、文史不分。《春秋》是编年史，又是儒家奉为至尊的经典；在《春秋》影响下产生的三传，是儒家基本典籍，又是历史著作。《史记》是我国第一部通史巨著，但在《汉书·艺文志》中也列在"六艺"（即儒家经典）中的"《春秋》类"。经史分途，是由于晋以后典籍大量增加，经过几百年的酝酿，至唐初才确定下来。经与史、文与史原先长期不分，既反映出学术文化发展处于比较古朴的阶段，同时也反映出这些学科部门之间本来就互相贯通，无法截然分开。经、史、子、集四部明确分开之后，许多学者的著作，仍兼具经学、史学、文学不同方面的内容和价值。譬如,欧阳修撰《新五代史》,是一部史书,但他又以《春秋》自比,书中有许多关于社会伦理、道德的议论。章学诚《文史通义》更是有意识贯通文史加以考察,并且开宗明义,提出"六经皆史"的命题,认为经书也是记载历史的资料,对经书应从史的角度来研究它。

由此之故,包罗万象、囊括丰富便构成中国史学特点之一,这从一些优秀史著的内容和著名史家的认识都有明显的体现。司马迁的不朽巨著《史记》,囊括了异常丰富的内容,把当时中国人社会生活的各个领域,包括学术发展、文化成就,都置于历史考察范围之内,不仅记载了政治、经济、军事、人物活动、民族关系,而且记载了典章制度、学派活动、文化思想,以至于天文地理、河渠工程、医药卜筮等。因此《史记》才被近代学者评价为:对于先秦以来各学派的精华,"皆能咀嚼而融化之",成为"上古学术思想之集大成"。① 至今仍是我们研究先秦和汉代文化的基本文献。继《史记》之后产生的纪传体史书,尽管成就有大小,见识有高低,但大多记载广泛、内容多样。受到这种学术氛围的长期熏陶,龚自珍形成了史家应该学识广博、善于反映出社会生活各方面生动情状的著名论点,这就是《尊史》一文中所讲的史家应做到"善入"和"善出":"何者善入?天下山川形势,人心风气,土所宜,姓所贵,皆知之;国之祖宗之令,下逮吏胥之所□守,皆知之。其于言礼、言兵、言政、言狱、言掌故、言文体、言人贤否,如其言家事,可谓入矣。""何者善出?天下山川形势,人心风气,土所宜,姓所贵,国之祖宗之令,下逮吏胥之所守,皆有联事焉,皆非所专官。其于言礼、言兵、言政、言狱、言掌故、言文体、言人贤否,如优人在堂下,号咷舞歌,哀乐万千,堂上观者,肃然踞坐,眄睐而指点焉,可谓出矣。"② 近代梁启超也发挥了这一观点,他设计的"欲求人群进化之真相"的"新史学",认为需要做到:"必当合人类全体而比较之,通古

---

① 梁启超:《论中国学术思想变迁之大势》,《饮冰室合集》文集之七,中华书局,1989年版,第52页。

② 《龚自珍全集·尊史》,上海人民出版社,1975年版,第80—81页。

今文野之界而观察之。"① 因而设想内自乡邑的生活情状，外至五洲大事，上自远古石器时代，近至昨日、今日的新闻，都应成为史家研究和取材的资料。

总之，从文化视角研究史学，既是当今推进学术研究的需要，也符合于中国史学的内涵和自身特点。我认为，这样做实有多方面不容忽视的意义。

二、进一步总结发扬史学的精华

从文化视角研究史学，等于向丰富的史学遗产投射去新的光束，能使我们探寻到更多的宝藏。即令对一些早已熟知的名著，我们转换一下视角，结合文化走向、社会思潮来观察，也能发现以往尚被掩盖的真价值。

譬如，对于《史记》这部名著，两千年来对它的评论、研究可谓多矣！清代以前学者们对它推崇者很多，写有许多论著谈论《史记》。所做的工作集中在两个方面：一是文字的解释和史实的考订；二是有关体裁体例得失的评论，和对《史记》某些篇章写作旨趣的探讨。进入近代以来，研究《史记》进展到以评论司马迁史学思想和著史成功经验为主。所有以往的有价值的论著无疑都为研究这部名著做出了贡献。但是还有一个重要问题一直未被足够注意，即《史记》的产生与西汉时期社会思潮和文化走向的关系问题。关于这个问题值得注意的有以下三项：一、自秦亡至西汉建立，新生的西汉国家扫除秦的苛政，恢复生产，休息民力，因而达到强盛，这是历史的巨大进步。司马迁著史正处在这个上升和强盛的时代。二、从社会思潮看，自汉初以来，儒学的地位逐渐提高，所以才导致汉武帝尊儒政策的提出。三、汉初曾存在百家并倡的局面，战国"子学时代"余波荡漾，自汉武帝罢黜百家，从文化走向看，是由多元文化格局向实行文化专制的重

---

① 梁启超：《新史学》，《饮冰室合集》文集之九，第10页。

大历史转折。司马迁的著史宗旨和思想体系,是同上述社会文化背景直接联系的,其观点,在《太史公自序》《报任安书》《孔子世家》《儒林列传》《货殖列传》《平准书》,以及《高祖本纪》《管晏列传》《匈奴列传》等篇的赞语中有集中的反映。他著史是以"继《春秋》"自任,要表达自己的政治理想,构成自己独立的学说体系;他对孔子是很尊崇的,儒家在传统文化中占主导地位,同司马迁记载孔子的历史功绩分不开,但同时,《史记》又广泛记载道、法、纵横、阴阳等各家学说,具有拥抱全民族文化的广阔胸怀;司马迁对汉代的功业是高度赞扬的,但同时,他又勇于反映平民阶层的政治要求,揭露和指摘封建政治的阴暗面。我们从文化视角作进一步的研究,对于更充分地评价《史记》在西汉思想史和中国文化史上的地位,对于认识《史记》为何具有如此久远的生命力,显然是大有益处的。

再如,清代乾嘉朴学盛极一时。尽管其学术成果对近代以来学术界裨益极大,但在评价上,乾嘉学者却往往受到"逃避现实""比起清初经世学风是一种倒退"的讥评。王鸣盛所讲治史"当考其典制之实,俾数千百年建置沿革,了如指掌,而或宜法,或宜戒,待人之自择焉可矣","读史者不必横生意见,驰骋议论",① 尤其被作为错误方向的典型而屡受贬责。然而,我们若从文化走向的视角考察,则能获得新的认识。乾嘉朴学盛行,是我国学术文化在特殊条件下出现的一次繁荣。从文化源流看,朴学兴起有其远因,即:古代典籍在久远的流传过程中造成许多错讹、缺漏、佚失、记载歧异,客观上需要作一次全面的整理,这种考证工作,宋代学者已开其先;其近因,是清初学者鉴于明人学术空疏,提倡崇实致用的学风所引发。康、雍、乾三朝封建经济的繁荣则为学术的发展提供了物质条件;清代统治者提倡整理典籍和文化专制政策,又从积极和消极方面给以促进和制约。在朴学时代,清初经世致用的一面固然因时代的限制而褪色了,但

---

① 王鸣盛:《十七史商榷序》,《十七史商榷》,商务印书馆,1937年版,第1页。

是大规模经史考证的兴起,仍是学术文化向前发展的标志。所以考证盛行,是"时代使然",虽或趋于烦琐,"但罪不在学者"。①至于王鸣盛的议论,也应联系清代务实学风对宋明理学空谈的批判,联系王鸣盛同时代人的议论,才能洞悉原委。他的主张的要义,在于"务求切实",这是有的放矢,针对宋明以来学者长期存在的弊病而发。宋明时期出现了大量所谓"史论""史评",往往只取史实的某一点而横生议论,借题发挥。宋代王应麟对此已提出批评,而至明代仍大有泛滥之势。因此《四库全书总目提要》直斥这类史论为"百家谰语","此是彼非,互滋簧鼓","凿空生义,僻谬不清"。② 史学要进步,就要从宋明人的流弊中解脱出来。王鸣盛相当自觉地担负了这一时代责任。他反对的是凭主观臆断的"空论",而不反对结合史实评论历史事件和人物的是非曲直,他认为后者即属于"考其事迹之实"的工作。《十七史商榷》中,恰恰有许多对历代重要制度、事件的探究,发表注意国计利害、同情人民疾苦的议论,并能自觉地追求历史记载的真实正确和明晰可信,这些正是朴素理性精神的体现,也是王鸣盛史学中最有光彩的地方。

三、促进史学更加贴近社会生活

从文化视角研究史学,还会使我们在"史学应贴近社会生活"这一方向性问题上得到深刻启示。历史包含着刚刚成为过去的社会生活,而今天的现实是历史的发展。所以,历史与现实有不可分割的联系,对历史问题的正确阐发有助于现实问题的解决。特别是在转折时代产生的优秀历史著作,往往是历史家在长期现实生活中痛切感受到存在矛盾或问题,以反思历史的形式把它们提到人们面前,并且通过总结经验寻找解决办法,时代精神

---

① 郭沫若:《读随园诗话札记》第七十七"考据家与蠹鱼",作家出版社,1962年版,第88页。
② 《四库全书总目提要》卷八十八,"史评类"总序,中华书局,1965年版。

的灌注才使这些著作历经漫长年代而仍然闪射出光彩。从文化走向、社会思潮进行考察，就能深化我们的认识。

人们熟知，顾炎武《日知录》一书影响了清朝一代学术的趋向。但它又是融汇了明清之际时代精神的史论，这点却未引起人们足够的重视。顾炎武生活在"天崩地解"的年代，一生为国家民族的命运焦虑忧戚，《日知录》是他三十年心血之所萃。书中大部分内容是围绕两个中心展开的：一是要求变革政治，大胆抨击封建专制的严重积弊；二是高扬反理学旗帜，力求挽救明代衰颓的学风。这两项，正是时代精神之所集注。中国封建社会到了明清时期，已经病入膏肓，专制主义早已成为社会前进的严重桎梏，土地兼并、财政危机、吏治腐败等无不恶性发展。在思想、学术领域内，理学长期盛行，使士大夫沉溺于性理空谈，明代心学泛滥，文人更陷于极端唯心主义的禅学或顿悟，致使形成"人人禅子，家家虚文"①的畸形社会现象。时代对文化思潮的要求，是用批判的手段启导人们认识封建专制的痼疾，扫荡空疏腐朽的学风。顾炎武正是自觉地执行了时代的要求。他强烈要求变革政治，大声疾呼："法不变，不可以救今已。居不得不变之势，而犹讳其变之实，而姑守其不变之名，必至于大弊。"②他把批判的锋芒，直指封建专制政体，故大胆指责说："人主之所患，莫大乎'唯言而莫予违'。"③在"郡县论"中指出"郡县之敝已极"，症结在于"其专在上"。④这些言论都直接指斥两千年专制政治造成的祸害。顾炎武在《日知录》的许多篇章引古证今，对封建制度下官制、选举、边防、土地兼并、财政、赋税等问题，都提出了改革主张。对于封建政治下造成的"无官不赂遗"，"无守不盗

---

① 李塨：《颜习斋先生年谱》卷下"五十八岁"条，国粹学报馆光绪戊申（1908）年版。

② 《亭林文集》卷六"军制论"条，《顾亭林诗文集》，中华书局，1983 年版，第 122 页。

③ 顾炎武：《日知录》卷九"封驳"条，黄汝成集释本，世界书局，1936 年版，第 206 页。

④ 《亭林文集》卷一"郡县论"条，《顾亭林诗文集》，中华书局，1983 年版，第 12 页。

窃","君臣上下怀利以相接，遂成风流，不可复制",① 揭露尤其深刻。他中肯地指出明朝由于"搜括不已"，造成"外库之虚，民力之匮"，由来已久，以至灭亡。② 由此顾炎武得出封建政治恶浊的一条规律：贪污受贿，必然导致整个统治集团的腐烂，"欺君误国，必自其贪于货赂！"③ 他又特意写了"除贪""贵廉"两条，论述治国要务是严惩贪赃官吏，有效地实行廉政。④

基于对整个封建政治史的反思，顾炎武提出了区分"亡国"与"亡天下"的光辉思想：

> 有亡国，有亡天下。亡国与亡天下奚辨？曰：易姓改号谓之亡国；仁义充塞，而至于率兽食人，人将相食，谓之亡天下。……保国者，其君其臣肉食者谋之；保天下者，匹夫之贱，与有责焉耳矣！⑤

他认为专制皇朝的灭亡，是统治集团腐败所造成，不足痛惜。因而启导人们将民族命运与皇朝更迭二者区分开来，号召人们关心民族的生存！这意味着与二千年来严重禁锢、毒害人们头脑的"君权神圣""效忠朝廷"的封建主义最高准则勇敢地决裂，标志着在明清之际时代剧变的刺激下进步人物达到了思想的解放，因而具有近代启蒙的意义。黄宗羲著《明夷待访录》，爆发出"为天下之大害者，君而已矣"的呐喊，愤怒声讨专制帝王"敲剥天下之骨髓，离散天下之子女，以奉我一人之淫乐"。⑥ 顾炎武读了这部著作后致书黄宗羲，欣喜异常地表示两人志同道合，并说"炎武以管见为《日知录》一书，窃自幸其中所论，同于先生者十之六七"，⑦ 理由正在于此。在批判封建专制主义上，《日知录》与《明夷待访录》两部史论交相辉映。

---

① 顾炎武：《日知录》卷十三"名教"条，第312页。
② 顾炎武：《日知录》卷十二"财用"条，第282页。
③ 顾炎武：《日知录》卷十三"大臣"条，第319页。
④ 均见顾炎武《日知录》卷十三，第319—322页。
⑤ 顾炎武：《日知录》卷十三"正始"条，第307页。
⑥ 均见黄宗羲《明夷待访录·原君》，中华书局，1985年版，第2页。
⑦ 顾炎武：《与黄太冲书》，见《顾亭林诗文集·亭林佚文辑补》，第239页。

在学风上，顾炎武以拨乱反正、转移天下风气为己任。① 他痛斥明代文人空谈误国："刘石（一作五胡）乱华，本于清谈之流祸，人人知之，孰知今日之清谈，有甚于前代者。昔之清谈谈老庄，今之清谈谈孔孟，未得其精而已遗其粗，未究其本而先辞其末。不习六艺之文，不考百王之典，不综当代之务，举夫子论学论政之大端一切不问，而曰一贯，曰无言。以明心见性之空言，代修己治人之实学，股肱惰而万事荒，爪牙亡而四国乱，神州荡覆，宗社丘墟。"② 这里明确提出吸取明亡教训，要扫除醉心于空言的恶劣风气，提倡"实学"，把儒家指导思想（"六艺"）、历史经验（"百王之典"）、研究现实问题（"当代之务"）密切结合起来。顾炎武还引王世贞的话，活画出这些空谈家满口心性而腹中空虚的丑态："不学，则借一贯之言以文其陋；无行，则逃之性命之乡，以使人不可诘。"③ 尤其值得注意的是，顾炎武分析了理学不符合孔、孟学说本意，故非儒学正统。理学要禁绝人欲、扫灭人们心中本有之念，顾氏则针锋相对、力倡心中有欲念是天生合理的，符合"造化流行"的规律。他说："人之有心，犹家之有主也，反禁切之，使不得有为，其不能无扰者，势也。"他谴责理学家的说教与老庄、禅学无异，故说："至于斋心服形之老庄，一变而为坐脱立忘之禅学，乃始瞑目静坐，日夜仇视其心而禁治之。"④ 为专制统治服务的理学禁绝人们心中的欲望，顾炎武却与之相反，强调人的欲望是天然合理的，这体现出封建社会后期正在酝酿的要求冲破思想禁锢的潮流，也是东南沿海已经

---

① 《初刻日知录自序》："欲明学术，正人心，拨乱世以兴太平之事。"（顾炎武：《亭林文集》卷二，《顾亭林诗文集》，第27页）《日知录》卷十八"朱子晚年定论"条："拨乱世反之正，岂不在于后贤乎！"（第439页）卷十三"两汉风俗"条："士君子处衰季之朝，常以负一世之名，而转移天下之风气者。"（第305页）《与杨雪臣》："拨乱涤污……启多闻于来学，待一治于后王，自信其书之必传。"（顾炎武：《亭林文集》卷六，《顾亭林诗文集》，第139页）

② 顾炎武：《日知录》卷七"夫子之言性与天道"条（第154页）。按，《日知录》初刻本（八卷）卷三有此条，前后对照，几乎完全重写。说明顾炎武不停留在原来认识，而对于重要问题反复思考、深入总结。

③ 顾炎武：《日知录》卷十八"朱子晚年定论"条，第438页。

④ 顾炎武：《日知录》卷一"艮其限"条，第12、11页。

产生的资本主义萌芽这一新事物在文化思想上的曲折反映。

顾炎武一生,始终以"国家治乱之源,生民根本之计"为怀,他对于结合现实问题评论历史有自觉的认识,一再提出:"夫史书之作,鉴往所以训今"①,"引古筹今,亦吾儒经世之用"②。从文化走向考察,《日知录》所体现的"经世"精神和早期启蒙主义的时代特色可以看得更清楚。一直到近代,这部史论同《明夷待访录》同为反抗封建、争取民主的志士们所褒扬,这就启示我们:史书必须贴近社会生活、反映时代呼声,才能保持长久的生命力,产生鼓舞、激励读者的战斗作用。

从文化视角研究史学,在加深认识中国文化的优良传统方面也有重要意义,对此下文将作专题讨论。

---

① 《亭林文集》卷六"答徐甥公肃书"条,《顾亭林诗文集》,第138页。
② 《亭林文集》卷四"与人书八"条,《顾亭林诗文集》,第93页。

史学与中国文化传统

中华民族向以悠久的历史文化著称于世,我国文明有五千多年的久远历史,从有确切可考的文字记载的商代算起,也已有三千六百年。我们祖先以其勤劳、智慧和才华,创造了灿烂的古代文化,造就了一大批杰出的政治家、军事家、科学家和思想文化优秀人物。中国古代的科学技术,一直到明初,都居世界领先地位,对人类做出了巨大的贡献。中国文明虽然历经劫难,却能不断再造,生命力无比顽强。祖国的历史和文化传统,哺育了历代多少志士仁人,激起他们报国的高尚情怀,创建了可歌可泣的英雄业绩;直到今天,祖国历史文化仍是我们进行爱国主义教育的宝贵教材,成为激发我们振兴中华、创造未来的力量源泉。

但是,有人却对祖国的历史文化传统采取轻蔑态度,认为:传统文化到了近代已经成为惰力,只对社会前进起阻碍作用。这种民族虚无主义的论点,是同中国近代的历史进程根本相违背的。近代中国人民争取民族解放的伟大斗争,既是由于学习了西方的先进思想,受到刺激和推动而掀起,同时也是本民族自强不息、勇于进取、富于反抗精神的优良传统的发扬。近代中国的杰出人物,从林则徐到孙中山,都发扬了我们民族坚韧不拔、不畏强暴、献身正义事业的光荣传统。中国共产党的伟人李大钊、毛泽东，做到把马克思主义普遍真理同中国实际相结合，更把我们的民族精神提高到前所未有的高度。中国近代文化的潮流，也是一方面学习了外来先进文化，另一方面继承、发扬了民族文化的精华。蔑视本民族文化的人都崇拜外国，那么看看外国人对于中国文化的看法。许多外国朋友对中国文明热情地赞扬。英国著名学者贝尔纳，为他所著《历史上的科学》中译本作序，说："（中国）许多世纪以来，一直是人类文明和科学的巨大中心之一。"德国著名教育家卡尔·伯克博士也对中国文明作了高度评价："中国人民勤劳、聪明，为人类文化作出的贡献，至今令人赞叹不已。我们德国人总说，当我们的祖先还穴居在树林之时，中国人民已经创造了灿烂的文化。倘若中国教育事业得到发展，二十一世纪将是中国的世纪。"① 外国朋友对中国人民的创造力寄托这么大的希望，我们当中有人反倒自轻自贱，这是十分不应该的。当然，我们对待历史传统，要坚持批判继承的科学态度，取其精华，弃其糟粕。对于长期封建社会中专制统治、等级制度、保守意识、空谈习气等反动或落后的东西，必须坚决剔除，而肃清封建主义影响的斗争，更是长期的任务。中国在近代落伍了，主要原因是封建统治的腐朽黑暗和外国野蛮侵略所造成。今天我们要发愤图强，急起直追，为人类做出更大贡献。为此，必须弘扬民族文化的优良传统，增强民族自尊心、自信心。如果一个民族淡忘了自己的历史，那么可以断言，它的创造力必定枯萎。世界近代史上有过的民族振兴，无不以本民族既有的成就作为出发点，把本民族的优良传统注进新的创业之中。我们阐述史学宝库中蕴含的优良文化传统，从中吸取精神营养，目的正在于创造未来。

　　史学在传统文化中是一门发达的学问。仅载入《四库全书总目》中的史部典籍，即多达15门类，30199卷。加上四库未收的典籍，和四库以后撰成的著作，数量更加浩巨。中国史学作为文化的重要载体，确是一座丰富的宝库，从文化视角研究它，足以使民族文化的优良传统增辉生色。

---

① 见1988年8月14日《光明日报》。

一、民族凝聚力和生命力的体现

中国史学的发达，历史记载的世代相续、绵延不断，是举世无匹的。历史记载的长期连续性，即是我们民族巨大凝聚力和生命力的明证。拿几个文明古国来说，古代希腊有著名的历史著述，后来没有了。古代埃及几经波斯人、希腊人、罗马人所灭亡、征服，这期间没有自己的历史著述，埃及古代史上有许多无法解决的疑问，连著名的《伊浦味陈词》究竟是说明古王国末还是说明中王国末的情况，至今学者们还弄不清楚。古代印度只有宗教经典和传说，几乎没有历史记载，所以黑格尔说："因为这个原因，最古而又最可靠的印度历史资料，反而要从亚历山大开了印度门路以后的希腊著作家笔下的文字里去寻找。"① 中国跟这些国家不同，不但历史记载长期连续，而且历史一门一向备受重视。古代许多历史家把撰史视为神圣职责，统治集团也极为重视修史。从流传后代的私人著述说，有的作者际遇坎坷或者生活困顿，却仍然终生致力写史，有的是身居宰辅的高位，却仍要苦心孤诣地写作，还有的历史家呕心沥血写成几百万字的书稿被盗，又忍痛发愤从头再写。中国历史上的当权者和知识界都认为史学对于治乱兴衰至关重要。唐初李世民在诏书中说："前代史书，彰善瘅恶，足为将来之戒。……将欲览前王之得失，为在身之龟镜。"② 到清代龚自珍在《古史钩沉论》中进一步说："史存而周存，史亡而周亡。""灭人之国，必先去其史；隳人之枋，败人之纲纪，必先去其史；绝人之材，湮塞人之教，必先去其史；夷人之祖宗，必先去其史。"③ 则更认为史学直接关系到天下兴亡、民族存灭了。

---

① 黑格尔：《历史哲学》，王造时等译，三联书店，1956年版，第206—207页。
② 王钦若等编：《册府元龟》卷五五四，中华书局，1960年版。
③ 龚自珍：《古史钩沉论二》，《龚自珍全集》，上海人民出版社，1975年版，第21、22页。

中华民族这种强烈的历史感，其实质意义即是重视民族自身的由来、发展，并且自觉地将它传续下去。这就保证了我国历史记载千年绵延不断，并且几种主要史书体裁自古代至清代自成系列，前后相接。司马迁首创纪传体通史《史记》之后，班固继之撰成纪传体断代史《汉书》，以后历代相仍，一直到清代修成《明史》，一共完成了纪传体史书二十四部。"二十四史"是自有文字记载以来前后相接的历史巨著，共三千二百多卷，是世界各国历史著作中所仅有的。编年体史书，先有《汉纪》（荀悦）、《后汉纪》（袁宏），后有通史巨著《资治通鉴》（司马光），又有记《通鉴》以前史事的《资治通鉴外纪》（刘恕），此后补续《通鉴》之作有《续资治通鉴》（毕沅）、《明通鉴》（夏燮）。这样编年体史书也自上古至明代前后相续。纪事本末体史书，自袁枢改编《通鉴》成《通鉴纪事本末》以后，明清两代撰著甚多，著名的有：《宋史纪事本末》《元史纪事本末》（均系陈邦瞻撰）、《明史纪事本末》（谷应泰）、《绎史》（马骕）、《左传纪事本末》（高士奇），于是这一体裁的史籍也贯穿古今而自成系统。

我国历史记载的长期连续，本身即是中华民族具有巨大凝聚力和生命力的体现，虽然经历过严酷考验，仍能重新勃发生机。值得注意的是，当历代鼎革之际，继起的皇朝都十分重视修纂前朝历史，入主中原的少数民族建立的政权也不例外，以此作为朝政大事。元朝至正三年（1343），即诏令纂修宋、辽、金三史。清朝入关第二年，顺治二年（1645），即下诏修明史。由于实际未进行，至康熙十八年（1679）正式设馆纂修，至乾隆四年（1739）最后定稿，历时六十年。元、清两朝如此重视修撰前朝历史，表现出少数民族建立的政权对于中原先进文化的认同感，当然也增强了全民族的凝聚力和生命力。

二、以天下为己任的高尚情怀

我国历代有识之士有以天下为己任、关心国家民族命运的高尚情怀，故有孟子"达则兼善天下"的格言；有范仲淹"先天下之忧而忧，后天下之乐而乐"的警句；有林则徐表明心迹的诗句："苟利国家生死以，岂因祸福避趋之。"这种强烈的意识在史学上有生动的体现。中国史学的创始人孔子所修《春秋》的最大特点是借助褒贬书法表达自己的政治理想和伦理观念。不论我们对孔子政治观点的进步性和保守性如何作具体评价，对《春秋》笔法如何作具体评价，孔子做到史学与社会现实生活结合是没有疑问的。故20世纪初即有学者指出：中国史学经世致用的根本观念，传自孔、孟。由孔子创立的中国史学的传统，是结合社会实际而不是脱离社会实际的，是贴近社会生活的。许多优秀的史著，都表达出史家对国家民族命运的关切，表现出自己的政治社会观点。

司马迁著《史记》，他对汉代的功业是大力肯定的。司马迁以很大篇幅写当代史，他赞扬汉朝功德，同时认真总结、强调汲取秦亡教训。对汉朝政治而言，司马迁肯定其光明面，又批评其阴暗面，这也是伟大史家时代感和责任心的表现。他"述往事，思来者"，期望后来者实现他在书中提出的社会主张。不仅司马迁一人，汉初政论家、史论家陆贾、贾谊，至东汉政论家王充和大史学家班固，他们都一再分析秦亡教训以向当权者提出惩戒，且又对汉朝的社会进步大加褒彰。两汉时代这些史著和史论作品都是同现实社会生活息息相关的，所以一两千年后仍然显示出其生命力。

范晔著《后汉书》，贯串着激浊扬清的精神，"抽其芬芳，振其金石"，[①] 也是贯彻以自己的政治观点评价历史人物和事件。杜佑著《通典》的目的，是为了"实采群言，征诸人事，将施有政"，[②] 寻找"匡拯之方"，让史学直接为政治变革服务。它产生的背景，是因为自秦汉至唐，封建的政治、经济、刑法、礼乐等制度已经全面建立和成熟起来，引起了史家的重视和研

[①] 范晔：《狱中与诸甥侄书》，《宋书》卷六十九《范晔传》。
[②] 杜佑：《自序》，《通典》卷一。

究兴趣。而国势显赫的唐王朝，经过安史之乱，一下子陷入衰落破败，形势的变化刺激人们寻求改革办法，救治社会弊病，因此促使杜佑立志探索历代制度沿革，总结经验教训。于是在历代史志的基础上，发展成为这样一部详述制度沿革、贯通古今的巨著。

司马光著《资治通鉴》，专取"关国家盛衰，系生民休戚"的重大事件、重大问题，反思封建政治的得失。他著史时，正是北宋建国后八十多年的兴盛时期，他认为当此之时最高统治者如何处理好国家大政乃至为关键，因此感慨地说："为天下富庶治安之主，以承祖宗光大完美之业，呜呼，可不戒哉！可不慎哉！"① 为了便于取鉴，他在《通鉴》之外，又编撰了简本《稽古录》进呈，让君主清醒地警惕"覆辙在前"。② 司马光认真总结封建政治的经验教训，突出地提出"用人"问题是"人君之道"，即治理国家的根本大事，认为："凡用人之道，采之欲博，辨之欲精，使之欲适，任之欲专"；"听其言，必察其行；授其任，必考其功"；"赏不私于好恶，刑不迁于喜怒"。③ 要求君主任用真正的贤才，不拘于一格，择贤能而用，既充分给予信任，又要认真考察他的政绩，做到奖赏公平，不迁就姑息。这些都属于对封建政治的总结，颇能切中肯綮。《稽古录》还讲到"人君之德三"：仁，指行德政，重安民；智，指眼光锐敏，明辨是非；武，指处事果断、坚定。《资治通鉴》是通过叙述历史事实来总结。两部书体裁、详略有别，撰著的宗旨相得益彰。司马光的政治历史观点中有保守的一面，又有大量确有见地，总结封建国家治国安民利弊得失的一面，以往我们对前者批评得多，对后者发掘总结还很不够，今后需要加强。

---

① 司马光：《稽古录》卷十六。
② 司马光：《进稽古录表》，《稽古录点校本》附录二，中国友谊出版公司，1987年版，第777页。
③ 司马光：《稽古录》卷十六。

三、朴素理性精神的发扬

以儒学为主体的传统文化具有朴素理性精神的特点,它在孔子学说中已经提出了一些基本命题,而在后代得到发展和丰富。孔子重人事轻鬼神,重视安邦治国,不渲染神秘主义,故《论语》中说:"子不语怪、力、乱、神","敬鬼神而远之","未能事人,焉能事鬼"。① 孔子所修《春秋》也只记灾异现象而不宣扬迷信。后代严肃的学者即可发挥孔子这些观点,去抵制神学迷信的浊流。孔子又提倡研究客观事物,重视根据,重视文献,反对主观臆断和固执己见,故《论语》中说:"知之为知之,不知为不知","多闻阙疑,慎言其余","毋意,毋必,毋固,毋我"。② 孔子论古代礼制,强调要依据文献,文献不足则不随意猜测。这些观点也被后代学者所发展,因而汉代著作中便总结出"考而后信""实事求是"③ 一类治学处事的原则。后代许多有识有为之士重参验,重调查,提倡广参互证、无征不信,反对虚妄蒙蔽,都是循由这一认识方向向前推进。由于封建时代的限制,传统文化中的理性精神未能发展到科学理性主义的高级阶段,但前者与后者毕竟有相通之处。"实事求是"的原则,一经用马克思主义科学观点重新解释之后,即成为现代中国进步分子认识和改造世界的有效武器,就是明证。

中国史学在演进过程中,对于形成民族文化的朴素理性主义传统,做出了重要贡献。在两汉之际,意识形态领域经受了一场严重考验。西汉时,董仲舒学说俨然据有官方哲学的地位,其特点之一,是把儒学阴阳五行化,大量附会灾异之说。当时,汉武

---

① 分别见《论语》之《述而》《雍也》《先进》篇。
② 分别见《论语》之《为政》《子罕》篇。
③ "考而后信"是司马迁的基本方法,故《史记·伯夷列传》曰:"学者载籍极博,尤考信于六艺。""实事求是"一词先见于《汉书·景十三王传》中河间献王传,称河间献王"修学好古,实事求是"。唐颜师古解释为:"务得事实,每求真是也。"甚确。

帝迷信鬼神，方士群集京师，女巫出入皇宫，兴妖作怪。这些直接导致西汉后期阴阳灾异之说盛行，至成帝以后，社会很不稳定，人心动摇，有人乘机制造谶言，假托神意以骗人。王莽代汉过程中，更有意利用"告安汉公为皇帝"一类图谶妖言欺惑民众。于是两汉之际荒诞妖妄之说四处传播，神学迷信浊流大肆泛滥。汉光武登帝位之后，竟"宣布图谶于天下"，故东汉初年，图谶成为决定国家大事的重要依据，州郡官吏则忙于杜撰出所谓"祥瑞"上报朝廷。迷信思潮的泛滥，造成思想史的低潮时期。按照谶纬的说法，国家的治乱，历史的进程，不是政策成败、人心向背等因素决定，而是所谓的神意安排，由几句神秘难解的妖妄言词所预先决定！如果不抵制妖妄邪说，任其传播荒谬的文化观、历史观，搅乱人们的头脑，那将是民族文化思想可悲的倒退。班固在东汉初年撰成《汉书》，发扬了先秦儒学中的积极面——朴素理性精神，与神学迷信浊流相对抗。《汉书·郊祀志》继承司马迁的进步观点，批评最高统治者迷信鬼神，沉溺于方士邪说。《艺文志》中不载宣扬迷信的纬书。在记载灾异家的合传的末尾，称他们"察其所言，仿佛一端。假经设谊，依托象类，或不免乎'亿（同臆）则屡中'"，① 意即他们惯于讲些模棱两可的话，难免有说中的时候，辛辣地加以讽刺。有了《史记》《汉书》这两部巨著，就为人们认识中国历史的真实进程提供了可信的依据，在文化史上共同起到廓清迷信邪说的作用。

乾嘉朴学，则堪称为在特殊历史条件下，对民族文化朴素理性主义传统的发扬，朴学家们成功地采取实事求是、无征不信、广参互证、追根求源的方法，确在一定程度上具有近代科学价值。饶有趣味的是，在这一时期，同以考史著名的学者，风格上却各有特色。钱大昕以严密考证著名；王鸣盛则善于考史，也善于论史；而赵翼又独具一格，他写有两首脍炙人口的诗作："满眼生机转化钧，天工人巧日争新。预支五百年新意，到了千年又觉陈。""李杜诗篇万口传，至今已觉不新鲜。江山代有才人出，

---

① 见《汉书》卷七十五《眭两夏侯京翼李传》赞。

各领风骚数百年。"① 清新生动地揭示出后代胜前代、人类要不断追求变革、创新的深刻哲理。他所著《廿二史劄记》，写作目的之一，就是要考察"古今风会之递变，政事之屡更，有关治乱盛衰之故者"。因此，赵翼这部写作于考史盛行时的名著却具有史论的色彩，他运用归纳比较的方法，善于从分散的材料中发现其联系，往往提出了比较重大的问题，反映出一个时期历史的特点。书中"汉初布衣将相之局""九品中正""贞观中直谏不止魏徵"等，即是这类篇目中之尤为出色者。书中对封建统治的黑暗有大量揭露。在当时，清廷文网甚密，学者治史极受限制，但在这样的环境中，在考史领域仍有钱、王、赵这样具有朴素理性主义精神、风格各异而又成就卓著的人物，这也是民族文化具有不可压抑的创造力的又一确证。

四、近代史家探求救国真理的贡献

鸦片战争以后，中华民族的命运面临严峻的考验。清皇朝的腐败统治使中国处于衰弱地位，资本主义列强凭借其坚船利炮对我肆意侵略欺侮，甚至策划直接瓜分，妄图变中国为其直接殖民地。中国人民如何奋起抗击侵略，为民族生存斗争，并最后把外国侵略势力从中国土地上驱逐出去，就成为最紧迫的问题。传统文化至此也经受严峻的考验。伴随列强的大炮而来的西方资本主义文化，它比中国原有的封建时代文化高出整整一个历史时代。中国文化的出路何在？严重的局势逼迫人们作出正确的选择。近代的爱国主义，就包括着坚决反抗外来侵略、救亡图强，以及在文化上学习西方同时发扬本民族文化精华这两个方面。中国近代史学形成了爱国主义传统，对民族自救自强的事业做出重大贡献。

魏源是近代史家中对时代剧变作出反应的第一人。鸦片战争

---

① 赵翼：《瓯北诗钞》绝句二，清乾隆五十六年湛贻堂刻本。

刚刚结束，他即撰成《海国图志》，书中介绍外国（重点是西欧、北美）历史、地理、现状、风俗的知识，第一次把世界的真实面貌摆到中国人面前，使人们从此惊醒起来，认识到原来世界上还有别一种先进文化存在，西方殖民国家恃其强大，兵船长驱东进，"遇岸争岸，遇洲争洲"，东方民族已经面临着严重的威胁！魏源深沉地呼吁抗击侵略："此凡有血气者所宜愤悱，凡有耳目心知者所宜讲画也。"①

为此，他认真地总结鸦片战争中的经验教训，同时响亮地提出"师夷长技以制夷"的口号，在书中介绍有关西方枪炮船舰和贸易、银行等知识，成为近代中国向西方学习的起点。魏源之所以在历史转折关头，能够突破传统文化的格局，大力倡导了解外国、学习外国，是因为：他在鸦片战争前已形成强烈要求变革的政治观点和变易、发展的历史观，他以经邦济世、解救民生疾苦为己任，对于著史抱着严肃的社会责任感，密切关注现实问题。正是深深扎根于民族文化土壤中的变革思想、经世主张和进取精神，使他成为开启风气的人物。他和林则徐、龚自珍，都是代表了传统文化精华部分而能在时代剧变面前作出积极反应的人物。这就说明中国传统文化内部，的确包含有向前发展的内在基础和内在动力。《海国图志》在当时，不但是中国，也是整个东方最详尽的世界史地参考书，日本幕府时期许多进步人士的世界知识，就是凭借由中国传入的《海国图志》和《瀛寰志略》（徐继畬撰）而获得的。《海国图志》对于日本以后走上维新道路产生了影响，日本历史学家井上清说："幕府末期的日本学者文化人等，经由中国输入的文献所学到的西洋情形与一般近代文化，并不比经过荷兰所学到的有何逊色。例如横井小楠的思想起了革命，倾向开国主义，其契机是读了中国的《海国图志》。"② 另一位日本历史学家大谷敏夫则说："在'幕末'时，《海国图志》

---

① 魏源：《海国图志叙》，《魏源集》上册，中华书局，1976年版，第208页。
② 井上清：《日本现代史》，生活·读书·新知三联书店，1956年版，第214页。

起了决定日本前进道路的指南针的作用。"①

此后，黄遵宪于19世纪七八十年代撰成近代史学又一名著《日本国志》。黄遵宪早年即形成了革新与批判观点。他以驻日使馆参赞身份到日本，正值明治维新"改从西法，革故取新"时期，他很快认真、热心地体察日本社会的巨变，认识到学习西方、维新改革，确实使日本走上由弱变强的道路，他赞扬说："布之令甲，称曰维新，美善之政，极纷纶矣！"②他断言，"锐意学西法"的结果，已使日本"骎骎乎进开明之域，与诸大国争衡！"③他还直接阅读卢梭、孟德斯鸠的著作，对民权学说由"惊怪"转为信服，"心志为之一变，以为太平世必在民主"。④此后黄遵宪虽然也有保守倾向，主张中国应先实行君主立宪，但是终其一生，他相信民主制度是世界潮流所向的看法，却从未改变。由祖国本土文化形成的革新观点和爱国热忱，促使他克服语言不通、资料缺乏等巨大困难，著成《日本国志》，及时地向国内介绍日本学习西方、走上资本主义道路的经验，并且成为中国人观察世界潮流的窗口，对于戊戌运动产生了直接的影响。

五四运动以后，中国先进的知识分子走上了接受和传播马克思主义的革命道路。马克思主义史家郭沫若、范文澜等，他们也是传统文化精华部分的发扬光大者。另外一些正直的学者，虽然他们在当时尚未接受马克思主义，但出于强烈的爱国心和从忠实于历史的传统史德出发，也在反帝反封建的激烈斗争中表现出凛然正气，为民族解放的伟大事业做出了贡献。陈垣先生在抗日时期，生活在日寇占领下的北平，他不顾特务迫害、随时有生命危险的恶劣环境，先后撰写了《明季滇黔佛教考》等史著，大力表

---

① 大谷敏夫：《〈海国图志〉对"幕末"日本的影响》，译文载于《福建论坛》1985年第6期。
② 黄遵宪：《日本杂事诗》卷一"锐意学西法"，钟叔河辑注校点本，湖南人民出版社，1981年版，第51页。
③ 黄遵宪：《日本国志》卷四《邻交志一》，文海出版社，1981年版，第134页。
④ 《东海公来简》，即《黄遵宪致梁启超书》(1902)，《新民丛报》第十三号。

彰历史上坚持民族气节、具有爱国思想的人物，严厉斥责投降叛卖行为，把著史与鼓励抗日军民坚持神圣斗争的伟大目的直接联系起来。民族的灾难和个人的困境，反而促使陈垣先生的学术工作达到高峰时期，并且自觉地"提倡有意义之史学"，① 学术思想升华到新的境界。陈垣先生还曾把自己的学术道路概括为"钱—顾—全—毛"，即从服膺钱大昕的严密考证，到发扬顾炎武的经世精神，到效法全祖望表彰民族气节，最后找到毛泽东思想的正确道路。陈垣先生的自我总结，又一次有力地证明：民族文化的优秀遗产确实成为近代史家探索救国道路的内在基础。

---

① 陈垣：《致方豪》，吴泽主编，陈乐素、陈智超编校：《陈垣史学论著选》第三部分"书信"，上海人民出版社，1981年版，第624页。

传统史学确立期和转变期比较

"传统"一词的原义,是指历史上经由世世代代所形成,具有特点,而且至今仍在起作用的社会因素,如习俗、道德、思想、作风等。这里借用来称"传统史学",大体上,是指鸦片战争以前在中国自身文化环境中演进的、原有的史学。鸦片战争以后,由于社会的剧变和西方文化的影响,中国史学有了明显变化,20世纪的"新史学"思潮和新的通史著作的撰成,可以作为近代史学正式产生的标志。由传统史学到近代史学之间存在一个转变的过程,它的上限可以追溯得更早一些,起于清初启蒙思想出现,下限则至20世纪初年。本书论述的重点,即是这两个时期史学的演进与有关的文化问题,加以比较研究。

一、传统史学的创始、奠基和确立

我国传统史学从产生到确立经历了三个阶段。

我国历史记载萌芽甚早。根据现在可以考见的文字资料,始于殷代的甲骨卜辞。在为数不少的卜辞上已记有年、月、日、地点、事件和人物等,虽很简略,但已属于历史记载的萌生状态。

周初的记载还称："惟殷先人，有册有典。"①更说明殷商时代对历史记载的重视。《尚书》是一部商代和周初历史文献的汇集，②其中《金縢》《顾命》两篇，记载事件首尾相当完整，表明历史记载又前进了一大步。《诗经》中《公刘》《生民》等篇是史诗式作品，记载了周族祖先的活动。

春秋时期社会激烈动荡，封建制开始孕育，王室衰落，各国政权下移，各国之间的战争和往还频繁。在这些历史条件下，历史记载不再是官文书和诗篇的形式，而逐渐发展为按年代先后连续记载的编年的国史形式。春秋晚年，孔子依鲁国史修成了《春秋》，记隐公元年至哀公十四年间二百四十二年史事。《春秋》的产生是中国史学史的一件大事。以前，从卜辞到《尚书》《诗经》，都只属于历史记载的萌芽或历史文献的范围，尚未达到史学的层次。"史学"不仅应有史事、史文，还应该有"史义"，即作者的政治历史观点，以此对历史记载起指导和统率作用。《春秋》虽然记载简略，但是它按年、时、月、日，系统地记载史事，尤其是，孔子运用一定的文词表达自己的褒贬意旨，至此，真正具备"史事、史文、史义"三者的史书第一次出现，所以孔子修《春秋》，标志着中国史学的创始。孟子对此有很重要的评论："其事则齐桓、晋文，其文则史。孔子曰：'其义则丘窃取之矣！'"③他十分强调孔子在《春秋》中灌输了自己的"史义"，认为这是同以往历史记载最大的不同。

《春秋》在史学史上的意义还在于，它标志着私人著述的出现。从原来的鲁国史到孔子作《春秋》，是把秘藏于王宫府库中的档案公开出来，整理成为当时士庶阶层所能见到并且可以流传后代的史书，如章炳麟所说"发金匮之藏，被之萌庶"，"然后东周之事，灿然若明"。这同孔子打破学在官府局面，开创私学之风同样应该充分肯定。由于孔子在文化史上的崇高地位，中国第一部史书《春秋》就出于这样一位"圣人"之手，再加上从孟子

---

① 《尚书·多士》。
② 《尚书》中的《尧典》《禹贡》等篇则是后来儒家学者补充进去的。
③ 《孟子·离娄下》。

以下，人们都公认孔子在《春秋》里面贯串着一套"微而显"、"志而晦"，极其精深微妙，极其重要的"义"，即孔子的思想观点。这一切，不仅极大地影响了后代史家的志趣，注重在史书中表明自己对历史和现实问题的看法，而且对于后代士人以至统治集团中一些人物重视史学的风气也有深远的影响。所以，从比较确切的意义说，孔子修《春秋》即是中国史学的正式产生。这是传统史学确立的第一阶段。

《春秋》有亟待克服的缺陷，它记载过于简略，记一事，最少一字，最长的也只有四十余字，文词又比较隐晦，每每离不了后人对它作解释。史学的发展期待着成熟的著作出现。西汉司马迁撰的《史记》，正是这样的成熟巨著，它为中国史学的发展奠定了基础。《史记》的产生意味着传统史学确立期达到新的阶段。

司马迁著史正当西汉皇朝全盛的汉武帝时期。政治上的空前大统一，经济上代替汉初凋敝局面而出现的社会生产水平的新发展，为司马迁开阔眼光和从事著述提供了前所未有的空间范围和物质条件。由于司马迁重视历史的变化，重视推动社会发展的历史变革，把"通古今之变""原始察终，见盛观衰""稽其成败兴坏之理"作为撰写历史的中心任务。因此，《史记》做到从纵的方面贯通古今，总结了以往的全部历史，直至当代；在横的方面，把当时中国人社会生活的各个领域，都置于历史考察的范围之内。这样做，冲破了先秦史书的狭隘界限，大大丰富了史书的内容。这不但在中国，乃至在世界史学史上都有重大的意义。在历史编纂上，司马迁把过去粗糙的、不成熟的史书形式加以综合利用改造，创造出本纪、表、书、世家、列传五种体裁互相配合的成熟的史学巨著，容量广阔，规模宏大，以后被历代奉为修史的楷模。《史记》在历史文学上也是典范作品，对后代史坛以至文坛都有深远的影响，它的许多篇章都有"永久的魅力"。总之，《史记》为传统史学创立了体例和规模，从多方面开辟了途径，奠定了基础。

继《史记》之后，班固在东汉初撰成《汉书》，对传统史学地位的确立进一步做出了贡献。以往一个时期，对《汉书》的研究甚为冷落，以至每每把班固的史学作为司马迁的对立面加以贬责。其实这样做很不恰当。从传统史学的脉络看，班固从多方面继承了司马迁的成就并加以发展。首先，《汉书》记载了秦朝的崩溃，刘邦立国的功业，汉朝经由前期的上升、发展，至武帝盛世和"昭宣中兴"，以后西汉衰亡，王莽代汉至灭亡，都贯串着从政治成败、人心向背，以及经济状况、用人得失来观察和解释历史，这正是对司马迁"原始察终"，"稽其成败兴坏之理"思想的继承和发展。《汉书》宣扬汉朝功德，同时又对西汉政治的阴暗面不加隐讳，对于统治阶级人物的荒淫、残忍，多所揭露，班固推崇儒家，又处在西汉武帝以来尊儒的环境中，却能痛切地指责以儒学进身获得高位者的虚伪庸俗，以及章句之儒搞烦琐主义的有害倾向。这些又是对司马迁"实录"精神的发扬。以上说明班固继承和发展了司马迁所形成的史学传统，历史上《史》《汉》并举，是有道理的。其次，班固解决了司马迁以后历史编纂的难题，并创造了与中国封建社会政权更迭相适应的史书形式。《史记》的辉煌成就对许多学者产生了巨大的吸引力，但由于《史记》是通史体裁，记载"黄帝以来至太初而讫"，后人于是相继补作。自褚少孙至班彪，先后有十余人之众，然则这些续作绝大多数流传不下来，证明若只限于修修补补，史学便无法前进。班固以过人的见识和创造的才能实现了重大突破，他"断汉为史"，起自高祖，终于王莽灭亡。于是，原先司马迁书中有关的部分成为他可资利用的基础，后人的续作也成为他的资料，经过他的创造性劳动，撰成了纪传体断代史的巨著，从此为历史编撰开了一条新路，以后自《三国志》《后汉书》至《明史》一直沿用，说明断代为史与中国封建皇朝更迭的周期性特点相适应，所以章学诚称誉《汉书》为历史编撰上"不祧之宗"。① 纪传体史书在传统史学上占据首要的地位，由此进一步确立，故被历代尊为"正史"。《汉书》在编撰体例上严密整齐的特点也被后人所效法。司马迁才华盖世，《史记》笔法灵活，但在体例处理上比较粗糙，

---

① 章学诚：《文史通义》内篇一《书教下》，古籍出版社，1956年版，第13页。

如《伯夷列传》通篇议论多于记事，《匈奴列传》内容记载少数民族活动，却放在两篇记载人物的列传《李将军列传》和《卫将军骠骑列传》之间，这类地方有可能是司马迁有意为之，但从编撰体例讲却不够严密。班固却能将这类问题处理得比较妥帖，规矩法度严整可循，这也使后代修史者大受其益。再次，《汉书》十志在《史记》八书的基础上更加发展，遂使纪传体史书中的典制体臻于完善。后代所修"正史"凡有典志者，内容大致仍不出《汉书》十志的范围。又从《史》《汉》书志的基础上，后代发展成为《通典》《文献通考》等重要的典制体著作，构成传统史学中又一发达的门类。由于班固处在儒学独尊、文化专制主义逐渐加剧的时代，使《汉书》打上了正宗思想的时代印记，这是班固的局限。但是这一点不能抹杀《汉书》的巨大成就。从史学发展长河看，由于班固在史学思想、史书内容、历史编撰上取得一系列很有意义的成功经验，自孔子创始、司马迁奠基的传统史学，至此才全面地确立了自己的地位。

二、转变的途径

此后，传统史学在其演进的一千五百年中，在史书数量增多、著作门类和史学范围扩大等方面继续取得进展，并且出现了《三国志》《后汉书》《史通》《通典》《资治通鉴》《通志》《文献通考》等名著，分别在纪传体断代史、编年体通史、史学评论和典章制度等领域取得了成就。至元、明两代，传统史学明显地失去这种发展势头，未再出现有突出成就的名著。相反，史书编撰上的因袭倾向越来越严重，尤以纪传体"正史"表现得最为明显，章学诚曾有这样的总结：

> 后世袭用纪传成法不知变通，而史才、史识、史学，转为史例拘牵，愈袭愈舛，以致圆不可神，方不可智。如宋、元二史之溃败决裂，不可救挽，实为史学之河、淮、洪泽，

逆河入海之会，于此而不为回狂障隳之功，则滔滔者何所底止！①

这段评论反映出：学术界中见识敏锐的学者已经预示到历史学到了非变革不可的地步。

入清以后史学的演进证明了这种必要性和必然性。自明清之际史坛产生了顾炎武、黄宗羲、王夫之这样的杰出人物，便开始了传统史学向近代史学转变的过程，故可简称为"转变期"。转变期的阶段性是比较明显的：

第一阶段，自清初至鸦片战争前。在此阶段，传统史学中孕育着具有近代意义的积极因素。清初早期启蒙主义思潮产生，出现了强烈的反封建专制思想，乾嘉时期，朴学家中形成了严密考证的方法，章学诚则倡导学风的转变和历史编纂的变革。

第二阶段，自鸦片战争至20世纪初，近代史学由逐步酝酿到正式产生。开始是要求了解外国，学习外国，其后在史书中介绍西方政体，再后是运用进化论哲学思想，提出了新的史学理论，并在历史编撰上实现了革新。

由传统史学向近代史学转变的途径，应从两方面考察。一方面，社会条件急剧变化产生的影响，以鸦片战争为起点，西方文化输入，对中国史学产生了刺激和推动作用。鸦片战争时期，史坛产生了明显的变化，资本主义列强的野蛮侵略，促使史学与挽救民族危亡、反抗外来侵略的斗争密切联系起来，形成了近代救亡图强的爱国主义史学思潮。又因中西文化接触，西方资本主义民主思想和国家学说、竞争观念、进化论等等先后输入，开阔了人们的视野。最后导致20世纪初"新史学"思潮产生，并且运用进化观点、因果规律指导历史研究。

另一方面，则是中国史学自身学术思想的逻辑发展，构成由传统史学向近代史学转变的内在基础。中国传统史学内部有近代因素的孕育，有继续前进的内在基础和内在动力，使得西方文化影响这一外因能够通过内因而起作用。这从鸦片战争时期史坛的

---

① 章学诚：《文史通义》外篇三《与邵二云论修宋史书》，第294页。

代表人物魏源身上看得很清楚。魏源在其名著《海国图志》中倡导了解外国，并且对西方民主制表示向往，这是在根本点上实现对封建思想体系的突破。魏源能够及时地实现这一转变，其原因，是中国传统文化中存在有古代民主思想这一基础。自孟子提出"民贵君轻"的光辉思想，就成为民族文化的宝贵财富，历代志士仁人不顾专制统治者的高压，敢于坚持和发扬这一思想。西汉宣帝时，盖宽饶曾上书批评宣帝宠信宦官，只凭借法令条例治国，又敢于对"家天下"表示怀疑，引用《韩氏易传》说："五帝官天下，三王家天下，家以传子，官以传贤，若四时之运，功成者去，不得其人则不居其位。"① 这等于公开提出"传贤"的制度比"家天下"优越得多，如果国家治理不好，就不应该保持一家一姓的天下。盖宽饶虽然最后被迫自杀，但他敢于批评专制政治的话却明白记载在《汉书》上。至宋元之际，邓牧因经历了宋亡的大事变，刺激他反思历史教训，在其所著《伯牙琴》中，揭露专制统治者"竭天下之财以自奉，而君益贵"，"凡所以固位而养尊者无所不至"，"为分而严，为位而尊"，并予以严厉斥责："夺人之所好，聚人之所争，……欲长治久安，得乎！"② 清初黄宗羲把这一思想发扬光大，顾炎武也对专制统治痛加抨击，至鸦片战争时期，清朝的腐败彻底暴露，因而激发了魏源尖锐地批判专制、向往民主的思想，他态度鲜明地赞扬西方的议会民主制是"一变古今官家之局，而人心翕然，可不谓公乎！议事听讼，选官举贤，皆自下始，……舍独徇同，即在下预议之人，亦先由公举，可不谓周乎！"③ 他又在《海国图志后叙》中赞扬说："墨利加北洲之以部落代君长，其章程可垂奕世而无弊。"④ 中国近代史学从开始酝酿之时，就是以批判专制、赞扬民主为其思想特色，这就证明：传统文化中的朴素民主思想是近代接受西方民主学说

---

① 见《汉书》卷七十七《盖宽饶传》。
② 均见邓牧《伯牙琴·君道》，中华书局，1960年版，第4页。
③ 魏源：《海国图志》卷五十九《外大西洋墨利加洲总叙》，岳麓书社，1998年版，第1611页。
④ 魏源：《海国图志后叙》，《海国图志》，第7页。

的基础。至19世纪末20世纪初，反封建专制的革命意识如怒潮澎湃，成为时代最强音，当然也是近代史学的思想灵魂。

在哲学思想上，魏源同龚自珍一样是嘉道之际今文学派的健将，他阐发公羊"三世说"，而且结合对中国历史进程的思考，提出"气运说"来概括历史的大变局。这就大大帮助他去体察鸦片战争所预示的新的历史剧变。他从哲理高度写下一段重要议论："天地之气，其至明而一变乎！沧海之运随地圜体，其自西而东乎！……地气天时变，则史例亦随世而变。"① 公羊学的变易观点帮助他认识到，东西方先进与落后的局势，已经产生了巨变，不但观察时局的眼光要改变，历史著作的写法也应随着改变。继龚、魏对公羊三世说实行革命性改造之后，晚清公羊学更加盛行，成为进步人士接受西方进化论的中介。

总之，传统史学向近代史学转变，循由途径有二：一是时代剧变的刺激，西方进步文化的输入；一是中国文化内部学术思想自身的逻辑发展，提供了接受西方进步文化的内在基础，不仅在朴素民主思想和变易历史观方面，在严密考证和历史编撰方面也存在这种内在的动力。唯其如此，当鸦片战争发生、东西方文化发生剧烈碰撞之时，中国对西方世界的了解才会在整个东方世界中居于前列，并且到20世纪初即有完整意义的近代史著问世。

三、确立期与转变期之比较

比较研究是学术研究的重要方法。比较研究能够推进我们的认识能力，开阔视野，使我们对研究对象的认识更加准确、更加深刻。事物的特点和意义是相比较而存在的，而且由于适当的比较而相得益彰。"要了解一个限定的历史时期，必须跳出它的局限，把它与其他历史时期相比较。"② 这是马克思的名言。所以马

---

① 魏源：《海国图志》卷五《叙东南洋》，第347页。
② 马克思：《十八世纪外交史内幕》，人民出版社，1979年版，第41页。

克思研究资本主义的生产、交换、流通的特点，就不仅研究它们本身，还以之与前资本主义的生产方式相比较，与资本主义生产关系发展程度不同的国家作比较。比较研究方法的又一意义，是通过认识事物的客观联系去发现规律性现象，经由对具体事物的认识达到抽象的概括，达到认识过程的更高层次。传统史学从孔子修《春秋》算起，至鸦片战争时期，走过约二千五百年的漫长历程。其中，自东汉中期至明末以前这一千五百余年，从史书数量讲是大量的，也相继出现了为数不少的名家名作，但从史学思想看，中间这一长阶段发展比较平缓；而传统史学演进的两头，史学思想的起伏变化则要剧烈得多。将确立期和转变期贯串起来作比较研究，将大大有助于了解传统史学向近代史学转变的规律，即：中国史学到清代以后，为何走的是这条道路，而不是别的道路？贯串研究还可让我们了解传统史学向后演变的"流"，了解近代史学早先存在的"源"。本书上、下两篇，即以比较研究为总的思路，就前后两个时期中的重要史著或重要问题，两相对照作个案的研究。这里，只能总括性地论及前后两个时期在史学思想、治史风格诸方面的异和同。

传统史学确立期和转变期，由于所处历史时代不同，它们之间的"异"是很明显的。首先是史书形式大有不同。确立期的史书体裁仅限于编年体（《春秋》《左传》）和纪传体（《史记》《汉书》）。到转变期，除这两种体裁（编年体如毕沅《续资治通鉴》、夏燮《明通鉴》，纪传体如《明史》）外，还有学案体（《明儒学案》《宋元学案》），纪事本末体（《左传纪事本末》《绎史》），史学评论（《文史通义》），20世纪初则有长篇学术论文（《论中国学术思想变迁之大势》）和近代章节体的开山之作（《中国古代史》）。其次是时代内涵大不相同。同是通史著作，司马迁当时能做到"稽其成败兴坏之理"，自是杰出不凡，而《中国古代史》则把视野扩大到地球五大洲和世界的人种，上古时代文明进化经历的游牧社会—农业社会的不同阶段，又对几千年中国历史提出系统的分期看法。同是典制体，到《海国图志》《日本国志》撰成，已经发展到记载外国史地和外国社会制度的历史性巨变。再次，史学理论上，转变期已先后提出改革史书编撰和对旧史学进行激烈批判。

然而，这两个时期又有其相似之处，而且这些地方对于我们研究史学和文化更有意义。史学思想活跃，前后变化剧烈，这是传统史学确立期和转变期明显相似之处。

孔子修《春秋》，是要借对春秋时期二百四十二年史事作是非褒贬，表达自己维护"周礼"的政治思想。到司马迁著《史记》，虽以"继《春秋》"自任，却以"究天人之际，通古今之变，成一家之言"作为对自己著史的要求，探索历史的盛衰变化，探索超人间力量与人类有目的的努力之间的关系。至《汉书》出，则以记载西汉一代的进步，批评当时盛行的"尊古卑今"倒退历史观和鬼神迷信观念。由传统史学向近代史学转变的二百五十年间，史学思想更呈跳跃性发展。清初史学大师们在自己的史著中反思明亡的教训，提倡学术经世致用，揭露封建专制的腐朽。到乾嘉时期，考证之风盛极一时，但其间卓越的学者却能在考史中表现其"通识"，关心国计民生、盛衰治乱之故，同时，又有章学诚对烦琐考据的流弊提出尖锐的批评，提倡"史学经世"。鸦片战争后，则由"考史"转向著史，由传统学术范围的经世致用转向了解外国、学习外国，使史学成为救亡图强事业的一个组成部分。

在学术思想上既重视继承，又勇于创新，是传统史学确立期与转变期的另一明显相似之处。公羊"三世说"历史哲学的演变，即是最明显的例子。它由《公羊传》发端，传中再三强调"所见异辞，所闻异辞，所传闻异辞"，其中包含着对待历史的一个很宝贵的观点：不把春秋二百四十二年视为铁板一块、凝固不变，而看作可按一定标准划分为不同的发展阶段。这种历史变易的观点，能给后人以宝贵的启迪。至西汉董仲舒加以发挥，提出"张三世"的论点，说："《春秋》分十二世以为三等：有见，有闻，有传闻；有见三世，有闻四世，有传闻五世。故哀、定、昭，君子之所见也；襄、成、文、宣，君子之所闻也；僖、闵、庄、桓、隐，君子之所传闻也。所见六十一年，所闻八十五年，所传闻九十六年。"① "张三世"的提出,把《公羊传》的说法大大推进了。董仲舒又提出"通三统",二者结合,形成一套改制的政治—历史哲学。至东汉何休,又归纳出"三科九旨",而且把"三世说"演绎成系统的发展史观,把"所传闻世""所闻世""所见世",与据乱—升平—太平的社会发展阶段论相结合,构成了体系。此后,公羊学消沉一千多年,至近代史开端时期,重新焕发其活力。首先被龚自珍、魏源加以改造,灌输进批判封建统治的新精神。这种具有新的时代意义的历史变易观,还指导魏源开始认识中国对外关系面临的巨大变化,中国处于落后地位,必须抵抗外侮,警醒自强,同时应改变傲慢排外的态度,学习外国长处。这是魏源撰著《海国图志》的根本出发点。至戊戌时期,康有为将公羊学说与建立君主立宪的主张结合起来,作为他大力倡导维新变法的理论基础。于是公羊学说再次风靡于世,并且成为中国智识界接受西方进化论的思想基础。

公羊学说在传统史学确立期和转变期的演变过程,再一次使我们得到启示:传统文化的精华部分在近代史时期有一定的应变力,这些具有积极意义的成果,经过近代先进人物改造、阐发之后,可以并且能够与西方传入的进步学说相沟通。近代文化的演进过程离我们很近,关系甚为密切。总结由传统史学向近代史学转变的规律性认识,对于我们今天确定文化战略应当是大有裨益的。

---

① 董仲舒:《春秋繁露》卷一《楚庄王》,中华书局,1975年版,第11—12页。

上篇 传统史学的确立与文化问题

孔子与中国史学传统

孔子作《春秋》，在中国史学史上是一件大事情。《春秋》是我们现在所能见到的最早的编年史，记载自鲁隐公元年（前722），至鲁哀公十四年（前481），共二百四十二年史事，大致有一万五千余字。内容主要是各诸侯国之间聘问、会盟、战争等政治事件，也有关于自然现象的记录，如日食、水旱、虫灾等。它记事的特点是十分简略，文字最少的一条只有一个字，如"雨"（僖公三年夏六月），或"螟"；也有二三个字的，如"城郓"（成公四年冬）、"宋灾"（襄公九年春）、"公如齐"（宣公五年春），一般不过十字左右。记载最长的一条也只有四十五字，如："公会刘子、晋侯、宋公、蔡侯、卫侯、陈子、郑伯、许男、曹伯、莒子、邾子、顿子、胡子、滕子、薛伯、杞伯、小邾子、齐国夏于召陵，侵楚。"① 虽然记载得很简略，但它对史学的发展却影响深远。自《春秋》成书以后，对它研究评论的著作多达数百种。褒奖的人对它推崇备至，甚至把它神秘化。也有人对它批评，如宋代王安石直斥它是"断烂朝报"，贬低它只不过是片断留下来的诸侯国之间赴告的文书而已，没有多大价值。还有的人

---

① 《春秋》定公四年春三月。

认为《春秋》完全是鲁国史册原文，根本否认孔子曾加以编次修改。那么，究竟孔子与《春秋》关系怎样？《春秋经》对于史学发展又产生了什么影响呢？

孔子依据鲁国史册，修成了《春秋》，对于这一点，从汉代以来绝大多数学者都没有怀疑。《史记·十二诸侯年表》序所说：孔子"论史记旧闻，兴于鲁而次《春秋》，上记隐，下至哀之获麟，约其辞文，去其烦重"。① 这段话一般就认为是权威意见。"论"即整理、编次，"论史记旧闻"指通过整理、编次来表明自己的褒贬是非，"约其辞文，去其烦重"是指对旧史删繁就简，当然有的是袭用鲁史旧文。

以上三种情况，都可以从《春秋经》与若干现在还可见到的鲁史旧文相对校中得到证实。有的是对鲁史原文作了文字上的润饰，如《公羊传》庄公七年载："不修《春秋》曰：'雨星不及地尺而复。'"《春秋经》所记载为："星陨如雨。"

有的是《春秋经》修改了原文，如：《左传》襄公二十年载诸侯之策（即诸侯的史册所记载）："孙林父、宁殖出其君。"《春秋经》则书为："卫侯衎出奔齐。"

当然有的是袭用鲁史原文，如《礼记·坊记》载："鲁春秋记晋丧曰：'杀其君之子奚齐。'"《春秋经》书为："九月甲子，晋侯佹诸卒。冬，晋里克杀其君之子奚齐。"又如《韩非子·内储说上》载："鲁哀公问于仲尼曰：《春秋》之记曰，冬十二月陨霜不杀菽……"《春秋经》僖公三十七年书为："冬十有二月陨霜不杀草，李梅实。"

以上这些事例证明：《春秋经》确有鲁国史册作为依据，而由孔子按照一定的观点、体例，加以删削、改写，所以称孔子作《春秋》。《史记·孔子世家》所载孔子"为《春秋》，笔则笔，削则削，子夏之徒不能赞一辞"是可信的。孔子作《春秋》，成为中国史学第一部重要著作，它从多方面创立了中国史学的传统，被司马迁所直接继承。

---

① 《史记》卷十四《十二诸侯年表》，中华书局，1959年版。

第一，孔子开创了私人修史的传统。

我国自西周至春秋时代，学术文化的局面产生了极大的变化。西周时期，学在官府，文化知识被贵族阶层所垄断。到了春秋时期，社会变动剧烈，周王室威信迅速下降，政权下移，先后出现"礼乐征伐自大夫出"和"陪臣执国命"的局面，各国间的战争和交往频繁。这一切，使旧的社会秩序崩坏了，新的社会力量也兴起了，"士"阶层成为活跃的力量，孔子就是新兴的"士"阶层的代表人物。他有志于政治，周游列国，但是始终不得志。他一生最大的成就是讲学，先后所教的弟子有三千人。孔子开创私人讲学的新风，打破了西周以来"学在官府"的垄断局面，使学术文化扩大到民间，这在历史上很有进步意义。与此相联系，他编次《春秋经》，即开我国私人著史之先河。

我国自古重视官方历史记载，故称"君举必书"。在西周、春秋时代，周王室和诸侯国君确已有不少史书，如《吕氏春秋》说到周王室有《周书》，[①]《左传》说到郑国有《郑志》，[②] 又有《郑书》。[③]《孟子·离娄下》说："晋之《乘》、楚之《梼杌》、鲁之《春秋》，一也。"可见晋、楚、鲁三国都有官方历史记载，名称虽不同，性质却是一样的。这些说明周王室和郑、晋、楚等国都有官方史册。《墨子》中说"吾见百国春秋"，则是对各国官方史册的总称。所有这些官方史册，都是秘藏在官方府库之中，一般民众根本无法见到，历史知识被官方所垄断。孔子打破学在官府的桎梏，教育大量学生，他依据鲁国史册，编次成《春秋》一书，便是他教学的内容之一。众多的学生从孔子这里学习了历史知识之后分散到各地，就把历史知识带到民间。这是孔子的巨大功绩。章炳麟说得好："《春秋》所以独贵者，自仲尼以上，《尚书》则阔略无年次，百国春秋之志，复散乱不循凡例。又亦藏之故府，不下庶人，国亡则人与事偕绝。……是故本之吉甫史籀，纪岁时月日，以更《尚书》，传之其人，令与《诗》《书》

[①]《吕氏春秋》卷十三《有始览》"听言"。
[②]《左传》隐公元年、昭公十六年。
[③]《左传》襄公三十年、昭公二十八年。

《礼》《乐》等治,以异百国春秋,然后东周之事,粲然著明。令仲尼不次《春秋》,今虽欲观定、哀之世,求五伯之迹,尚荒忽如草昧。夫发金匮之藏,被之萌庶,令人人不忘前王,自仲尼、左丘明始。"①这是结合社会演进和学术文化发展背景而作的精辟论述。在孔子作《春秋》以前,历史记载缺乏系统,又藏在官府,民众无法见到。是孔子修成私人历史著作,才把历史知识从王宫府库中解放出来,民间才能据以学习,历代人们才能明白春秋时代的史事,不然将是混沌一团!

孔子开创的私人著史风气,首先在先秦儒家学派产生巨大反响,因而出现了《春秋》三传,其中,《左传》代表着从记载史事上对《春秋经》加以补充发展,把私人著史继续向前推进;《公羊传》《穀梁传》则代表了着重从解释《春秋经》的文辞和"史义"上加以发挥的一派,至西汉时期成为显学。由于孔子是我国古代文化的伟大代表,我国第一部私人历史著作即出于其手,这就极大地吸引后代学者把私人著史视为"名山事业",要藏之名山,流传后代,往往以几十年时间呕心沥血撰成史著。司马迁便是自觉地继承孔子事业而以史学名家的第一人。

第二,重视"史义",使史学与社会实际紧密联系。

所谓孔子修《春秋》的笔削,是指孔子并不单纯记载史事,它的遣词用字体现出一套褒贬书法。这就是《春秋经》的"微言大义",借此表达孔子对于社会现实问题的见解,寄托社会理想。后人称为"以绳当世","立天下仪法","为后王制法"。

例如,春秋时期周王室式微,其地位降到等于一个小国,只好依附于强大的诸侯。鲁僖公二十八年(前632)践土之会,是周王应晋文公之命赴会。孔子反对这种以臣召君的做法,主张维持周王天下共主的地位,因而采取隐讳的书法,记载为:"天王狩于河阳。"用这种寓含褒贬的记事手法,寄托孔子希望恢复西周时代"礼乐征伐自天子出"的政治理想。孔子对于春秋后期大

---

① 章太炎:《国故论衡》中卷《文学七篇》"原经",上海古籍出版社,2003年版,第62页。

夫专政的局面同样不赞成，当鲁昭公被季氏逐出鲁国以后，只好羁留在黄河边上的乾侯（今河北省成安县境），在这段时间《春秋经》每年书曰："春王正月，公在乾侯"，表明仍然尊鲁昭公为国君。

又例如，同是一个大夫被杀，因记载的文辞不同，表示的褒贬就不同。《春秋经》隐公四年记："卫人杀州吁于濮。"《公羊传》解释说："其称人何？讨贼之辞也。"《穀梁传》解释说："称人以杀，杀有罪也。"说卫人杀州吁，意思是卫国人都主张杀州吁，所以表示州吁有罪该杀。《春秋经》僖公七年载："郑杀其大夫申侯。"《公羊传》解释说："称国以杀者，君杀大夫之辞也。"《穀梁传》解释说："称国以杀大夫，杀无罪也。"说郑国杀其大夫申侯，则只是说郑国国君个人杀了申侯，被杀者就不一定有罪或至少是杀非其罪。像这类书法上只有微妙的不同，称人称国只有一字之差，而含义却有有罪与无罪的区别。

《春秋经》中还有表达更特殊褒贬含义或讳饰的书法，如，宣公二年秋九月乙丑所记："晋赵盾弑其君夷皋。"杀晋国君的人，表面上看，是晋大夫赵盾，实际上是赵穿。但赵盾身为晋国执政人物，见局势不妙逃出国都，却没有离开晋国国境，回来以后又不及时讨伐赵穿，所以认为他负有弑君之罪。

在历史记载中用"书法"表示褒贬善恶，对将来起惩戒作用，这种做法本来是各国史官所常用的。《左传》中就有"君举必书，书而不法，后嗣何观"的说法。①《春秋经》记"晋赵盾弑其君"也是采用晋国史官董狐的书法。《左传》宣公二年载："赵穿杀灵公于桃园。宣子（即赵盾）未出山而复。太史书曰：'赵盾弑其君。'以示于朝。宣子曰：'不然！'对曰：'子为正卿，亡不越境，反不讨贼，非子而谁？'"这位晋太史便是古代著名的敢于直笔的史官董狐，被孔子称赞为"古之良史"。《春秋经》中把这种原来已受重视的褒贬书法提到前所未有的高度，运用得更加自觉和更有系统。这就使历史著作同政治生活发生了紧

---

① 《左传》庄公二十三年。

密的联系。

《春秋经》重视褒贬大义的做法，同《论语》中表达的孔子十分重视"正名"是一致的，目的即在"正名"，维护"君君臣臣父父子子"的等级名分。历史上大量事实证明，等级制是封建社会的特点。孔子的学说提倡维持等级名分，所以在封建社会中特别受到尊崇。第一个对孔子的《春秋》笔法作充分阐扬的，是儒家巨擘孟子。按照他的总结，孔子修《春秋》是了不起的大事，其功可与"禹抑洪水而天下平，周公兼夷狄驱猛兽而百姓宁"相等列。他还论述《春秋》寄托着孔子的政治理想："世衰道微，邪说暴行有作，臣弑其君者有之，子弑其父者有之。孔子惧，作《春秋》。《春秋》，天子之事也。是故孔子曰：'知我者其惟《春秋》乎！罪我者其惟《春秋》乎！'"这是认为：孔子因目睹王室衰微，原有的礼乐制度、等级名分陷于崩坏紊乱，恐惧日后情形越发不可收拾，他要挽狂澜之既倒，于是采取修《春秋》的方式，以褒贬为手段，明是非，别善恶，要使社会恢复到所谓"天下有道"的局面。孔子这样做，是针砭世事以垂法后人，虽无天子之位，而行"天子之事"。并认为《春秋经》的褒贬手法有极大的政治影响，故说"孔子成《春秋》而乱臣贼子惧"。① 孟子还总结《春秋》中有史事、史文、史义，而最重要的是"史义"，这是孔子所特意灌注进去的。他说："王者之迹熄而《诗》亡，《诗》亡然后《春秋》作。晋之《乘》，楚之《梼杌》，鲁之《春秋》，一也。其事则齐桓、晋文，其文则史。孔子曰：'其义则丘窃取之矣。'"② 这段话有两点值得重视。一是认为《春秋经》产生于周王室失去号令天下的地位、社会处于大变动时期，同上文所说"孔子惧，作《春秋》"相照应。二是指出《春秋经》不是普通史书，人们应该特别重视其中所曲折表达的孔子的政治观点和政治思想，体会其中的"微言大义"。孟子的论述，大大提高了《春秋》在儒学总体系中的地位，阐释了《春

---

① 《孟子·滕文公下》。
② 《孟子·离娄下》。

秋》所包含的孔子的政治观点具有治理国家、纲纪社会秩序伦理的非凡作用，也说明精深的义理乃是史书的灵魂所在这一深刻道理。此后封建社会中人们长期认为《春秋经》的褒贬对于政治荣辱、人生价值具有至高无上的意义，"一字之褒荣于华衮，一字之贬严于斧钺"。在汉代，董仲舒将《春秋》与西汉政治相结合，使春秋学大为盛行。而从史学发展说，司马迁把孔子著《春秋》视为神圣的事业，认为《春秋》对政治具有巨大的力量，称"拨乱世，反之正，莫近于《春秋》"。① 他本人自觉地继承孔子的精神，同样通过著史表达自己的社会理想，这就进一步奠定了中国史学直面社会、同现实生活紧密相关的优良传统。近代史学家梁启超讲：中国史学经世致用的"根本观念，传自孔孟"，② 即深刻地指出了这一特点。

从我们今天的观点来看，孔子用春秋书法寄寓褒贬、维护等级名分，其中确有不少是保守性的东西。春秋笔法中还讲"为尊者讳，为亲者讳，为贤者讳"，更与孔子所赞扬的史家"直笔"精神相矛盾。如隐公十一年，鲁隐公被弑，而记为"公薨"。又如鲁桓公与齐侯会于泺，齐使公子彭生杀桓公，而《春秋经》记为"公薨于齐"。像这些地方都反映出孔子历史观中保守的一面。但同时，在《春秋经》中我们也可以发掘出孔子历史观的进步面，比较突出的有以下两项：

一者，孔子怀恋周天子享有崇高地位的旧秩序，但又承认历史变化的新内容。《论语》中嘉许管仲相桓公称霸，《春秋经》中也对齐桓、晋文争霸的史事多加记载，反映出孔子对他们抑制楚国力量北进、稳定中原局面深为赞许。对于齐桓公，从庄公三十年"齐人伐山戎"（救燕），到僖公九年葵丘之盟，十四年中，记载齐桓公的史事共有二十二条。其中僖公四年，"春王正月，公会齐侯、宋公、陈侯、卫侯、郑伯、许男、曹伯，侵蔡，蔡溃，遂伐楚，次于陉。夏，……楚屈完来盟于师，盟于召陵"。郑重

---

① 《史记》卷一百三十《太史公自序》。
② 梁启超：《清代学术概论》，《饮冰室合集》专集之三十四，第79页。

地写出齐桓公取得霸主地位，表彰他抑制了楚国势力北进的功绩。对于晋文公，仅在僖公二十八年这一年之内，接连记载晋文公一战胜楚、取威定霸、盟于践土等共七件史事，同样表示赞赏。这些记载，都反映出对大国争霸局面的承认和赞赏。对于君臣关系，《春秋经》并不主张对于君必须绝对服从，它讲"君君臣臣"是相对的，若君不君就不能责备臣不臣。如，鲁春秋原来记载"孙林父、宁殖出其君"，这是罪责臣下；《春秋经》改为"卫侯衎出奔齐"，① 则是责其君咎由自取。所以《左传》解释《春秋经》的凡例，说："凡弑君，称君，君无道也；称臣，臣之罪也。""凡民逃其上曰'溃'。"② 这又是孔子历史思想进步性的一面。

二者，《春秋经》还反映出东周以后历史观上重视人事的进步倾向。由于这一时期社会的剧烈变动，产生了与旧的尊天、迷信思想相对立的怀疑思想。在历史观上，神的作用更加缩小，明显地产生了重视人事的思想。《春秋经》记的是各国政治事件和人物活动，以及与人事有关的自然现象。在《春秋经》中，没有像《雅》《颂》那样的鬼神气氛，也没有像周、齐、宋、燕等国史册那样详记鬼神故事。它也记水、旱、雪、霜、地震等，这都是作为与人事有关的自然现象来处理的。它偶尔记一下奇异的现象，如"六鹢退飞"之类，这是记当时天空中少见的现象，六只鹢遇到大风，不能往前飞而往后退。《春秋经》的这类记载，司马迁有极其中肯的解释，"纪异而说不书"，③ 只记特异的现象，而不宣扬迷信说法。在春秋时期，朝聘、会盟、征伐、城筑等，本来无一不是跟宗教活动密切联系的。但《春秋经》却从神秘的空气中游离出来，专从人事的角度去记载这些事情。这样把历史跟神话和宗教分开，是《春秋经》的一个重大贡献。这种重人事的观点同反映在《论语》中孔子不宣扬迷信的态度是相符合的。

---

① 《春秋经》襄公十四年。
② 《左传》宣公四年、文公三年。
③ 《史记》卷二十七《天官书》。

孔子说:"务民之义,敬鬼神而远之。"① 又说:"未能事人,焉能事鬼。"② 孔子的弟子也说:"子不语怪、力、乱、神。"③ 不讲迷信的朴素的唯物观点在当时是可贵的进步思想,给后代进步学者以深刻的影响。西汉至东汉初年,是鬼神迷信盛行的时期,司马迁和班固著史,却继承了孔子从人事角度看待历史、不宣扬迷信的观点,因而形成中国史学人文主义的优良传统。

《春秋经》记鲁国十二公的史事,时代离得越近,记载得越详细。这体现出孔子详近略远的观点,对后世史学也产生了积极的影响。《论语》中还记载有孔子关于古代历史的言论,其中也包含有值得重视的观点。孔子对古代历史的发展,有自己的看法,其中包含着历史发展的连续性和变革性的看法。他说:"殷因于夏礼,所损益可知也;周因于殷礼,所损益可知也;其或继周者,虽百世可知也。"④ 这里的"礼"指制度。孔子认为殷、周两代的制度,都在继承前代的基础上有所损益(即变革),并且认为后代的情形也是这样。这说明他重视历史传统,又承认在继承中要有所变革。孔子又说:"周监于二代,郁郁乎文哉!吾从周。"⑤ 这是说西周的典章制度的发展和进步,是吸收了夏、商两代的历史经验而取得的。这也是对历史发展的正确看法。但孔子留恋西周旧的秩序,则是其严重局限性。《论语》中还记载了孔子评价古代圣贤尧、舜、禹,以及春秋时期齐桓、晋文等历史人物的言论。这些,对于增进我们祖先的历史意识也都起了促进作用。

第三,立了史法,开创了按照一定体例编撰史书的传统。

《礼记·经解》总结《春秋经》的作用和特色说:"属辞比事,《春秋》教也。""属辞比事而不乱,则深于《春秋》者也。""属辞",指遣词用字,即为了表达不同的爱憎褒贬而采用一定的

---

① 《论语·雍也》。
② 《论语·先进》。
③ 《论语·述而》。
④ 《论语·为政》。
⑤ 《论语·八佾》。

书法。上面所举《春秋经》的褒贬大义，都属于这一范围。其他讲究运用书法的还很多。同是记杀人，有杀、弑、尽杀、诱杀、歼等不同的写法。同样是记战争，有伐、侵、袭、战、围、取、执、溃、败等不同的写法，各有不同的含义。例如伐、侵、袭三种书法不同的含义，据《左传》解释说："凡师，有钟鼓曰伐，无曰侵，轻曰袭。"① 三个字区分了大张旗鼓作战、不敢造成声势和小规模用兵三种不同的情况。《左传》作者还总结《春秋》的特点是："微而显，志而晦，婉而成章，尽而不污，惩恶而劝善。"② 主要也是从遣词用字做到词句含蓄而意思明显，史实记载下来，含义却很隐晦，措辞婉转曲折等书法上的特点。

"比事"则指按一定体例编排历史事件。《春秋经》记载虽简略，但它却树立了编年体史书的记事方法。杜预将这种方法总结为："以事系日，以日系月，以月系时，以时系年。"③ 这样记载，年、月、日时间明确，而且规范化，这是经历了相当长过程而形成的。甲骨文和金文中已有用年、月、日记事的方法，但那时时间顺序还不甚明确，一般以月、日在前，以年在后，王国维在其《洛诰解》一文中总结说："书法先日次月次年者，乃殷、周间记事之体"，"周初之器，或先月后日，然年皆在文末。知此为殷周间文辞通例矣"。④《尚书》属于西周时代的作品，也仍未确定方法，其中作品有的先日后月最后记事，有的只记月、日而不记年，也有只记年，或只记月，或只记日。到了《春秋经》产生时，才确定了按年、月、日的顺序记事的方法。这就为后代编年史的发展奠定了稳固的基础。

没有史义和体例，只能属文献资料，是"记注"而不是"著作"；只有灌注了历史观点，又按照一定体例编撰，才称得起为"史学"。由于孔子编修《春秋》，中国才有第一部史学著作，这样说绝非过誉。司马迁对《春秋经》在编撰体例上的成就，同样

---

① 《左传》庄公二十九年。
② 《左传》成公十四年。
③ 杜预：《春秋序》，《春秋左传集解》，凤凰出版社，2010年版，第1页。
④ 王国维：《洛诰解》，《观堂集林》卷一，中华书局，1999年版，第40页。

十分钦仰，他在《史记·三代世表》序中说："孔子因史文（即鲁史原文），次《春秋》，纪元年，正时日月，盖其详哉！"①称赞《春秋经》体例上谨严和完整，做到厘清了历史发展的年代、次序，严格地按年编排，并清楚地记载重大事件发生的四时、月、日，这样春秋时期的历史便详实有据了。《史记》在编撰上的宏大规模和成熟体例，正是继承《春秋经》重视体例的传统，吸收了先秦史学在编撰上的成就，并大大加以发展而产生的。《春秋经》又是我国发达的编年体史书的源头，此后出现了像《汉纪》《后汉纪》内容更丰满的著作，以及辉煌的巨著《资治通鉴》，体例上不断发展，但追根溯源，《春秋经》的属辞比事则真正具有创始的意义。

第四，创立了重视文献，加以访求、考订的传统。以后司马迁大力发挥，形成了体现实事求是精神的考信方法。

鲁国在西周初年是周公旦的封国，本是西周政治文化中心之一，保存有大量宗周的历史文献。这就使孔子从小受到古代文化的熏陶。到孔子三十多岁时，他又到周王室观书，向担任守藏史（相当于王室图书馆或博物馆馆长）的老聃学习礼制，所以孔子对制度文献有渊博的知识。他自称："十室之邑，必有忠信如丘者焉，不如丘之好学也。"②又说："我非生而知之者，好古，敏以求之者也。"③都是强调他对于文献历史知识孜孜不倦地学习和探求，并且自信其兴趣和毅力远远超出于常人。同时，孔子又一再告诫人们：对文献、历史知识，绝对不能凭主观臆断，而应该"多闻""多见""多识"，虚心地、广泛地学习，然后慎重地选择正确的东西，加以肯定，对于并不明白的东西，就先予保留。他说："盖有不知而作之者，我无是也。多闻，择其善者而从之，多见而识之。"④又说："多闻阙疑，慎言其余。"⑤"君子

---

① 《史记》卷十三《三代世表》。
② 《论语·公冶长》。
③ 《论语·述而》。
④ 《论语·述而》。
⑤ 《论语·为政》。

于其所不知,盖阙如也。"① 孔子讲这些话,总结了他一生钻研历史文献的经验体会,讲出了根据确凿事实才下结论的真理。他叮嘱人们务必做到有几分事实,下几分结论,不要不懂装懂。孔子这些有关治学的宝贵格言,对于主观武断的不良学风无疑是一剂良药,同时也是儒家实用理性精神的突出体现。

好学精神和严谨的学风,使他对于古代制度相当熟悉,所以他说:"夏礼吾能言之,杞不足徵也;殷礼吾能言之,宋不足徵也。文献不足故也。足,则吾能徵之矣。"② 对于夏、殷两代的制度他都知晓,同时慨叹历史文献的不足,希望能得到更多的文献来加以印证。其他先秦文献中,还记载有几项有趣的故事,说明孔子对于历史文物确有丰富的知识。

孔子来到陈国,恰好在那天,陈国的上空忽然出现有一些隼(鸷鸟),过了一会儿,又聚集在宫廷附近死了。一看都是被楛矢射穿了,楛矢为楛木箭杆,石箭镞,长达一尺八寸,陈国人都没见过。陈惠公派人去问孔子,孔子说:隼鸟来得很远啊!这是肃慎国(在今天辽东境内)的楛矢,从前周武王克商以后,同边远的"蛮夷"民族有了往来,要求他们各自贡献土特产,肃慎国进贡的就是这种楛矢。武王为了庆功和奖赏诸侯,就把这种贡物赐给陈国了。你们可以到王宫府库中去找找。后来果然从王宫府库中找到一模一样的楛矢。这件事见于《国语·鲁语》。这一典型事例,说明孔子对历史文物有很高的鉴别能力,又能说明它们的渊源和沿革。

由于孔子对历史文献的高度重视和教育学生的需要,他对于我国古代遗留下来的历史文献作了大量的搜集和整理工作。《论语》书中记载了孔子十分留心夏、商、周三代的典章,指导学生学习《诗经》《尚书》及礼乐制度。《史记·孔子世家》记载孔子删订儒家六经(《诗经》《尚书》《易经》《礼》《乐》《春秋》),是可信的。孔子在整理历史文献方面,同样做了创始性的

---

① 《论语·子路》。
② 《论语·八佾》。

工作，并且由此形成了我国史学家重视搜集文献和加以慎重考订的优良传统。"多闻阙疑"成为历代优秀史家自觉遵从的基本原则。

《春秋经》在史料上的可靠性恰恰证明孔子在书中贯彻了他所提倡的"多闻阙疑"的原则。近代天文学家的研究证明，《春秋经》关于日食、"星陨"、星象的记载，许多都跟用近代科学方法推断的相符，是中国和世界天文学史上的珍贵史料。在这方面，我们可以参考近代学者王韬所著《春秋日食辨正》《春秋日食集证》，现代天文学家朱文鑫所著《历代日食考》，陈遵妫先生所著《中国天文学史》。他们的研究证明：《春秋经》所记三十七次日食，有两次"比食"（襄公二十一年九月、十月，襄公二十四年七月、八月）当属错简外，其余三十五次日食，有三十二次经过用近代天文学的科学方法验证是可靠的，误记的只有三次。又，庄公七年所记"夏四月辛卯，夜半星陨如雨"，则是公元前687年3月16日所发生的天琴星座流星雨纪事。文公十四年"秋七月，有星孛入于北斗"，则是世界上最早的关于哈雷彗星的记录。这些有力地证明孔子修《春秋》所据材料的确凿和考订上的审慎。

《左传》的史学成就和民本思想

《春秋经》和三传历来在经学史上是重要角色,同时,它们在先秦史学中又是居于中坚地位的、富有活力的家族。《春秋经》是后人所能见到的我国最早的一部融"史事、史文、史义"三者于一体的编年体史书,标志着由只有官书记载进入私人著述的新阶段;同时,孔子又以所修史书传授后学,为开创古代重视历史知识的传统做出了贡献。孔子在文化史上的重要地位和《春秋经》的重要性,吸引着儒家学派的学者从多方面研究它,也吸引着其他学派的学者,如庄子、韩非等对它评论或称引。在儒家学派内部,既有着重从记载史事上加以补充、发展的一派,其成果是《左传》,把编年体史书向前推进了一大步;又有着重从解释《春秋经》文辞和"史义"上加以发挥的一派,其成果是《公羊传》和《穀梁传》。这三部史书又各有发展了的历史思想,它们的成就长期为人称道,《公羊传》的历史哲学甚至对中国近代社会还产生了重要影响。这样,春秋经传便构成为先秦史苑中独特的史学家族,既互相联系又呈现多样性,从而大大丰富了先秦史学的内容。

《左传》是《春秋左氏传》的省称,记事自隐公元年至哀公二十七年,较《春秋经》多十三年,共四十卷,十九万余字。

《左传》在西汉时称为《左氏春秋》。它的内容是着重以史实解释《春秋经》的，这跟《公羊传》《穀梁传》着重以"微言大义"解释《春秋经》不同。譬如，鲁隐公元年《春秋经》："夏五月，郑伯克段于鄢"，仅有简略的事目。《左传》隐公元年则原原本本记载了事件的起因（郑庄公与弟共叔段不和）、经过（段将袭郑，庄公伐之）、结果（段出奔共）及余波（庄公母子重归于好）。只有读了《左传》，才能明白《春秋经》所记的意思。所以桓谭《新论》说："《左氏传》于经，犹衣之表里，相待而成。经而无传，使圣人闭门思之，十年不能知也。"① 《左传》有无经之传及经传相异的记载，则表明作者求实阙疑的谨慎态度。② 所以西汉时称之为《左氏春秋》，可以认为是表明了当时人们对《左传》解释《春秋经》这一关系的看法。

一、《左传》作者和成书时代

《左传》相传是左丘明作。《史记·十二诸侯年表》序云："鲁君子左丘明惧弟子人人异端，各安其意，失其真，故因孔子史记具论其语，成《左氏春秋》。"但古籍上对左丘明生平的记载却极阙略。《论语》云："巧言、令色、足恭，左丘明耻之，丘亦耻之；匿怨而友其人，左丘明耻之，丘亦耻之。"③ 根据孔子这种敬重的语气，表明左丘明年辈应与孔子同时。然而对照《左传》内容，却有难以解释之处。《左传》记事止于鲁哀公二十七年（前468），还附加一段，说明智伯被灭，且按谥号称赵无恤为襄子。智伯被灭在公元前453年，距孔子卒年（前479）已有二十六年。赵襄子之死在前425年，距孔子卒已有五十四年。这些史事，不可能是与孔子同时代的左丘明所记载。又《左传》书中好载预言，有验的也有不验的，凡验中的预言，可以说都是事后比

---

① 桓谭：《新论》卷中"正经"，上海人民出版社，1976年版，第37页。
② 书中直接解经的话，则系后人加入。
③ 《论语·公冶长》。

附之词。如三家分晋、田氏代齐的预言，书中屡见，《左传》作者应是看到这些史实的。凡预言不应验的，则是作者所不及闻见的。文公六年传："君子是以知秦之不复东征也。"说明作者未及见到公元前360年秦兵东围韩城。又，《左传》作者对于魏国抱很大期望，他在晋赐毕万时说："毕万之后必大。万，盈数也；魏，大名也。以是始赏，天启之矣！"①说明作者只见到公元前351年赵、魏盟于漳水之上以前魏国的强盛，却没有看到此后魏国的削弱。

因此，比较合理的解释是：第一，《左传》一书非出一人之手。前代学者对此多有论及。顾炎武说："左氏之书成之者非一人，录之者非一世。"②最初传授者应为左丘明，尽管成书出自后人之学，但因古代学术最重传授系统，最初的传授者便是此书作者。这犹如《公羊传》写定于汉初而仍称为公羊高所作。③《左传》从传授到写定，经过反复锤炼，均应出于当时熟悉各国史事的第一流学者之手。第二，《左传》成书时代可初步判定为战国前期，大约应在公元前350年前后，但这并不排除后人之有所增益。

《左传》在战国后期即已流传。《战国策》《荀子》《吕氏春秋》《韩非子》都征引《左传》。④至公元279年（晋武帝咸宁五年）发现的汲冢竹简古书中，有《师春》一卷。据《新唐书·刘贶传》、陆淳《春秋啖赵集传纂例》均云：《师春》全录《左氏传》卜筮事。⑤汲冢书出自魏襄王墓。则《师春》抄录《左传》

---

① 《左传》闵公元年。
② 顾炎武：《日知录》卷四《春秋阙疑之书》。
③ 参见徐中舒《左传作者及其成书年代》，《历史教学》1962年第11期。徐先生又据《史记》"左丘失明，厥有《国语》"及《国语》"史不失书，矇不失诵"等史料，推论左丘明应是鲁国最有修养的瞽史，《左传》即出于他的传诵。此说也可参考。
④ 如《战国策·楚策四》载虞卿曰："臣闻之《春秋》，'于安思危，危则虑安'。"与《左传》襄公十一年所引"居安思危"相同。其余例证不尽录。
⑤ 《新唐书·刘贶传》："《师春》一篇，录卜筮事，与《左氏》合，知按《春秋》经传而为也。"（《新唐书》卷一百三十二《刘贶传》，中华书局1975年版）陆淳《春秋啖赵集传纂例》卷一《赵氏损益义第五》引赵匡说："彭城刘惠卿（名贶）著书云：（《师春》一卷），全录《左氏传》卜筮事，无一字之异，故知此书按《春秋》经传而为之也。"（商务印书馆，1936年版）

卜筮事至迟在魏昭公元年（前295）以前。这是《左传》在当时已经流传的有力证据。《左传》在汉初有清楚的传授，《汉书·儒林传》载："汉兴，北平侯张苍及梁太傅贾谊、京兆尹张敞、太中大夫刘公子皆修《春秋左氏传》，谊为《左氏传》训故，授赵人贯公，为河间献王博士，子长卿为荡阴令，授清河张禹长子（长子为禹字），禹与萧望之同时为御史，数为望之言《左氏》，望之善之，上书数以称说。"由于《左传》在汉初已得流布，至司马迁著《史记》，则大量采用《左传》的记载。①

《左传》通行的注本是：晋杜预的注，称《春秋经传集解》；唐孔颖达的疏，称《春秋左传正义》。清代学者治《左传》著名者，有马骕《左传事纬》、顾栋高《春秋大事表》、洪亮吉《春秋左传诂》、刘文淇《春秋左氏传旧注疏证》（未完成，止于襄公五年）等，亦可参考。

二、赞成社会变动，阐扬"民本"思想

《左传》不论在历史观点、史事记载、编撰形式等方面，都已达到相当高度的成就。

在历史观上，《左传》对春秋时代的历史大变动明显地持肯定态度，对新兴地主阶级的代表人物表示同情，并且借所记人物之口，对于这种历史变动作出了具有理论意义的概括，突出地阐扬了民本思想。

《左传》所记载的春秋时代是历史大变动时期。先是周天子失去其天下共主的地位，大国争霸，以后是"公室卑下"，"政在大夫"。社会大变动的实质，是奴隶制统治秩序的动摇，旧的宗法等级关系破坏，而新兴的社会力量崛起。在历史观上，面对春秋时期的历史大变动，《左传》作者并没有感叹旧制度的崩坏，

---

① 参考刘节《左传国语史记之比较研究》，《古史考存》，人民出版社，1958年版。

正相反，作者明显地赞成社会大变动，对新兴地主阶级的代表予以同情。首先，《左传》对大国争霸局面持赞许态度。书中具体记载了齐桓公联合华夏各国击退戎狄进攻、救邢存卫的功业，赞赏说："邢迁如归，卫国忘亡。"① 借小国人民摆脱戎狄劫掠，重获安定生活的真切感受，表彰齐桓公争霸为华夏族带来的好处。书中又载了齐桓公大会诸侯于葵丘（前651）的经过，评论说："会于葵丘，寻盟，且修好，礼也。"② 对于晋文公的争霸，书中更着力从重耳本人备尝"艰难险阻"的经历，大臣赵衰、狐偃的政治才干，君臣策略措施的成效等方面，表现其称霸的必然性。作者并加以评论："晋侯始入而教其民，二年，欲用之。子犯曰：'民未知义，未安其居。'于是乎出定襄王，入务利民，民怀生矣。将用之，子犯曰：'民未知信，未宣其用。'于是乎伐原以示之信。民易资者，不求丰焉，明征其辞。公曰：'可矣乎？'子犯曰：'民未知礼，未生其共。'于是乎大搜以示之礼，作执秩以正其官。民听不惑，而后用之。出谷戍，释宋围，一战而霸，文之教也。"③ 说明晋文公为建立霸业，作了教民利民（发展生产）等项准备，深得民众的支持。《左传》通过这些记载和评论，具体地证明大国争霸符合于当时历史的需要。

《左传》作者赞成社会大变动，更表现在对春秋后期"政权下移"的史实叙述上。《左传》昭公三年记载了齐国晏婴和晋国叔向评论两国政局的谈话。晏婴说："此季世也，吾弗知齐其为陈氏矣。公弃其民，而归于陈氏。齐旧四量，豆、区、釜、钟。四升为豆，各自其四，以登于釜。釜十则钟。陈氏三量皆登一焉，钟乃大矣。以家量贷，而以公量收之，山木如市，弗加于山；鱼、盐、蜃、蛤，弗加于海。民参其力，二入于公，而衣食其一。公聚朽蠹，而三老冻馁，国之诸市，屦贱踊贵。民人痛疾，而或燠休之。其爱之如父母，而归之如流水。"叔向说："虽吾公室，今亦季世也。戎马不驾，卿无军行，公乘无人，卒列无

---

① 《左传》闵公二年。
② 《左传》僖公九年。
③ 《左传》僖公二十七年。

长。庶民罢敝，而宫室滋侈。道殣相望，而女富溢尤。民闻公命，如逃寇雠。"这样记载显然表达了对新兴政治力量齐国陈氏的拥护，和对于残酷剥削民众的晋齐两国公室的谴责。《左传》还详细记载了鲁三桓势力的崛起，"失民"的鲁君终于被季氏驱逐出境，虽有齐、宋、卫、晋等国干预也不能回国，最后老死他乡。若以维护旧统治秩序为标准，季氏的做法是何等大逆不道。可是，《左传》却借史墨回答赵简子的话，肯定了季氏的做法得到民众的支持。

> 天生季氏，以贰鲁侯，为日久矣。民之服焉，不亦宜乎！鲁君世从其失，季氏世修其勤，民忘君矣。虽死于外，其谁矜之？社稷无常奉，君臣无常位，自古以然。故《诗》曰："高岸为谷，深谷为陵。"三后之姓，于今为庶。①

史墨的话，表明鲁君的垮台、季氏的兴起都是必然的，而且用"社稷无常奉，君臣无常位"这样富有辩证色彩的话，概括了春秋时代社会变动的规律。《左传》作者选择、整理了这些材料，也就显示出其思想倾向性。这些都突出地表明作者的进步观点和历史观察力。

《左传》记了多次战役，作者能将军事与政治结合起来，常常从政治的得失揭示出造成战场上成败的更为深刻的原因。如记鲁齐长勺之战（庄公十年）、晋楚城濮之战（僖公二十七、二十八年）、晋楚邲之战（宣公十二年），都能从"信""忠""教其民""德立刑行"这些条件，说明战场上取胜的政治原因。把军事与政治联系起来，这同样体现了《左传》作者具有相当深刻的历史观察力。

在内容上，《左传》记载史事丰富详实，展现了复杂的社会矛盾，记录了出色的社会思想。

《左传》记载史事涉及了广大地区，它对北、南两大国晋、楚及鲁国记载甚详，对齐、郑、宋、曹、卫、秦和后起的吴、越

---

① 《左传》昭公三十二年。

也都有大体均衡的记载。这点很值得注意，说明春秋各主要国家对史料均有相当的保存，《左传》作者则有开阔的眼光，对史料有充分的掌握。

《左传》叙述的是真实的历史过程，书中所反映的社会矛盾表现出不断展开的形式。它记载了统治阶级内部的种种矛盾，包括公室与世卿的斗争、卿大夫之间的斗争、各国之间的斗争。又记载了统治阶级与人民的矛盾。这里有对阶级矛盾的概括而具体的描述，例如上述叔向等人的议论，以及晏婴对齐国统治阶级骄奢淫逸、横征暴敛的论述："县鄙之人，入从其政；偪介之关，暴征其私；承嗣大夫，强易其贿。布常无艺，征敛无度；宫室日更，淫乐不违。内宠之妾，肆夺于市；外宠之臣，僭令于鄙。私欲养求，不给则应。民人苦病，夫妇皆诅。"① 书中也记载了人民大众在沉重压迫下爆发的反抗。这类反抗事件，有如：僖公十六年，城鄫役人反抗；僖公十九年，梁伯沟其宫而民溃；僖公二十八年，卫国人"出其君"（卫成公）；襄公二十三年，陈国筑城人起义；昭公十二年，周原伯绞虐，舆人逐之；昭公二十年，郑国多盗；昭公二十二年，周"百工之丧职秩者"随王子朝"作乱"，同年，"百工反"；哀公十七年，卫国匠人随石圃攻卫庄公，等等。

正是由于一方面旧的统治秩序日趋崩溃，另一方面下层人民的力量在政权变动、战争和多次反抗中日益显示出来，因此，春秋时期在社会观念上出现了"君""民"关系的新变化。《左传》对此的突出反映，就是大量记述了各国政治家、思想家"重民""民本"倾向的言论。他们从多方面论述"有民"或"失民"是"取国""保国"的条件之一。书中所载季梁、叔向、史墨、逢滑、沈尹戍等人物，都深深懂得"民"关系着社稷的兴亡祸福。季梁认为"民馁而君逞欲"是危险的。② 叔向说"有民"是"取国"的条件之一。③ 沈尹戍说："民弃其上，

---

① 《左传》昭公二十年。
② 《左传》桓公六年。
③ 《左传》昭公十三年。

不亡何待？"① 逢滑警告说："国之兴也，视民如伤，是其福也；其亡也，以民为土芥，是其祸也。"② 这些思想家进而认为，"君"的作用应是"抚民"而不应"陵民"，并依照国君对民的态度，将国君分为"养民"的"良君"和"困民之君"两类。襄公十四年传，记载了师旷对晋悼公谈论卫献公被国人驱逐一事，严责坏君，大胆地提出对"困民"的君主"弗去何为"的主张。"晋侯曰：'卫人出其君，不亦甚乎？'对曰：'或者其君实甚。良君将赏善而刑淫，养民如子，盖之如天，容之如地，民奉其君，爱之如父母，仰之如日月，敬之如神明，畏之如雷霆，其可出乎？夫君，神之主而民之望也。若困民之主，匮神乏祀，百姓绝望，社稷无主，将安用之？弗去何为？'"师旷对于虐民的统治者有更严厉的谴责，指出"岂其使一人肆于民上，以从（纵）其淫"，是"弃天地之性！"③ 齐国晏婴也说："君民者，岂以陵民？社稷是主。臣君者，岂为其口实，社稷是养。故君为社稷死，则死之；为社稷亡，则亡之。若为己死，而为己亡，非其私暱，谁敢任之？"④ 认为君既然违背了"养民"的责任，老百姓自然就要将他抛弃。

《左传》记载的这些"重民""民本"思想的丰富资料，是历史前进的产物，在当时具有进步的意义。"重民"和"民本"思想，可以说是古代的民主思想，反映了下层人民的力量受到了一定程度的重视，所以是先秦思想史上的新突破。战国时期孟子所阐述的"民为贵，社稷次之，君为轻"的思想，与《左传》所载思想家的言论有一脉相承的联系。

---

① 《左传》昭公二十三年。
② 《左传》哀公元年。
③ 《左传》襄公十四年。
④ 《左传》襄公二十五年。

三、对于确立编年史体裁的重大贡献

在历史编撰上,《左传》已经达到相当熟练地运用编年体裁,因而对确立这一体裁的地位起到重要的作用。

从历史编撰说,《春秋经》只具备了编年体史书的雏形。《左传》则记载详实,血肉饱满,而且叙述有系统、有剪裁,在编撰技术上大大前进了。《左传》对于主要事件,必定叙述其前因后果,使人获得清晰的了解。在记述事件的同时,书中又重视记述人物的言论行动,因而能够反映出社会的各种情状。所以刘知幾评论说:"言事相兼,烦省合理。"①

《左传》还为编年体史书如何做到连贯完整地记载史事创造了宝贵的新经验。编年体具有的优点是:按年记载,事件发生先后清楚,且能看出同一年代发生的不同事件的相互影响。但又有其缺点:如果事件所经历的年代长,则前后要分散到许多篇中记载,势必彼此间隔,首尾难以稽查,史事发展的线索不易显现。因此,熟练地运用编年体裁,就包括在必要时打破按年叙述的限制,以突出事件的主线。《左传》正是这样做了。例如,桓公十年记载郑、卫、齐三国对鲁作战,为明其起因,追叙了四年前郑公忽救齐有功,怨恨鲁人亏待他,这样事情的前因后果才得显豁。这类"追叙法"在书中运用甚多。最成功的例子,则是僖公二十四年,在记述秦伯帮助晋公子重耳回到晋国之前,追叙了重耳出亡十九年的经过。重耳因晋骊姬之难,于鲁僖公五年由晋出奔狄,又历卫、齐、曹、宋、郑、楚,最后到达秦国。若将这些事件分散到十九年中叙述,就会前后悬隔,零乱而无系统,使人不得要领。《左传》作者于是突破了按年记载的格式,集中放到这里叙述,这样,就成功地刻画了重耳从一个不谙世事、耽于逸

---

① 刘知幾:《史通》卷二《载言》,浦起龙通释本,上海古籍出版社,1978年版。

乐的贵公子,由于经历了种种磨难,成长为一个有见识、有智慧的政治家,身边还有一些有作为的大臣辅佐。通过这段追叙,交代了晋文公争霸成功的政治条件,显示了事情的来龙去脉。作者精心安排的这段文字,甚至使《左传》全书前半部生色不少——因为晋文公争霸是春秋前期的中心事件。《左传》这种编撰方法,实际上是在编年体中有机地糅合了纪事本末体的因素。这一创造对后人是一个很大的启发,影响深远。

《左传》既是史学名著,又是文学名著,它开创了中国史学上历史与文学相结合的好传统。《左传》长于记述战争,它着意写春秋时期争霸和关系大国地位变化的重要战役。如城濮之战、鞌之战、鄢陵之战等,都写得有声有色。作者注意到战争的条件,双方指挥的得失,士气的作用,战争场面的变化,叙述曲折细致、生动逼真。这同作者有高度的军事修养和叙事才能是分不开的。像鞌之战一段(成公二年),写齐军骄傲轻敌致败,晋军以顽强和团结取胜,写得扣人心弦。郤克血流到脚跟还不肯停止鼓声,显出那么顽强。但他身受重伤,难以支持。当此千钧一发之际,张侯、郑丘缓以誓死战斗相鼓励,特别是张侯勇敢顽强,并謦助鼓,晋军终于冲入敌阵,打败齐军。像这样动人的叙述书中还有很多。

《左传》善于写辞令,写行人在彼强我弱情形下,如何以真情至理,委婉地折服对方。如吕相绝秦(成公十三年)、子产献捷(襄公二十五年)、子产坏晋馆垣(襄公三十一年)等,都是历代传诵的名篇。"吕相绝秦"一篇话,是吕相奉晋君之命,对秦晋关系表示了决绝的态度。他历述秦对晋的恩德,接着说晋已对秦报恩,对秦有大的帮助,最后就缕述秦片面破坏盟好及屡次危害晋国的活动,而晋国虽极力克制,希望保持和好而不可得。这是一篇谴责敌国的话,但肯定了对方的旧恩,列举了对方背信弃义的事实,雍容大雅,没有一点咒骂,没有一点火气,措词委婉有致,又有很强的说服力。春秋战国时期有一种重视语言的古老传统,《左传》辞令之美即是这一传统的反映。

《左传》还善于用极简洁的文字,形象而深刻地说明历史事件或场面。诸如"邢迁如归,卫国忘亡"①,"师人多寒。王巡三军,拊而勉之,三军之士,皆如挟纩","中军下军争舟,舟中之指可掬",② 无不精炼生动,而又意味深长。刘知幾极赞这种修辞方法,称之为"用晦":"言近而旨远,辞浅而义深,虽发语已殚,而含意未尽。"③ 因而也成为后代史家学习的范例。

---

① 《左传》闵公元年。
② 《左传》宣公十二年。
③ 《史通》卷六《叙事》。

"过秦"和"宣汉":
两汉时代精神之体现

一、人类智慧和向上力的一种显示

历史学,作为总结人类社会发展演进过程的一门学科,它的重大社会功能之一,就是通过反思人类自身的历史经验,帮助确定解决现实困难问题的对策,以有力地推动社会前进。近年来史学界在讨论包括史学社会功能在内的许多理论问题时,注意引进国外的理论,这无疑有益于推进我们的认识;与此同时,我们还应重视发扬本民族优良的史学遗产,重视发挥我国当代史学家独创性的特点,这对于活跃学术空气和丰富史学理论同样意义重大。在中华民族进化史上,各个时代的有识之士在观察处理现实问题的关键时刻,都曾自觉地把反思历史作为行动决策的参照物,"以史为鉴",取得了不少有价值的经验。这是人类智慧和向上力的一种显示。自白寿彝先生在《中国史学史》第一册提出这一理论问题,并辟出专章论述先秦时期"历史知识的运用"以来,学术界对此已予注意,并发现我国史学传统中确实蕴藏着许多思想财富。继先秦之后,两汉时代对历史知识的运用是更加前进了。西汉初贾谊著有史论名篇《过秦论》,东汉初王充的名著《论衡》中有《宣汉篇》,他们提出的"过秦"和"宣汉",乃是一代史学家、政治家和思想家共同关心的课题,是两汉社会时代精神之体现。这两个命题的提出和解决,推动了汉代社会走向强盛,也推动了史学自身取得巨大进步,对于今天我们加深认识史学的社会功能极有启迪意义,值得我们深入地研究。

二、"过秦"和西汉盛世

"过秦"的思想是政治家陆贾在西汉政权刚刚建立时首先提出来的,它反映出汉初人物深刻的历史感和敏锐的时代感。从公元前221年秦始皇统一全国,到公元前202年刘邦登上帝位,中间只隔十九个年头,诚所谓漫长历史的一瞬,然而社会的变化却如同地覆天翻。司马迁对其中八年(从陈涉起义到高祖称帝)作了这样的概括:"秦既暴虐,楚人发难,项氏遂乱,汉乃扶义征伐;八年之间,天下三嬗,事繁变众。"① 刘邦富于谋略,豁达大度,经过殊死的战争打败项羽,不愧为一代开国君主。但是他由布衣而登帝位,不免意满自得,而对于这个在战争废墟中建立的国家要采取何种治国策略则未认真考虑。陆贾正是在这个历史转折关头表现出自己的卓越见识,他及时提出了总结秦亡教训以制定治国策略。他向刘邦发问:"向使秦已并天下,行仁义,法先圣,陛下安得而有之?"这才引起刘邦认识到问题的严重性,要求陆贾,"试为我著秦所以失天下,吾所以得之者何,及古成败之国"。② 因此陆贾《新语》一书,实为高祖君臣共同认识到必须以"过秦"作为鉴戒的产物。现存《新语》各篇都以"过秦"为立论依据。陆贾的中心主张,一是"仁政"和"德治",二是

---

① 《史记》卷一百三十《太史公自序》。
② 《史记》卷九十七《郦生陆贾列传》。

实行"无为"方针。他强调:"齐桓公尚德以霸,秦二世尚刑而亡。""周公与尧舜合符瑞,二世与桀纣同祸殃。""秦以刑罚为巢,故为覆巢破卵之患。""事愈烦,天下愈乱;法愈滋,而奸愈炽;兵马益设,而敌人愈多。秦非不欲为治,然失之者,乃举措暴众而用刑太极故也。"① 这些论述都直接地以暴秦失败的教训作为制定汉朝治国方针的依据,论证中肯有力。陆贾的主张深刻地反映了汉初社会休息民力、恢复生产的紧迫要求,所以被高祖及群臣所激赏,奠定了汉初几十年间"无为"政治的理论基础。至东汉初年王充仍对陆贾作了高度评论,称他:"皆言君臣政治得失,言可采行,事美足观。鸿知所言,参贰经传,虽古圣之言,不能过增。"②

生活在文帝时代的贾谊对秦亡教训作了更有系统的总结。他以"过秦"为题写了三篇史论,分析秦国由崛起—统一六国—最后灭亡的历史,从中剖析它成败兴亡之"理"。贾谊尖锐地提出这样的问题:一个强大的、天下无敌的秦国,为什么竟会骤亡呢?他明确回答,秦的灭亡是实行暴政的结果,"禁文书而酷刑法,先诈力而后仁义,以暴虐为天下始。……故其亡可立待"。"(陈涉)奋臂于大泽,而天下响应者,其民危也。"他进而指出,政治成败、人心向背是比什么权位、兵器都要强大得多的东西。统一了天下的秦国比起它以前僻处雍州时岂不更强,而拿陈涉的地位、武器来说又根本无法与秦以前的对手山东六国相比,然而"成败异变,功业相反",为什么呢?结论只能是:"仁义不施,而攻守之势异也。"政治搞坏了,再锐利的武器也抵挡不住为生存而战的千万起义群众。司马迁记述秦汉历史明显地受到贾谊的影响,称赞说:"善哉乎贾生推言之也!"③ 并破例将《过秦论》几千字的原文全部引在《秦始皇本纪》论赞之中。

贾谊"过秦"更突出了"戒汉"的用意。总结秦亡教训使他深刻懂得人心向背直接决定国家兴亡,所以他对人民的处境极为

---

① 见《新语》之《通基》《术事》《辅政》《无为》等篇。
② 王充:《论衡》卷二十九《案书篇》,上海人民出版社,1974年版。
③ 《史记》卷六《秦始皇本纪》。

关切，同情下层民众的苦难，对于当时的社会矛盾体察特别敏锐。他批评粉饰太平之谈是"非愚即谀"，用"抱火处于积薪之下而寝其上"来形容国家的形势，自己则因忧国忧民而"痛哭""流涕""长太息"。他把剥削阶级的奢侈挥霍，视为"天下之大贼"，大声疾呼"残贼公行，莫之或止"，以引起人们注意。他预见到社会矛盾的尖锐将导致反抗事件，危及封建国家："兵旱相乘，天下大屈，有勇力者聚徒而衡击，罢夫羸老易子而咬其骨。政治未毕通也，远方之能疑者并举而争起矣，乃骇而图之，岂将有及乎！"①像贾谊这样由总结历史教训、观察社会矛盾而显示的政治远见，对于后人是宝贵的启迪，直到鸦片战争前的龚自珍，发出"山中之民，有大音声起，天地为之钟鼓，神人为之波涛矣"②的预言，仍可视为贾谊论断的发展。

与贾谊同时代的另一政治家贾山，对"过秦"也有重要的论述。他写有《至言》，揭露秦政暴虐造成"赭衣半道，群盗满山"，使民众"力罢不能胜其役，财尽不能胜其求"，被迫起义反抗。更有特色者，他分析秦亡的又一重要原因，是君主肆其淫威，堵塞言路，"退诽谤之人，杀直谏之士"。由此总结出"人主不闻其失，则社稷危"的规律，到了朝廷上听不到一句不同意见的时候，离垮台就不远了。所以他对文帝放弃早先的节俭，开始与近臣接连外出射猎提出切直的批评，指出这样下去必将造成政令废弛，"绝天下之望"。③

陆贾、贾谊等人言论的深刻意义，在于它们反映了时代的智慧。记取秦亡教训，实行治国政策的转变，是汉初君臣普遍的共同认识。高祖以下，自萧何、曹参两位贤相，到文帝、景帝两位帝王，他们的治国方针一脉相承，都是执行由总结"过秦"而制定的宽省政治的路线。司马迁把汉初政策转变提高到符合时代前进规律的高度来肯定，认为：萧何"因民之疾秦法，顺流与之更始"；曹参"为汉相国，清静极言合道。然百姓离秦之酷后，参

---

① 《汉书》卷二十四上《食货志上》，中华书局，1962年版。
② 《龚自珍全集》第一辑《尊隐》，中华书局，1959年版，第88页。
③ 《汉书》卷五十一《贾山传》所引《至言》。

与休息无为,故天下俱称其美矣。"① 班固继承了司马迁的看法,并加以发挥,认为:"周秦之敝,罔密文峻,而奸轨不胜。汉兴,扫除烦苛,与民休息。至于孝文,加之以恭俭,孝景遵业,五六十载之间,至于移风易俗,黎民醇厚。周云成康,汉言文景,美矣!"② 我们重新审视这段历史可以认识到:正因为总结秦亡的历史教训在这半个多世纪中一再被尖锐地提出来,而且成为决策集团相当一致的认识,所以产生了巨大的威力,成效卓著地促进了生产的恢复和发展,推动了历史前进。西汉立国之时,社会残破,经济凋敝,"民无藏盖","自天子不能具钧驷,而将相或乘牛车"。经过六七十年间实行宽省政治,休息民力,到武帝初年,社会财富大大增加,百姓号称丰足,社会状况极为改观:"国家无事,非遇水旱之灾,民则人给家足,都鄙廪庾皆满,而府库余货财。京师之钱累巨万,贯朽而不可校。太仓之粟陈陈相因,充溢露积于外,至腐败不可食。众庶街巷有马,阡陌之间成群,而乘字牝者傧而不得聚会。"③ 司马迁所载当与事实相去不远。"过秦"的思想转变为如同从地底下呼唤出来的巨量财富,奠定了武帝时期鼎盛局面的基础。中国的历史上第一个强盛的朝代,实在是跟重视反思历史、总结教训的智慧直接相联系的。

三、主父上书与武帝晚年的政策选择

汉朝强盛了,总结秦亡教训却未因此而过时,在武帝时期,一些眼光敏锐的人物给"过秦"注入了新的时代内涵,最突出者是主父偃、徐乐、严安向武帝上书。④ 他们针对武帝奉行的"外事四夷,内兴功业"的政策,再度反思秦亡的教训,预见到其中

---

① 见《史记》卷五十三《萧相国世家》、卷五十四《曹相国世家》。
② 《汉书》卷五《景帝纪》。
③ 《史记》卷三十《平准书》。
④ 武帝时言"过秦"者还有吾丘寿王、董仲舒。吾丘之论是针对公孙弘建议"禁民不得挟弓箭"而发。董仲舒则举秦时兼并严重而陈限田之议。均属论述比较具体的问题。

潜伏的危机，警告汉武不要重蹈亡秦的覆辙。

着眼于当时现实，把总结秦亡教训跟探索保持社会的稳定联系起来，深化了反思历史的认识，这是武帝时期"过秦"的显著特点。主父偃针对武帝连年进行对匈奴的战争，论述长期征战是导致秦末大起义的原因："暴兵露师十有余年，死者不可胜数，终不能逾河而北。是岂人众之不足，兵革之不备哉？其势不可也。又使天下飞刍挽粟，起于黄、腄、琅邪负海之郡，转输北河，率三十钟而致一石。男子疾耕不足于粮饷，女子纺绩不足于帷幕。百姓靡敝，孤寡老弱不能相养，道死者相望，盖天下始叛也。"① 徐乐的议论更深一层，他提出独到的论点："天下之患，在于土崩，不在瓦解，古今一也。"这是论述政权基础如何稳固的问题，所以引起武帝的关心。徐乐分析说："何谓土崩？秦之末世是也。陈涉无千乘之尊，尺土之地"，"然起穷巷，奋棘矜，偏袒大呼，天下从风"。其原因，就在秦末社会已面临"土崩"的形势："由民困而主不恤，下怨而上不知，俗已乱而政不修，此三者陈涉之所以为资也。"他又对比吴、楚七国之乱，虽然其势汹汹，结果却兵败身擒。这是因为国家政治未败坏，"而安土乐俗之民众，故诸侯无境外之助"。此即属于"瓦解"。徐乐总结出"民困""下怨""俗已乱"三条作为封建国家行将崩坏的标志，是对贾谊《过秦论》中民心向背的论点作了更具体的发挥，也为后人观察社会动向提供了有价值的思想资料。而他认为，当时正在进行的对匈奴的战争，给百姓造成了难以忍受的负担，形势的发展隐伏着巨大的危险。他正告汉武帝："故贤主独观万化之原，明于安危之机，修之庙堂之上，而销未形之患也。"② 处此关键时刻，必须改弦更张，才能把握前途。严安向武帝上书，也论述治理国家的规律是应该及时调整和改变政策，他引用了《邹子》书上所说："故守一而不变者，未睹治之至也。"他分析秦的灭亡正好违背了这条规律。经过战国长期攻伐，民众早已陷于困

---

① 《汉书》卷六十四上《主父偃传》。
② 《汉书》卷六十四上《徐乐传》。

苦,当时需要的是做到"缓刑罚,薄赋敛,省徭役,贵仁义",秦却反其道而行之,法令严苛、征战连年,造成"丁男被甲,丁女转输,苦不聊生,自经于道树,死者相望"的社会惨状,① 终因民怨沸腾而最后灭亡。严安以这种历史教训来对比当时的政治情况,强调已经面临严重局面,武帝若不改变治策,后果将不堪设想。

武帝时代"过秦"的言论对施政的弊病、现实的矛盾揭露得很尖锐,而最终的结果,议政者的智慧却影响了决策的过程。

主父偃直言不讳,批评武帝连年征伐是忘记吸取"近世之失"的教训。徐乐则认为当时的情势是人民郁积着不满,难保不爆发严重的不测事件,"关东五谷数不登,年岁未复,民多穷困,重之以边境之事,推数循理而观之,民宜有不安其处者矣"。② 严安具体列举当时埋伏着危机的各种因素:"今徇南夷,朝夜郎,降羌僰,略薉州,建城邑,深入匈奴,燔其龙城,议者美之。此人臣之利,非天下之长策也。今中国无狗吠之警,而外累于远方之备,靡敝国家,非所以子民也。行无穷之欲,甘心快意,结怨于匈奴,非所以安边也。祸挐而不解,兵休而复起,近者愁苦,远者惊骇,非所以持久也。今天下锻甲摩剑,矫箭控弦,转输军粮,未见休时,此天下所共忧也!"③ 这已将危机的前景令人心惊地描绘出来了。

意味深长的是,主父等三人重新反思秦亡教训的这些尖锐言论,非但没有使武帝反感,反而得到他的激赏!史载:主父偃"上书阙下,朝奏,暮召入见"。"是时赵人徐乐、齐人严安俱上书言世务。""书奏天子,天子召见三人,谓曰:'公等皆安在?何相见之晚也!'"④

这里还需简要说明主父等三人上书的年代,它不属枝节的考证,而涉及三人上书的背景和所产生的影响这些实质性问题。关

---

① 《汉书》卷六十四下《严安传》。
② 《汉书》卷六十四上《徐乐传》。
③ 均见《汉书》卷六十四下《严安传》。
④ 均见《史记》卷一百一十二《平津侯主父列传》。

于三人上书言事的时间，《汉书》作"元光元年"。对此，司马光曾有重要的辨正，他认为应是"元朔元年"，理由是严安上书讲"徇西南夷，朝夜郎"等事，均在元光三年。这一辨正确有根据。按《汉书·武帝纪》，武帝即位之后，曾接二连三大规模征求人才，即：建元元年，诏举贤良；元光元年十一月，令郡国举孝廉，五月，诏贤良，于是董仲舒、公孙弘出焉；元朔元年，诏举孝廉。故《通鉴考异》讲盖将"元朔"误为"元光"，实属合理之推论。再作进一步考定，则尚有重要的事实为《考异》所未列举。主父等三人上书，重点讽谏的是武帝对匈奴的战争，而武帝大规模征伐，乃始于元光二年。严安上书所讲"深入匈奴，燔其龙城"之役，则在元光六年。①

弄清三人上书是在武帝连续进行对匈奴大规模战争之后这一史实，我们更能明白主父偃等联系历史教训抨击时政的尖锐性和深刻性。面对如此尖锐的批评，武帝对三人上书却予以高度赞赏，三人皆拜为郎中，主父偃还一年四迁，严安被拜为骑马令（主天子骑马），官阶虽低却是武帝近臣。与此同时，武帝外事四夷内兴功利的既定政策却又依然实行，不为所动。这种表面上似乎互相矛盾的现象，实则寓意深刻。它说明了：

第一，历史上杰出人物的行动方向往往即是当时交互作用的社会诸因素的合力的体现。"整个伟大的发展过程是在相互作用的形式中进行。"② 汉武帝向往建造赫赫功业的雄心宏愿，是当时全民族创造活力的体现，这个民族经过汉初六七十年的休养生息，已经蓄积着深厚的力量，不再满足于"无为"，而要有所作

---

① 《资治通鉴》卷十八武帝元朔元年附《考异》：《汉书·主父偃传》云"元光元年，三人上书"；按《严安书》云"徇南夷，朝夜郎，降羌僰，略薉州"，此等事皆在元光元年后，盖误以"朔"为"光"字耳。《考异》未举出的重要证据是：元光二年，遣韩安国、李广、公孙贺、王恢、李息将三十万众，屯马邑，谋获单于。又于元光六年，遣卫青出上谷，公孙贺出云中，李广出雁门，大战匈奴，"青至龙城，获首虏七百级"。此即严安上书所讲"燔其龙城"之役。元朔元年，卫青、李息再次出塞。而东夷薉君降，设苍海郡，也在此年。

② 恩格斯致康·施米特信（1890年10月27日），《马克思恩格斯选集》第四卷，人民出版社，1973年版，第487页。

为。武帝时期的内外设施即代表了这种大有作为的愿望,元光元年、元朔元年几次诏书中讲"夙兴以求,夜寐以思","猗与伟与!何行而可以章先帝之洪业休德,上参尧舜,下配三王!"①所表达的是他真实的心情。当时汉武帝头脑中的兴奋点,集中在干一番超越前古的丰功伟业,三人上书未能改变他业已作出的决策。当然他连年征伐,则是把民族创造力引错了方向,造成了严重后果。

第二,尽管武帝在当时没有改变征伐匈奴等项决定,却决不等于对三人的谏议不予重视。武帝对三人议论的赞赏和礼遇,也是由衷而发,那种相见恨晚、幸得贤者的欢欣心情表达得很真切。作为文、景事业的继承者,武帝不能不被三人陈述的求长治久安之策所动心,不能不被他们分析连年征伐将引起的民困、民怨所警醒。所以三人反思历史所作的深刻论述,已深深印在武帝的脑际。武帝晚年与大将军卫青曾有这样的对话:"汉家庶事草创,加四夷侵陵中国,朕不变更制度,后世无法;不出师征伐,天下不安;为此者不得不劳民。若后世又如朕所为,是袭亡秦之迹也。"史籍又载:"太子每谏征伐四夷,上笑曰:'吾当其劳,以逸遗汝,不亦可乎!'"②这些对话透露出,汉武秉政过程中,深知连年征伐、大兴功业必然引起"劳民",再发展一步,便要"袭亡秦之迹",那是汉代人人明白的大崩溃、大灾祸,本人也将成为历史的罪人。我们不妨设想,武帝在几十年中还记住三位贤者的告诫,警惕着步亡秦后尘,掌握着一个"临界点",控制其所为不要超出这个限度,以免引起大乱。至武帝晚年,国库空虚,民生凋敝,流民众多,农民暴动不时发生,使他面临着两种选择:或者是继续兴师劳民;或者是罢兵息民,挽救危机。至征和四年,他终于当机立断选择了后者,承认了自己的过失。当时,桑弘羊等人上奏,称:可在西域轮台实行屯田,募民前赴,置校尉管辖,以威镇西域。汉武帝特地为此下诏,"深陈既往之

---

① 《汉书》卷六《武帝纪》。
② 《资治通鉴》卷二十二,汉武帝征和二年。

悔",对长年兴师征伐,造成"军士死略离散","重困老弱孤独",引以自责,断然否定桑弘羊请求远戍轮台之议,宣布"当今务在禁苛暴,止擅赋,力本农"。① 从此不复出军。封丞相田千秋为"富民侯","以明休息,思富养民也"。② 又以赵过为搜粟都尉,推广代田法,发展农业生产。历史证明:汉武在晚年所作的政策选择是明智之举,避免了可能出现的灾祸。我认为,把青年汉武帝对主父等人的"过秦"言论心折赞叹,跟他晚年的幡然改悔联系起来,解释这一重大政策转变似可多提供一层内在的根据。

从元朔元年上书,至征和四年罢兵力农才起作用,历史就是这样通过曲折的道路前进。但这毕竟是武帝君臣再度运用秦亡这份历史教材,使汉朝延续了近百年的统治。司马光对武帝的评语中有两点是很中肯的,一是称他"有亡秦之失而免亡秦之祸",二是称他"知所统守,受忠直之言","好贤不倦"。③ 这是知人论世的公允评价。汉武作为一个专制时代的君主,当时他热切地要干一番事业,主父等人却向他当头泼去一盆冷水,武帝非但不怪罪,反而大为赞赏,这种雅量是难得的,"好贤不倦"的评语可以当之无愧。轮台诏标志着汉武晚年政策的转折点,昭、宣时期即继续沿着这一罢兵力农的路线走下去,因而出现了所谓"中兴"局面。追根求源,主父等人上书之功诚不可没。

四、"宣汉"和马班史学巨著

明确提出"宣汉"这一论题的是东汉思想家王充。但实际上司马迁著《史记》对此已有显著的体现,与王充同时代的班固,则以其史学实践回答了王充所反映的时代要求。所以"宣汉"的思想对两汉史学发展关系极大。

---

① 《汉书》卷九十六下《西域传》,又见《资治通鉴》卷二十二,汉武帝征和四年。

② 《汉书》卷九十六下《西域传》。

③ 《资治通鉴》卷二十二,汉武帝后元二年。

"过秦"和"宣汉":两汉时代精神之体现

"过秦"是对前代失败教训的深刻反思,"宣汉"是对当代社会进步的大力肯定。二者之间的联系在于从变动、发展中观察历史,公正地评判历史的功过。

司马迁著史要宣扬汉代社会的进步,这在《史记》中是有明确的表述的。首先,这是他所庄严继承的父亲的遗愿。司马谈临终拉着他的手哭泣着说,"今汉兴,海内一统,明主贤君忠臣死义之士,余为太史而弗论载,废天下之史文,余甚惧焉,汝其念哉!"司马迁郑重地接受父亲的嘱托,把宣扬汉代的功业作为自己的神圣职责。因此,当上大夫壶遂询问《史记》"欲以何明"时,他诚恳地回答:"汉兴以来,至明天子,获符瑞,封禅,改正朔,易服色,受命于穆清,泽流罔极,海外殊俗,重译款塞,请来献见者,不可胜道。臣下百官力诵圣德,犹不能宣尽其意。且士贤能而不用,有国者之耻;主上明圣而德不布闻,有司之过也。且余尝掌其官,废明圣盛德不载,灭功臣世家贤大夫之业不述,堕先人所言,罪莫大焉。"① 显然,作为一个忠实的史家,他把记述国家的统一兴旺、社会的进步、君臣建树的功业,视为不可推诿的责任。

其次,司马迁的"宣汉",不是出于宣扬"皇权神授",争什么"正统"与"闰位",而是有力地摆出汉代在政治上、经济上、文化上进步的史实。概括地说,在政治上,司马迁歌颂汉代把人民从秦的暴政下解救出来,获得民心,是历史的巨大进步。他说:"故汉兴,承敝易变,使人不倦,得天统矣。"② 指出汉代政策符合历史发展的趋势,作了很高的评价。又说:"汉兴,至孝文四十有余载,德至盛也。"③《太史公自序》论及文、景两篇本纪的撰写义旨说:"蠲除肉刑,开通关梁,广恩博施……作《孝文本纪》";"天下翕然,大安殷富。作《孝景本纪》"。④ 废除肉刑,拆毁关卡,天下安定,社会财富大大增加,都是就汉代政治

---

① 均见《史记》卷一百三十《太史公自序》。
② 《史记》卷八《高祖本纪》赞。
③ 《史记》卷十《孝文本纪》赞。
④ 《史记》卷一百三十《太史公自序》。

给人民带来重大的好处而言。钱大昕所说,"何谓尊汉?史公以汉继三代,不以汉继秦"。①将《史记》"尊汉"归结到"正统""闰统"之争,实在不符合司马迁原意。在经济问题上,司马迁赞颂汉兴六七十年间生产的发展和社会的丰足景象,而且概述"汉兴,海内为一,开关梁,弛山泽之禁,是以富商大贾周流天下,交易之物莫不通,得其所欲",②讴歌国家空前统一为经济和交通的发展开创了新局面。在文化上,他谴责秦"焚《诗》《书》,坑术士",赞扬"汉兴,然后诸儒始得修其经艺",而武帝兴儒学,"天下之学士靡然向风矣"。③"自孔子卒,京师莫崇庠序,唯建元、元狩之间,文辞粲如也。"④《史记》百科全书式的宏伟结构,和"厥协六经异传,整齐百家杂语"的大规模整理文献、熔铸成书的功绩,本身更是汉代空前统一的产物。

据此,《史记》体现了"宣汉"的思想,本来是不难理解的,但是以往却有两个问题妨碍人们认识这一特点。一是司马迁与董仲舒思想上的关系。以往认为,司马迁的思想比较自由,董仲舒是武帝时官方思想的代表,二者根本对立。意即司马迁也必定站在汉家政权的对立面。这是把复杂的问题简单化。董仲舒宣扬天人感应,建议"罢黜百家,独尊儒术"等等,适应了武帝时代专制政治的需要。但是他作为一个大思想家,也曾提出限名田、抑兼并、宽民力等积极主张。即其"大一统"思想而论,也具有既为专制主义服务,又巩固了封建国家的统一的两重性。司马迁历史观中大量的进步思想和唯物观点,跟董仲舒的唯心主义思想体系大不相同。但司马迁对于汉的统一局面和历史进步确是真心拥护的,他对孔子在历史上的地位是充分肯定的。"在维护汉家统治利益上,两人是一致的,而在如何维护这一具体问题上,两人有很不相同的看法。董仲舒和司马迁的思想分歧,决定了二人在

---

① 钱大昕:《潜研堂文集》卷三十四《与梁耀北论史记书》,商务印书馆,1935年版,第544页。
② 《史记》卷一百二十九《货殖列传》。
③ 《史记》卷一百二十一《儒林列传》。
④ 《史记》卷一百三十《太史公自序》。

史学发展上的不同地位。但从汉武帝控制思想的效果说,在这两人身上都取得一定的成功。"①

二是曾有过所谓"谤书"的讥评。《后汉书·蔡邕传》云:"(王)允曰:'昔武帝不杀司马迁,使作谤书,流于后世。方今国祚中衰,神器不固,不可令佞臣执笔在幼主左右。既无益圣德,复使吾党蒙其讪议。'"② 有的论者即由"谤书"二字,联系到《史记》对武帝的一些批评,因而误认司马迁对武帝时期事事揭露讥贬。其实这种看法也无法成立。王允是个擅权的大官僚,内心极其邪恶,所言极蛮横无理,却虚张声势,托用冠冕堂皇的词句,实在可恶!他这段话极其典型,系站在实录精神的对立面,害怕"秉笔直书",故一则对司马迁歪曲诬枉,一则害怕今天再有正直史官直书其篡政罪恶。他所需要的是奴才式的"史官"随意指使,他对司马迁那种"直笔""实录"精神自然极其不满以至害怕,这就是他惧怕被"讪议"的阴险心理。他所讲的"谤书""佞臣"都应理解为反语。故王允的话毋宁是从反面证明司马迁"不虚美,不隐恶"的实录精神所具有的力量。诚然,司马迁对于武帝政治的阴暗面,如连年征伐造成人民困苦疲惫,财政空虚,奢侈浪费,耽于迷信,"与民争利"等,都据事直书,予以批评,体现了他关心民众的进步思想。而同时,司马迁对武帝的雄才大略、建树功业又是明确赞扬的。如说:"明天子在上,兼文武,席卷四海",③ "汉兴五世,隆在建元,外攘夷狄,内修法度,封禅,改正朔,易服色。作《今上本纪》",④ 都是对武帝功业作高度评价。今本《孝武本纪》并非司马迁原文,历代学者

---

① 白寿彝师:《中国史学史》第一册,上海人民出版社,1986年版,第53—54页。
② 《后汉书》卷六十下《蔡邕传》。
③ 《史记》卷二十《建元以来侯者年表》序。
④ 《史记》卷一百三十《太史公自序》。

均认为属后人割裂《封禅书》以充篇幅,① 不能为据。

总之,司马迁对武帝时期这段当代历史,既有根据自己观察所作的深刻批评,又有对武帝功业的真心赞扬。这同他宣扬汉兴以来所取得的历史进步的态度是一致的。

考察这个问题再次证明:伟大的史学家决不能离开他的时代。像司马迁生活在汉朝鼎盛、民族创造力蓬勃的时代,他决不可能站在时代的对立面,专门讥贬之说纯属曲解。他是把真实记载这一伟大时代作为史家的应尽职责的。他揭露武帝政治的阴暗面,也是出于他同情人民的思想和秉笔直书的勇气,这并不能否定他全书"宣汉"的基本立场。

汉代社会的进步本来是客观的事实。但是俗儒中盛行的"尚古""嗜古"的偏见却严重地阻碍人们对于历史真相的认识。东汉初年高举"疾虚妄"旗帜的进步思想家王充,从理论上对复古倒退的历史观作了有力的驳斥,并有针对性地提出"宣汉""恢国"的论题。他对汉代社会思想和史学的发展做出了重要的贡献。

王充指出俗儒"好褒古而贬今""尊古卑今"已成了一种痼疾,他们迷信古代达到了是非颠倒的地步:"俗好高古而称所闻,前人之业,菜果甘甜;后人新造,蜜酪辛苦。"并具体列举倒退历史观认为古人品质高尚今人低劣、古人相貌姣好今人丑陋、上古功德优奇今世功德劣薄等具体表现。王充分析产生这种迷误的原因,主要是文人贵古贱今的气习影响所致:"辨士则谈其久者,文人则著其远者。近有奇而辨不称,今有异而笔不记。"②

王充认为,历史的真相正相反,从历史进程看,所谓"上世朴质,下世文薄",实际上是由原始状态进入开化时代:"上世之民饮血茹毛,无五谷之食,后世穿地为井,耕土种谷,饮井食

---

① 较早为张晏说,见《孝武本纪》集解所引,称:"褚先生所作。"后钱大昕又考辨云:"少孙补史,皆取史公所阙,意虽浅近,词无雷同,未有移甲以当乙者也。或魏晋以后,少孙补篇亦亡,乡里妄人取此以足其数尔。"(钱大昕:《廿二史考异》卷一"孝武本纪"条,商务印书馆,1937年版,第12页)赵翼也认为必非司马迁所作。

② 见《论衡》卷十三《超奇篇》、卷十八《齐世篇》。

粟,有水火之调";"上古岩居穴处,衣禽兽之皮,后世易以宫室,有布帛之饰"。① 尤其是汉代,政治功业更超过前古,"恢论汉国在百代之上,审矣"。他用雄辩的事实批评复古倒退的论调。从立国说,两汉开国均自平民而登帝位,兴起更优:"五代之起,皆有因缘,力易为也。高祖从亭长提三尺剑取天下,光武由白水奋威武,帝海内,无尺土所因,一位所乘。"从国力说,汉代更强盛,版图更开拓:"黄帝有涿鹿之战,尧有丹水之师,舜时有苗不服,夏启有扈叛逆,……前代皆然,汉不闻此。""周时戎狄攻王,至汉内属,献其宝地。西王母国在绝极之外,而汉属之。德孰大? 壤孰广?"②

王充对边疆落后民族由于接受中原文化而进入文明之境尤为重视,他这样作了对比:"唐、虞国界,吴为荒服,越在九夷,蠲衣关头,今皆夏服、褒衣、履舄。巴、蜀、越巂、郁林、日南、辽东、乐浪,周时被发椎髻,今戴皮弁;周时重译,今吟《诗》《书》。"③ 王充还用诗一样的语言,歌颂汉代民族融合、四海一家的局面:"古之戎狄,今为中国;古之裸人,今被朝服;古之露首,今冠章甫;古之跣跗,今履高舄。以盘石为沃田,以桀暴为良民,夷坎坷为平均,化不宾为齐民,非太平而何?"④

王充的论述发挥了前人朴素的进化观点和以文明程度(而不以血缘关系)区分华夷的观点,有力地论证了"大汉之德不劣于唐、虞也"的中心主张。他赞美汉德之盛,如阳光普照天下:"夜举灯烛,光曜所及,可得度也。日照天下,远近广狭,难得量也。"⑤ 汉朝是中国封建社会第一个强盛的朝代,当时正处于封建关系上升的时期,王充的结论自是具有进步意义的见解。

通过剖析俗儒"尊古卑今"历史观的谬误,王充总结出撰写当代史著作的急迫需要,热切地呼唤一部"汉书"的产生。他精

---

① 《论衡》卷十八《齐世篇》。
② 《论衡》卷十九《恢国篇》。
③ 《论衡》卷十九《恢国篇》。
④ 《论衡》卷十九《宣汉篇》。
⑤ 《论衡》卷二十《须颂篇》。

辟地指出：之所以形成这种颠倒历史的看法，是由于汉的功业没有得到宣扬，"汉德明著，莫立邦表之言，故浩广之德未光于世也"。"国德溢炽，莫有宣襃，使圣国大汉有庸庸之名，咎在俗儒不实论也。"① 而儒生们自幼诵习的却是记述和颂扬三代的书，"朝夕讲习，不见汉书，谓汉德不若"，所以识古而不识今。当代学者对此负有责任，由于汉代历史没有得到及时总结记载，仍处于官府文书档案阶段，一般读书人对于当世的进步不得而知，"世见五帝、三王事在经传之上，而汉之记故尚为文书，则谓古圣优而功大，后世劣而化薄矣！"② 面对汉德超过前代而世俗眼光却加以鄙视这种巨大的反差，王充痛感到记载汉代历史的急切需要，因而大声疾呼学者们要尽到"宣汉""恢国"的责任，认为："汉德不休，乱在百代之间，强笔之儒不著载也。""如千世之后，读经书不见汉美，后世怪之。故夫古之通经之臣，纪主令功，记于竹帛，颂上令德，刻于鼎铭。文人涉世，以此自勉。汉德不及六代，论者不德之故也。"他本人当仁不让，一再申明《论衡》的著述不同于别人，即是为了"宣汉"："《春秋》为汉制法，《论衡》为汉评说。""汉家著书，多上及殷、周，诸子并作，皆论他事，无襃颂之言，《论衡》有之。"③《论衡》书中直接涉及颂汉的篇目，就有《须颂》《恢国》《超奇》《宣汉》《齐世》《验符》等篇。王充明确提出"宣汉"的论题，并作了出色的实践，这在史学思想上是一个发展，很值得我们重视。他启示人们：史学家、思想家对于当代创建的业绩，应该如实地宣扬，热情地写出反映历史进步的著作，让它在社会上产生有力的教育作用，驳倒各种消极倒退的论调，以增强斗志，激励人们继续前进。

王充和班固是同时代人，《论衡》书中列举的东汉初倒退历史观的种种论调，又为我们提供了当时社会思潮斗争的确凿背景材料，这对近一步认识《汉书》的时代意义极为重要。班固撰史

---

① 《论衡》卷二十《须颂篇》。
② 《论衡》卷十八《齐世篇》。
③ 《论衡》卷二十《须颂篇》。

的一项根本宗旨是"宣扬汉德"。以往的研究认为这是班固正宗思想的体现,确是有道理的。然而这只是事情的一个方面。事情的另一方面是,撰写一部"汉书"是时代的召唤,班固本人也恰恰意识到这一需要。他之所以不满意"以汉代继百王之末",重要的原因是他认识到"大汉当可独立一史"。班固这样做,客观上同样具有破除当时浓厚的复古倒退思想的积极意义。他以成功的史学实践满足社会思想前进的要求,在当时具有重大的进步意义。联系王充之所述,我们可以确有把握地把对《汉书》的评论提高到一个新的层级。而且,由此也能深化对马班史学关系的认识。司马迁有比较自由的思想,班固则深受东汉初儒学国教化的影响,保守倾向浓厚。在"宣汉"和"实录"的著述宗旨上,马班是相通的。这就是《汉书》对武帝以前的史实基本上全录《史记》的理由,明显表示尊重司马迁的成就,而不是什么恶劣的抄袭。班固同样据实赞扬汉代的功业,其中突出者,如:总论武帝"雄材大略","遂畴咨海内,举其俊茂,与之立功。兴太学,修郊祀,改正朔,定历数,……号令文章,焕焉可述"。称赞昭帝任用霍光,"知时务之要,轻徭薄赋,与民休息"。又论宣帝大有作为,"纂修洪业","招选茂异","综核名实,政事文学法理之士咸精其能,……亦足以知吏称其职,民安其业也"。故号称"中兴"。① 这些称扬都符合历史的实际,经受了时间的考验。

《汉书》因"断汉为史",创立了断代史新体例,摆脱了司马迁之后百余年间历代学者只能"续作"、修修补补的困境,使史学前进了一大步。《史》《汉》的"宣汉",又都是从历史事实出发,从治国成效、民众生活的角度记述和评价的。这种人文主义的史学传统成为两汉之际迷信谶纬的思想浊流泛滥猖獗的直接对立物。被公认为信史的《史》《汉》,即为后人认识我们民族历程提供了有说服力的依据,这对于中国中古文化走上一条跟欧洲中世纪神学体系截然不同的途径,起着不容低估的保证作用。这一

---

① 分别见班固《汉书》卷六《武帝纪》、卷七《昭帝纪》、卷八《宣帝纪》赞语。

层,又是马班史学巨著对于民族文化的巨大贡献。

五、对恩格斯名言的一点理解

以两汉"过秦""宣汉"的历史思想为实例,可以进一步说明:历史学对于社会生活不是无用或只有小用,而是大有用处,它能够有效地帮助实现社会振兴,有力地抵制思想文化的浊流,成为民族精神的坚强脊梁。这显然是史学理论的一个带根本性的问题。由此我们想到恩格斯的名言:

> 没有哪一次巨大的历史灾难不是以历史的进步为补偿的。①

经典作家这段论述,概括了丰富的历史事实,总结了反思历史教训获得巨大成就的经验,它深刻揭示出历史运动的一个规律,具有普遍的意义。汉初"过秦"带来了西汉盛世,使秦末的巨大灾难由历史进步得到补偿。无独有偶,隋的顷刻灭亡,使唐初人物记忆犹新,君臣动色相诫,时时以隋的暴虐儆己儆人,而深深认识统治腐败之可怕,民心民力之可畏。因此开直言之路,形成封建社会中少有的敢于诤谏、重视纳谏的政治局面。向李世民直谏的不止魏徵一人,敢于诤言之臣成批出现,是重视总结历史教训的风气使然。特别是李世民当政的前期,处事谨慎,力戒奢侈,不敢劳民。他敕修《隋书》,即要以史为镜,认真总结隋亡教训,意在教育后代。唐初人物也常联系到"过秦",因为秦朝和隋朝的历史教训十分相像。由于唐初总结亡隋之失,直接导致了中国历史上出现一个更加强盛的朝代。封建社会中汉、唐两个"盛世"的出现,都有其深刻的历史必然性,都跟决策集团认真吸取历史教训直接相联系,这是运用历史知识取得伟大成效的有力例证,值得人们反复地思索回味。

---

① 恩格斯:《致尼·弗·丹尼尔逊》,《马克思恩格斯全集》第三十九卷,人民出版社,1974年版,第149页。

司马迁和孔子：
两位文化巨人的学术关联

在中华民族文化史上，孔子和司马迁是两位值得骄傲的人物。孔子创立的儒学是中国传统文化的主体部分。司马迁所著《史记》则是传统史学的辉煌巨著和民族文化的璀璨瑰宝。关于这两位文化巨人的学术关联，自东汉以来，即引起学者们的诸多评论，其间形成了尖锐的意见对立。时至今日，在颇有影响的哲学史教科书和思想史专著中，仍然存在着很大的意见分歧。因此，正确阐释这个问题不特对于科学地说明《史记》这部巨著的产生无法回避，而且对于我们反思中国传统思想文化的历程裨益甚大，在研究儒学史、文化史上都具有不容忽视的意义。以下从四个层次加以考察。

一、以"续《春秋》"为己任

司马迁对儒学的态度在《史记·太史公自序》中有集中的反映，此篇是《史记》全书一百三十篇中居于最后的总结性文字，司马迁袒露心扉，极富感情地述说本人学术旨趣与孔子的关联，其中紧要的有两条：一是以"继《春秋》"为己任，二是对儒家六经全面地推崇。

司马迁对《春秋》的看法直接渊源于孟子。孔子据鲁史以修《春秋》，以褒贬书法，通过极简略的文字表达对一些事件和人物的看法，这个特点，被儒学巨擘孟子充分地阐扬，遂对以后儒家学派产生了巨大而深远的影响。孟子视孔子修《春秋》是了不起的大事，其功可与"禹抑洪水而天下平，周公兼夷狄驱猛兽而百姓宁"相等列。他论证《春秋》寄托着孔子的政治理想："世衰道微，邪说暴行有作，臣弑其君者有之，子弑其父者有之。孔子惧，作《春秋》。《春秋》，天子之事也。是故孔子曰：'知我者其惟《春秋》乎！罪我者其惟《春秋》乎！'"阐明孔子因目睹王室衰微、诸侯争霸、大夫专政，原有的礼乐制度、等级名分陷于崩坏紊乱，恐惧以后情况将越发不可收拾，他要挽狂澜之既倒，于是采取修《春秋》的方式，以褒贬为手段，明是非、别善恶，要使社会恢复到所谓"天下有道"的局面。他认为孔子这样做是针砭世事以垂法后人，具有极重大的政治意义，所以称《春秋》是"天子之事"，并说"孔子成《春秋》而乱臣贼子惧"。①孟子还强调《春秋》所重的不是史事，而是孔子加进去的"义"。这就要求人们不能将《春秋》当作普通史书，而要特别重视其中所曲折表达的孔子的政治观点和政治理想，体会其中的"微言大义"。孟子的论述，大大提高了《春秋》在儒学总体系中的地位，阐释了《春秋》所包含的孔子的政治观点具有治理国家、纲纪社会秩序伦理的非凡作用，也说明了精深的义理乃是史书的灵魂所在这一深刻道理。孟子论述的意义远远超过《春秋》这部著作本身，对于汉代以下儒学的发展影响至巨。

司马迁在《太史公自序》中非常强烈、鲜明地宣告自己直接继承了孔子的事业。他讲著《史记》以继《春秋》，是他父亲司马谈的郑重嘱托。司马谈因不能参加汉武帝封禅大典，发愤而卒，临终牵着司马迁的手而泣曰："幽、厉之后，王道缺，礼乐

---

① 均见《孟子·滕文公下》。

衰，孔子修旧起废，论《诗》《书》，作《春秋》，则学者至今则之。自获麟以来四百有余岁，而诸侯相兼，史记放绝。今汉兴，海内一统，明主贤君忠臣死义之士，余为太史而弗论载，废天下之史文，余甚惧焉，汝其念哉！"又说："先人有言：'自周公卒五百岁而有孔子。孔子卒后至于今五百岁，有能绍明世，正《易传》，继《春秋》，本《诗》《书》《礼》《乐》之际？'意在斯乎！意在斯乎！小子何敢让焉。"①这些都确凿地表明，撰史以继承孔子著《春秋》的神圣事业，既是他父亲的嘱托，也是司马迁本人责无旁贷自觉担当的重任。

司马迁忠实地接受了孟子的观点，他借回答上大夫壶遂的话，论述孔子修《春秋》的含义："余闻董生曰：'周道衰废，孔子为鲁司寇，诸侯害之，大夫壅之。孔子知言之不用，道之不行也，是非二百四十二年之中，以为天下仪表，贬天子，退诸侯，讨大夫（按：《汉书·司马迁传》引这段文字，无"天子""退"三字。孔子修《春秋》意在尊周王室，此言"贬天子"，与孔子本意和《春秋》内容不合，当有衍误。《汉书》此处作"贬诸侯，讨大夫"则与《春秋》内容相合，宜可依从），以达王事而已矣。'子曰：'我欲载之空言，不如见之于行事之深切著明也。'夫《春秋》，上明三王之道，下辨人事之纪，别嫌疑，明是非，定犹豫，善善恶恶，贤贤贱不肖，存亡国，继绝世，补敝起废，王道之大者也。"这些，正与孟子关于孔子修《春秋》以表达自己政治观点的看法一脉相承。尤应注意的是，司马迁进而把孟子的论点大力发挥，第一，他认为《春秋》是治国的纲纪，故说：《春秋》是"王道之大者"；"《春秋》辩是非，故长于治人"；"拨乱世反之正，莫近于《春秋》"；"万物之散聚皆在《春秋》"。这就进一步阐发《春秋》的原则、道理直接与社会的治乱、国家的兴亡相关。第二，认为《春秋》体现了礼义、伦理的准则："故有国者不可以不知《春秋》，前有谗而弗见，后有贼而不知。为人臣者不可以不知《春秋》，守经事而不知其宜，遭变事而不

---

① 《史记》卷一百三十《太史公自序》。

知其权。为人君父而不通于《春秋》之义者,必蒙首恶之名。为人臣子而不通于《春秋》之义者,必陷篡弑之诛,死罪之名。""夫不通礼义之旨,至于君不君,臣不臣,父不父,子不子。""《春秋》者,礼义之大宗也。"① 这是强调上自国君,下至庶民,人人必须通于《春秋》之义,按照其中的准则律己,否则君君臣臣父父子子的伦理关系就无法维系,个人也难逃杀身败亡的惨祸。第三,认为《春秋》是著述的楷模。因为它不是死的陈篇旧账,而是有活的生命、意义巨大的历史,它与现实相联系,与政治相联系。司马迁根据孟子的思路再加推进,将《春秋》与汤、武革命并举,歌颂它们都是诛灭暴虐、恢复王道的正义事业,所以说:"桀、纣失其道而汤、武作,周失其道而《春秋》作。"②

总之,司马迁把孟子的论点发挥尽致,在他心目中,《春秋》是最成功的著述(不限于史书的意义),是孔子垂之万代的不朽功绩。所以他要自觉地继承和弘扬孔子的事业。司马迁不特高度赞扬《春秋》,他对于儒家六经全面推崇,《太史公自序》云:"《易》著天地阴阳四时五行,故长于变;《礼》经纪人伦,故长于行;《书》记先王之事,故长于政;《诗》记山川豁谷禽兽草木牝牡雌雄,故长于风;《乐》乐所以立,故长于和;《春秋》辩是非,故长于治人。是故《礼》以节人,《乐》以发和,《书》以道事,《诗》以达意,《易》以道化,《春秋》以道义。"《史记》的其他篇章中还一再从不同角度高度评价六经的作用:"太史公曰:《春秋》推见至隐,《易》本隐之以显,《大雅》言王公大人而德逮黎庶,《小雅》讥小己之得失,其流及上。所以言虽外殊,其合德一也。"③ "孔子曰:'六艺于治一也。《礼》以节人,《乐》以发和,《书》以道事,《诗》以达意,《易》以神化,《春秋》以义。"④ 这些论断都是推崇六艺对于治理天下国家最可宝贵,它们各有特长,合起来又都体现了孔子德治的思想。这样全面尊崇

---

① 均见《史记》卷一百三十《太史公自序》。
② 见《史记》卷一百三十《太史公自序》论《陈涉世家》撰述义旨。
③ 《史记》卷一百一十七《司马相如列传》赞。
④ 《史记》卷一百二十六《滑稽列传》序。

六经的论述，是孟子、荀子这些儒家大师们所未曾有过的。所以司马迁不但是褒扬《春秋》的功臣，也是深晓全部儒家经典的睿哲。

二、确立孔子在文化史上的崇高地位

司马迁尊崇儒学的又一集中表现是：他突破《史记》著作体例的限制，破格撰写了《孔子世家》，同时撰有《仲尼弟子列传》《孟荀列传》《儒林列传》，它们有机地形成为系列文章，郑重地记载了儒家创立者的功绩，众多弟子和儒家巨子的生平，以及秦汉以来以儒学显于世的人物事迹，构成最早的儒学史，显示出儒学繁盛的特殊地位，令其他学派黯然失色。

司马迁在《孔子世家》中既详尽地记载孔子一生的活动，又表达对孔子的极度景仰，这正处处与《太史公自序》中"继《春秋》"自命的旨意相呼应。按照《史记》体例，"世家"犹言世禄之家，以称王侯，跟记载帝王事迹的"本纪"、记载各方面代表人物的"列传"对言。而孔子并无王侯之位，"特一布衣"，生前悒悒惶惶到处奔走，司马迁却破例列为"世家"，给以殊荣。这等于尊奉孔子为学术文化宗师，唐人司马贞所谓"以是圣人为教化之主"①，颇能窥见司马迁的意蕴。后代学者对此也多有评论，以明陈仁锡所论述最有见地："史迁可谓知圣人之道者矣，班氏谓其先黄老而后六经，非也。观其作《史记》，于孔子则立'世家'，于黄老则立'传'；至论孔子，则曰'可谓至圣矣'，论老氏，但'隐君子'。非知足以知圣人而能是乎？"② 此其一。

其二，在史料上，司马迁广搜博采各种儒家典籍及其他学派著述中有关孔子的资料，备载孔子的行事，状写其言谈风貌，写得生动传神、血肉饱满。这种"采百花以酿醇蜜"的精神，不仅

---

① 见《史记》卷四十七《孔子世家》"索隐"。
② 陈仁锡：《陈评史记》卷四十七，北京师范大学出版社，1986年版。

出于司马迁著史的严肃态度，从更深一层说，更取决于他对写好内容详实的孔子传记的殷殷之意。《论语》《左传》中的大量材料，自是司马迁的主要依据；同时，充分撷取《穀梁传》《公羊传》《国语》《礼记》《孟子》《韩诗外传》等儒家典籍中的有关记载；其他学派，如《墨子》《晏子春秋》《韩非子》中的零星材料，司马迁也加以吸取。如《孔子世家》写鲁昭公二十五年孔子适齐："（景公）又复问政于孔子，孔子曰：'政在节财。'景公说，将欲以尼谿田封孔子。晏婴进曰：'夫儒者滑稽而不可轨法；倨傲自顺，不可以为下；崇丧遂哀，破产厚葬，不可以为俗；游说乞贷，不可以为国。自大贤之息，周室既衰，礼乐缺有间。今孔子盛容饰，繁登降之礼，趋详之节，累世不能殚其学，当年不能究其礼。君欲用之以移齐俗，非所以先细民也。'后景公敬见孔子，不问其礼。异日，景公止孔子曰：'奉子以季氏，吾不能。'以季、孟之间待之。"① 这一段记载即系采用《墨子·非儒》《晏子春秋·外篇》及《韩非子·难三》中的史料写成。借此更写出孔子一生所受到的挫折，写出当日不同学派的斗争，从而使这篇孔子传更具真实性。可见，凡是有关孔子的有价值的史料，司马迁都加以搜求，然后爬梳剔抉，熔铸成篇。

其三，《孔子世家》又不限于具体记载孔子的行事和言论，而能上升到更高的层次，集中论列孔子修订六经的功绩。贯串于其间的鲜明主旨即是，儒家六经寓涵着实行"王道"、维系伦理的根本道理，从而把"六艺于治一也"的核心论点具体展开。如说：

孔子编订了《尚书》《诗经》《礼记》，既有纲纪制度、治理天下的意义，又具有文化上的创始意义。"孔子之时，周室微而礼乐废，《诗》《书》缺。追迹三代之礼，序《书传》，上纪唐虞之际，下至秦缪，编次其事。……故《书传》《礼记》自孔氏。""古者《诗》三千余篇，及至孔子，去其重，取可施于礼义，上采契、后稷，中述殷、周之盛，至幽、厉之缺，始于衽席，……

---

① 《史记》卷四十七《孔子世家》。

三百五篇孔子皆弦歌之，以求合《韶》《武》《雅》《颂》之音。礼乐自此可得而述，以备王道，成六艺。"

论述孔子对《易》的重视："孔子晚而喜《易》，序《彖》《系》《象》《说卦》《文言》。读《易》，韦编三绝。"

论孔子修《春秋》以寄托政治理想，以褒贬微旨寄托治天下之法，作为后世准则："子曰：'弗乎弗乎，君子病没世而名不称焉。吾道不行矣，吾何以自见于后世哉？'乃因史记作《春秋》，……据鲁、亲周、故殷，运之三代。约其文辞而指博。故吴、楚之君自称王，而《春秋》贬之曰'子'；践土之会实召周天子，而《春秋》讳之曰'天王狩于河阳'：推此类以绳当世。贬损之义，后有王者举而开之。《春秋》之义行，则天下乱臣贼子惧焉。""孔子在位听讼，文辞有可与人共者，弗独有也。至于为《春秋》，笔则笔，削则削，子夏之徒不能赞一辞。弟子受《春秋》，孔子曰：'后世知丘者以《春秋》，而罪丘者亦以《春秋》。'"

司马迁在《孔子世家》中这样郑重其事，全面地论述孔子修订六经的时代意义，其深刻含义，是尊奉孔子既是垂教后世的圣人，又是中国文化伟大的开创者和传播者。还有一点，由于司马迁论述六经的意义多是承袭发挥孟子之说，就是孔、孟直接联系起来。尽管后人对孔子修订六经的具体细节尚有异议，但从总体上，孔子作为中国传统文化杰出代表人物的地位却不可动摇。

最后，司马迁在《孔子世家》篇末，精心、深情地写了一篇赞语，集中表达对孔子的崇敬：

> 太史公曰：《诗》有之："高山仰止，景行行止。"虽不能至，然心向往之。余读孔氏书，想见其为人。适鲁，观仲尼庙堂车服礼器，诸生以时习礼其家，余祗回留之不能去云。天下君王至于贤人众矣，当时则荣，没则已焉。孔子布衣，传十余世，学者宗之。自天子王侯，中国言六艺者折中于夫子，可谓至圣矣！

言为心声。今天我们吟咏司马迁这段话，仍能真切地感受到他对孔子深挚敬仰的真情。开头引《诗》云"高山仰止，景行行止"，已表达出对孔子的衷心向往，最后又称颂孔子为"至圣"，他对孔子的崇敬可谓无以复加！日本学者齐藤正谦对赞语层层深入的文笔，品味甚细，对我们很有启发。他说："首泛言夫子之德可仰止；次言适鲁观其庙堂，留不能去；次言其布衣传十余世，胜天下君王；终言其道为天子王侯所折中：仰止之意，一节进一节。首曰'孔氏'，其词泛；次曰'仲尼'，其词亲；次曰'孔子'，其言谨；次曰'夫子'，其言更谨：尊敬之言，一节进一节。"① 而更有意义的是，司马迁把孔子跟许多生前享尽尊荣富贵的人作对比：他们的富贵是因据有国君王侯的地位，可是曾几何时，死后统统被人忘却，唯独孔子，身为布衣，却以自己的学说历代受人传颂宗仰。他在文化上、思想上享有任何国君王侯所不能比拟的地位。

总起来说，司马迁立孔子为"世家"，使孔子处于突出地位，他系统地记载孔子的言行事迹和思想学说，并推崇其为"至圣"。老子则只列入与庄周、韩非诸人的合传中，称之为"隐君子"。《太史公自序》中揭示出两篇传记撰写的义旨，也形成了鲜明对照。"周室既衰，诸侯恣行。仲尼悼礼废乐崩，追修经术，以达王道，匡乱世反之于正，见其文辞，为天下制仪法，垂六艺之统纪于后世。作《孔子世家》"，这是褒彰孔子的学说具有拨乱反正、作为天下统纪和社会伦理准则的价值。"李耳无为自化，清净自正；韩非揣事情，循势理。作《老子韩非列传》"，则仅以寥寥数字点出老子和韩非学说的特点而已。司马迁所尊奉者谁，已经明明白白，无可怀疑。这一切，都被他严肃地写进《史记》这部信史之中，所以在确立孔子作为中国古代文化代表人物、古代社会的思想领袖的崇高历史地位上，司马迁的历史功绩是巨大的。直到近代，著名思想家龚自珍仍称司马迁为"汉大儒司马

---

① 据泷川资言《史记会注考证》卷四十七引，文学古籍刊行社，1955年版，第2937—2938页。

氏"。① 梁启超也说："太史公最通经学，最尊孔子。"② "司马迁诚汉代独一无二之大儒矣。"③ 他们的评语确有道理，是很值得我们注意的。

三、司马迁尊儒历史背景剖视

一个伟大的历史家决不能离开他的时代。司马迁尊儒，如果只是作为个人的学术兴趣来看待，那还只是停留在表层的认识上，远未找到司马迁学术旨趣的真正的根。司马迁著史自觉地继承、尊奉儒学，主要地并不取决于个人的选择，从根本上说，是决定于时代的需要和学术的取向。这就需要我们深入地考察司马迁尊儒的历史背景。

什么是时代的需要？这个问题亟须我们作深层分析加以把握。司马迁是汉初之后、武帝时代的人物，人们一提到汉初，立即会想到无为政治和黄老学说的支配地位。诚然，汉初政治确以黄老无为学说为指导。经过秦朝暴政、反秦及楚汉的连年战争之后，人民死亡盈野，伤残待救，社会经济凋敝破败。当时最紧迫的任务，就是休养生息、恢复民力。所以汉初以黄老学说为指导，是必然的需要，而且取得了很大成功，奠定了以后武帝时期鼎盛局面的物质基础。然则，这只是事情的一面。事情的另一面是，从汉初社会整个进程说，黄老学说的盛行毕竟只是阶段性现象。我们所不能忽视的是，尊儒作为朝廷的政策固然自武帝始，而尊儒的倾向实已导源在此以前。确切地说，在汉朝建立以前，儒学在学术思想上已占有某种正统的地位；又因在汉朝创建和发展过程中，儒学对政治生活曾一再发挥过明显的作用，故而由潜

---

① 《龚自珍全集》第三辑《陆彦若所著书序》，上海人民出版社，1975 年版，第 197 页。

② 梁启超：《读书分月课程》，《饮冰室合集》专集之六十九，第 2 页。

③ 梁启超：《论中国学术思想变迁之大势》，《饮冰室合集》文集之七，第 52 页。

在的影响到逐步形成势头。自春秋以后，学术的传统无疑以孔子为唯一的大师。战国时，"《诗》《书》"是区别在"百家语"以外的，显示出地位的高下。所以自战国以来，儒学实际上已具有学术正统的地位。秦朝"以法为教""以吏为师"，靠的是行政强制手段，不能完全改变业已形成的深层文化结构和人们的心态。秦始皇的几个刻石和《中庸》的"非天子不议礼、不制度、不考文；今天下，车同轨，书同文，行同伦"，"日月所照，霜露所坠，凡有血气者，莫不尊亲"相符，可算是侧面的证明。更加饶有兴味的是，刻石铭辞中的道德标准，如"夙兴夜寐，建设长利；专隆教诲，训经宣达；远近毕理，咸承圣志；贵贱分明，男女礼顺"，"远迩辟隐，专务肃庄，端直敦忠，事业有常"，"端平法度，万物之纪，以明人事，合同父子，圣智仁义"，①跟儒家思想实甚相近。这可以说是秦始皇及李斯等无意地将社会文化心理反映在铭辞之中。"所以始皇坑儒，扶苏便以'诸生皆诵法孔子'为谏，可知孔子之教早有超越的地位了。"②

此后汉初六七十年之间，黄老思想固然起了主导的作用，但在若干关键问题上，又有儒学一再发挥了重要的作用。汉高祖刘邦以厌恶儒生著称，但这位开国皇帝的一个正确选择，就是采纳了"时时前说称《诗》《书》"的陆贾的建议：马上得天下，不能以马上治之。陆贾还说："且汤武逆取而以顺守之，文武并用，长久之术也。昔者吴王夫差、智伯极武而亡；秦任刑法不变，卒灭赵氏。向使秦已并天下，行仁义，法先圣，陛下安得而有之？"提醒刘邦采取由任用武力转变为施行"仁义"，由秦的残酷政治转变到宽省政治。这对汉初政权实具成败相关的意义。因此，刘邦让他著书总结历史教训，《新语》书成，"每奏一篇，高帝未尝不称善，左右呼万岁"。③又一个关键是儒生叔孙通为朝廷制礼仪。史载：由于刘邦讨厌秦朝苛细的仪法，废掉不用，务求简

---

① 见《史记》卷六《秦始皇本纪》泰山刻石及琅邪刻石。
② 劳榦《秦汉史》第十二章，台湾"中国文化书院"出版部印行，1980年新一版。
③ 《史记》卷九十七《郦生陆贾列传》。

易,结果出现"群臣饮酒争功,醉或妄呼,拔剑击柱"的场面,刘邦为之头痛。叔孙通原是秦博士,他为刘邦制定了一套儒家的礼仪,事先经过演习,然后在新落成的长乐宫隆重地正式进行,成效惊人:"自诸侯王以下莫不振恐肃敬","竟朝置酒,无敢讙哗失礼者。于是高帝曰:'吾乃今日知为皇帝之贵也。'"叔孙通制礼仪,当然是为封建统治效其劳,但须知在当时,在混乱无秩序中,皇帝就是秩序的代表,所以历史地看待,制礼仪在当时又有巩固新建立的西汉政权的突出意义。这也是儒学在汉初发挥了明显的作用。司马迁有历史眼光,尽管他对叔孙通惯于揣度时势阿谀逢迎加以讥讽,但又明确地肯定制礼仪的积极作用:"叔孙通希世度务,制礼进退,与时变化,卒为汉家儒宗。"① 至汉文帝时,贾谊从儒家立场出发提出加强封建中央集权的主张,则是第三个关键问题。其时,"天下初定,制度疏阔",特别是诸侯王国势力恶性膨胀,成为最紧迫的问题,藩国大者跨州兼郡,连城数十,宫室百官制拟京师,尾大不掉,成为与朝廷相对抗的分裂力量。贾谊即从儒家立场出发,坚持主张削藩,他警告说:"疏者必危,亲者必乱","强者先反"。汉文帝采纳他的建议,削减齐、赵两王国封地,又将列侯遣回封国,防止在京城纠集势力,以后景帝、武帝时代继续削藩的措施都导发于此。同时,贾谊又提出"改正朔,易服色制度,定官名,兴礼乐"的整套主张,目的是使"等级分明",② 天子独尊,王侯臣下受到约束。由于文帝尚节俭,这些建议未付施行,但武帝时改正朔、立明堂等大规模兴造制度,仍然发自贾谊。

以上三人,叔孙通为醇儒当无可疑。陆贾兼有道家色彩,贾谊兼有法家色彩,但二人思想中居主导地位的则明显是儒家,所以《汉书·艺文志》引《陆贾》《贾谊》为儒家者流。我认为,三人的建言和作为,是在汉初黄老学说盛行之际,代表儒家学派为解决数十年间几个重大问题所做出的引人注目的贡献。其在不

---

① 《史记》卷九十九《叔孙通列传》。
② 以上据《史记》卷八十四《屈原贾生列传》,《汉书》卷四十八《贾谊传》及卷十四《诸侯王表》。

同学派并存竞争情况下的实际意义,当然是使儒学的地位得到提高,影响得以扩大。故此,在秦代被压制的儒学,至汉初已迅速走上舞台,正在发展力量,行将占据舞台中心的地位。关于儒学影响扩大的事实,我们可以举出:文帝时,贾谊接连超迁,"一岁中至太中大夫",当时还有燕人韩婴因通《诗》立为博士,鲁徐生因通《礼》为礼官大夫。景帝时,儒生鲁申公归鲁退居家教,终身不出门,"弟子自远方至受业者百余人"。① 他的学生王臧因明《诗》为太子少傅。还有儒生辕固生因治《诗》为博士,董仲舒以治《春秋》为博士。

儒学势力业已抬头,黄老之学不甘退却,两派斗争日益激化。黄老学者与辕固生在景帝面前曾有一次争论。黄生讲:汤伐桀、武王伐纣都不是顺应天命,是臣弑君。辕固生则坚持:桀纣虐乱,汤、武起来讨伐,是符合民意的行动,所以顺应天命。黄生强辩说:"桀、纣虽失道,然君上也;汤、武虽圣,臣下也",② 因过而诛,就是臣弑君。景帝乃对黄生的话加以袒护,且明言不准再讲什么汤、武受命。可见,黄老之学在维护专制统治方面可以走得更远,为了取得皇帝的宠信,可以公然为暴君辩护!

武帝即位,任命爱好儒术的窦婴为丞相、田蚡为太尉,他们依武帝旨意,为提倡儒学和加强中央集权采取了一系列行动:"迎鲁申公,欲设明堂,令列侯就国,除关(按,指除关门之税),以礼为服制(按,因当时王侯逾越礼制者甚多,要按等级差别予以限制),以兴太平。举适诸窦宗室毋节行者,除其属籍。"③ 这些措施直接触犯了外戚诸窦的利益,激怒了窦太后。她便凭借权势,于次年罪责御史大夫赵绾、郎中令王臧下狱,二人皆自杀,又逼武帝将窦婴、田蚡免职。但是,儒学的兴起毕竟是大势所趋,窦太后仗势反攻也终究无法阻挡。建元五年,武帝置五经博士。六年,窦太后卒,武帝立即任用田蚡为丞相,广征儒者,进入武帝确立"罢黜百家,独尊儒术"政策时期。这两次斗

---

① 《史记》卷一百二十一《儒林列传》。
② 《史记》卷一百二十一《儒林列传》。
③ 《史记》卷一百七《魏其武安侯列传》。

争，足以说明此时的黄老学说所代表的是诸侯势力，而儒学则是代表中央集权力量的不同实质。

一种思想学说是否起到进步作用，不能离开历史条件，拿固定框框去硬套。黄老学说适合于汉初的时代特点，但随着时代条件的变化，其进步作用便会失去；儒学尽管有保守性，繁缛礼节、鼓吹森严等级制以维护封建统治这些严重的消极面，然而，当时处于上升时期的封建生产关系和封建政治制度，却恰恰又需要儒学来帮助它的巩固。若把黄老学说的一度适宜社会需要视之为一直具有进步作用，或者习惯于生硬套用"对立斗争"的模式，认为汉初黄老思想与儒学的歧异即是前者代表进步，后者代表落后的斗争，我以为都是片面性看法。前文所说汉初黄老学说的进步作用仅是阶段性的，这从秦汉历史发展的大过程来看，更是如此。

我们扩大视野即可看到：秦汉是封建制度成长时期，从占据主导地位的意识形态说，则经过了三个阶段、两次否定。法家学说本来具有适应新生封建阶级要求的积极作用，然而秦统一后，却将法家路线推向极端，实行赤裸裸的刑罚统治，暴用民力，导致秦朝迅速灭亡。此为第一段。汉初社会残破，民生凋敝，需要清静无为以恢复民力，黄老学说适逢时会而成为指导思想，此为第二段，也是对前一阶段的否定。至武帝时代，经过七十多年休养生息，经济上已积聚了雄厚的实力，这个民族像是憋足了劲的巨人，已经不再无为，而是要大有作为了，鼓吹清静寡欲的黄老学说再也不合时宜，需要更换全新的政治哲学、行动的哲学，武帝雄才大略的性格特点又与这一时代需要相适应，因而，他一继位立即以行政力量扶植业已扩大了影响的儒家学派，高举起尊儒的旗帜。这又构成对第二阶段的否定。而武帝尊儒的特点，则是外儒内法、儒法并用，所谓"杂王霸道而用之"的汉家制度由此制定，既不是对前面过程的简单抛弃，更不是对创立儒家的始发点的复归，演进的过程构成正—反—合，辩证运动的法则于此得到生动的体现。纵览这一思想学说演进的大过程，我们可以得出两点认识：第一，应该肯定，儒学至武帝时代被尊奉为居主导地位的学说,是历史的一个进步。尽管儒学独尊开始了专制主义对思想领域实行新的控制,在以后长期的封建社会中带来种种严重弊端,然而确应看到处在秦朝推行极端的法家路线而骤亡之后,能够代替它长期作为社会指导思想的,只有儒家学说。不能只强调其消极面而抹杀儒学这种客观地存在的历史地位。第二,既然武帝时代独尊儒术是社会运动的逻辑依归,具有深刻的历史必然性,这就说明,司马迁尊儒的学术旨趣,乃是深深扎根在时代土壤之中。《史记》著述体系中强烈的尊儒倾向,也是对他所处时代忠实的反映。

司马迁创设《儒林列传》,写的便是儒学兴盛史。他集中地评价孔子的儒学具有拨乱反正的意义:"夫周室衰而《关雎》作,幽、厉微而礼乐坏,诸侯恣行,政由强国。故孔子闵王路废而邪道兴,于是论次诗书,修起礼乐";"故因史记作《春秋》,以当王法,其辞微而指博,后世学者多录焉。"① 又论孟、荀作为儒学巨子对于显扬孔子学说的贡献:"孟子、荀卿之列,咸遵夫子之业而润色之,以学显于世。"着重肯定武帝君臣提倡儒学的功绩,把武帝时代作为儒学兴盛的起点:"及今上即位,赵绾、王臧之属明儒学,而上亦向之,于是招方正贤良文学之士。"并述此后讲述《诗》《书》《易》《春秋》的名师辈出。"及窦太后崩,武安侯田蚡为丞相,绌黄老刑名百家之言,延文学儒者数百人,而公孙弘以《春秋》白衣为天子三公,封以平津侯。天下之学士靡然向风矣。"并特意在传中录入公孙弘请置博士弟子的奏书,武帝予以采纳,"自此以来,则公卿大夫士吏斌斌多文学之士矣"。显然对武帝君臣提倡奖拔儒学的一系列措施深加赞许。《太史公自序》中概括此篇义旨是:"自孔子卒,京师莫崇庠序,唯建元、元狩之间,文辞粲如也。"② 诚如王鸣盛所云:《儒林传》"力表武帝之能尊儒","此篇多是颂扬"。③

王鸣盛还明确地提出"司马氏父子异尚"的论题,认为:

---

① 《史记》卷一百二十一《儒林列传》。
② 《史记》卷一百三十《太史公自序》。
③ 王鸣盛:《十七史商榷》卷六"儒林传"条。

《论六家要指》论述孔不如老,只代表司马谈的学术旨趣,"而迁意则尊儒,父子异尚,犹刘向好《穀梁》而子歆明《左氏》也"。并举出司马迁称引董仲舒之言,正是"隐隐以上承孔子,其意可见"。他还提出《史记》"以孔子入世家推崇已极,亦复斟酌尽善",批评王安石和王应麟都曲解了司马迁。① 王鸣盛的论断确具卓识,对于正确评价司马迁的学术旨趣有承前启后的意义。但我们通过剖视当时的学术背景,则对于这一问题的认识还可更深入一层:司马氏父子旨趣固不相同,但又有相通之处。在司马谈身上,已经显示出由崇尚道家向尊儒的过渡;他十分强调"孝";临终时告诫司马迁:"且夫孝始于事亲,中于事君,终于立身。扬名于后世,以显父母,此孝之大者。"② 重视孝道正是儒学的本色;司马谈赞扬道家主要从哲学思想立论,而从学术史角度,他又是尊儒的,故称周公能宣扬周的历代君王之功业,所以被天下传诵,又称孔子论《诗》《书》,作《春秋》,学者至今则之,这就认为孔子是必须效法的榜样。所以他才郑重嘱托司马迁著史以"继《春秋》"。孙诒让云"谈尊儒而崇道",此言正中肯綮!弄清楚司马氏父子志尚既相异又相承的两重性,很有助于加深理解景、武之间学术趋向的过渡性特点,同时也说明,司马迁尊儒,并非与家学绝然相反、一刀两断的突兀之举。

四、偏颇批评在方法论上的教训

经过对司马迁尊儒的学术倾向及其形成的时代条件作深层的分析,我们看到:司马迁自觉地著史以"继《春秋》",《史记》确立了孔子在文化史上的崇高地位,又对武帝时代的崇儒充分地褒扬,"最通经学,最尊孔子"的评价,他完全可以当之而无愧。再回视班氏父子批评司马迁"论大道则先黄老而后六经,序游侠

---

① 以上见王鸣盛《十七史商榷》卷六"司马氏父子异尚"条。
② 《史记》卷一百三十《太史公自序》。

则退处士而进奸雄,述货殖则崇势利而羞贫贱"①的话,其立论之失据如观烛照。《汉书》是继《史记》而起的巨著,班氏父子在许多历史问题上具有卓识,又表彰司马迁有良史之材,"善序事理,辨而不华,质而不俚,其文直,其事核,不虚美,不隐恶,故谓之实录"。②作出对《史记》的公允评价,对于论定《史记》在史学史上的地位贡献匪细。可是他们严重地曲解了司马迁的学术旨趣,由于《汉书》一向受到推崇,学者若未加深究,即会受其左右,这番言论成为理解《史记》学术奥蕴的一大障碍。因此,历代有识之士每每加以辨正。

较早者有晋葛洪,他认为,司马迁之褒贬"皆准的乎至理","班固之论未可据也"。③两宋学者论班氏之失者更多,如沈括指出"班固乃讥迁'是非颇谬于圣贤',论甚不慊"。④陈傅良的论述更加犀利深入:"(司马迁)乃尽百家之精而断以六艺,《易》本田何,《春秋》本董仲舒,《书》本孔安国,《礼》本河间,独恨不见《毛氏诗》耳。盖其融液九流,萃为一编,罢黜杂伦,自《五帝纪》以下咸有依据,荀卿之后,仅见此书尔。……惜自班固看渠不过,妄有瑕摘,后生沿习,遂成牢谈。千五百年之间,此书湮晦,正赖吾党自开只眼,不惑于纷纷之论,谨勿容易便生疑薄也。"⑤此外吕祖谦在《大事记解题》(卷十二)、晁公武在《郡斋读书志》(卷二上)均有类似的论述。明以后提出驳议的学者更多,先有李廷机、陈仁锡、黄淳耀、冯班、何焯等人。⑥清代乾嘉学者承前启后,除王鸣盛外,赵翼亦云:"孔子无公侯之位,而《史记》独列于世家,尊孔子也。凡列国世家与孔子毫无

---

① 《汉书》卷六十《司马迁传》赞。
② 《汉书》卷六十二《司马迁传》。
③ 葛洪:《抱朴子内篇》卷十《明本》,上海书店,1986年版,第41页。
④ 沈括:《梦溪补笔谈》卷一,中华书局,1985年版,第5页。
⑤ 陈傅良:《止斋先生文集》卷三十五《答贾端老五》,四部丛刊本,上海商务印书馆,1936年版。
⑥ 陈仁锡已见前引,另外四人的言论分别见《史记萃宝》卷三、《黄陶庵先生全集》卷四《史记评论》、《钝吟杂录》卷六及卷八、《义门读书记》卷上《史记集解序》。

相涉者,亦皆书'是岁孔子相鲁','孔子卒',以其系天下之重轻也。……以孔子、孟子并称,是尊孟子亦自史迁始也。"① 梁玉绳同样提出司马迁"固非先黄老而后六经"的论断。②

前贤对于班氏立论偏差所作的匡正都足以启迪后人,是我们继续研究的基础。我们需要在两个方面推进这一课题的研究。一则,这些评论尚多属提出简略的论断,远未就司马迁对《春秋》深刻而独特的理解,他为确立孔子历史地位的功绩认真剖析,并将这些放在春秋战国以后历史演进的总背景中考察。前文已对此作了系统的论列,即为弥补这一缺陷。二则,未能揭示出班氏父子在方法论上的错误及其产生根源,总结其历史教训,此点亦须引起重视。

所谓方法论上的错误,是指班氏父子不适当地以儒学国教化时代的观点去框定司马迁。班氏父子时代的学术环境,已与司马迁时代大不相同,封建专制主义对意识形态的控制早已大大加强。上文说到,这种控制局面,始于武帝时期。武帝采用董仲舒建议,把不符合统治者所需要的思想,都作为罢黜压制的对象,"皆绝其道,勿使并进。邪辟之说灭息,然后统纪可一"。③ 目的是让百家之说灭绝,建立起以儒学独尊为形式的封建专制主义的"大一统"。武帝和董仲舒的思想路线,是把儒学变为加强专制统治的手段,指明了以后思想专制的途径。但当时尚未达到严密的程度,司马迁才有可能保持自己的独立性,敢于对专制主义表示不满,而且提出要"成一家之言",即:在保持儒学主导地位的同时,吸收、融合其他学派的论点,形成自己的社会思想学说。司马迁与董仲舒二人都尊儒,而差别极大,司马迁是尊重孔子的历史地位,按照六经的本义加以发挥,董仲舒则改塑孔子的形象,使儒家阴阳五行化。司马迁尊重董仲舒,接受其春秋学的观点,但《儒林列传》中不载董氏"罢黜百家,独尊儒术"的言论,恐怕就不是偶然的疏忽。反

---

① 赵翼:《陔馀丛考》卷五《史记三》,河北人民出版社,1990年版,第72页。
② 梁玉绳:《史记志疑》卷三十六,中华书局,1981年版。
③ 《汉书》卷五十六《董仲舒传》。

之,记载了董仲舒阴阳求雨止雨之术,以及他著书言灾异之变,书被人奏上,"弟子吕步舒不知其师书,以为下愚",以致董仲舒下狱差点被处死的笑话,细加玩味这段记载,显然意存讥讽。武帝以后儒学与封建行政权力进一步紧密结合,有过一系列突出的演示。汉宣帝甘露三年举行石渠阁奏议,"诏诸儒讲五经同异,太子太傅萧望之等平奏其议,上亲称制临决焉",① 开创了皇帝亲自对经义异同作出裁决的先例。东汉明帝即位后,即在明堂隆重举行朝典。"飨射礼毕,帝正坐自讲,诸儒执经问难于前,冠带缙绅之人,圜桥门而观听者盖亿万计。"章帝继位之后,也于建初四年"大会诸儒于白虎观,考详同异,连月乃罢。肃宗(即章帝)亲临称制,如石渠故事"。② 这两次,明帝和章帝也都相继以皇帝、宗师和教主的身份亲自出场,宣扬他们所同意的教义,标志着封建主义对思想的统治达到了强化的阶段,儒学至此已经成为国教。班氏父子即生活在这一时期,班固本人还被指定为白虎观议奏记录的整理者。儒学国教化,也就是儒学的神化和思想的僵化,一切都以统治者所能承认的教义为准则,必须顶礼膜拜,刻板地遵从,压制任何独立思考,司马迁比较自由的思想自然受到责难。班氏父子认为他崇儒未达到尊为"国宪"的程度,对此感到不满,所以批评他"是非颇缪于圣人,论大道则先黄老而后六经"。有的论者好心为司马迁辩护,说班氏父子未能区分清楚,误将司马谈《论六家要指》当作司马迁的观点来批评。问题并不如此简单,作为大学者的班氏父子也不至于犯这种常识性错误。事情的症结,在于他们用当时形成的僵化的思想模式去框定、限制别人,实则以保守倾向批评进步倾向,笔者以为,这正是我们所应总结的历史教训。在我们今天的时代,已经具备充分的条件,能够做到廓清以往的误解和扭曲,站在今日的时代高度,俯瞰以往思想演进的历程。但是我们仍然要谨慎从事,防止用一种新的固定的模式去

---

① 《汉书》卷八《宣帝纪》。
② 均见《后汉书》卷七十九上《儒林列传上》。

论定前人。过去长时期中由于套用"对立斗争"公式的做法流行，导致出现剪裁历史去印证"对立面的斗争"的倾向。论到武帝时代，也会简单地将其时落后与进步的矛盾归结为董仲舒尊儒与司马氏父子尊道之间的对立。近年有的很有影响的哲学史教科书对于这一问题未能作出恰切的描述，是否也与此有关，这里不敢匆忙作出判断，读者诸君可自己评论。

研究司马迁与孔子思想的关系，还有必要扩大到对其史学体例和社会历史观点加以讨论。

《史记》久远生命力的奥蕴

在我国文化典籍宝库中,《史记》堪称是一部具有久远价值的不朽著作。封建时代不少进步学者把它视为著述的楷模;近代主张输入西方新学和倡导"史学革命"的梁启超称书中"常有国民思想";① 现代中国文化革命的主将鲁迅誉之为"史家之绝唱";直至今天,处在改革与开放的社会主义时代的人们,仍然一再从其《货殖列传》《平准书》等篇章中总结司马迁主张发展商业交换、鼓励人们自由致富的思想,从中吸取营养。《史记》具有如此久远生命力的秘密,我认为,在于司马迁从总结客观历史进程和研究社会现实情况出发,勇于形成自己独立的社会思想体系,表达了对于历史前途的看法,寄托本人进步的社会理想,其中蕴涵着丰富的人民性、民主性精华,所以才能历经千百年岁月的洗炼,而更加显示出其光彩。以往仅从历史著作范围来评价它的做法显然不够,需要进一步结合西汉前期思想文化演进的背景,深入地考察司马迁由广泛反映社会实际而形成的进步思想及其社会效果,并总结其中的历史教训。这对于发掘民族文化珍品中的思想财富,促进今天历史著作更加贴近于社会生活,都具有

---

① 梁启超:《新史学》,《饮冰室合集》文集之九,第5页。

不可忽视的意义。

一、构建独立学说体系的著述宗旨

探讨司马迁著述宗旨最为直接有力的证据,莫过于他所亲写的文字。首先,要足够地重视他本人所定《太史公书》这一书名,并不是后人所称《史记》。①严格地说,后人改易的书名跟司马迁原意已有偏离,妨碍对其宗旨的认识。司马迁的定名,说明他的旨趣在提出自己的思想体系,如《孟子》《荀子》等书一样,要拿出自己的一套独立见解。后人改称《史记》,却将它划定到史书范围之内,忽视了司马迁所重在于提出自己的观点主张。二百年前专重"史义"的章学诚,已经敏锐地道及这一点,指出:"《太史》百三十篇,自名一子。(原注:本名《太史公书》,不名《史记》也。)"他又说:"司马迁著百三十篇,自谓绍名(按,当作"明")世而继《春秋》,信哉,三代之后之绝作矣!"②称赞司马迁勇于提出自己的学说,故能写出整个中古时代独一无二的杰作。章氏所言,可谓目光如炬!

其次,与《太史公书》的命名相照应,司马迁在《太史公自序》这篇总结性文字中,画龙点睛式地揭示出其著述意图:为"继《春秋》而作";"述往事,思来者";"成一家之言"。这三处措辞虽有不同,所表达的意思则是一致,即:他的著述有深远的用意,要提出自己的社会学说体系,并寄托于未来。

处在武帝时期特定的思想环境下,司马迁以"继《春秋》"自任,具有极不平常的意义。当时文化思想的一大特点,是《春秋》学与政治相结合,成为意识形态领域的最高权威。公孙弘因

---

① 司马迁定名为《太史公书》,见《太史公自序》。《汉书·艺文志》著录为"《太史公》百三十篇",《宣元六王传》谓之《太史公书》,班彪《略论》、王充《论衡》同。《杨恽传》谓之《太史公记》。应劭《风俗通》卷十六同。而《风俗通》卷二又称为《太史记》。故知两汉时并未有名书为《史记》者。参见梁启超《要籍解题及其读法》,《饮冰室合集》专集之七十二,第15页。

② 章学诚:《文史通义》卷四《释通》及《匡谬》二篇。

通《春秋》由布衣而擢居丞相高位；董仲舒因宣扬《春秋》"大一统"等学说，成为一代儒宗；汉武帝尊奉《春秋》，则从他诏令太子熟习公羊学而得到确证。《春秋》享有如此尊荣的地位，其关键即在于与西汉政治密切结合。董仲舒《天人三策》就是宣扬这一观点的代表作。他迎合汉武帝的政治需要，解释孔子著《春秋》体现了皇权神授，《春秋》即是孔子为汉制法。他从各方面论证汉家朝廷的权力、制度、法律、政策都可以在《春秋》中找到根据，《春秋》为封建国家确定了治理天下的纲纪和法则。这些言论固然都出于唯心的说教，但它在客观上符合封建政权巩固统一和加强集权的需要，所以被汉武帝所激赏和大力提倡，董仲舒的《春秋》学成为汉代正宗思想的代表，俨然具有最高权威的地位。《两汉三国学案》作者唐晏对当时《春秋》的权威地位有相当中肯的概括："凡朝廷决大疑，人臣有献替，必引《春秋》为断。"① 下面两个典型事例即可说明这一点：因武帝建元六年高帝陵和辽东高祖庙发生火灾，董仲舒上奏，以《春秋》所载两观两宫火灾相比附，要求朝廷对悖逆不法的诸侯王施加打击。当时武帝未予采纳。至元朔六年淮南王等谋反，于是武帝追思仲舒前奏，叹服其正确，遂使"仲舒弟子吕步舒持斧钺治淮南狱，以《春秋》谊颛断于外"。又，昭帝即位初年，则有京兆尹隽不疑引用《春秋》之义为依据，果断地处置有人冒充卫太子出现于长安街头的事件，迅速地收拾了混乱局面。隽不疑此举被昭帝和大将军霍光大加赞许，要求公卿大臣都仿效他，做到"用经术明于大谊"。②

董仲舒用《春秋》断政事使皇帝为之叹服；隽不疑用《春秋》定疑案使群臣为之慑服。政治生活的现实，证明《春秋》的确兼具最高精神指导和具体法律标准的作用，称之为"圣经"可谓恰如其分。故而西汉一代有众多学者以治《春秋》学相竞尚，形成公羊、穀梁、左氏、严氏、颜氏等分支学派，仅以《春秋》

---

① 唐晏：《两汉三国学案》卷八《春秋》，中华书局，1986年点校本。
② 分见《汉书》卷二十七上《五行志上》、卷七十一《隽不疑传》。

决事决狱的著作,就有《公羊董仲舒治狱》十六篇,①《春秋决事》十卷,《春秋决疑论》一卷②等。

时代风尚决定司马迁对《春秋》十分推崇,一再强调他著书以"继《春秋》"是履行自己神圣的历史责任。他与董仲舒对《春秋》的看法固然有所不同,但其中却有相通之处。司马迁曾从董仲舒学习公羊春秋说,接受《春秋》处处体现了孔子的微言大义,别嫌疑、定是非、善善恶恶,贯串着严格政治标准这类观点。所以他直接引用董生的话说明孔子作《春秋》的旨意:"孔子知言之不用,道之不行也,是非二百四十二年之中,以为天下仪表,……以达王事而已矣。"司马迁与董仲舒不同的是,他不拿《春秋》与"天意"相附会来神化皇权,也不拿阴阳灾异之说解释帝王的一举一动都受到上天的注视。司马迁是从人事角度推崇《春秋》,认为它体现治理国家和伦理纲常的基本原则。他一再论述《春秋》的原则、道理与社会的治乱、国家的兴亡相关;《春秋》是"王道之大者";"《春秋》辩是非,故长于治人";"拨乱世反之正,莫近于《春秋》"。并认为《春秋》体现了礼义、伦理的原则:"夫不通礼义之旨,至于君不君,臣不臣,父不父,子不子。""《春秋》者,礼义之大宗也。"即强调上自国君,下至庶民,人人必须通于《春秋》之义,按照其中的准则律己,否则君君臣臣父父子子的伦理关系就无法维系,社会将分崩离析,个人也难逃杀身败亡的惨祸。由于《春秋》对国家社会有如此重大关系,所以他认为《春秋》是著述的典范,将孔子作《春秋》跟汤、武革命并举,发扬了孟子视《春秋》之功可与禹抑洪水、周公兼夷狄相等列的论点,歌颂它们都是诛灭暴虐,恢复伸张正义的伟大功业。③

总之,司马迁推崇孔子作《春秋》,核心即在于认为《春秋》体现了治理国家和协调社会的根本原则,它不是陈篇旧账,而是具有活的生命、功垂后世的历史,所以能对后代国家社会生活起

---

① 《汉书》卷三十《艺文志》。
② 《隋书》卷三十二《经籍志》,中华书局,1973年版。
③ 均见《史记》卷一百三十《太史公自序》。

指导作用。这也正是司马迁为自己著书所确定的根本目的。所谓"述往事，思来者"，也是从另一角度表达这个意思：记述历史并非就是全部目的，其更深意义是希望对未来社会起作用。"成一家之言"，则要借总结历史提出自己独立的学说体系，要"藏之名山"，"传之其人"，让后人从他的思想中得到启示。正是这样崇高的目的和宏远的见识鼓舞着他，使他忍受惨遭腐刑的奇耻大辱，怀着"肠一日而九回"的巨大痛苦，去发愤完成著述事业。他的深意在当时无法直截了当说出，只能委婉言之，我们显然不能局限于通常史书来认识，必须进而深入探究其独立学说体系的内涵和价值。其实早在20世纪20年代，梁启超就已讲到："（司马迁）著书最大目的，乃在发表司马氏'一家之言'，与荀卿著《荀子》、董生著《春秋繁露》，性质正同。不过其'一家之言'，乃借史的形式以发表耳。故仅以近世'史'的观念读《史记》，非能知《史记》者也。"① 可惜他只是点到而未加论证。此后研究者对司马迁构建独立思想体系则似乎一直重视不够，这个缺陷亟待今日填补。

这样做，既是为了从更高层次研究《史记》的思想成就，同时也体现了学术研究所应重视的"视角转换"。近代区分各个学科门类是人类认识史上的巨大进步，使我们对于自然和社会各个领域的研究做到更加精致、更加系统。但是严守学科门类的观念长期沿袭的结果，又不可避免地带来副作用，即在某种程度上忽视学科之间的联系，削弱了整体性认识。譬如，史学本来即是文化现象的一种，它是特定的社会现象（包括经济、政治、军事、学术等）的反映，它如何反映受到社会状况的制约，同时它反过来又作用于社会，对社会产生积极或消极的影响。而且史学与其他学科，如哲学、经济、法律、文学、宗教等也有机地相联系。因此我们不能局限于就史论史，还应扩大视野，联系当时文化思想的总背景，对史学与社会的关系作双向考察，注重探求历史家倾注于书中的社会观点和社会思想。这种从文化视角研究史学的

---

① 梁启超：《要籍解题及其读法》，《饮冰室合集》专集之七十二，第18页。

做法，对于以往过分强调学科门类而产生的局限是一种弥补，有利于推进学术工作中整体性的认识，有利于密切史学与社会生活的联系。更何况，在司马迁的时代，史学远未成为独立的学科门类，各学科之间也未明确分野。《春秋》是鲁国史，又是儒家经典。《史记》既是历史著作，又是自有历史以来一切文化的总汇，它包括了当时所能知晓的中华民族的全部历史，又包括了当时的社会生活。从文化视角研究《史记》，有可能更符合司马迁著述的真实意图，更有利于总结司马迁思想的精华所在。

二、从多元文化格局到独尊儒术的历史转折

"人们自己创造自己的历史，但是他们并不是随心所欲地创造，并不是在他们自己选定的条件下创造，而是在直接碰到的、既定的、从过去承继下来的条件下创造。"① 思想学说的创造也必须以已有的条件作为出发点。司马迁社会思想的形成有其特殊的时代机遇，他正处于由西汉初期文化思想的多元格局转向汉武帝开始实行独尊儒术的历史交叉点。这种文化背景对其社会学说的产生具有两层意义：由于前者，司马迁吸收了各家学说的营养，继承了由战国到汉初学者们勇于提出独立见解的思想风格；由于后者，他的思想经受了专制主义的磨炼而更加闪射出光辉。

汉初各家学说并存的局面，一般称之为战国百家争鸣的余波。这一局面的出现有其深刻的历史必然性。秦兼并六国后，实行政治上和文化上的专制主义，"以法为教"，"以吏为师"，以为只要推行极端的法家路线就可以维持万世的统治。结果适得其反，激起了民众的强烈反抗，使其专制统治迅速灭亡。西汉皇朝是在反秦战争的废墟上建立起来的，统治者适应时势的要求，实行黄老"无为"政治，与民休息。文化上也无力多加干预，思想

---

① 马克思：《路易·波拿巴的雾月十八日》，《马克思恩格斯选集》第一卷，人民出版社，1995年版，第585页。

控制骤弛，出现了秦始皇和汉武帝文化专制政策之间的一段空隙。思想家们则吸收了秦亡教训，谴责秦的暴虐和专制，他们继承先秦思想的各种论点，加以发挥，同时各个学派之间互相吸收，形成汉初文化思想上多元的格局。

综观汉初呈各家学说多元并存的局面是：黄老学说在汉初称盛，帝王如文、景，后妃如窦太后，将相如曹参、陈平，学者如盖公、黄生等，都是黄老之学的信奉者或传授者。黄生曾在景帝面前与儒者辕固生辩论，黄生的说法受到景帝的袒护。汉初六七十年间连续执行黄老"清静无为"的政策，使经济得到恢复和发展。而同时，儒学在此期间的作用尤呈上升趋势。陆贾对高祖称说《诗》《书》，提醒他要采取由武力转变为施行"仁义"的政策。叔孙通为汉制礼仪，卒为汉家儒宗。文帝时贾谊从儒家立场出发提出加强中央集权的主张。上述三人的建言和作为，代表儒学在汉初数十年间几项重大问题上做出引人瞩目的贡献，因此使儒学地位得到提高。法家学说在汉初也有其影响，如晁错以学申商刑名之学进身，在对策中论述法治的重要性，主张"功高者赏厚"，"罪重者罚严"，被文帝列为高第，并得到擢升。

饶有兴味的是，汉初思想家论述其社会政治主张，又不拘一家之说，而能兼采各家之所长。他们处在"汉兴，海内一统"的新时代，国家出现了空前的统一局面，各地区的联系大大地加强，北起燕代、南至江楚、西达陇蜀、东临海滨，各地区的居民汇合成为统一的民族——汉族。由于这一伟大时代的推动，各家学说也出现互相吸取、汇合的趋势。这跟战国时期各国纷争、社会急剧动荡而形成的文化特点迥然不同。战国百家争鸣显示了学术的繁荣，但诸子各是代表不同阶层或阶级的不同学派，为了各自的利益，必然要通过互相辩难击败对手，扩大自己的影响。如庄子强调"百家众技""不能相通"，"必不合矣"，① 天下的道术相分裂。荀子把各家学说统统视为"枭乱天下"的"邪说""奸言"，当世之要务是使它们灭绝，"以务息十二子之说，如是则天

---

① 《庄子·天下》。

下之害除"。① 韩非子攻击儒、墨为"愚诬之学，杂反之行"，②纯属无知欺骗之说，有害于治理国家，必须予以排斥。跟上述战国诸子强烈否定、坚决排斥其他学派的态度相反，汉初思想家十分重视吸收融合各家学说。陆贾首开风气，他的名言是："书不必起仲尼之门，药不必出扁鹊之方。合之者善可以为法，因世而权行。"他从儒家观点强调"德政"和"仁义"，同时又宣扬"无为"，治理国家要"块然若无事，寂然若无声"，明显地吸收了道家的学说。他又兼有法家"功利主义"的色彩，主张"建国强威，辟地服远"，鼓吹"征敌服众"，并批评伯夷、叔齐式的消极避世行为。③ 贾谊的学说具有亦儒亦法结合的特点，认为治理国家应该"礼义"与"刑法"并重。故司马迁称贾谊和晁错"明申韩"，而《汉书·艺文志》却把"贾谊五十八篇"列为儒家。贾谊对于黄老学说亦有吸收，故主张"约法省刑"，与民休息。晁错以重视法治、峭直刻深著名，而他又曾被派到伏生处学习儒家经典《尚书》，学完后向朝廷"上书称说"。他讲人主应该熟练掌握的"术数"，就有"忠孝事上"的儒家训条。④

到了司马谈著《论六家要指》所显示的文化旨趣，已经指明了司马迁学术思想的途径。《要指》是对汉初各家学说互相吸收这一趋势的发展和总结，对各个学派有批评也有肯定，而又特别强调各派的贯通融合。他明言各家学说都是"为治"，只是提法不同，归根结底，都是殊途同归的，也就是说，对各家学说只要取舍适当，都能为治国服务。《要指》在评论各家的短处之后，分别肯定各家的长处，因此可以认为此篇是司马谈兼采各家以形成自己一套社会观点的尝试，至少是表达出这种强烈的愿望。这对司马迁产生了直接的影响。

总之，汉初文化思想多元并存、互采众长的格局，是在国家

---

① 《荀子·非十二子》。
② 《韩非子·显学》。
③ 见《新语》之《术事篇》《至德篇》《慎微篇》。
④ 关于汉初思想家兼采各家学说的思想特点，参见拙作《汉初史论的时代色彩和主要成就》，《北京师范大学学报》1983年第6期。

统一的时代条件下,对以往各学派互相排斥的一种超越。汉初思想家惩于暴秦"燔百家之言,以愚黔首"①的严酷教训,而愈加珍视各家学说中所具有的价值,转向吸收各家之长以著书立说。这种学术多元化局面,是中华民族文化史上的伟大进步,从而成为司马迁社会思想成长的肥沃土壤。当时,封建制度上升时期的创造活力,国家的空前统一,民族的融合,文化上各家互相吸收补充,为他的著述提供了极好的时代机遇,使他开阔了视野,决然抛弃前代学者自封畛域的偏狭见解,形成了珍视民族文化遗产和自由表达思想的高尚志趣。

《史记》的撰著,又处在汉武帝罢黜百家、独尊儒术之时。政治专制和文化专制当然使司马迁的议论不得不有所忌讳,影响他自由思想的发挥,这在《史记》字里行间多有流露。但从另一面说,专制政策的压力却又使他更加认识到各家并倡的可贵,更加向往自由表达意见。《报任安书》中举出西伯拘而演《周易》,仲尼厄而作《春秋》,屈原放逐乃赋《离骚》……歌颂这些古圣贤虽身遭困厄,却以坚韧毅力完成著述,"论书策以舒其愤,思垂空文以自见",写出自己心中的"道"。他以此自喻,表示自己要效法他们,著书以"稽其成败兴坏之理",为了实现这一愿望,"虽万被戮,岂有悔哉!"②这些话即是司马迁渴求抒发独立见解,对于专制淫威示不屈服的明证,使他的文章充溢着迥异乎平庸之见的"奇气"。因此,由多元文化格局转入思想专制,反而更激起司马迁追求自己社会理想感情的迸发,如同宽缓的水流骤入险滩狭谷而发出轰响,溅起层层浪花。司马迁记载董仲舒行事,却不载其《天人三策》,可以视为他对于文化专制的抗议。而其时独尊儒术的政策刚刚实行,统治者尚未能编结成严密的文网。封建正宗思想尚未有后世那样强大的禁锢作用,具有卓越的进步意义的巨著才有可能在这个历史关口产生。司马迁社会思想的主要内涵包括互相有机联系的三个方面,即在政治上反映平民阶层的

---

① 贾谊总结秦亡教训语,见《史记》卷四十八《陈涉世家》。
② 《汉书》卷六十二《司马迁传》。

要求，经济上主张富民、重视发展工商业，文化上广泛容纳和吸收百家之所长。

三、平民阶层政治要求的反映

在政治观点上，司马迁以忠实的态度考察客观历史进程和社会现状，"稽其成败兴坏之理"，总结出民心向背对于统治成败的决定作用，因而把"安民"和"任贤"作为治理国家的两大关键，反映出平民阶层的政治要求，表达出自己的政治理想。这些构成其社会思想的重要内容。

司马迁继承和发扬了先秦思想家的民本思想，认识到民众是国家政治的根本。他以此为线索，总结商周以来的历史变局。《殷本纪》以具体史实，揭示殷纣王倒行逆施，遭到民众痛恨，逐步为其垮台准备了条件。殷纣穷奢极欲，残酷剥削，"知足以距谏，言足以饰非。""厚赋税以实鹿台之钱，而盈巨桥之粟。益收狗马奇物，充仞宫室。"又施行惨酷的刑罚："百姓怨望而诸侯有畔者，于是纣乃重刑辟，有炮格之法。"他面临灭亡，还迷信天命，拒不改悔，自称"我生不有命在天！"最后众叛亲离，"殷之大师、少师乃持其祭乐器奔周"。① 殷纣身死国灭。在《周本纪》中，司马迁进一步回答小邦周何以能战胜大邑商的问题。他详载周的兴起，是自后稷、公刘、古公亶父、季历、文王历代"积德行义"，"民赖其庆，百姓怀之"，"士以此多归之"。至武王，"师修文王绪业"。牧野之战更直接决定于民心向背："纣师虽众，皆无战之心，心欲武王亟入。纣师皆倒兵以战，以开武王。"② 这些史实生动地证明周的兴起是由于得到民众拥护。重视民众力量的观点，使他把握到商周历史变化的实质。

司马迁在《秦始皇本纪》中，对于秦的暴政也作了有力的揭

---

① 《史记》卷三《殷本纪》。
② 《史记》卷四《周本纪》。

露:"刚毅戾深,事皆决于法,刻削毋仁恩和义。"他还一再引用贾谊、晁错、伍被、主父偃、徐乐、严安的言论,① 评述秦的暴政如何激起人民反抗的烈火。在项羽、高祖两篇"本纪"中,他则用对比手法,揭示项羽失败在于一贯实行杀戮政策,刘邦成功在于一向争取民心的深刻道理。刘、项先后入关中,刘邦约法三章,财物无所取,"诸所过毋得掠卤,秦人憙,秦军解,因大破之"。项羽却"屠烧咸阳秦宫室,所过无不残破,秦人大失望"。司马迁尤其重视记载刘邦的约法三章如何得到关中民众的拥护:刘邦召集当地父老豪杰,宣布悉除去秦法,"凡吾所以来,为父老除害,非有所侵暴,无恐!"又使人遍告各郡县百姓,于是"人大喜,争持牛羊酒食献飨军士。沛公又让不受,曰:'仓粟多,非乏,不欲费人。'""人又益喜,唯恐沛公不为秦王。"② 这些记载有力地证明:不必等到成皋对峙和垓下之战,而刘胜项败之结局已定。

司马迁以民心向背来解释国家的成败兴亡,这在那个时代当然是卓识,因为二千年前不可能有更高明的理论。这样一来,对历史盛衰大事的解释,便完全置于政策的得失和民众的意志这些具体切实、容易明了的问题上。抓住真理就能所向披靡,所以正当董仲舒天人感应的唯心学说风行一时、汉武帝拜神求仙执迷不悟的时代,司马迁却清醒地提出:"国君强大,有德者昌;弱小,饰诈者亡。太上修德,其次修政,其次修救,其次修禳,正下无之。"③ 这实际上即是对于"王权神授""天意决定人事"的神学观点的正面否定。

根据国家兴盛要依靠"修德""修政"的指导思想,司马迁对于政治问题最为重视的是"安民"和"任贤"。

为了"安民",必须第一,反对大事征伐,耗费财物,增加民众负担;第二,反对横征暴敛。司马迁的看法,大量是结合武

---

① 参见《史记》卷六《秦始皇本纪》篇末所引《过秦论》、卷一百一《袁盎晁错列传》、卷一百一十八《淮南衡山列传》、卷一百一十二《平津侯主父列传》。
② 《史记》卷八《高祖本纪》。
③ 《史记》卷二十七《天官书》。

帝时期现实的政治问题表达的。他所提出的"原始察终，见盛观衰"，是将考察历史与陈述政事融合在一起的。当时举国关注的是匈奴问题。武帝连年派兵对匈奴征战，规模大者出兵十余万至三十万，加上转运粮食给养等的民伕，动员的人数更为庞大，造成民众长期不堪忍受的重负，财物耗尽，国库虚空。武帝一心攻灭匈奴建其伟业，群臣一味奉迎讨好，因此，匈奴问题成为一个尖锐而敏感的政治问题，议论出兵征战的损失则成为朝廷大忌。司马迁却敢于讲出不同意见，批评连年征伐造成的恶果。《平准书》直书无隐，指出由于连年征战，造成士卒大批死亡，民众困苦不堪，文景时代"府库余货财"，"太仓之粟陈陈相因"的丰厚积蓄被耗尽了，造成"天下苦其劳，而干戈日滋。行者赍，居者送，中外骚扰而相奉，百姓抏弊以巧法，财赂衰耗而不赡"，① 因而是汉朝由盛到衰的转折点。这是司马迁从"安民"出发对武帝政策极其大胆、尖锐的批评。

司马迁对匈奴问题的见解，还反映在书中编排的匠心，即将《李将军列传》《匈奴列传》《卫将军骠骑列传》连排的做法。以往论者对于为何在两篇人物列传中间插进《匈奴列传》表示不解，甚至批评司马迁自乱体例。实则因为未将司马迁著史与当时社会现实联系起来，不明白史家的良苦用心。这样安排的深意即在表达对匈奴问题的独立见解。② 请看：李广一生与匈奴作战，"大小七十余战"，却不得封侯，反而饮恨自杀。司马迁对他极表崇敬和同情，赞曰："及死之日，天下知与不知，皆为尽哀。彼其忠实心诚信于士大夫也？谚曰：'桃李不言，下自成蹊。'此言虽小，可以谕大也。"③ 卫青、霍去病都以贵戚为将军，征讨匈奴立功，恩宠无比，炙手可热。司马迁却明显加以讥讽。这一褒一

---

① 《史记》卷三十《平准书》。
② 日本学者曾论及《平津侯主父列传》及《匈奴列传》连排的微旨（见《史记会注考证附校补》卷一百一十二《平津侯主父列传》），云："（主父）等三人，皆以文辞进，皆以伐匈奴、通西南夷为非，其事相涉，此所以与平津同传。观次诸卫霍两越诸传间，可以知史公之意也。"（上海古籍出版社，1986年版，第1832页）所论已经点到问题所在，惜未能讲透。
③ 《史记》卷一百九《李将军列传》赞。

贬，都与匈奴有关，所以即是对武帝政策的批评。《匈奴列传》赞语寓意更为深刻。司马迁指出："孔氏著《春秋》，隐、桓之间则章，至定、哀之际则微，为其切当世之文而罔褒，忌讳之辞也。"表露他处在专制政治压力下，忌讳极多，表面上对当权人物只好多说赞扬话，但是为了忠实于历史，他还是要讲出事情的真相，要委婉曲折地讲批评的话。他唯恐读者不理解其中隐衷，故特别以《春秋》微旨作比喻。紧接着又说："世俗之言匈奴者，患其徼一时之权，而务谄纳其说，以便偏指，不参彼己；将率席中国广大，气奋，人主因以决策，是以建功不深。"① 司马迁明知要触犯忌讳，却仍然敢于批评武帝政策失当，并且指出满朝文臣谄媚成性，一味附和武帝旨意，不顾敌我双方状况，置国家利益于度外，武将则滋生虚骄心，贪图多立战功，损失多少也不加顾惜。司马迁将他对这场费时几十载、动员人力物力无数的战争的总看法，铸成一句话："建功不深。"这四个字具有千钧之力，凝聚着司马迁的胆识，对于头脑发热的汉武帝不啻是当头浇去一盆冷水！司马迁因不明李陵真相为之说情，因而遭受宫刑，这件事除李陵事件本身的原因外，还有更为根本的原因，即在于他对武帝的征伐政策持批评态度，因此触犯了专制皇帝，酿成了悲剧。受刑之后，在痛不欲生的心境下，他仍然勇于讲出对这一重大政治问题的看法，这是他坚持独立见解的伟大人格的突出体现。

那么对匈奴采取何种政策才比较得当呢？司马迁在《律书》中作了回答，他借称赞汉文帝执行先帝"劳民不可烦"的政策，对匈奴"坚边设候，结和通使，休宁北陲"，一面严守战备，一面结和往来，防其掠夺，又避免连年征伐之苦，由此造成文帝时期天下太平景象，"故百姓无内外之徭，得息肩于田亩，天下殷富"，② 讲出他不同于朝廷政策的独立看法。以此证明他主张"安民"，反对滥用民力，大事征伐。

"安民"离不了政治清明，决策正确，所以必须"任贤"。这

---

① 《史记》卷一百十《匈奴列传》。
② 《史记》卷二十五《律书》。

是司马迁的又一明确主张。他认为武帝对匈奴的政策建功不深，原因即在辅助皇帝决策的将相不得其人，由此而深深感慨文武贤才对于治理国家的重要："尧虽贤，兴事业不成，得禹而九州宁。且欲兴圣统，唯在择任将相哉！唯在择任将相哉！"① 他还进一步指出国家之安危存亡决定于所任用大臣的品德与才能："国之将兴，必有祯祥，君子用而小人退；国之将亡，贤人隐，乱臣贵。……贤人乎，贤人乎！非质有其内，恶能用之哉？甚矣，'安危在出令，存亡在所任'，诚哉是言也！"②

"安危在出令，存亡在所任"，这是司马迁针对现实政治问题提出的很有光彩的论点。在皇权制度下，皇帝具有最高权力，只有最亲近的大臣才能产生影响，匡建补救，使专制君主做出明智的决策。所以能否"任贤"与保证"出令"正确，密不可分。司马迁冀求出现君臣相辅相成、互相告诫的局面。故在论列历代重大仪典之一的《乐书》开篇，他含义深长地议论说："余每读《虞书》，至于君臣相敕，维是几安，而股肱不良，万事堕坏，未尝不流涕也。"③ 他正确地总结了贤臣通过诤谏可以制约皇权的历史经验。

司马迁还认为贤臣应该具备见义勇为和敢于直谏、救弊补过的品质。在古代人物中他敬佩晏婴。齐国大臣晏婴一生节俭，"食不重肉，妾不衣帛"，又崇尚气节，"国有道，即顺命；无道，即衡命"。④《齐太公世家》载：齐景公好治宫室，聚狗马，奢侈，厚赋重刑。时彗星见，景公畏惧叹息，群臣阿近其意而哭泣，独晏子正词谏曰："君高台深池，赋敛如弗得，刑罚恐弗胜，茀星将出，彗星何惧乎？"正告他若不革除弊政将有更大灾祸！颠顶的景公仍毫不觉悟，问："可禳否？"晏婴断然否定："使神可祝而来，亦可禳而去也。百姓苦怨以万数，而君令一人禳之，

---

① 《史记》卷一百十《匈奴列传》赞。
② 《史记》卷五十《楚元王世家》赞。
③ 《史记》卷二十四《乐书》。
④ 《史记》卷六十二《管晏列传》。

安能胜众口乎?"① 因此司马迁对晏婴表达了极高的崇敬："至其谏说，犯君之颜，此所谓'进思尽忠，退思补过'者哉！假令晏子而在，余虽为之执鞭，所忻慕焉。"② 显然，他把晏婴关心民众疾苦、敢于犯颜直谏的品质，视为贤臣的楷模。

  在当时大臣中，司马迁赞赏汲黯、郑当时，为两人写了合传加以表彰。他明白写出汲黯是武帝时位居九卿而敢于面折廷争的难得人物，重点记汲黯刚直与武帝专制之间的多次正面冲突，如：汲黯批评武帝"内多欲而外施仁义"；公孙弘巧于逢迎，张汤舞文弄法罗织人罪以邀功，汲黯揭露了他们，而使自己处于危殆境地，"弘、汤深心疾黯，唯天子也不说（通"悦"）也，欲诛之以事"。黯见武帝，却讽刺他宠用佞臣的做法："陛下用群臣如积薪耳，后来者居上"；浑邪王来降，武帝为摆体面，要大量征用民间马匹，治长安令之罪，黯挺身而出竭力反对，指出这样做是"令天下骚动"；又写武帝因得大宛千里马，陶醉在虚夸自大心理之中，作歌诗，歌于宗庙，汲黯出来谏阻，认为这样做上不合先帝之制，下不符百姓之意，由此遭公孙弘借机陷害，向武帝称："黯诽谤圣制，当族！"司马迁有意把汲黯的刚直守节、武帝的专制、公孙弘的谄媚阴险对立来写，从一个侧面深刻批评了专制政治的积弊和官场风气的恶浊。郑当时也是武帝时贤臣，他守节廉洁，不治产业，礼贤好客，以广荐贤材为己任，"每朝，候上之间，说未尝不言天下之长者。其推毂士及官属丞史，诚有味其言之也，常引以为贤于己"。"闻人之善言，进之上，唯恐后。"③

  司马迁主张"任贤"，自然对持禄尸位之臣要加以贬责，对专横跋扈之徒更要痛加抨击。他对身居丞相高位，只有唯唯诺诺，无所建树者有严切的批评，说：自申屠嘉死后，景帝时丞相陶青、刘舍，武帝时丞相许昌、薛泽、庄青翟、赵周等，"皆以列侯继嗣，娖娖廉谨，为丞相备员而已，无所能发明功名有著于

---

① 《史记》卷三十二《齐太公世家》。
② 《史记》卷六十二《管晏列传》赞。
③ 汲黯、郑当时事迹据《史记》卷一百二十《汲郑列传》及卷二十四《乐书》。

当世者"。① 司马迁借描述武安侯田蚡所作所为,更活画出一个新贵的典型。田蚡是景帝后之同母弟,当其未得势时,卑躬屈膝依附有权势者,在酒宴上"往来侍酒魏其(按,指魏其侯窦婴,时为大将军),跪起如子姓"。武帝登位后,田蚡遂得亲幸,"日益横"。后任丞相,"由此滋骄,治宅甲诸第。田园极膏腴,而市买郡县器物相属于道。前堂罗钟鼓,立曲旃;后房妇女以百数。诸侯奉金玉狗马玩好,不可胜数。"并诬告陷害已经失势的魏其侯,称他与灌夫二人"腹诽而心谤"。② 田蚡身为丞相,奉邑为河北,当黄河瓠子决口时,田蚡为了使洪水不淹自家田,竟反对塞决口,在朝廷之上谎称"塞之未必应天"。③ 司马迁记载下田蚡种种劣行,是对这个仗势横行、贻害百姓的新贵无情地加以鞭挞。对于不惜耗尽国力民力、只求立功受赏的卫青、霍去病,司马迁在《李将军列传》中以无可辩驳的事实,揭露他们对一代名将的加害。篇末又写李广之子敢被霍去病假装射猎失手而射死,显然是更深一层谴责权贵的专横狠毒,并且尖锐地讥讽武帝对宠臣的私袒。

作为一个思想深刻、见解敏锐的学者,司马迁对"今上"汉武帝并不是一味揭露讽刺,对汉武帝雄才大略,多所设施,他是予以赞扬的。《史记·今上本纪》本文已佚,内容不得而知,而《太史公自序》言其撰述之旨则云:"汉兴五世,隆在建元,外攘夷狄,内修法度,封禅,改正朔,易服色。"《自序》又载他回答壶遂的话:"汉兴以来,至明天子,获符瑞,封禅,改正朔,易服色,受命于穆清,泽流罔极,海外殊俗,重译款塞,请来献见者,不可胜道。"④ 他这样称颂汉武帝的功业和隆盛局面,也是符合实际的。揭露其阴暗面,歌颂其光明面,二者相反相成,充分证明这位伟大史家的严肃责任感和深刻洞察力。那种"谤书"的说法,纯属曲解。然而,司马迁又毫不隐瞒地更加赞赏汉文帝,

---

① 《史记》卷九十六《张丞相列传》。
② 《史记》卷一百七《魏其武安侯列传》。
③ 《史记》卷二十九《河渠书》。
④ 《史记》卷一百三十《太史公自序》。

认为他才是理想皇帝。《孝文本纪》赞语说："孔子言：'必世然后仁。善人之治国百年，亦可以胜残去杀。'诚哉是言！汉兴，至孝文四十有余载，德至盛也。廪廪乡改正服封禅矣，谦让未成于今。呜呼，岂不仁哉！"在这篇本纪中，他详细地、赞赏地记述各项德政：宽刑，纳谏，重视农业，轻徭薄赋，节俭，露台计值百金而罢建，所幸慎夫人令衣不得曳地。因而司马迁推崇文帝"专务以德化民，是以海内殷富，兴于礼义"。① 司马迁对文帝、武帝政绩的不同评论，反映出他以自己的标准来评判最高统治者，不为威势压力所左右。

上述诸项，对连年征伐、滥用民力的批评，对任用贤才的渴求，对于宽刑、纳谏、节俭、减轻剥削的汉文帝的赞扬，归结起来都是反映平民阶层的政治要求，表达了他冀望政治清明、"使民不倦"、"海内殷富"的社会思想，并期待后世贤王君子予以实行。

司马迁反映平民阶层的政治要求，还表现在他谴责封建专制统治下法令的苛刻和执法上枉定人罪的奸险行为，如《酷吏列传》对张汤窥伺人主喜怒以断狱，有力地加以揭露。司马迁关注平民阶层，赞扬他们具有自己的道德。《游侠列传》称颂布衣之侠舍己为人、扶危救困的品质，讽刺权势人物道德的虚伪，他们标榜仁义，干的却是窃国的罪恶行为。他评价陈涉起义的伟大功绩："桀、纣失其道而汤、武作，周失其道而《春秋》作。秦失其政，而陈涉发迹，诸侯作难，风起云蒸，卒亡秦族。天下之端，自涉发难。"② 更是表达对平民阶层伟大力量的礼赞。

四、探究社会经济生活的卓越见识

司马迁的探究社会经济生活方面的卓识，则主要体现在以下

---

① 《史记》卷十《孝文本纪》。
② 见《史记》卷一百三十《太史公自序》论《陈涉世家》撰述义旨。

三点：一、认为人类对于物质生活的要求推动了社会的发展，并且注重从人们社会经济生活中寻找历史的发展线索。二、鼓励人们自由致富，主张大力发展工商业，把著名的工商业者视为社会上值得重视的人物。三、在中国史学上开创了重视记载经济史料的范例。在司马迁以前，先秦儒家贱视生产活动，西汉官方观念也是视工商为末业而加以抑制，重视经济生产的只有《管子》书中较为突出。司马迁继承并发展了《管子》的论点，超越了先秦儒家和西汉官方思想的限制，重视考察经济生产对社会生活和历史发展的作用。这种观点也是西汉时代条件的产物。汉朝的建立，为生产发展、商业流通提供了有利条件；封建统一国家，也需要各地区之间加强商业的交换。汉初商人社会地位低下的情况也逐渐发生了变化。高祖曾命令贾人不得衣丝，重租税以困辱之。景帝时，晁错上书称："今法律贱商人，商人已富贵矣。"① 证明商人的实际地位已经提高。到武帝时，商人已有机会参政，武帝命令东郭咸阳、孔仅主管盐铁，桑弘羊以贾人子入居侍中，以后当大农丞，为全国理财官。生产的发展势必推动思想家对于经济问题的观察，司马迁的经济观点便是对传统思想的重大突破。

忠实地考察历史、考察社会的朴素唯物观点，使司马迁认识到：人们要求满足衣、食、住等项物质需要的欲望是天然合理的，由此推动社会的前进，任凭你挨家挨户去说教，都无法改变这种状况。故他说："夫神农以前，吾不知已。至若《诗》《书》所述虞夏以来，耳目欲极声色之好，口欲穷刍豢之味，身安逸乐，而心夸矜势能之荣使。俗之渐民久矣，虽户说以眇论，终不能化。"他所强调的"俗"，就是长期形成的希望不断满足物质要求的状况。由于经济生活具有积极的作用，推动社会前进，因此他批评老子把小国寡民、民至死不相往来的状况视为"至治之极"的倒退历史观，指出："必用此为务，挽近世涂民耳目，则

---

① 《汉书》卷二十四上《食货志上》。

几无行矣。"① 指出这种想要把社会拉回原始状态的想法违反了人们的愿望,注定是行不通的。

司马迁进而精辟地论述经济生活具有自己的法则,从中寻找历史发展的线索。他认识到各地区不同的物产和人们生活的需要,推动了社会的分工和交换的形成,对此他有精到的概括:山西饶材、竹、穀、纑、旄、玉石,山东多鱼、盐、漆、丝、声色,江南产枏、梓、姜、桂、金、锡、连、丹沙、犀、瑇瑁、珠玑、齿革;龙门、碣石北多马、牛、羊、旃裘、筋角,"皆中国人民所喜好,谣俗被服饮食奉生送死之具也。故待农而食之,虞而出之,工而成之,商而通之。此宁有政教发征期会哉!人各任其能,竭其力,以得所欲。故物贱之征贵,贵之征贱,各劝其业,乐其事,若水之趋下,日夜无休时,不召而自来,不求而民出之。岂非道之所符,而自然之验邪?"② 这里把经济生活中存在的法则提高到客观存在并已得到验证的"道"来论述,强调它不是什么行政力量所能强制,也不是人的愿望所能改变,以此推动社会的发展。他的论述来自对社会生活的深刻观察体验,体现了鲜明的朴素唯物主义观点,两千多年前的史学家能达到这样的认识高度是极其了不起的。恩格斯这样论述唯物史观最根本的观点:"唯物史观是以一定历史时期的物质经济生活条件来说明一切历史事件和观念、一切政治、哲学和宗教的。"③ 又说:"一个很明显的而以前完全被人忽略的事实,即人们首先必须吃、喝、住、穿,就是说首先必须劳动,然后才能争取统治,从事政治、宗教和哲学等等,——这一很明显的事实在历史上的应有之义此时终于获得了承认。"④ 恩格斯讲的是科学历史观的根本观点。两千年前的司马迁恰恰承认"人们首先必须吃、喝、住、穿"的基本事实对社会和历史的重要

---

① 《史记》卷一百二十九《货殖列传》。
② 《史记》卷一百二十九《货殖列传》。
③ 《论住宅问题》,《马克思恩格斯选集》第三卷,人民出版社,1995年版,第209页。
④ 《卡尔·马克思》,《马克思恩格斯选集》第三卷,人民出版社,1995年版,第335—336页。

作用,并认为经济生活有自己的发展趋势,把政治上的治乱兴衰与经济情况联系起来,说明他虽然未能深入到真理的核心,但确已"接触到了真理的边缘"。① 当时"天人感应说"正被统治者提倡而成为官方思想,司马迁坚持物质生活的发展在历史中的重要作用,更具有一定的战斗意义,堪称是中古时期社会思想的珍贵遗产。

司马迁还主张让人们自由获得财富,主张大力发展工商业。他认为追求财富是人们生下来就具有的欲望,是各阶层人们活动的目的:"富者,人之情性,所不学而俱欲者也。""天下熙熙,皆为利来;天下壤壤,皆为利往。夫千乘之王,万家之侯,百室之君,尚犹患贫,而况匹夫编户之民乎!"他还用淋漓尽致的笔调描写了一幅贤人名士、官吏军士、医生工匠、农工商贾、猎人渔夫、赌徒歌女,人人尽心竭力追求财富的图画。他反对与民争利,认为最好的办法是放任发展,"故善者因之,其次利道之,其次教诲之,其次整齐之,最下者与之争"。② 他重视工商业者,为经营致富的大工商业者立传,认为:"布衣匹夫之人,不害于政,不妨百姓,取与以时而息财富,智者有采焉。"③ 肯定以工商业致富的合理性。他对"汉兴,海内为一,开关梁,弛山泽之禁,是以富商大贾周流天下,交易之物莫不通,得其所欲"④ 的局面尤为赞赏,因为这种局面促使了商品经济的大发展。他所批评的"最下者与之争",是直接针对汉武帝的盐铁官营等。《货殖列传》还记载了大工商业者致富的"哲学"和经营的方法,如预见行情变化,抓住有利时机,选择适当地点以利用当地物产、资金周转要快,利润率不可太高,经营多数人需要的热门商品等。他把全国划分为山东、山西、江南、龙门碣石以北四大经济区,显示它们在全国商品交换中的地位,又重点论

---

① 白寿彝师:《司马迁与班固》(代序),见《司马迁研究新论》,河南人民出版社,1982年版,第9页。
② 以上引文均见《史记》卷一百二十九《货殖列传》。
③ 《史记》卷一百三十《太史公自序》。
④ 《史记》卷一百二十九《货殖列传》。

述关中、三河、燕、代、齐鲁、越、三楚等地的经济条件与社会习俗。他还通晓各个地区可以致富的行业，如牧马、牛、羊、猪、养鱼、林业、果树、城郊种田、种植卮茜、姜、韭、造酒、做酱、屠宰、贩谷、卖薪蒿等。所有这些，都说明司马迁视野之开阔和对经济生活研究之深入。

除《货殖列传》外，《平准书》也是司马迁创立的专记社会经济变化的篇章。在此篇中，他考察了封建国家的经济政策对社会状况和民众生活的影响，根据他的敏锐观察提出武帝统治后期是汉代由盛到衰的转折点的论断。他所着重论述的，一是当时兼并盛行，权势者奢侈无度，二是武帝连年征伐耗尽了国家资财，为解决财政恐慌，采取卖武功爵、盐铁官营和"告缗"，两者都造成了社会的动荡不安。他的论述敏锐反映了社会生活的新动向，代表了当时平民阶层的利益要求。

五、拥抱全民族文化的胸怀

在文化观点上，司马迁与董仲舒罢黜百家以独尊儒术的文化专制思想相对立，对百家学说广泛地容纳和吸收，承认它们的历史地位，显示出他具有拥抱全民族文化的广阔胸怀。

汉武帝、董仲舒独尊儒术政策的提出，是当时历史条件下封建政治和文化发展的产物。前已说到，当汉初各家并倡之时，儒学的地位已呈上升趋势，从巩固封建国家统一和加强专制主义政治需要出发，儒家宣扬的"大一统"说、等级制度、君君臣臣父父子子的纲纪伦常，对于汉武帝是最为适合的。司马迁作为伟大的学者，不可能脱离他的时代，所以他尊崇儒学，主张大一统，宣扬君君臣臣父父子子的纲常关系，在《史记》全书中确实体现了儒家思想的主导地位。他突破《史记》著述体例的限制，破格写了《孔子世家》，同时撰有《仲尼弟子列传》《孟荀列传》《儒林列传》，它们有机地形成系列文章，构成最早的儒学史，显示出儒学繁盛的特殊地位。尤其是，《孔子世家》在详载孔子一生事迹的基础上,在赞语中引《诗》云:"高山仰止,景行行止",称"自天子王侯,中国言《六艺》者折中于夫子,可谓至圣矣!"①表达对孔子的无比崇敬。这同他"继《春秋》"的宗旨是相通的。

然则,司马迁尊儒的目的跟董仲舒又不相同。董仲舒独尊儒术,是作为维护专制主义统治的手段,所以要废灭百家之学,使"绝其道"。司马迁则出于尊重历史的发展和孔子的学术地位,而对同样在历史上起过作用的其他学派,他也予以承认并且吸收。在他看来,尊崇当时处于上升趋势的儒学与容纳各家学说可以并包俱存,各采其长,这正是司马迁文化观点的卓越之处!以上已论及在政治观和经济观上司马迁对道家和管子学说等的吸收发挥,本节再列举他对黄老、法家、纵横家的肯定为证。

司马迁从各个侧面反映黄老"无为"学说对汉初政治的指导作用。《曹相国世家》载曹参任齐王相九年,"其治要用黄老术,故相齐九年,齐国安集,大称贤相"。又以"参为汉相国,清静极言合道。然百姓离秦之酷后,参与休息无为,故天下俱称其美矣"②的赞语,把"无为"政治提高到符合历史发展趋势的高度来评价。《吕太后本纪》赞又说:"孝惠皇帝、高后之时,黎民得离战国之苦,君臣俱欲休息乎无为,故惠帝垂拱,高后女主称制,政不出房户,天下晏然。刑罚罕用,罪人是希。民务稼穑,衣食滋殖。"③在《孝文本纪》中,则用"毋烦民"概括文帝政策和作风的特点。可见司马迁对整个汉初阶段的记载,都贯串着肯定黄老学说历史作用的观点。司马迁对法家人物"刻削少恩"一向反感,但他不以个人好恶歪曲历史事实,而是肯定法家学说的历史作用。他如实记载吴起任楚相,执行"明法审令,捐不急之官,废公族疏远者,以抚养战斗之士。要在强兵"的政策,因而取得"南平百越;北并陈、蔡,却三晋;西伐秦"④的政绩。

---

① 《史记》卷四十七《孔子世家》。
② 《史记》卷五十四《曹相国世家》。
③ 《史记》卷九《吕太后本纪》。
④ 《史记》卷六十五《吴起列传》。

司马迁对商鞅变法推动历史的发展评价更高。《商君列传》详述提出变法的原委，商鞅先后两次变法的具体内容，写商鞅以法家观点和历史经验驳倒保守派人物甘龙、杜挚的阻挠，终于取得显著的成效："行之十年，秦民大说，道不拾遗，山无盗贼，家给人足。民勇于公战，怯于私斗，乡邑大治。""居五年，秦人富强，天子致胙于孝公，诸侯毕贺。"① 令人信服地说明法家路线使秦成为西方强国，称雄于诸侯。对于往往被视为"驰骋巧辩，腾空造说"的战国纵横家人物，司马迁也认为他们的智慧和历史作用值得肯定。他论述《苏秦列传》的撰述义旨是："天下患衡秦毋餍，而苏子能存诸侯，约从以抑贪强。作《苏秦列传》。"② 苏秦针对山东六国畏惧强秦，"忍辱割让求近安"，又互有矛盾、各不相顾的形势，提出六国合纵联合抗秦的战略，是一种智慧。司马迁详细记载苏秦游说诸侯的精辟言论，如说韩宣王："大王事秦，秦必求宜阳、成皋。今兹效之，明年又复求割地。与则无地以给之，不与则弃前功而受后祸。且大王之地有尽而秦之求无已，以有尽之地而逆无已之求，此所谓市怨结祸者也，不战而地已削矣。"③ 这类分析都符合当时的情势，显示出其卓识。因而他的谋略得到六国的拥护，推他为约从（纵）长，并相六国，而使"秦兵不敢窥函谷关十五年"。④ 司马迁的结论是："苏秦起闾阎，连六国从亲，此其智有过人者。吾故列其行事，次其时序，毋令独蒙恶声焉。"⑤ 这样，纵横家的功绩和他们雄辩的言论就得以载入史册。

兼容各家、不拘一格的胸怀和见识，还使司马迁善于从各种

---

① 《史记》卷六十八《商君列传》。
② 《史记》卷一百三十《太史公自序》。
③ 《史记》卷六十九《苏秦列传》。
④ 关于《苏秦列传》所载"秦兵不敢窥函谷关十五年"，《通鉴考异》认为此系出自游谈之士，夸大苏秦而云。然王懋竑云："按六国表，自显王三十六年，至慎靓王三年，凡十五年中，秦四伐魏，一围魏，未尝交兵他国。至慎靓王三年，五国共攻秦，则从约犹未解也。……前此之伐魏，特以偏师临之，未尝大出兵也。……而考其事实则诚有之，非尽虚辞也。"见《史记会注考证·苏秦列传》引，第1371页。
⑤ 《史记》卷六十九《苏秦列传》赞。

类型的人物，发现其嘉言善行，采撷入史，从而使全书蕴含着大量的思想资料，丰富了我们的民族智慧。

齐相晏婴曾很不客气地讥贬儒者"滑稽而不可轨法"，"倨傲自顺"，"崇丧遂哀"，"累世不能殚其学，当年不能究其礼"。①如果拘守儒家教条，则晏婴这样的人物将被摒弃不载。司马迁则相反，他广泛搜集晏子的史料，从散见于《晏子春秋》《左传》《韩诗外传》的片断资料中，提炼出晏子指责齐景公暴政的出色言论。齐景公害怕见彗星，晏子谏曰："君高台深池，赋敛如弗得，刑罚恐弗胜，茀星将出，彗星何惧乎？""百姓苦怨以万数，而君令一人禳之，安能胜众口乎？"② 以此谏齐景公奢侈重赋和企图以禳祷避祸，成为反映晏子天道观和同情民众的宝贵资料。《赵世家》所载赵简子爱直谏之臣，因此在赵国大得民心的著名故事，则是采用《韩诗外传》中的素材，而更加突出赵简子喜欢"谔谔之臣"、讨厌"徒闻唯唯"的品德。③ 司马迁还深挚地赞扬怀着高尚目的而忍辱负重的历史人物，肯定他们"隐忍而成功名"的政治智慧。《伍子胥列传》载：伍子胥之父伍奢因受贼臣陷害被捕，楚王借口召其二子，企图斩草除根。伍子胥识破楚王所设奸计，"二子到，则父子俱死"。于是出亡，四处漂泊，几死者数，道中乞食至吴，最终为吴划策，大败楚国，报了父仇。篇末赞曰："向令伍子胥从奢俱死，何异蝼蚁。弃小义，雪大耻，名垂于后世，悲夫！方子胥窘于江上，道乞食，志岂尝须臾忘郢邪！故隐忍就功名，非烈丈夫孰能致此哉？"④ 司马迁正是吸收了道家"以柔克刚""以屈求伸"的观点而加以发挥，从伍子胥的曲折经历提高到政治智慧的高度来论述。在《叔孙通列传》中，司马迁对其"面谀以得亲贵"有所讥讽，却又肯定适应时变、为

---

① 《史记》卷四十七《孔子世家》。

② 《史记》卷三十二《齐太公世家》。关于此事，《晏子春秋·外篇》"景公梦见彗星使人占之晏子谏第三"及"景公置酒泰山四望而泣晏子谏第二"及《左传》等都有涉及，但所载均不完整，文字松散，义不显豁。司马迁则运用匠心加以整理、提炼。

③ 《史记》卷四十三《赵世家》。

④ 《史记》卷六十六《伍子胥列传》。

汉朝制定礼制做法，对此，他也引用道家的话加以赞扬："（叔孙通）希世度务，制礼进退，与时变化，卒为汉家儒宗。'大直若诎，道固委蛇'，盖谓是乎？"①

司马迁兼容百家的文化价值取向，还表现在他对滑稽家言和汉赋的看法上。滑稽人物的言词，往往被正宗人物视为不能登大雅之堂，司马迁却有独到的眼光，认为其中包含着机巧辩慧，妙语解纷，有益于治道。故《滑稽列传》曰："孔子曰：'六艺于治一也。《礼》以节人，《乐》以发和，《书》以道事，《诗》以达意，《易》以神化，《春秋》以义。'太史公曰：天道恢恢，岂不大哉！谈言微中，亦可以解纷。"② 这说明他在对待各家各派学术文化上有着如同天地包容万物的广阔胸怀。同样，对于司马相如的赋，既指出其《子虚赋》《上林赋》等过分夸饰侈靡的缺陷，又肯定篇中"意在讽谏"的积极意义。因此他明确批评："无是公言天子上林广大，山谷水泉万物，及子虚言楚云梦所有甚众，侈靡过其实，且非义理所尚，故删取其要，归正道而论之。"而在篇末赞语中又以儒家《春秋》《易》《诗》"言虽外殊，其合德一也"的道理，比喻相如赋"虽多虚辞滥说，然其要归引之节俭，此与《诗》之风（通"讽"）谏何异？"③ 指出其中可采之处。

至此我们可以清楚地看到，在司马迁时代存在着两种对立的文化观。一是董仲舒的文化专制观点，认为"今师异道，人异论，百家殊方，指意不同，是以上亡以持一统"，主张"诸不在六艺之科孔子之术者，皆绝其道，勿使并进，邪辟之说灭息，然后统纪可一而法度可明，民知所从矣"。④ 视百家为邪说，要统统使其绝灭。一是司马迁兼采百家的观点，认为"天道恢恢，岂不大哉！"主张兼容并包，因为无论儒家六艺或百家学说，"言虽外殊，其合德一也"，凡是有益国家社会的，都应该吸收，他所追求的是一个多样文化、五彩纷呈的世界！前一种观点的产物是

---

① 《史记》卷九十九《叔孙通列传》赞。
② 《史记》卷一百二十六《滑稽列传》。
③ 《史记》卷一百一十七《司马相如列传》。
④ 《汉书》卷五十六《董仲舒传》。

《春秋繁露》那样的著作，以"独尊儒术"为标榜，行宣扬"天人感应"之实。他使不多谈鬼神的孔子学说变成充斥鬼神迷信的西汉"新"儒学，并且与"求雨闭诸阳，纵诸阴，其止雨反是"①的巫术相结合，专推阴阳灾异之变，竭力为神化皇权和强化封建专制统治服务，导致了西汉之际鬼神迷信的猖獗和图谶的盛行。后一条路线的产物是《史记》这样的著作，它将中华民族的历史都写进书中，将各家各派的学术思想都囊括其中，把各具智慧和光彩的历史人物都载入史册。就汉以前的历史说，《史记》反映了儒学地位的上升，学派的繁盛，又写了儒家以外的思想家老子、韩非、庄周、申不害、邹衍；写了政治人物管仲、晏婴、商鞅、魏冉、李斯、吕不韦、孟尝君、平原君、信陵君、春申君、田单；写了军事家司马穰苴、孙子、吴起、白起、王翦、蒙恬、乐毅、廉颇；写了文学家屈原、司马相如；写了策士苏秦、张仪、陈轸、犀首、甘茂、甘罗、范雎、蔡泽；还有反映其他社会阶层的刺客、医生、游侠、龟策、货殖等的传记。故梁启超推崇司马迁是古代文化思想的集大成者："其于孔子之学，独得力于《春秋》，而南派（老庄）、北东派（管仲齐派）、北西派（申、商、韩）之精华，皆能咀嚼而融化之。又世在史官，承胚胎时代种种旧思想，磅礴郁积，以入于一百三十篇之中，虽谓史公为上古学术思想之集大成可也。"②郑振铎也认为司马迁的伟大贡献在于系统地整理古代学术文化，"他排比，他整理古代的一切杂乱无章的史料，而使之就范于他的一个囊括一切前代知识及文化的一个创作的定型中。"③

司马迁的进步文化观点，对于我国文化发展的方向关系极大。由于他在记载客观历史、反映社会生活方面取得巨大成功，进一步确立了我国人文主义的进步文化传统，成为两汉之际迷信谶纬的思想浊流泛滥猖獗的直接对立物。《史记》蕴含的丰富思

---

① 《史记》卷一百二十一《儒林列传》。
② 梁启超：《论中国学术思想变迁之大势》，《饮冰室合集》文集之七，第52页。
③ 郑振铎：《插图本中国文学史》，人民文学出版社，1957年版，第120页。

想养料，滋育了世世代代的人们，所以才被公认为民族文化的奇葩、世界文化的瑰宝。

六、时代选择和历史教训

司马迁在政治观、经济观和文化观等方面所形成的独立思想体系，是西汉时代封建制度处于上升阶段，物质上和文化上具有蓬勃创造力这种社会存在的反映。然则在同一时代所产生的思想，又可能有很大的差异，形成进步和落后之分，正确与谬误之分。而时代对于思想的选择，却不以何者为最进步、最优秀的成果为标准，而是决定于这一时代处于统治地位的阶级的需要。同在武帝时代，司马迁与董仲舒各自提出了一套社会学说，形成了不同的思想体系。二者之间，在尊奉儒学、维护封建国家的统一方面诚然有其相通之处。但是司马迁主张"安民""任贤"，反映平民阶层的政治要求，重视生产活动，鼓励自由致富，兼采各家学说之所长；而董仲舒则主张天人感应，皇权神授，罢黜百家，鄙弃事功；故二者实在又是对立的思想体系。"任何一个时代的统治思想始终都不过是统治阶级的思想。"① 按照统治阶级的选择标准，必须采用董氏学说，因为它除了有利于巩固西汉国家统一之外，又具有神化皇权、对人民高压统治、实行文化专制等作用，因而它成为显赫一时的正宗学说。可以说，董氏思想对于巩固汉代封建专制统治起了一定的作用，但是历史却为此付出了巨大的代价，西汉后期鬼神迷信气氛弥漫朝野，阴阳灾异之说大为盛行，以至酿成西汉之际图谶邪说泛滥，皇帝诏书、朝臣议奏都要引用谶纬说法作依据，导致了社会思想的大倒退。追究其根源，董仲舒鼓吹天人感应说实肇其始。设若时代选择了司马迁富有进步价值的社会思想，那理应有效地促进国家的治理、生产的

---

① 马克思、恩格斯：《共产党宣言》，《马克思恩格斯选集》第一卷，人民出版社，1995年版，第292页。

发展和文化的兴盛。但这种设想没有实际意义,那个时代决然不存在采纳司马迁社会思想的现实条件。司马迁有自知之明,深知其学说主张在当时不可能被赞同,但他又确信其思想的价值,所以要"传之其人"。一个时代未必能选择代表当时最高智慧的思想体系,这是很深刻的历史教训。

司马迁的社会学说既然不被当时权势者所称道,那么,莫非他的卓识果真在现实生活中没有产生作用吗?这又不然。事实上,在历史进程中,统治阶级人物又不止一次成为司马迁社会主张的执行者。史载:武帝晚年曾与卫青对话,承认在位期间连年"出师征伐"是"劳民",并说:"后世又如朕所为,是袭亡秦之迹也。"至征和四年,桑弘羊等上奏:可在西域轮台实行屯田,募民前赴,以威镇远方。武帝对此断然拒绝,特地为此下诏,"深陈既往之悔",对长年兴师造成"军士死略离散"、"重困老弱孤独"引以自责,称:"今请远田轮台,欲起亭隧,是扰劳天下,非所以优民也。"申明"当今务在禁苛暴,止擅赋,力本农,修马复令,以补缺,毋乏武备而已"。从此不复出军。封丞相田千秋为"富民侯","以明休息,思富养民也"。又以赵过为搜粟都尉,推广代田法,恢复农业生产。① 由于变"劳民"政策为"养民"政策,避免了武帝晚年统治的危机,使西汉皇朝得以延长约一百年。昭帝始元六年,在盐铁会议上,贤良文学力主罢盐铁、酒榷、均输官,次年七月,诏罢郡国酒酤及关内铁官。贤良文学罢盐铁专营之议虽未被全面采纳,但他们的言论却推动了昭帝时期继续实行与民休息的政策。司马光敏锐地注意到这一点,评论说:"武帝之末,海内虚耗,户口减半,霍光知时务之要,轻徭薄赋,与民休息。至是匈奴和亲,百姓充实,稍复文、景之业焉。"② 上述政策转变均与司马迁部分社会主张相符合,这当然不是出于巧合,而足以证明司马迁的主张深刻地反映了社会发展

---

① 据《汉书》卷九十六下《西域传下》,参见《资治通鉴》卷二十二汉武帝征和四年。又,司马迁于太始四年作《报任安书》,称"仆诚已著此书,凡百三十篇",可知全书至此年已基本完成。武帝下诏在征和四年,已后此四年。

② 《资治通鉴》卷二十三汉昭帝始元六年。

的需要，因而具有预见性，或谓超前性。

若再扩大到社会文化发展趋势看，司马迁学说的价值更为明显。《史记》吸收了中国古代各派学术的精华，用人心向背为主线考察历史变局，认为人民的物质要求促进了社会的发展，这些光辉的思想贯串全书，使《史记》成为一部真实可信的记述我们民族创造业绩的历史，这就使后世学者在反对神学迷信狂潮时有所凭借和效法。扬雄于两汉之际迷信盛行时，即直接继承司马迁的观点，认为实行德政比相信迷信灾异重要得多，提出"故常修德者，本也；见异而修德者，末也"。① 对于汉朝的兴起，他也坚持从人事角度，以"汉屈群策，群策屈群力"② 作解释，批判了天命观点。东汉初班固处在灾异谶纬学说泛滥成灾时，却继承了司马迁的实录精神，按照司马迁的记载、看法和著述格局，撰成《汉书》完整记载西汉一代历史，成为继《史记》而起的巨著。有了这两部大著作，对抗和驳倒以迷信观点解释历史就有确凿有力的依据。中国中古时期的文化，之所以能确定走上与欧洲中世纪神学体系截然不同的途径，司马迁的思想学说的确起着非常重要的作用。

---

① 《法言·孝至》，中华书局，1985年版。
② 《法言·重黎》。

司马迁在中国文化史上的崇高地位

历史上有的杰出人物,他的作用和影响并不因时间的推移而消减,相反地,越到后来,人们对他的崇高地位越发看得清楚。司马迁正是这样的杰出人物,在其活动的时代过去了二千年之后,进入20世纪以来,学术界对他研究的热情却一直保持长盛不衰,而许许多多的普通读者尤其从阅读《史记》中始终感受到"永久的魅力"。近些年来"文化热"的兴起,引发我们更加深入地思考司马迁在中国文化史上的地位这个重要问题。司马迁对于两千年史学和文学的发展产生了巨大的影响,我们应在已有的研究成果的基础上继续作进一步的探讨;同时,还应结合中国文化的深层内涵,即司马迁与民族精神、民族意识的关系,作深入的探析。这样做,对于推进司马迁研究,对于进一步发掘传统文化的优秀遗产并加以发扬光大,都是很有必要的。

一、传统史学的优秀楷模

司马迁在中国文化史上的崇高地位,首先在于,他撰写了气魄雄伟、史识卓越、内容宏富的不朽史著,为中国史学的发展奠定了坚实雄厚的基础，他所创造的完善的史书体例成为后代著史的"极则"，因而被尊奉为"中国史学之父"。

《史记》产生于西汉武帝时代。在此之前的先秦时期，已经先后产生了一些早期的历史著作。《尚书》是商周政治历史文献的汇集。《春秋》是编年史的创始，记载极其简略。《左传》较之已大大前进了，记载的内容远为具体、详细，已是初具规模的编年体史著，代表了先秦史学的最高水平，但《左传》尚不是组织系统、严密的史著。《国语》是国别史，它的记载保留了大量有价值的史料，然而缺乏完整的结构、体例，对各国的记载也很不均衡。总之，先秦史学虽已达到一定的成就，但仍处于比较粗糙、幼稚，规模尚属狭窄的阶段，是史学的童年时期。司马迁生活在西汉皇朝全盛时期的汉武帝时代，政治上的空前统一，经济上代替汉初凋敝局面而出现的社会生产的发展，以及西汉朝廷对典籍、文献的征集、保存，为司马迁开阔眼光和从事著述提供了前所未有的空间范围和物质、文献条件。司马迁本人的伟大创造力正与这一国力鼎盛、封建制度成长上升的时代相适应，他所撰成的规模宏伟的《史记》，就成为中国古代史学由幼稚走向成熟，实现了飞跃的标志。《史记》从纵的方面贯通古今，从远古时代传说的五帝一直写到"今上"，总结了以往全部的历史，叙述其变化。在横的方面记载了政治、经济、军事、典章制度、学术文化、人物活动、天文地理、河渠工程、医药卜筮，以至民族关系、中外关系等等，一句话，把当时中国人社会生活的各个领域，都置于历史考察的范围之内。这样做，冲破了先秦史书的狭隘界限，在当时客观条件许可的范围内，最大限度地描绘了社会史的丰富内容。这不但在中国，乃至在世界史学史上都有重大的意义。梁启超曾评价说："《史记》以社会全体为史的中枢，故不失为国民的历史。"①

司马迁为他自己提出的著史任务是："究天人之际，通古今之变，成一家之言。"此三项中，"通古今之变"是其核心，《史

---

① 梁启超：《中国历史研究法》，《饮冰室合集》专集之七十三，第17页。

记》中非常出色地实现了。司马迁以如椽巨笔,记述了自古到今的历史,尤其要考究明白不同的历史时期在古今长河如何"变",其中盛衰变化的道理是什么,所以他又明确提出要"原始察终,见盛观衰","稽其成败兴坏之理"。① 他深刻地总结出:朝代的更迭,国家的兴坏,根本的原因是政治的成败,人心的得失。他具体而生动地论述周的兴起是由于得到民众的拥护,正确地把握到商周历史变化的实质。在《秦始皇本纪》篇末,他对秦的暴政作了有力的揭露,并一再引用贾谊等人的言论,评述秦的暴政如何激起人民反抗的烈火。在项羽、高祖两篇"本纪"中,他用对比手法,揭示项羽失败在于一贯实行杀戮政策,刘邦成功在于一向争取民心的深刻道理,从而对楚汉变局的历史动因作出极有进步意义的明确的回答:政治清明,满足百姓生存、温饱、发展的迫切要求,因而得到百姓的衷心拥护,这就是汉朝为何兴起的原因。司马迁还一再提出"承敝通变"的命题,精辟地论述政治变革如何使国家走向强大、社会摆脱困境的历史经验。他讲商鞅变法的成功:"行之十年,秦民大说,道不拾遗,山无盗贼,家给人足","乡邑大治"。"居五年,秦人富强,天子致胙于孝公,诸侯毕贺。"② 《太史公自序》中论《商君列传》撰述义旨,进一步对商鞅变法作了高度评价:"鞅去卫适秦,能明其术,强霸孝公,后世遵其法。"对于西汉建国的宽省政治取代秦的残暴统治的重大变革,对于西汉社会比前代取得的巨大进步,司马迁有许多中肯的论述,更为可贵的是,他成功地做到"通古今之变",能够在表面上轰轰烈烈、一片颂扬之声的"盛世"中,揭示出隐藏的危机。他透过各种表象,准确把握住社会变化的转折,尖锐地揭示出武帝后期表面上是"盛世",实际上生产受到破坏,财政空虚,社会动荡,隐伏着严重的危机,并且上升到规律性、法则性的高度来认识,正说明司马迁对于古今历史的变动确实具有过人的洞察力!

---

① 均见于《史记》卷一百三十《太史公自序》及《报任安书》(《汉书》卷六十二《司马迁传》)。

② 《史记》卷六十八《商君列传》。

司马迁提出"究天人之际",是要探究天与人间治乱兴衰的关系。在当时,天人关系异常突出,极受思想家、政治家所关注。我们从《汉书·董仲舒传》所载汉武帝的策问和董仲舒所对"天人三策"可以看出,汉武帝和"一代儒宗"董仲舒都有意提倡天人感应、皇权神授之说,充满天命鬼神、阴阳五行等迷信思想。司马迁作为太史令,他负责掌管天文历法,对天文学有精深的研究。由于科学水平的限制,他也认为存在天人感应的关系,这并不奇怪。司马迁的可贵之处,是他在人们普遍地慑服于天意、神灵的时代,却敢于对感应、灾祥的迷信说法表示保留和怀疑,并且从总体上强调人事起根本作用。司马迁对于战国以来占星术士为迎合当权者的需要不断变换手法加以贬责,称"怪迂阿谀苟合之徒自此兴,不可胜数也"。① 他对于天意与人事何者更重要的问题,作了这样的总结:"国君强大,有德者昌;弱小,饰诈者亡。太上修德,其次修政,其次修救,其次修禳,正下无之。"② 他所强调的是国君的行为和政治的清明,把治国的方针("德")和办法("政")放在最重要的地位,祈祷上天则不是什么好办法。从这一点上,甚至可以说,司马迁对天人感应和"天意决定人事"的神学观点、"皇权神授"说正面作了否定。《封禅书》全篇,则是对武帝耽于鬼神迷信,受到方士们一连串的欺骗却沉溺不醒,作了深刻的讽刺。关键的是,从《史记》全书说,一到记述重大历史事件,他就从史实出发,从人事角度总结成败兴亡的经验,此尤为司马迁论天人关系最为本质的东西。

"成一家之言",是司马迁著史的目的。在中国史学史上,他是第一个以史名家并且成功地实现"成一家之言"的人物。《史记》原称《太史公书》,这个书名也表明它不是一部单纯的史书,而是如同《孟子》《荀子》一样要讲出自己对历史和社会现实问题的独到见解。他通过总结历史,突出了民众的意志对于国家成败具有决定的作用,同样,在现实社会政治问题上,他反映了平

---

① 《史记》卷二十八《封禅书》。
② 《史记》卷二十七《天官书》。

民阶级的要求,特别重视"安民"和"任贤"。他冀望政治清明,"以德化民","使民不倦","海内殷富"。司马迁是明确赞扬汉武帝的雄才大略、建树功业的,而对于武帝时期政治的阴暗面,如连年征伐造成人民困苦疲惫、耽于迷信、奢侈浪费等,则敢于据实直书,不加隐饰。尤其是在《匈奴列传》中,对武帝政策的失当作了大胆无畏的批评,具有千钧之力。司马迁是在因李陵事件屈辱受刑之后,仍然对这一关系国家安危的重大问题勇敢建言,这样做,充分表现了他正直历史学家的严肃责任心和伟大的人格。司马迁立志"成一家之言",他在忠实于历史事实和社会情状的基础上,勇于提出自己的独立见解,寄托自己的政治理想,这是他具有别人难以企及的卓越见识和《史记》全书具有久远生命力的精蕴所在,世世代代进步史家也由此汲取了巨大的精神力量,以之为学习的典范。"成一家之言"还有另一层含义,即司马迁在体裁上还创造了容量广阔、合理完善的著史体系。本纪、表、书、世家、列传五个部分构成,各自起着特定的作用,分别记载一代大事,记载典章制度,记载王侯和各方面代表人物,同时又有意识地将它们互相配合起来,从多层面反映社会生活,构成一个时代的全史。这种纪传体产生以后,自《汉书》以下,历代"正史"都奉《史记》为楷模。历代史家对司马迁这一非凡的创造赞美备至,郑樵说:"百代而下,史官不能易其法,学者不能舍其书。"① 赵翼说:"司马迁参酌古今,发凡起例,创为全史。……一代君臣政事,贤否得失,总汇于一编之中。自此例一定,历代作史者遂不能出其范围,信史家之极则也。"②

司马迁以毕生心血,囊括了以往全部文献、史料,著成这样一部规模巨大、丰富详实的中华民族的信史,而且体裁体例组织严密,内容和形式二者达到了完美的统一。这部不朽巨著的产生,一下子把中国史学提高到空前的高度,著史成为无上荣耀的"名山"事业,从此吸引着历代有志者竞相撰写史著,继承司马

---

① 郑樵:《通志·总序》,中华书局,1987年版。
② 赵翼:《廿二史劄记》卷一"各史例目异同"条,中华书局,1984年版,第3页。

迁的事业。司马迁以后，至东汉初年，续《史记》者就有十七人，著名的有褚少孙、刘向、扬雄、刘歆、班彪等。班固依《史记》体裁，加上自己的创造，著成纪传体断代史《汉书》，以后历代"正史"一遵这种法式。从唐初起，历代皇朝为前朝修史成为惯例，包括入主中原的少数民族建立的元、清两朝也视为理所当然。因此形成了我国各个时期连续不断的"国史"记载，一部二十四史，都是采用司马迁的纪传体例，如此世代相续、绵延数千年的历史记载，在全世界是绝无仅有的，值得中国人引以自豪。黑格尔对此盛赞说："中国'历史作家'的层出不穷、继续不断，实在是任何民族所比不上的。"① 中国历史记载的长期连续性，和史学在传统学术门类中的高度发达，对于这两项，司马迁都有无可比拟的功绩，"中国史学之父"的地位，他确实当之无愧。司马迁的影响直至当代，《史记》直到今天仍然对读者有巨大吸引力，引起人们的赞叹共鸣。

二、古典文学的典范之作

《史记》又是杰出的文学巨著。它对读者具有"永久的魅力"，就在于运用高超的文学手法来记述历史，刻画了许多栩栩如生的人物形象。先秦著作《左传》《国语》，大体上讲只记载片断的人物事迹。战国以后，旧的以血缘为基础的氏族制度进一步崩溃，平民出身的文臣武将在历史上的作用凸现出来。秦汉之际更是空前的历史大变局，刘邦由平民而登帝位，他周围原先出身低贱的豪杰之士也因征战大功成为开国元勋，由布衣而跻身卿相，人物对于推动历史前进的作用空前突出出来，司马谈在给司马迁的遗言中说："今汉兴，海内一统，明主贤君忠臣死义之士，余为太史而弗论载，废天下之史文，余甚惧焉，汝其念哉！"② 这

---

① 黑格尔：《历史哲学》，王造时译，三联书店，1956年版，第161页。
② 《史记》卷一百三十《太史公自序》。

正是一大批出色的历史人物需要记载的反映。《史记》以人物为中心写历史,恰恰适应了时代的需要,而司马迁也做到以他的传神妙笔,生动地记下了秦汉之际具有重大意义的历史场景,同时塑造了众多生动感人的人物形象。书中,《项羽本纪》《高祖本纪》《陈涉世家》《留侯世家》《魏公子列传》《李斯列传》《廉颇蔺相如列传》《淮阴侯列传》《刘敬叔孙通列传》《屈原贾生列传》《魏其武安侯列传》《李将军列传》等,都是脍炙人口的名篇。《史记》不但记载政治、军事人物,而且记载思想家、文学家、策士、说客、刺客、游侠,以及隐士、医生、卜者、商人、俳优等下层人物,他们各具鲜明的性格和神采,并且由此反映了广阔的社会生活,因而成为古代文学的典范作品。

司马迁写历史人物最成功之处,是通过剪裁材料,形成有吸引力的故事情节,避免一般性叙述,而把人物置于矛盾冲突和紧张的场面之中,极力状写其精神风貌和性格特征。《项羽本纪》记载了楚汉战争的主要事件,又集中地刻画项羽这个叱咤风云的历史人物。其中以钜鹿之战、鸿门宴、垓下之围这三个故事高潮中的描绘为最突出。钜鹿之战是反秦军击败秦军主力的一次关键战役,在记述中,司马迁生动地描写了项羽对敌决一死战的决心和英雄气概:"项羽乃悉引兵渡河,皆沉船,破釜甑,烧庐舍,持三日粮,以示士卒必死,无一还心。于是至则围王离,与秦军遇,九战,绝其甬道,大破之,杀苏角,虏王离。"又用诸侯军先是惧敌观望,后是肃怖慑服的场面来反衬项羽的胆力和风度:"当是时,楚兵冠诸侯。诸侯军救钜鹿下者十余壁,莫敢纵兵。及楚击秦,诸将皆从壁上观。楚战士无不一以当十,楚兵呼声动天,诸侯军无不人人惴恐。于是已破秦军,项羽召见诸侯将,入辕门,无不膝行而前,莫敢仰视。项羽由是始为诸侯上将军,诸侯皆属焉。"这些记述,写出了项羽正是在殊死的战斗中,以超人的胆略、勇武,取得号令诸侯的地位。对于鸿门宴这场秦皇朝灭亡以后,项羽、刘邦在宴席上的生死斗争,司马迁也写得扣人心弦。楚、汉双方剑拔弩张的情景,项庄舞剑直指沛公,樊哙带剑拥盾闯入军门,怒目瞋视项王,意欲拼命,使人惊心动魄。

范增的急切欲对刘邦下手,项羽的心中犹豫缺乏谋略,刘邦、张良处于劣势却能机智应付,形成了激烈的戏剧冲突,项羽终因沽名钓誉,席间放走刘邦,纵虎归山。加上此后火烧咸阳,失掉关中民心,从此在楚汉相争大局中走上了下坡路。最后项羽在垓下陷入重围,仍然不失其骁勇善战、胆气过人的气概:"于是项王大呼驰下,汉军皆披靡,遂斩汉一将。是时,赤泉侯为骑将,追项王,项王瞋目而叱之,赤泉侯人马俱惊,辟易数里。"① 表现他即使身陷重围,仍然具有所向披靡、使其对手丧魂失魄的力量。最后在篇末论赞中批评他刚愎自用、"自矜功伐,奋其私智"的致命弱点,到临死关头仍夸耀自己的勇敢,把失败归于天命。司马迁就是这样通过高潮迭起的情节安排和生动的场面描写,成功地塑造了项羽这个具有悲剧色彩的英雄人物形象,千百年后仍然具有强烈的感染力量。

《廉颇蔺相如列传》则精心安排了完璧归赵、渑池会、负荆请罪三个情节,淋漓酣畅地描绘蔺相如大智大勇的性格和廉颇不顾功高位尊、幡然改过的精神,因此两人捐释前嫌,将相同心保国。《魏公子列传》着力刻画信陵君礼贤下士、折节与交的品格,集中安排了公子从车骑、自迎夷门侯生,侯生毫不辞让,又故意枉道过访其客朱亥、久立与语,公子始终恭敬谦和,此时魏将相宗室贵宾满堂等候、市人围观公子当街执辔、从骑皆窃骂侯生的这一情节和场面,同样给人深刻难忘的印象。魏公子对于身份低贱的士如此"不耻下交",使他在众多怀有不同特长、埋没民间的士人中享有很高声誉,争相归附,在关键的时刻为他献要计、效大力,信陵君因而得以先后完成救赵却秦和率五国之兵大破围困大梁的秦军,乘胜追逐至函谷关外,压抑秦兵不敢出关的两大功业。由于司马迁有高超的塑造人物的艺术手法,使蔺相如、廉颇、信陵君等人都成为中国文学史上备受称道的典型形象。

《史记》刻画人物,还成功地运用对比的手法。《魏其武安侯列传》写武安侯田蚡未贵幸时,处处卑躬屈膝讨好大将军窦婴

---

① 《史记》卷七《项羽本纪》。

（魏其侯），"往来侍酒魏其，跪起如子姓"。后来魏其侯失去权势，田蚡当了丞相，便立即显出十足的霸道骄横。有一天，他告诉灌夫，要灌夫次日陪他过访魏其侯，魏其侯自知后，"与其夫人益市牛酒，夜洒扫，早帐具至旦。平明，令门下候伺。至日中，丞相不来"。灌夫心里生气，驾车往迎丞相，"丞相特前戏许灌夫，殊无意往。及夫至门，丞相尚卧。于是夫人见，曰：'将军昨日幸许过魏其，魏其夫妻治具，自旦至今，未敢尝食。'……乃驾往，又徐行"。通过前后的对比描写，活画出这位新贵虚伪而又骄横不可一世的恶劣品行。司马迁又善于选择有意义的细节描写，来表现人物的禀性、为人。《陈涉世家》开头，写了陈涉"辍耕之垄上，怅恨久之，曰：'苟富贵，无相忘。'"的细节，反映这位穷苦农民早就怀有强烈的反抗意识，因而此后才成为农民起义的领袖。《淮阴侯列传》写韩信早年受辱的细节："淮阴屠中少年有侮信者，曰：'若虽长大，好带刀剑，中情怯耳。'众辱之曰：'信能死，刺我；不能死，出我袴下。'于是信孰视之，俛出袴下，蒲伏。一市人皆笑信，以为怯。"表现韩信早年就怀有干一番大事业的远大志向，所以能够暂时忍受眼前的小屈辱，以后他跟随刘邦，献计定三秦，又率军接连破魏、破赵、破齐，战功赫赫，成为"汉初三杰"之一。《李斯列传》开头则写李斯年少时为郡小吏，曾观察"厕中鼠"和"仓中鼠"生存条件的悬殊不同，羡慕"仓中鼠""食积粟，居大庑下，不见人犬之忧"，于是感叹人的一生也要学仓中鼠，善于"自处"，求自己过得安逸舒服。这个细节实则揭示了李斯贪求高官厚禄、利欲熏心的全部人生观。李斯在辅助秦始皇完成统一中国大业，本人登上丞相之位之后，竟追随赵高，合谋伪造遗诏，立胡亥为二世皇帝，又上书对臣下督责重罚，最后遭赵高构害，腰斩咸阳市，恰恰是他求"自处"、图享受的禀性发展的结果！因而司马迁描写的这个细节实有象征、概括的意义。司马迁塑造、刻画的各式各样历史人物，上自帝王，下至平民，无不性格鲜明，形象饱满，而且许多人的活动构成富有戏剧色彩的情节，代表了某一特定的社会环境的典型，这就大大丰富了中国古典文学现实主义的创作手法，构成古代文学史上又一高峰，因而成为历代文学家学习的典范。

司马迁在文学史上的崇高地位，还在于《史记》的语言运用有很高的成就，极富表现力，句法灵活，用词准确、凝炼、生动，形成了历代文人学者称誉的"雄深雅健"的风格，对于形成汉语刚健、朴实、活泼，能精当地反映丰富多样的社会生活和表达缜密思想的语言特性，有重大深刻的影响。中唐和明代两次重大的文体革新，《史记》的文章都发挥了典范作用。号称"文起八代之衰"的韩愈和其他唐宋古文大家无不熟读《史记》，将之作为反对形式华丽纤巧而内容空虚贫乏的骈体文风的一面旗帜。"韩愈十分推崇司马迁，把《史记》的文章看成为文的规范，他的《张中丞传后序》《毛颖传》等文，很显然是学习《史记》的人物传记的。宋代大散文家欧阳修散文的简练流畅，纡徐唱叹的特点，深得《史记》的神韵，他的《五代史·伶官传序》的格调，与《史记·伯夷列传》十分相似。"① 明代盛行八股文、台阁体，又一次形式主义文风泛滥，明代前后七子与之对抗，他们也都以《史记》作为文体革新的榜样。如何景明的宗旨是，"文称左迁，赋尚屈宋"。王世贞则主张"文必西汉，诗必盛唐"。这些卓有成就的文体革新者都对《史记》推崇备至，从中汲取反对形式主义，创作质朴、刚健、清新文章的宝贵营养和精神力量。

三、民族精神的巍峨丰碑

论述司马迁在文化史上的地位，还需从更深入的层面探讨《史记》对中华民族精神和民族意识的形成所起到的巨大作用。

值得大书特书的是，司马迁鲜明的大一统民族观在历史上成为无比宝贵的思想财富。司马迁对民族问题的进步观点，既是汉

---

① 游国恩等主编：《中国文学史》第一册，人民文学出版社，1963年版，第139页。

司马迁在中国文化史上的崇高地位

武帝时代民族间关系空前密切、国家统一大大加强的反映,又是久远以来中华民族不断发展的统一趋势的忠实记载和意义重大的总结。中华民族自古以来由于特定的历史事件、地理因素、文化因素的作用,长期形成各民族间交流不断加强、民族间融合不断推进、国家统一程度不断发展的客观趋势,中原民族与周边民族之间联系的纽带越来越坚韧有力,形成了巨大的向心力。孔子和孟子呼吁实现"礼乐征伐自天子出"①的统一,正是反映历史运动的本质和民众的根本愿望,这是孔、孟被尊为中国历史上的"圣人"的极其重要的原因。孔子修《春秋》乃因愤慨于"吾道不行矣,吾何以自见于后世哉!"②孔子的"道",即根本原则或政治理想,就是实现统一的王权,重新实现天子号令诸侯的有序局面。因此运用褒贬大义,正君臣名分,对诸侯国无视周王室的僭越行为严加挞伐。孟子处在战国时期,各国纷争攻战,赋敛残酷,民众痛苦不堪。孟子痛感时事之非,所著《孟子》论述的中心问题即是如何做到"天下归之",倡导中国走向统一。口头传授于战国、成书于汉初的《公羊传》更明确概括出"大一统"的命题,作为《春秋》的首要"大义"。董仲舒和司马迁都继承并发展了儒家大一统思想。董仲舒主要是从经义对大一统进行阐发。司马迁则整理史料,撰成一部中华民族不断走向统一的信史,使之流传后世。司马迁撰著《史记》的义旨之一即是歌颂西汉实现经济上、政治上空前统一的局面。《货殖列传》云:"汉兴,海内为一,开关梁,弛山泽之禁,是以富商大贾周流天下,交易之物莫不通,得其所欲。"《太史公自序》云:"至明天子,……泽流罔极,海外殊俗,重译款塞,请来献见者,不可胜道。"

《史记》在纵向上和横向上都很突出、很成功地体现大一统民族观。从纵向说,记载中华民族自古以来不断加强的统一趋势,构成了《史记》"通古今之变"的重要内容。在《五帝本纪》中,司马迁根据儒家典籍和传说材料整理远古阶段的历史,

---

① 《论语·季氏》。
② 《史记》卷四十七《孔子世家》。

称黄帝为"天子","诸侯咸尊轩辕为天子","天下有不顺者，黄帝从而征之，平者去之"。如此叙述，显然是后世"天子号令天下"这种统一局面在传说时代的投影。司马迁又整理出，自传说中的颛顼、帝喾、尧、舜、禹，至夏、商、周，这些古帝王都出于一个共同的祖先——黄帝。从社会史角度看，如此整齐的古帝王系统无疑是后人排比加工而成的，但它恰恰反映出后人"大一统"的共同意识。对于秦，司马迁称其"世异变，成功大"，① 不同于西汉流行的动辄詈骂"暴秦"的俗见，高度评价秦的历史功绩，原因在于司马迁看到由商周王权到秦的中央集权是统一之规模和程度上的飞跃。同样值得注意的，把《史记》中《秦汉之际月表》《汉兴以来诸侯王年表》《建元以来侯者年表》等几篇有关汉代的表合起来看，即表达出中央集权越来越加强，中华民族统一越来越发展的趋势。从横向说，司马迁为春秋各诸侯国立了"世家"，表明春秋各诸侯国是兄弟或亲戚关系。古代的荆、楚是"蛮"，偏处于东南的吴也被视为落后居民，司马迁却说他们与中原民族自古代就是兄弟关系。《史记》设有《匈奴列传》《南越列传》《东越列传》《朝鲜列传》《西南夷列传》《大宛列传》，背景极其广阔地描绘出周边民族围绕中原政权整齐有序的图画。在《太史公自序》中，司马迁画龙点睛，揭示出他大力肯定周边民族与汉政权关系加强的撰述义旨，如说："汉既平中国，而佗能集杨越以保南藩，纳贡职。作《南越列传》。""燕丹散乱辽间，满收其亡民，厥聚海东，以集真藩，葆塞为外臣。作《朝鲜列传》。""唐蒙使略通夜郎，而邛筰之君请为内臣受吏。作《西南夷列传》。""汉既通使大夏，而西极远蛮，引领内乡，欲观中国。作《大宛列传》。"② 司马迁继承、发扬了孔孟的大一统民族观，他以确凿的史实证明中华民族的向心力不断加强，表达了民族的共同心理。这就必然地对于推进国家的统一和教育华夏子孙世世代代牢固树立民族统一的观念，都产生了极其深远而巨大

---

① 《史记》卷十五《六国年表·序》。
② 《史记》卷一百三十《太史公自序》。

的影响。今天，我们仍然面临着最后完成民族统一大业的神圣任务，《史记》仍然不失为一部珍贵的历史教材。

《史记》撰著之时，朝野迷信盛行。董仲舒宣扬阴阳灾异之说，在一国之中施展其求雨止雨之法术，"求雨闭诸阳，纵诸阴，其止雨反是"，①俨然如同巫师。由于武帝沉溺于求仙拜神活动，方士和神巫受到鼓励，聚集京师，兴妖作怪，无所顾忌，女巫出入宫中，教宫人埋木偶祭祀免灾。②西汉后期至东汉初年，社会很不稳定，于是谶纬邪说大肆泛滥，欺民惑众，王莽就是利用图谶妖言上台的。西汉中期以后妖妄之说盛行的惊人事实，更加反衬出《史记》所凝聚的中华文化朴素理性精神的光辉。而《史记》的产生，又是司马迁在遭受专制统治者对他施行腐刑的奇耻大辱之后，他为实现记述我们民族波澜壮阔的历史这一使命而发愤完成的，堪称是以他的心血和生命建造的民族精神的巍峨丰碑。司马迁的志识毅力和崇高人格，正像他所赞颂的伟大爱国诗人屈原那样："其志洁，故其称物芳；其行廉，故死而不容自疏"，"虽与日月争光可也"。③

《史记》是民族文化的瑰宝，也是世界文化的奇珍。它的影响早已是国际性的，日本早期史书的代表作《日本书记》，越南13世纪的重要史著《大越史记》，其体例均一仿《史记》。19世纪以来，西欧、俄国、美国都有汉学家将《史记》翻译介绍给本国读者。在我国，传统学者一向视《史记》是作史的极则，进入20世纪以后，我们仍然时时从当代学术的脉搏中感受到《史记》的巨大影响力。20世纪初期，梁启超从自己著史的实践中更深地体会到司马迁创立的著史格局之高妙："集其大成，兼综诸体而调和之，使互相补而各尽其用。""纪传体的体裁，合各部在一起，记载平均，包罗万象。表以收复杂事项，志以述制度风俗，本纪以记大事，列传以传人事，伸缩自如，

---

① 《史记》卷一百二十一《儒林列传》。
② 《史记》卷一百二十八《龟策列传》。
③ 《史记》卷八十四《屈原贾生列传》。

实在可供我们的研究。"① 他本人和另一位近代著名学者章太炎都曾尝试就《史记》的体例加以变通，形成新的通史体裁。茅盾先生在 20 世纪 80 年代初著文也说："我有一个简单的想法，按正史的体裁编一部中国文学史。……本纪中的人物和事件都是大纲而已，读者要知其详，要读列传和书、志。"② 罗尔纲先生著《太平天国史稿》，其体裁设计即据《史记》而略作补充、调整。白寿彝先生主编大型《中国通史》，即在继承《史记》体例特点和优点的基础上，加以改造、创新，形成的"序说""综述""典志""传记"四个部分互相配合的"新综合体"。前台湾大学文学院院长沈刚伯先生，曾留学英国，对中外史学均有精湛研究，他通过比较，得到司马迁是古今中外史学之典范的结论，认为："具有'史义'与'史识'的史学家才能把握某一时期的精神去搜罗一些死人、陈事，融化在他心灵之中，然后加以组织，赋以精神，表而出之，使这些时代精神活跃在他的书卷之中，古今中外的史学家中，只有司马迁才具有这样的'史义'和'史识'，所以他所创的体例及所注的事项，能传到今天，而且所有史书的写作都无法超越他的范畴。"③ 上述事实有力地说明，司马迁的精神和业绩仍然活在当代学术之中。前不久，在台湾举行的一次学术研讨会上，有一位台湾教授讲，"美国历史学家也提出最好用《史记》的体裁写一部美国史"，由此使人再一次感受到司马迁的创造力直至今天仍然影响着西方史学，并衷心地为我们拥有这样优秀的文化遗产而感到自豪！多少世代以来，众多的取材于《史记》改编而成的各种戏剧节目，如《卧薪尝胆》《赵氏孤儿》《伍子胥》《盗虎符》《屈原》《完璧归赵》《渑池会》《将相和》《马陵道》《荆轲》《鸿门宴》《霸王别姬》《萧何月下追韩信》《卓文君》等，自通都大

---

① 分别见梁启超《中国历史研究法》，《饮冰室文集》专集之七十三，第 16 页；《中国历史研究法补编》，《饮冰室合集》专集之九十九，第 157 页。
② 茅盾：《梦回琐记》，《文艺报》1981 年第 1 期。
③ 逯耀东：《"量才适性"的沈刚伯先生》一文转述，《胡适与当代史学家》，台湾东大图书公司，1998 年版，第 324 页。

邑至偏僻乡村上演不衰，无数观众为之动情、受其感染。司马迁对中华民族历史的精彩记述和评说，他歌颂正义、诛伐邪恶的高尚品格，他的大一统民族观和对各家学说兼容吸收的胸怀，以及他在屈辱中发愤、完成不朽杰作以报答国家民族的精神，这一切，都早已深深地融入我们灿烂的民族文化之中，成为民族精神的有机部分，滋养着华夏子孙。在中国文化史上，无论从覆盖的广度，影响的深度，发生作用力时间的久远来说，司马迁都仅次于孔子，是又一位对中华文化和民族精神影响最为巨大的杰出人物。——这就是我们从文化史的客观角度考察，所得出的确有充分根据的结论。

《春秋》与西汉社会生活

一、由太子废立所预示的历史取向

汉景帝七年（前150）春天，西汉朝廷正为确定嗣君之事争议不决，在此对封建皇朝来说命运所系的关键时刻，竟是靠一部《春秋经》改变了咄咄逼人的皇太后的意旨，平息了决策集团的争论。

当时，三年前所立的皇太子刘荣（景帝长子）刚刚被废掉，必须赶快重新确定谁是皇位继承人。喜欢干预朝政的窦太后一再明白地向景帝表示，将来要把帝位传给景帝胞弟、她所溺爱骄纵的小儿子梁孝王（刘武）。外戚窦婴、大臣袁盎等则主张新立景帝次子刘彻（当时是胶东王）为太子。梁孝王在前不久发生的吴楚七国之乱中因堵截叛军西进、捍卫京师立了大功，地位尊贵无比。加上有太后直接插手，景帝只好附和，他已向梁孝王示意过："千秋之后传梁王。"大臣急于要改变这种局面，窦婴首先当着窦太后的面，向景帝提出异议："天下者，高祖天下，父子相传,此汉之约也,上何以得擅传梁王!"① 窦太后不听这一套,而且大为恼火,下令不准窦婴到东宫朝请,不愿再见到这位堂侄。

袁盎(曾任太常,后病免家居)则找到了比窦婴讲的"汉家规矩"更加有力的理由,他搬出《春秋经》为根据,对窦太后说:"宋宣公死,不立子而与弟,……以故国乱,祸不绝。故《春秋》曰:'君子大居正,宋之祸宣公为之。'"② 这是引证《春秋公羊传》的记载:宋宣公不传位给其子与夷,而立其弟和为国君(穆公),结果引起了宋国五代的祸乱。《春秋公羊传》作者大力肯定由嫡子正系嗣位的做法,责备了宋宣公的错误处置。③ 袁盎以此正告窦太后:皇位必须由嫡子继承,指定梁王为继承人违背了《春秋经》上明白写着的原则。

袁盎所举《春秋经》这番道理居然产生了强大无比的效力,窦太后找不到辩驳的理由,只好不再提起此事,原先跃跃欲试的梁孝王也从此打消了念头。④

由于朝廷的争论平息下去,此年夏天,刘彻被立为皇太子,他就是后来的汉武帝。很明显,他被确定为皇位继承人,是袁盎等人搬出《春秋经》争到的,这对西汉后来的政治状况有深远的影响。人们还熟知:窦太后一向尊奉黄老学说,她极讨厌别人称扬儒学,曾对儒家博士辕固生斥责儒家典籍是囚徒的书,又命令辕固生下圈刺猪,作为对其称扬儒学的惩罚,景帝本人则以"好刑名法术之学"著称。只要联系到这种情况就可明白:事情正在起变化,至此,《春秋经》对朝廷的决策已可产生重大的影响,使得向来对儒学毫无偏爱甚至极其反感,而手中握有极大威权的皇帝、太后也不得不服从于它。这一事件确实具有深刻的象征意义,预示着今后历史演进的取向。——它是西汉前期儒学地位上升的标志,也是武帝时代春秋学大盛的前奏。

① 《史记》卷一百七《魏其武安侯列传》。
② 《史记》卷五十八《梁孝王世家》。
③ 参见《春秋公羊解诂》隐公四年传,四部丛刊本。
④ 据《汉书》卷五十二《窦婴传》、《史记》卷五十八《梁孝王世家》附褚少孙续补,参阅《资治通鉴》卷十六景帝中元二年所载。

二、春秋学大盛的时代特征

西汉"春秋学"大盛的鲜明时代特征,是它与社会生活密切地相结合,正如《两汉三国学案》作者、清儒唐晏所概括的:"凡朝廷决大疑,人臣有献替,必引《春秋》为断。"① 具有如此权威的春秋学说,是在汉初儒学上升的过程中被推到最前台的。

汉初曾把黄老学说作为制定政策的指导思想,然而儒学的实际影响也逐步增长。叔孙通、陆贾和贾谊都曾用儒家学说为西汉的建立和巩固做出贡献。叔孙通为汉制礼仪,结束了朝廷上武将们为争功而拔剑喧哗的局面,区分了君臣上下的等级秩序。陆贾时时在高祖面前称说《诗》《书》,论述"逆取而以顺守之",②刚刚建立的汉朝应该实行德治、仁义的道理,为高祖和大臣所极力赞同,促使西汉在立国之初即实现根本路线的转变。贾谊针对诸侯王国势力膨胀的严重局面,主张施加打击,同时提出"定经制",即从儒家观点出发,设计了一套封建国家的政治模式,用"礼制"对列侯、宗室、百官实行约束,不许他们逾越。以后诸侯王一再反叛,恰恰证明贾谊主张的预见性。三人的功绩在西汉影响巨大,从而为儒学地位的上升开辟了道路。

儒学地位的上升,从根本上说,乃是取决于儒家思想的基本主张比较适应当时的社会需要。儒学是在宗法制度上产生的最典型的思想学说,较为适合于当时的生产水平和社会心理,具有维系社会各方面力量的作用。《春秋经》和其他儒家经典都突出地主张实行等级制度,提倡"君君臣臣父父子子"的秩序不能逾越,并以一套严格的礼仪来体现。尽管我们今天对于等级制的封建余毒仍须严肃批判,但同时又必须历史地承认等级制对于维护封建国家曾经起过的重要作用。儒学的又一重要主张,是在规定

---

① 唐晏:《两汉三国学案》卷八《春秋》,中华书局,1986年版,第443—444页。
② 《史记》卷九十七《郦生陆贾列传》。

民众不准"犯上作乱"的同时,要求统治者施行"仁""义",承认百姓有做人的权利,主张"使民以时",爱惜民力,甚至提出"汤武革命","民贵君轻",人民可以推翻暴君。这些主张的出发点虽为统治者设计,但同时又应承认,在封建社会中,什么时候能在一定程度上实行这种主张,就能出现一段相对的社会安定。所以在秦朝实行赤裸裸的法家路线导致灭亡之后,西汉统治者提倡儒家学说作为社会指导思想,确实体现出一种历史的必然性。

至文景时期,经济上有效地恢复、发展,儒学的地位也迅速上升。文帝时,贾谊、韩婴被立为博士,鲁徐生因通礼被任为礼官大夫。景帝时,儒生鲁申公回到鲁地,"弟子自远方至受业者百余人"①,这在当时已属很大规模,可见影响之大。他的学生王臧通《诗经》,拜为太子少傅,所教的即是未来的汉武帝。治《诗经》的辕固生和治《春秋》的董仲舒都立为博士。

到公元前141年,景帝卒,武帝即位。这时的汉朝,经济上积累了雄厚的实力,这个民族已经蕴藏了巨大的力量,已不再满足于无为,而是要大有作为。鼓吹清静无为的黄老学说再也不合时宜,需要更换全新的哲学、行动的哲学。汉武帝雄材大略的性格特点正与这一时代需要相适应,因此他立即亮出尊儒旗帜。他任命爱好儒术的窦婴为丞相,田蚡为太尉,王臧为郎中令,另一位也曾从鲁申公学《诗经》的赵绾被任命为御史大夫,组成一个尊儒色彩非常鲜明的行政班子,并立即以儒学为指导,采取设明堂、限制诸侯王和其他宗室权力等项措施,又开始按儒学标准选拔人才。当时窦太后仍然把持着不小的权力,武帝尊儒自然要跟这位老祖母发生矛盾。窦太后仗势反攻,于次年罪责赵绾、王臧下狱,二人被迫自杀,又逼武帝把窦婴、田蚡免职。但是儒学上升受尊奉的趋势已成,决非窦太后个人的反对所能改变。建元五年(前136),武帝置五经博士。次年,窦太后卒,武帝立即任用田蚡为丞相,大批征用儒生,正式进入"罢黜百家,独尊儒术"

---

① 《史记》卷一百二十一《儒林列传》。

政策时期。

　　这就证明了：汉武帝尊儒，并不是"发思古之幽情"，而是要利用它为现实政治服务。《春秋》学说恰恰符合于这一时代需要。孔子修《春秋》，用褒贬书法写成一部包括春秋二百四十二年史事的编年史。从孟子开始，就强调《春秋》在儒家典籍中占据着特殊的地位，认为《春秋》有纲纪社会秩序的作用。《春秋经》这种切近社会生活的特点，从春秋公羊学派的解释中尤有充分体现。武帝时代春秋学大盛，实则是公羊学风靡于世。由于《春秋经》文字极为简略，表达褒贬善恶的用词隐晦难懂，于是有专门解释《春秋》"微言大义"的《公羊传》和《穀梁传》。特别是《公羊传》，经过本学派大师董仲舒的解释，其中包含有"大一统""三世变易""讥世卿"等一整套极其重要的义理，是孔子直接"为汉制法"，尤为汉代社会所迫切需要。于是公羊学遂成为一代显学。

　　然则这种春秋学说虽是根源于原始儒学和《春秋经》，但又已经大不相同了，它是西汉人根据时代需要而改造了的"新儒学"。董仲舒因推阐《春秋》之义，成为群儒之首，公孙弘因为发挥《春秋》学说，由布衣而身登丞相高位，其秘密，都在于对《春秋》大加引申比附，根据武帝时代的现实需要，提出一套有利于巩固当时封建国家的理论主张。董仲舒的思想体系，以发挥《春秋》大义为主干，并与阴阳五行学说相糅合，具有浓厚的神学色彩。透过其神秘主义外衣，我们可以看到，他所论证的许多要点都是针对武帝时代的现实而发，从而提供了解决问题的理论根据。一是宣扬"皇权神授"，皇帝按照"天"的意志行事。他这样解释《春秋经》上首书"春王正月"四字的理由："《春秋》之文，求王道之端，得之于'正'。'正'次'王'，'王'次'春'。春者，天之所为也；正者，王之所为也。其意曰，上承天之所为，而下以正其所为，正王道之端云尔。"本来，先秦时期存在着不同的历法，孔子修《春秋》，首书"春王正月"，是表明他按照周天子所行的历法来记事，其中虽包含有尊奉周王室的意思而并非主要，董仲舒却大力引申出一套"微言大义"。"正"字本来明指"正月",表示一年之始,他却附会为:"正"之上有"王",故代表皇帝所行政事;"王"之上有"春",即代表"天",皇帝的作为都是按照上天的意思行事。这样,皇权神授也就由《春秋》明白体现了。这种牵强附会之说,却符合帝王把自己装扮成神圣以欺骗民众的需要。所以,老百姓应该服服帖帖接受统治:"《春秋》之法,以人随君,以君随天。……故屈民而伸君,屈君而伸天,《春秋》之大义也。"① 二是主张德刑并用。董仲舒用阴阳学说解释封建国家实行德政和刑罚的关系:"天道之大者在阴阳。阳为德,阴为刑,刑主杀而德主生。"又说:"天以阴为权,以阳为经。阳出而南,阴出而北。经用于盛,权用于末。以此见天之显经隐权、前德而后刑。"② 这是吸取秦朝滥施刑罚的教训,提出封建国家必须处理好德与刑二者的关系。三是《春秋》"为汉制法"。他认为:孔子是一位无君王之位而行君王之权的"素王",《春秋》以记载史事体现了治国的原则,即是预先为汉制法。故说:"孔子作《春秋》,先正王而系万事,所以应天也。"又说:"《春秋》缘鲁以言王义。"③ "《春秋》正是非,故长于治人。"④ 这是在神秘主义色彩下强调应该有所作为,同武帝"夙兴夜寐"以求"兴造功业"的愿望密切相呼应。四是强调"《春秋》大一统"。大一统,既指巩固封建专制主义的统一国家,又指文化思想上实行专制。董仲舒建议:"臣愚以为诸不在六艺之科孔子之术者,皆绝其道,勿使并进。邪辟之说灭息,然后统纪可一而法度可明,民知所从矣。"⑤ 汉武帝立即予以采纳,实行一套"罢黜百家,独尊儒术"的专制主义文化政策。

相比之下,公孙弘说《春秋》不像董仲舒那么庞杂,他集中论述标榜仁义与皇帝制驭群臣二者结合,对于武帝来说更加切中肯綮,所以更受赞赏。公孙弘对策中,有冠冕堂皇、讲

---

① 《春秋繁露》卷一《玉杯》,清凌曙注本,中华书局,1975年版。
② 《春秋繁露》卷十一《阳尊阴卑》。
③ 《春秋繁露》卷九《奉本》。
④ 《春秋繁露》卷一《玉杯》。
⑤ 以上引文未注明出处者,均引自《汉书》卷五十六《董仲舒传》所载"天人三策"。

"德"讲"义"的动人词句:"不夺民时,不妨民力,则百姓富;有德者进,无德者退,则朝廷尊";"礼义者,民之所服也,而赏罚顺之,则民不犯禁矣"。同时又认为:"仁""义""礼"的施用,都离不开帝王掌握一套"擅杀生之柄"、巧妙地驾驭臣下的"术"。故说:"致利除害,兼爱无私,谓之仁;明是非,立可否,谓之义;进退有度,尊卑有分,谓之礼;擅杀生之柄,通壅塞之涂,权轻重之数,论得失之道,使远近情伪必见于上,谓之术:凡此四者,治之本,道之用也,皆当设施,不可废也。得其要,则天下安乐,法设而不用;不得其术,则主蔽于上,官乱于下。"这种主张的实质,是讲皇帝要精通权术,在仁义的形式下实行独裁。公孙弘这篇对策先被太常列为下等,武帝亲自阅卷后拔为第一。史家评论公孙弘的言论和为人,特点是"习文法吏事,缘饰以儒术"。① 这恰恰投合"内多欲而外施仁义"② 的汉武帝之所好,所以他才成为平步青云、受封为侯的著名人物。

春秋学的盛行,在不朽的杰作《史记》中也有突出的反映。司马迁著史,即明言以"继《春秋》"自任。他在《太史公自序》中从各方面评价《春秋》对于维系社会秩序和纲常伦理的指导作用,并赞扬说:"《春秋》者,礼义之大宗也。"③

由于汉武帝对《春秋》格外重视,他特意安排了一次当场比试,让通春秋穀梁学的儒生江公与通春秋公羊学的董仲舒双方论辩,由丞相公孙弘比照二人的讲说,结果董仲舒的公羊学说取胜。于是武帝明确支持春秋公羊学,"诏太子受《公羊春秋》,由是《公羊》大兴"。④

---

① 均见《汉书》卷五十八《公孙弘传》。
② 《汉书》卷八十八《儒林传》。
③ 《史记》卷一百二十《汲郑列传》。
④ 《史记》卷一百三十《太史公自序》。

三、朝廷决疑的标准，大臣奏议的依据

　　用春秋学说解决西汉重大问题最为轰动的事件，莫过于在武帝之后不久处理假冒太子之事。那是始元六年（前81），幼小的昭帝弗陵新立未久，此年才十二岁，有人即利用新皇帝还是个孩童、威严不足之机，冒充为卫太子出现于长安城。卫太子即武帝原先所立太子刘据，九年前，因巫蛊之祸逃出长安，自杀于湖县。但因太子是受冤而死，老百姓同情他，因此当时又有传言，说太子未死，尚流落民间。这个假冒者姓成，湖县人，原以算卦为业，别人说他相貌很像卫太子，于是他心想可借此招摇撞骗一番。此日，他坐着牛车来到长安城未央宫北阙，这是上书言事的地方，谎报自己是卫太子，让人赶快报告宫中。消息一传出，整个长安城顿时轰动起来，假如真的是卫太子回来，那么皇帝宝座属谁都大成问题了！汉昭帝和大将军霍光命令所有公卿将军二千石要员前去辨认究竟，长安吏民聚观者有数万人。右将军张安世亲率全副武装的士兵守卫皇宫，以防发生大乱。丞相田千秋和其他官员呆立街头，不知如何处置。如此混乱局面却硬是被京兆尹隽不疑引用了《春秋经》的一句话给镇下去！隽不疑是个以熟习《春秋》进身的能干官员，当他赶到现场时，立即喝令从吏把假冒者收缚。有人胆怯地劝他，现在真假太子还没弄清楚，你不要错抓了人闯祸。隽不疑立即引《春秋经》高声回答："诸君何患于卫太子！昔蒯聩违命出奔，辄距而不纳，《春秋》是之。卫太子得罪先帝，亡不即死，今来自诣，此罪人也。"隽不疑的根据是《春秋公羊传》哀公三年的记载：卫国太子蒯聩因与卫灵公夫人不和，出奔晋国。尔后被晋国护送欲入卫，被其子、后立的国君辄拒纳。《公羊传》解释说：蒯聩为无道，灵公逐蒯聩而立辄，辄拒而不纳符合于"义"，因为他的做法体现出家事服从于国事、下（父亲）服从于上（祖父）的道理。由于隽不疑搬出《春秋》这一最高权威，原先公卿大臣们感到束手无策的难题立即找到了

处理的权威性依据，在场的数万官员百姓人人信服，再无二话，冒充太子者当即被逮入狱。本来对这场意外风波感到不好对付的昭帝和大将军，至此才如释重负，对隽不疑大加赞许，要求大臣们都仿效他，"用经术明于大谊"。①

这一典型事件，突出地说明《春秋》在当时兼有最高理论权威和法律标准双重作用，俨然是一部"圣经"。比唐晏早八百年的宋代学者胡安国也有见于此，认为："武、宣之世，时君信重其书，学士大夫诵说，用以断狱决事。虽万目未张，而大纲克正，过于春秋之时。"② 在西汉时代，《春秋》的决策、指导作用达到社会生活的各个领域，史书上有广泛记载，我们可将之归纳为以下四个方面：

（一）决定朝政大事

皇位继承问题在封建时代至关重大，西汉时因《春秋》具有最高权威的地位，当遇到嗣位问题出现复杂情况难以确定时，便每每引《春秋》作为决断的根据。前面所述景帝时立刘彻为太子和昭帝时处置假冒太子案即是。至昭帝元平元年（前74）又遇到难题。其时，年仅二十三岁的昭帝卒，无子嗣，于是先迎立昌邑王刘贺继位。刘贺是个荒淫昏乱之徒，登位二十七日便做出了一千二百二十七件错事。然而刘贺已立为皇帝，若要由臣下把他废掉，那就非得拿出最有力的根据不可。于是大将军霍光、丞相杨敞等与经学博士们商议，然后联名向皇太后上奏，引用僖公二十四年所载"天王出居于郑"为理由，说明君王办了大错事即是自绝于天下（按《公羊传》解释：王者无出，《春秋经》何以称"出"，是因为周襄王不孝，不再是受拥护的周天子而出走），以此类比，昌邑王当废。由于有《春秋》作根据，解决了这个棘手的问题，废掉昌邑王，立汉宣帝（刘询）。③

---

① 据《汉书》卷七十一《隽不疑传》，参见《资治通鉴》昭帝始元五年。
② 据皮锡瑞《经学通论》卷四"春秋"所引，中华书局，1954年版，第15页。
③ 据《资治通鉴》卷二十四昭帝元平元年，参见《汉书》卷六十三《武五子传》昌邑王条。

(二) 用《春秋》决狱

武帝时，张汤为廷尉，即奏请征用博士弟子通《尚书》《春秋》者补为廷尉史，因为熟习《春秋》即能判案治狱。当时最著名的断狱案件，是用《春秋》治淮南狱。事情的引起，是建元六年（前135）之后，很受朝廷重视的长安附近高帝陵园和辽东高祖庙先后发生火灾，仲舒乃据《春秋》草拟了呈武帝的奏稿，认为这是上天向朝廷示意要对悖逆不法的诸侯王施加打击，其理由是："《春秋》之道举往以明来，是故天下有物，视《春秋》所举与同比者，精微眇以存其意，通伦类以贯其理，天地之变，国家之事，粲然皆见，亡所疑矣。"即是说，《春秋》上记载的史事都是为了给未来立下准则，对于所遇到的重大事件或灾异，都可以从《春秋》中找到可相类比的记载，体会其精神实质，然后按照《春秋》的原则，作出正确清楚的处置，对此不能有任何怀疑。他提出：《春秋》中相类似的火灾，有定公二年五月两观火，哀公三年五月桓公、庄公两宫火。这两观和两宫都是"僭礼之物"，"天灾之者，若曰，僭礼之臣可以去"，又等于说"燔贵而去不义"，都是告诫鲁君要严惩逆乱的贵臣季氏。如今高庙、高园火灾的性质，正与此同。"天灾若语陛下：'当今之世，虽敝而重难，非以太平至公，不能治也。视亲戚贵属在诸侯远正最甚者，忍而诛之，如吾燔辽东高庙乃可。"提醒武帝从《春秋》找到依据，果断地对横逆不法的诸侯王严加诛杀，不能违背天意。当时武帝对此并未立即采纳。至元朔六年（前123），淮南王、衡山王谋反，胶东、江都王阴谋策应，都因计划败露伏诛。于是武帝追思仲舒前奏，叹服其正确，深信《春秋》乃是裁决大狱、确定大政的依据，遂"使仲舒弟子吕步舒持斧钺治淮南狱，以《春秋》谊颛断于外，不请。既还奏事，上皆是之"。因为吕步舒是带着《春秋》这部"圣经"去审判案件的，其权威远比一般受皇帝委派要高得多，所以有权先断后奏，事后武帝一概认可。① 董仲舒致仕

---

① 据《汉书》卷二十七上《五行志上》。

归家,朝廷有大事或遇到难以断定的大案,还得派使者或廷尉张汤专程向他请教处置的办法。由于用《春秋》断狱形成风气,产生了专门著作,《汉书·艺文志》著录的有《公羊董仲舒治狱》十六篇(王先谦《汉书补注》引《后汉书·应劭传》称:仲舒老病致仕,朝廷"数遣廷尉张汤亲到陋巷问得失,于是作《春秋决狱》二百三十二事"),《春秋决事》十卷,《隋书·经籍志》著录的有《春秋决疑论》一卷。

当时有同一案件,是该定死罪,还是相反应予记功,竟完全取决于如何引《春秋》之义作对照。武帝元鼎年间,博士徐偃被派巡行郡国,矫称皇帝意旨,让胶东、鲁国经营煮盐、铸铁。回京都后,被御史大夫张汤奏劾,称他犯了矫制大罪,按法律应处死。徐偃有恃无恐,他举《春秋》之义为自己辩护,称:大夫出疆,若遇到事关安社稷、存万民之事,可以擅自处理。认为他的做法非但无罪,反而有功。张汤只会引用法律条文,却驳不倒徐偃论辩的"权威"理由,无法定罪。武帝专为此事下诏询问博学善辩的终军。终军举出更加高明的《春秋》之义反驳:古代诸侯分立,各国情形不同,奉使出外,有时遇到意外的紧急情况,需要擅自处理,那是允许的;现在则不同,"今天下为一,万里同风,故《春秋》'王者无外'。偃巡封域之中,称以出疆何也?"而且徐偃先曾三次上奏,皇帝不予答复,他不想自己做法不对,反而对如此重大问题矫制擅作主张,完全是为了贪求虚名、骗取荣誉,非治死罪不可!徐偃至此才理屈服罪。武帝称赞终军的反驳,特意诏令御史大夫阅读。①

举劾丞相,事属非同小可,所以也要引《春秋》作权威的依据。成帝时,丞相匡衡在临淮郡冒收四百多顷地的田租。司隶校尉骏、少府忠上书劾奏,称"《春秋》之义,诸侯不得专地,所以壹统尊法制也",举报匡衡"专地盗土",果然将他告倒。②

---

① 《汉书》卷六十四下《终军传》。
② 《汉书》卷八十一《匡衡传》。

(三) 大臣奏议，常引《春秋》作立论之有力根据

这类史实在《汉书》上更为多见。武帝连年征伐，徭役并兴，造成农民四处流亡。董仲舒上书奏"《春秋》它谷不书，至于麦禾不成则书之"，以此论证农为天下之重，朝廷应立即采取措施制止流亡，让农民安心生产。① 宣帝即位后，博士、谏大夫王吉上书，引《春秋》大一统之义，要求选择良吏，以正风俗。② 又有大司农田延年因贪取财物被告发，御史大夫田广明要求太仆念田延年在废昌邑王时建立殊功，对他宽大处理，引用了"《春秋》之义，以功覆过"，作为立论根据。③ 当时还有丞相魏相、山阳太守张敞先后上书，据《春秋》讥世卿，要求削除霍氏权力，提高皇帝威权。④ 成帝时，广汉地区"群盗"纷起，益州刺史孙宝实行安抚政策，并认为百姓为"盗"是被迫的，应劝说他们归回田里，而追究原由是广汉太守扈商不称职，引用了"《春秋》之义，诛首恶而已"，要求严查扈商之罪。⑤ 哀帝时，大司空何武、丞相翟方进要求取消刺史之职，引用"《春秋》之义，用贵治贱，不以卑临尊"作为根据。⑥ 当时，佞臣董贤大受宠信，哀帝让从国家武库取出兵器送至其家，执金吾毋将隆上书谏奏如此做法不合法度，他引用的理由是"《春秋》之谊，家不臧甲，所以抑臣威，损私力"。⑦

(四) 处理边境民族问题

从今天观点看，西汉时期发挥《春秋》之义，以加强中原与边境地区的联系和促进民族间的和好，这是春秋学盛行所获得的积极意义最为明显的成果。

武帝元鼎四年（前113），南粤相吕嘉反，杀南粤王及汉朝使者终军，又截击汉朝派去的军队，杀死将军韩千秋。吕嘉叛乱意

---

① 《汉书》卷二十四上《食货志上》。
② 《汉书》卷七十二《王吉传》。
③ 《汉书》卷九十《酷吏传》田延年条。
④ 《汉书》卷七十四《魏相传》、《汉书》卷七十六《张敞传》。
⑤ 《汉书》卷七十七《孙宝传》。
⑥ 《汉书》卷八十三《薛宣朱博传》。
⑦ 《汉书》卷七十七《毋将隆传》。

在割据一方、作威作福,违反了历史前进的方向。武帝下诏,引用《春秋》之义严令讨伐:"天子微弱,诸侯力政,讥臣不讨贼。吕嘉、建德等反,自立晏如,令粤人及江淮以南楼船十万师往讨之。"①

宣帝时,大臣萧望之等曾一再引《春秋》之义陈述处理匈奴问题的建议。五凤年间,值匈奴大乱,朝臣中有不少人提出:匈奴长期为害,正好乘其内乱出兵攻灭之。宣帝向大儒、御史大夫萧望之询问对策。望之即引《春秋》之义作为根据:"《春秋》晋士匄帅师侵齐,闻齐侯卒,引师而还,君子大其不伐丧,以为恩足以服孝子,谊足以动诸侯。"所举是《春秋》襄公十九年的记载,晋大夫士匄(即范宣子)帅师攻齐,闻齐侯环卒而退师。《公羊传》认为:《春秋经》上记晋师"乃还"。何以用"还"字?这是称赞士匄不乘人之危的行动。萧望之即用《春秋》之义比附当前情况,认为:匈奴单于愿意归附,请求和亲,海内百姓欣然赞同。在此情形下,伐之不义。应该派遣使者前往吊问,辅助其内部愿意与汉友好、如今仍然微弱的力量,这样定会使之感动,决意归附汉朝。宣帝遂采纳望之建议,派兵帮助呼韩邪安定匈奴内部。从此大大密切了呼韩邪单于与汉朝的关系,导致此后呼韩邪决然内附,北部边境上长达六十年的安宁局面。②

从决定皇权的继承,到处理边境民族关系,大量的史实证明:在西汉时代,"春秋学"对于社会生活的各个领域确实具有重大的指导作用。

四、西汉春秋学自身的演变

西汉春秋学自身也形成大波起落,一再经历深刻的变化。

武帝时期和宣帝初年盛行的是春秋公羊学。在宣帝即位不

---

① 《汉书》卷九十五《西南夷两粤朝鲜传》。
② 据《汉书》卷七十八《萧望之传》、卷九十四《匈奴传》。

久，情形起了变化。宣帝听说，他的祖父卫太子在通《公羊传》之后，私下又学了《穀梁传》，并且喜爱它。尔后穀梁学却一向衰微。宣帝又问丞相韦贤、少府夏侯信和外戚史高（三人都是鲁人），他们说：《穀梁传》是鲁学，《公羊传》是齐学，应该兴《穀梁传》。于是宣帝选了十名聪明的青年郎官学习《穀梁传》，他们用十余年时间学通了。甘露元年（前53），宣帝一手布置了由公羊、穀梁两个学派辩论经义的石渠阁会议，两派各出五人，由大儒萧望之（太子太傅）等十一名经师议论裁决。由于有宣帝及萧望之支持，穀梁学取胜。于是将《穀梁传》列于学官，立博士二人。穀梁学遂盛行一段短时期。《穀梁传》虽也是一部解释《春秋》之义的书，书中的义理却远不及《公羊传》丰富，单靠权势者扶植，毕竟不能长期盛行。我们看到西汉后期大臣的奏议，仍是多引《公羊传》，即可清楚。

　　公羊学说尊盛一时，但它本身孕育着向对立面转化的因素。以董仲舒为代表的公羊学说对巩固封建专制国家有其历史功绩。而董氏还有求雨开北门闭南门、止雨闭北门开南门一类法术，几乎同巫师方士没有两样。春秋公羊学说如此大力宣扬阴阳灾异，即是其致命弱点。就在武帝时，董仲舒著《灾异之说》，主父偃见到后取去奏给武帝，武帝让臣下讨论，吕步舒不知是自己老师的书，奏称是"下愚"，仲舒差点由此送命。① 由于春秋公羊学大讲迷信，加上武帝、成帝这些帝王极度相信鬼神，直接引起和助长西汉后期阴阳灾异之说大肆泛滥。这是历史为春秋学盛行而付出的沉重代价。物极必反，这种阴阳五行化的儒学必然要衰落下去。再者，由于西汉把诵习《春秋》等经书作为选拔士人的依据，今文经学成为禄利之途，经师们便竞相加上烦琐的解说，秦延君为讲《尧典》题目二字，用十余万言。② 这种"章句小儒，破坏大道"的烦琐主义做法也表明学术走到了末路。

　　于是至哀帝时，王莽及其亲信刘歆抬出了汉初曾经流传、以

---

① 《史记》卷一百二十一《儒林列传》。
② 《汉书》卷三十《艺文志》颜注引桓谭《新论》之说。

后无人提起的《春秋左氏传》和其他古文经典。王莽要代汉自立、托古改制,需要寻找新的学术观点为之开路。于是扶植古文经学,由此引起了今古文之间长期的争论。① 《左传》虽为"春秋三传"的一种,但它本身所重在记载史实,以后研治《左传》的学者又重视名物训诂,这与原先盛行的公羊学派重视发挥"微言大义"、阐述政治观点的风气,完全相异其趣。

---

① 参见《汉书》卷三十六《楚元王传》附《刘歆传》、卷八十八《儒林传》。

《汉书》历史地位再评价

　　《汉书》是一部适应时代需要的、继《史记》而起的巨著。评价其历史地位，应在以往成果基础上，将《汉书》与《论衡》比较，探讨它跟东汉初社会思想的关系，找到它时代的横坐标；并对《汉书》与《史记》作进一步比较，探讨它跟司马迁史学传统的继承发展关系，找到其历史联系的纵坐标。王充与班固时代相同，《论衡》撰写的目的之一是批驳俗儒严重的尊古卑今意识，呼唤有一部叙述汉代功业的"汉书"供人诵习。班固正好以成功的史学实践回答了时代的要求。《汉书》固然有浓厚的正宗思想，然而它又在编撰上取得突破，创立了断代为史的新格局，此后两千年沿用不改；内容上，班固发扬了司马迁的实录精神，"不为汉讳"；在对汉初历史变局和藩国由猖獗到废灭等历史问题的阐述上，具有唯物主义的因素；有一定的人民性；十志则在反映封建国家政治职能上提供了丰富材料和有价值的看法。由于它的成功，自东汉至唐六百年间被学者"共行钻仰"，形成为一门发达的学问。

一、时代召唤"汉书"出世

历史现象往往有极相似之处。司马迁著《史记》,是在西汉皇朝鼎盛的武帝时代;班固著《汉书》,则是在东汉国力强盛的明帝、章帝时代。《史记》的成书,凝聚着司马谈、司马迁父子两代人的心血;《汉书》的撰写,则是班固父子兄妹一家学术的结晶。与司马迁同时代的有大思想家董仲舒,他的言论对于我们理解《史记》成书的社会、思想背景有极大帮助;跟班固同时代的也有一位大思想家王充,他所著《论衡》一书,对于我们理解《汉书》产生的社会条件、思想背景,同样提供了很宝贵的资料。

比如,以往我们评价《汉书》,对《汉书》撰写的目的是为了"宣扬汉德",认为这是班固忠实地维护汉家统治的正宗史学思想的突出表现,而作了许多批评贬责。这个问题,涉及我们评价《汉书》将它放到什么基本点,关系颇为重大。然而,如果我们联系《论衡》一书中的有关论述,我们就可以获得有益的启示,产生新的认识。

王充(光武建武三年至和帝永元十六年,27—104)是班彪的学生,[①] 比班固(光武建武八年至和帝永元四年,32—92)年长五岁,《论衡》中多次提到班固,两人当有交往,而且,他们的思想也确有互相沟通之处。《论衡》撰作的重要目的之一是"颂汉"。书中有《须颂篇》,篇名即揭示出对汉朝必须颂扬的著述宗旨。王充讲:"夜举灯烛,光曜所及,可得度也;日照天下,远近广狭,难得量也。浮于淮、济,皆知曲折;入东海者,不晓南北。故夫广大从横难数,极深,揭厉难测。汉德酆广,日光海外也。知者知之,不知者不知汉盛也。汉家著书,多上及殷、周,诸子并作,皆论他事,无褒颂之言,《论衡》有之。又《诗》颂国名《周颂》,与杜抚、班固所上《汉颂》,相依类也。"王充

[①] 《后汉书》卷四十九《王充传》,中华书局,1965 年版。

赞美汉德之盛，如阳光普照天下，如东海不可测量。批评当时许多学者都对此毫无认识，著书只言远古，对汉代之事不加涉及。他认为班固写有《汉颂》，别具识见，所以引为同调。

尤其值得注意的是：王充赞美汉代的言论是有的放矢，态度鲜明地同当时盛行的复古倒退的观点相对抗。《论衡》中《超奇篇》《齐世篇》等都一再尖锐地批评俗儒"好褒古而贬今""尊古卑今"的偏见。《超奇篇》批评他们迷信古代达到了是非颠倒的地步："俗好高古而称所闻，前人之业，莱果甘甜；后人新造，蜜酪辛苦。"《齐世篇》进一步列举倒退历史观的种种表现。一是认为人的相貌、体质、寿命，当今比古代普遍地丑化或退化了："语称上世之人侗长佼好，坚强老寿，百岁左右；下世之人短小陋丑，夭折早死。"二是认为古人与今人品质道德优劣悬殊："上世之人质朴易化，下世之人文薄难治。""上世之人重义轻身，遭忠义之事，得己所当赴死之分明也，则必赴汤趋锋，死不顾恨。……今世趋利苟生，弃义妄得，不相勉以义，不相激以行，义废身不以为累，行臊事不以相畏。"三是认为政治功业古今相比高下悬殊："语称上世之时，圣人德优，而功治有奇。……及至秦、汉，兵革云扰，战力角势，……德劣不及，功薄不若。""画工好画上代之人，秦、汉之士，功行谲奇，不肯图今世之士者，尊古卑今也。"王充所概括的种种谬误说法，突出地表明人们头脑中尊古卑今的意识是多么根深蒂固，需要有见识的人物以社会进步的事实加以批驳，廓清迷误。王充提出了与世俗眼光截然相反的看法："大汉之德不劣于唐、虞也。""光武皇帝龙兴凤举，取天下若拾遗，何以不及殷汤、周武？"汉代是封建社会的成长时期，当然比三代大大前进了，王充的结论自是具有进步意义的见解。那么，俗儒为什么会形成这种颠倒历史的看法呢？王充分析说，这是因为儒生们自生下来读的就是记述和颂扬三代的书，"朝夕讲习，不见汉书，谓汉劣不若"，所以识古而不识今。王充断言："使汉有弘文之人，经传汉事，则《尚书》《春秋》也，儒者宗之，学者习之，将袭旧六为七，今上、上王至高祖皆为圣帝矣。"为了驳倒复古倒退论者，迫切地需要一部记载汉史的著作。王充认为，若果有一位擅长著述的人修成这样一部"汉书"，记载汉代的政治功业，让读书人从小诵习，那么这部书的价值便可与《尚书》《春秋》相媲美，人们尊奉的"六经"也可增加而成七了。王充所言，深刻地反映了时代对"汉书"的召唤。《论衡》即是一部用政论形式"宣扬汉德"的作品，书中直接赞美汉朝功业的篇章，还有《恢国》《宣汉》《验符》《超奇》《齐世》等篇。

王充所论与班固的著史目的是相通的。班固恰恰也意识到撰写汉史的需要。《太平御览》卷六〇三《史传》上引"后汉书"："班彪续司马迁后传数十篇，未成而卒，明帝命其子固续之。固因史迁所记，乃以汉氏继百王之末，非其义也。大汉当可独立一史，故上自高祖，下至王莽，为纪、表、志、传九十九篇。"（按：这部"后汉书"作者未详。）班固《汉书·叙传下》中也有类似说法："汉绍尧运，以建帝业，至于六世，史臣乃追述功德，私作本纪，编于百王之末，厕于秦、项之列。太初以后，阙而不录，故探纂前记，缀辑所闻，以述《汉书》。"班固不满意"以汉代继百王之末"，固然是正宗思想的表现。但这只是事情的一面。事情还有另一面，班固主张"大汉当可独立一史"，客观上具有破除当时浓厚的复古倒退思想的积极意义，而且以艰苦的史学实践，成功地回答时代对"汉书"的需要。因而，对班固"宣扬汉德"需要有新的看法，应该承认，班固这样做，在当时有其历史进步性。以史学实践满足社会思想前进的要求，是班固的一大贡献。

白寿彝教授在20世纪60年代初和70年代末对《史》《汉》作比较研究，独到地分析了班固的正宗思想及其在十志等方面的贡献，他所取得的学术成果为我们继续深入研究打下了坚实基础，并且在研究方法上给了我们宝贵的启示。今天，我们应该推进比较研究方法的运用，用《汉书》《论衡》的比较，使我们达到更深层的认识，更准确地确定《汉书》时代和历史的方位，从而提高对班固史学成就的评价。

与《汉书》撰写目的密切相联系的是，班固在《汉书·高帝纪》中叙述高祖之母"梦与神遇"而生高祖，高祖斩白蛇是赤帝子斩白帝子等神话,历来也因宣扬"皇权神授"、宣扬神怪迷信而一再受到贬斥。这一点,我们再拿《论衡》中相关的内容作比较,也能有助于对问题的理解。

王充具有朴素唯物主义自然观。他认为"气"生万物,讲"天道自然,自然无为","使应政事,是有,非自然也",对于人死后变鬼的迷信说法,驳斥尤为有力。① 然而,《论衡》书中又有许多地方讲"天命",如讲到高祖的神怪故事的,书中就有《吉验》《初禀》《指瑞》《齐世》《宣汉》《恢国》等篇。仅举出《吉验篇》所载即略见一斑。篇中云:"高皇帝母曰刘媪,尝息大泽之陂,梦与神遇。是时,雷电晦冥,蛟龙在上。及生而有美。性好用酒,尝从王媪、武负贳酒,饮醉,止卧,媪、负见其身常有神怪。每留饮醉,酒雠数倍。后行泽中,手斩大蛇,一妪当道而哭,云:'赤帝子杀吾子。'此验既著闻矣。秦始皇帝常曰:'东南有天子气。'于是东游以厌当之。高祖之气也,与吕后隐于芒、砀山泽间。吕后与人求之,见其上常有气直起,往求,辄得其处。后与项羽约:先入秦关,王之。高祖先至,项羽怨恨,范增曰:'吾令人望其气,气皆为龙,成五采,此皆天子之气也。急击之。'高祖往谢项羽。羽与亚父谋杀高祖,使项庄拔剑起舞。项伯知之,因与项庄俱起。每剑加高祖之上,项伯辄以身覆高祖之身,剑遂不得下,杀势不得成。会有张良、樊哙之救,卒得免脱,遂王天下。初妊身有蛟龙之神;既生,酒舍见云气之怪;夜行斩蛇,蛇妪悲哭;始皇、吕后,望见光气;项羽谋杀,项伯为蔽,谋遂不成,遭得良、哙,盖富贵之验,气见而物应、人助辅援也。"举凡《汉书·高帝纪》所有的神怪故事,此篇全有,甚至讲得更集中,更活灵活现。王充在此篇中,还讲光武生时,"时夜无火,室内自明";嘉禾生,"三本一茎九穗",等等。《论衡》书中还讲明帝、章帝时祥瑞很多,"永平之初,时来有瑞,其孝明宣惠,众瑞并至。至元和、章和之际,孝章耀德,天下和

---

① 以上分别见《论衡》之《自然篇》《寒温篇》《论死篇》。

洽，嘉瑞奇物，同时俱应，凤皇、骐驎，连出重见，盛于五帝之时"。① 这类神怪、符瑞说法盛行的原因，一者，自西汉中期"天人感应"学说传播，至西汉晚期、东汉初期，更形成谶纬迷信的极度泛滥。王莽、刘秀都曾利用图谶迷信说法上台。光武建武中元元年（56），还"宣布图谶于天下"。② 章帝时，天下各郡国竞相献上符瑞，种种迷信说法弥漫于朝野。二者，汉高祖斩白蛇之类神话所以特别为人们所乐道，还由于刘邦平民出身，"无土而王"，古代帝王无此先例，这是汉代人无法解释的。于是把他神话化，在他头上添加层层光环。这种特殊的社会和思想的环境，造成《汉书》中大讲刘邦的神怪故事，也造成《论衡》中大讲天命符瑞，并不足怪。问题在于《论衡》中讲了那么多刘邦的神话，却并不影响我们称王充是中国历史上"杰出的唯物主义思想家"，而对于讲了刘邦神怪故事的班固，我们多年来却一味加以严厉的批评，这不是不大公平吗？对于同一时代人同样性质的问题，我们只能使用同一个标准来进行评价。班固神化了西汉皇朝，其目的在于神化东汉皇朝，这是他封建正宗思想的表现，指出其历史局限性是完全必要的。同时我们又应了解：即令在王充这样的代表时代思想最高水平的哲人身上也有类似的反映，说明在当时历史条件下难免产生出这样的思想，那么对于班固也就不应过分地责备。

二、继《史记》而起的巨著

《史记》产生于封建制度成长的前期，《汉书》产生于封建制度业已全面确立的时期，两部史书在历史思想上的不同特点，即是它们各自时代的投影。司马迁所处的时代，封建制度处于迅速上升阶段，就中国整个两千年封建社会来说，也是它最有生气的

---

① 《论衡·讲瑞篇》。
② 《后汉书》卷一下《光武帝纪下》。

时期。司马迁在《史记》中讴歌"汉兴，海内一统"的局面，对于社会生活和上层建筑中处于发展阶段的封建等级关系，他表示赞成并加以维护。当时，文化上"独尊儒术"的政策刚刚提出，专制主义还没有充分控制各个思想领域，所以司马迁仍继承了先秦诸子百家的余波，要"成一家之言"，敢于提出与统治者不同的观点，思想比较自由。到东汉班固的时代，封建制度已经稳固化。在文化上，自武帝实行"独尊儒术"以后，经过西汉宣帝石渠阁会议，到东汉章帝白虎观会议，会集大儒讲论经义异同，皇帝亲临裁决，表明封建主义思想文化的控制达到强化的程度。[①]班固参加了白虎观会议，并被皇帝指定为整理会议记录的定稿人。这种时代特点及班固本人跟东汉皇室的密切关系，决定了他要站在朝廷的立场说话。《汉书》封建正宗思想之时代根源，正在于此。

不过，我们不能因《汉书》的正宗思想而忽视其进步面。也不能因班固有批评司马迁"是非颇缪于圣人"[②]的话，而忽视他对司马迁优良史学传统的弘扬。无论从班固创立的修史格局，从他的实录精神，特别是从班固对历史问题的见识来说，《汉书》都不愧为继《史记》而起的成熟巨著，值得我们进一步认真地发掘和总结。

（一）班固继承了《史记》的体裁，同时发扬了司马迁在构建史学体系上的创造精神，开创了纪传体断代史的格局

《史记》成书以后，它的巨大成功吸引着许多学者继续司马迁的工作。人们对司马迁所载只止于汉武，太初以后没有记载，感到极大遗憾，希望一代代史家继续写下去，保持历史记载的连续不断。自司马迁之后一百余年间，续《史记》的作者，先有褚少孙，以后有刘向、刘歆、冯商、扬雄、史岑等十五人，[③] 以及

[①] 参阅白寿彝师《中国史学史》第一册《叙篇》第二章，上海人民出版社，1986年版，第45—89页。

[②] 《汉书》卷六十二《司马迁传》赞。

[③] 此据《史通·古今正史》。其余十人是卫衡、梁审、肆仁、晋冯、段肃、金丹、冯衍、韦融、萧奋、刘恂。此外，《通志·总序》还有贾逵。又，据《汉书·杨恽传》言司马迁外孙杨恽"始读外祖《太史公记》，颇为春秋"。或者也有所补作。

班固之父班彪。班彪续作成绩最大，他"才高而好述作，遂专心史籍之间"。他具有独到的眼光，认为以往那些续作者"多鄙俗，不足以踵继其书"，于是"乃继采前史遗事，傍贯异闻"，①作"后传"六十五篇。当时学者对班彪续作给予高度赞扬，王充称他："记事详悉，义浅理备。观读之者以为甲，而太史公乙。"②说班彪的续作超过《史记》显然过分，但他的努力成为班固著《汉书》的重要基础，则应该肯定。

从褚少孙至班彪，尽管在推进司马迁以后的史学上作出了不同程度的贡献，但是他们所做的却只限于"续作"。即是说，他们自觉或不自觉地把所做的工作置于司马迁巨大成就笼罩之下，只限于修修补补。他们并未意识到需要构建新的史书体系。而这个问题如果不能解决，则"保存历史记载连续不断"的目的，是不能达到的。试看：在众多的续作者中，除褚少孙所补的若干段落由于附于《史记》，班彪所续的一些内容由于存在于《汉书》，因而得到保存外，其他作者所续之篇，早已统统湮灭无闻，便是明证。若无一个构建起来的体系，再好的内容也无从依托，既不能流布于社会，更不能传留给后代，这是很明显的道理。班固却有气魄创立了著史的新格局。他"断汉为史"，在内容上提供了时代所需要的历史教材，在构史体系上则取得了重大突破，使史学从司马迁的巨大身影笼罩下走出来，向前跨进了一大步。司马迁在先秦史书规模比较狭小、形式比较粗糙的基础上，经过综合和改造，创立了气魄宏大的纪传体史书，在历史编纂上表现出了不起的创造活力，这对班固是很大启发。《汉书》的体裁，是对《史记》的继承，又是一个影响深远的创造，以后历代修史者对此沿用不改。今天我们考察这个问题，还应该比前人有进一步的认识：它意味着班固创立的断代为史的格局，恰恰符合中国封建社会演进久远行程中皇朝更迭的周期性特点，所以才被相继沿用垂二千年。

---

① 以上引文均见《后汉书》卷四十上《班彪传上》。
② 《论衡·超奇篇》。

（二）班固撰《汉书》，还继承和发扬了司马迁的"实录"精神

首先是体现在班固对司马迁史学成就的评价上。《汉书·司马迁传》赞语，内容大体采用班彪所写的《略论》，① 代表了班氏父子对司马迁史学的看法。赞语对司马迁史学有表扬有批评："亦其涉猎者广博，贯穿经传，驰骋古今，上下数千载间，斯以勤矣。又其是非颇缪于圣人，论大道则先黄老而后六经，序游侠则退处士而进奸雄，述货殖则崇势利而羞贱贫，此其所蔽也。"班固批评司马迁"论大道则先黄老而后六经"，这是拿"独尊儒术"以后将儒学神圣化的正宗观点，去衡量别一时代的思想而得出的偏颇结论。其实，司马迁并没有贬低孔子和儒学，正相反，他对孔子和儒学是多所肯定和表彰的。事实不胜枚举：司马迁认为孔子所修《春秋》，是"王道之大者"，"礼义之大宗"，"拨乱世，反之正，莫近于《春秋》"；司马迁宣称他撰史目的，就是"继《春秋》"；② 司马迁整理史事、考辨史实的基本方法和标准，是"考信于六艺"；③ 司马迁为孔子及其儒家学派，修撰了《孔子世家》《仲尼弟子列传》《孟荀列传》《儒林列传》，特别是在《孔子世家》赞语中讲，许多生前地位显赫的人物死后都被人忘却，唯独孔子在思想史、学术史上的地位不朽，"学者宗之。自天子王侯，中国言六艺者折中于夫子，可谓至圣矣！"由此可见，司马迁对孔子学说非常尊奉，证据凿凿，不可否认。所以直到近代，龚自珍仍称司马迁为"汉大儒司马氏"。④ 梁启超也说，"太史公最通经学，最尊孔子"，⑤ "司马迁诚汉代独一无二之大儒矣"。⑥ 司马迁与班固所不同处在于：司马迁是以比较符合历史实际的眼光表彰儒学，他不把儒学绝对化、神圣化，而他在推崇儒

---

① 见《后汉书》卷四十上《班彪传》。
② 均见《史记》卷一百三十《太史公自序》。
③ 《史记》卷六十一《伯夷列传》序。
④ 《陆彦若所著书序》，《龚自珍全集》第三辑，上海人民出版社，1975年版，第197页。
⑤ 梁启超：《读书分月课程》，《饮冰室合集》专集六十九，第3页。
⑥ 梁启超：《中国学术思想变迁之大势》，《饮冰室合集》文集之七，第52页。

学的同时，吸取老庄、法家等学说的内容，并且批评俗儒、陋儒和谄媚之儒；班固则把儒学绝对化和神圣化，将儒学跟老庄等学说对立起来，尊此抑彼，毫无调和余地。正宗思想使班固走得太远了，所以他要对司马迁作出"先黄老而后六经"的偏颇批评。

可贵的是，班固并没有因对司马迁的政治思想、哲学思想有所批评，而降低他在史学上的杰出成就。相反地，班固十分推崇司马迁的著史才华和品德："然自刘向、扬雄博极群书，皆称迁有良史之材，服其善序事理，辨而不华，质而不俚，其文直，其事核，不虚美，不隐恶，故谓之实录。"① 称赞司马迁既具有善序事理的史学才华，又具有直笔无隐的高尚史德，实际上，是尊奉他是历史家的楷模。班固的这些精到评价对于确立司马迁在史学史上的地位起到了不可低估的积极作用。班固不被其正宗思想所蔽，公正地表彰司马迁的杰出史学成就，这本身就表现出班固忠实于历史的品格，并且说明，他同样以"不虚美，不隐恶"，写出"实录"式的史书作为自己的治史准则。

其次，体现在班固对内容取舍和史料抉择的标准上。

前人曾批评《汉书》武帝以前"尽窃迁书"，② 这个批评是极其不妥的。既然司马迁对西汉历史的记述是"实录"，那么《汉书》武帝以前的史实，当然绝大部分要以《史记》为依据，班固这样做正是忠实于历史，未可指责。况且，即令对武帝以前历史的记述，班固也在进一步占有材料的条件下，作了不少有价值的补充。我们对此可以归纳为三个方面。一是增设篇目，如《惠帝纪》及王陵、吴芮、蒯通、伍被、贾山、东方朔、李陵、苏武等传。特别是张骞事迹，《史记》是在《大宛列传》中叙述的，不是人物传记。《汉书》特为张骞立专传，给予他应有的历史地位。二是班固根据"掇其切于世事者著于传"，"论其施行之语著于篇"③ 的原则，在有关篇章中记载了西汉一代重要的文章、言论。如《贾谊传》载其《治安策》，《食货志》载其《论积贮

---

① 《汉书》卷六十二《司马迁传》赞。
② 郑樵：《通志·总序》。
③ 《汉书》卷四十八《贾谊传》、卷四十九《晁错传》。

疏》；《晁错传》载其《教太子疏》《言兵事疏》《募民徙塞下疏》《贤良策》，《食货志》载其《论贵粟疏》；《贾山传》载其《至言》；《邹阳传》《枚乘传》各载其谏吴王书；《韩安国传》载其与王恢辩论对匈奴策略的言论；《公孙弘传》载其《贤良策》。① 三是《汉书》对西汉前朝史实也有重要增补，如《萧何传》增项羽负约，封沛公于巴蜀为汉王，汉王怒，欲攻羽，萧何力言不可，乃之国。《韩信传》对韩信战功，《王陵传》述吕后王诸吕的复杂经过，也都有重要补充。② 根据班固自己所申明，凡是《史记》所无材料，决不随便添加，必须确凿有据，方予增补，否则阙疑。《张汤传》赞语云："冯商称张汤之先与留侯同祖，而司马迁不言，故阙焉。"又《东方朔传》称，朔以滑稽诙谐著名，"后世好事者因取奇言怪语附著之"，考核的结果，凡属刘向著录的东方朔的言行才可靠，"世所传他事皆非也"。从班固申述的标准和他对材料的严格审核，确实说明他发扬了司马迁的"实录"精神。

第三，也是最主要一点，体现在班固敢于秉笔直书，揭露汉代封建统治的阴暗面上。

《汉书》是以宣扬汉朝政治功业为撰写目的的，那么，敢不敢暴露汉代封建统治的阴暗面，就成为班固是否具有"实录"精神的试金石。班固对此作出肯定的回答，他发扬了"不虚美，不隐恶"的好传统，据事直书。有的学者称赞班固"不为汉讳"，是很中肯的。③ 这里举出以下四个方面。一、班固揭露西汉土地兼并的严重。《食货志》载有董仲舒上言，讲汉代仍继续秦朝当年严重兼并的局面，"富者田连仟伯，贫者亡立锥之地"，因此建议"限民名田，以澹不足，塞并兼之路"。同篇又载：哀帝即位，师丹辅政，建言："今累世承平，豪富吏民訾数巨万，而贫弱愈

---

① 参见赵翼《廿二史劄记》卷二《汉书多载有用之文》。
② 参见安作璋《班固》，陈清泉编：《中国史学家评传》（上），中州古籍出版社，1985年版，第71—97页。
③ 冉昭德：《班固与汉书》，见吴泽主编《中国史学史论集》第一册，上海人民出版社，1980年版，第259—270页。

困。"所以又提出限田。《哀帝纪》中也载皇帝的诏令承认兼并的严重:"诸侯王、列侯、公主、吏二千石及豪富民多畜奴婢,田宅亡限,与民争利,百姓失职,重困不足。"二、揭露诸侯王及外戚集团奢侈纵欲,无法无天。《景十三王传》总括说:"汉兴,至于孝平,诸侯王以百数,率多骄淫失道。"并载广川王刘去,"燔烧亨(烹)煮,生割剥人。距师之谏,杀其父子。凡杀无辜十六人,至一家母子三人,逆节绝理。"江都王刘建,纵狼杀人,或将人幽禁活活饿死,"凡杀不辜三十五人"。《外戚传》揭露外戚集团利用裙带关系盘踞高位,"穷富贵而不以功",骄奢淫逸,凶狠残忍,宫廷后妃之间、外戚之间因争宠争权,互置对方于死地,甚至杀人投毒。三、班固对于即使是他所盛赞的"文景之治"时代,也能不加隐饰地揭示当时的弊政。《贾山传》引其《至言》,谏文帝"功业方就,名闻方昭,四方乡风,今从豪俊之臣,方正之士,直与之日日猎射,击兔伐狐,以伤大业,绝天下之望"。《路温舒传》讲景帝时冤狱遍地,狱吏"上下相驱,以刻为明;深者获公名,平者多后患。故治狱之吏皆欲人死,非憎人也,自安之道在人之死。是以死人之血流离于市,被刑之徒比肩而立,大辟之计岁以万数"。班固对宣帝时期吏治修明也是大加赞扬的,同时他对当时地方豪强作恶多端也如实记载。《酷吏传》载:宣帝时涿郡豪强西高氏、东高氏欺压百姓,为非作歹,"宾客放为盗贼,发,辄入高氏,吏不敢追。浸浸日多,道路张弓拔刃,然后敢行,其乱如此"。四、班固还深刻地揭露独尊儒术之后,以儒学进身任官制度,是打开为利禄奔竞之门:"设科射策,劝以官禄,讫于元始,百有余年,传业者浸盛,支叶蕃滋,一经说至百余万言,大师众至千余人,盖禄利之路然也。"[1]他还总结自武帝以后"以儒宗居宰相位"那班人物,如公孙弘、蔡义、韦贤、韦立成、匡衡、张禹、翟方进、孔光、平当、马宫等,都是"服儒衣冠,传先王语","持禄保位,被阿谀之讥",[2]尖锐地评

---

[1] 《汉书》卷八十八《儒林传》赞。
[2] 《汉书》卷八十一《匡张孔马传》。

击这些以儒学大师进身的显赫人物，都是庸碌自私、巧于饰己、专事谄媚之徒，根本不配居于宰相地位。在各人传记中，班固对他们的虚伪、贪婪多有揭露。如载公孙弘对武帝专事谄媚，对同僚则"外宽内深"，设计陷害，"杀主父偃、徙董仲舒胶西，皆弘力也"。① 匡衡假报所封临淮郡地界，侵占田地四百顷。张禹"内殖货财"，"多买田至四百顷，皆泾、渭溉灌，极膏腴上贾"，"内奢淫，身居大第，后堂理丝竹管弦"。②《陈万年传》载，身为御史大夫的陈万年，病重时召其子咸至床前，教至半夜，咸睡着了，万年怒不可遏，咸忙"叩头谢曰：'具晓所言，大要教咸谄也。'"对这位大官僚谄媚本质的讽刺可谓入木三分。"独尊儒术"是西汉的国策，班固的这些记载，是从一个重要侧面对西汉政治状况和官场风气作严肃批评。班固具有这种识见和史德，是值得称赞的。

（三）实录精神和历史见识，使班固能够深入考察历史进程，对于一些历史问题的阐述，提出了具有唯物主义因素的见解

《汉书》固然有浓厚的正宗思想和天命思想，这是时代打上的烙印。然而，我们又应肯定其中有重视历史时势的进步思想。

刘邦为什么能"无土而王"，迅速建立起汉朝，这是西汉历史的一个重要问题。班固在《汉书·异姓诸侯王表》序中对此作了分析。他总结自虞夏至秦之得天下，有着共同的特点，即都经历了长期的艰难创业：虞、夏之兴，"积德累功"数十年；商汤、周武之王，乃由契、后稷"修仁行义"，历十余世，而后成功；秦的帝业，先由襄公崛起，经过文公、穆公、献公、孝公、昭襄王、庄襄王历代经营，"稍蚕食六国，百有余载"，至始皇乃并天下。刘邦得天下却与历代君主相去天壤，"亡尺土之阶，繇一剑之任，五载而成帝业。书传所记，未尝有焉"。为什么会出现这样的历史大变局？班固认为，这是因为秦始皇的倒行逆施加速了自己的灭亡，为刘邦的迅速兴起准备了条件。秦始皇本来冀图以

---

① 《汉书》卷五十八《公孙弘卜式儿宽传》。
② 均见《汉书》卷八十一《匡张孔马传》。

取消分封制、销毁天下兵器、禁绝儒学、大事征伐等等，巩固其统治，"用壹威权，为万世安"，结果恰恰激起人民的反抗，"十余年间，猛敌横发乎不虞，谪戍强于五伯，闾阎逼于戎狄，响应瘖于谤议，奋臂威于甲兵。乡秦之禁，适所以资豪杰而速自毙也"。这样，刘邦"无土而王"这一亘古未有的历史新格局，就完全可以用能够确切指明的时代条件来解释。班固用"势"的命题对此加以概括，云："古世相革，皆承圣王之烈，今汉独收孤秦之弊。镌金石者难为功，摧枯朽者易为力，其势然也。"

值得注意的是，上述班固对于历史时势的看法，是在司马迁认识的基础上加以发展的。司马迁极为重视秦亡汉兴的历史教训，《史记·秦汉之际月表》序中，他论述刘邦得天下的原因云："然王迹之兴，起于闾巷，合从讨伐，轶于三代，乡秦之禁，适足以资贤者为驱除难耳。故愤发其所为天下雄，安在无土不王。此乃传之所谓大圣乎？岂非天哉，岂非天哉！非大圣孰能当此受命而帝者乎？"司马迁确已论及秦的暴政为汉的兴起准备了条件，表现出其卓识，他感慨"岂非天哉"，其中也确有历史时势的意味。但是不能否认，司马迁讲的"天"又含有命定论的意味，所以他称刘邦为"受命而帝"的"大圣"。换言之，司马迁的议论中重视历史时势与命定论二者兼而有之。相比之下，班固的认识明显地提高了，他完全以历史时势来解释，摆脱了命定论的影响。这是观点上的一大进步。与此相联系的是，班固批评司马迁引用贾谊的一个论点："向使婴有庸主之材，仅得中佐，山东虽乱，秦之地可全而有，宗庙之祀未当绝也。"班固认为，这是对历史的客观趋势判断错了，"不通时变"，不知"秦之积衰，天下土崩瓦解，虽有周公旦之才，无所复陈其巧"。① 班固所论显然比较符合历史时势。

藩国问题是西汉史又一大问题。司马迁的时代，西汉朝廷与藩国斗争的过程尚未结束，过程中矛盾的各个侧面尚未充分暴露，因而他不可能作全面的总结。班固后来居上，他站在新的时

---

① 《文选》卷四十八班固《典引》序，并见《史记·秦始皇本纪》附录。

代高度，能够俯瞰西汉初至武帝时朝廷与藩国斗争的全过程，从而在《史记》的基础上，对此作出较全面、深入的总结。这也是《汉书》的突出贡献。

《诸侯王表》序中肯地描述了藩国势力对西汉国家的危害："藩国大者夸州兼郡，连城数十，宫室百官同制京师"，"小者淫荒越法，大者睽孤横逆"，尾大不掉，构成对朝廷的严重威胁。对西汉朝廷与藩国势力作斗争所经主要阶段，班固也作出了正确总结："文帝采贾生之议分齐、赵；景帝用晁错之计削吴、楚；武帝施主父之册，下推恩之令，使诸侯王得分户邑以封子弟，不行黜陟，而藩国自析。"武帝以后，"诸侯惟得衣食税租，不与政事"，标志着严重的藩国问题得到解决。这些论述提纲挈领，接触到历史的实际情形，向来成为后人论述西汉藩国问题最权威的依据。《汉书》贾谊、晁错两传，详载他们向文帝、景帝郑重提出的削藩主张，显然都是班固有意为之，使我们得以窥见当时重大事件的来龙去脉。这里还想讨论《汉书》有关篇章中所反映的藩国问题的曲折性、复杂性，限于篇幅不能展开，只能简略提出三点：一、班固论及汉初分封同姓王，在一段时间内对于韩信、彭越等异姓王起到制约作用问题。如讲"汉兴之初，海内新定，同姓寡少"，"尊王子弟，大启九国"。"高祖创业，日不暇给，孝惠享国又浅，高后女主摄位，而海内晏如，亡狂狡之忧，卒折诸吕之难，成太宗之业者，卒赖之于诸侯也。"① 二、贾谊反复陈述侯国必然造成祸乱，危害朝廷："疏者必危，亲者必乱，已然之效也"，"臣窃迹前事，大抵强者先反"。他所提出"众建诸侯而少其力"的方法，实际上成为解决西汉藩国问题的根本指导思想。而在具体做法上，贾谊甚至提出以藩国制藩国的策略。淮南王刘长谋反事发后，贾谊建议文帝大封皇子武（淮阳王）为梁王，封国占有淮河以北、黄河以南大片地方，以起到"扞齐、赵"和"禁吴、楚"的作用。班固特别载明：至景帝三年吴、楚

---

① 均见《汉书》卷十四《诸侯王表》序。

七国乱时,"合从举兵,西乡京师,梁王扞之,卒破七国"。① 他还在《叙传下》中概括《贾谊传》的撰写意旨:"建设藩屏,以强守圉,吴、楚合从,赖谊之虑。"赞扬贾谊的预见性,同时反映出在一定时期内亲近封国对疏远的封国的制约作用。可见,《汉书》论述藩国问题,既从总体上看到藩国必乱的结局,又能有分寸地反映出特定时期特定封国的积极作用。包括藩国问题的解决在内,历史发展不可能是平坦的、笔直的,它只能走曲折的道路,这是历史辩证法的体现。笔者认为,《汉书》记载的这些问题,至今仍有丰富我们的认识、启发我们思维的作用。三、《汉书·晁错传》比《史记》更公正地评价了晁错主张削藩的贡献。晁错是景帝时期代表西汉朝廷对藩国坚决斗争的关键人物。他明知将由此立即引来杀身之祸,而毫不动摇。对于这样一个悲剧人物,班固作了公正评价:"晁错锐于为国远虑,而不见身害","错虽不终,世哀其忠"。② 肯定晁错为国尽忠,后人世代承认。比较《史》《汉》对晁错的评价即可发现:班固的评价,采用了司马迁的正确部分,而纠正了《史记》中自相矛盾的见解。《史记·晁错列传》赞曰:"晁错为家令时,数言事不用;后擅权,多所变更。诸侯发难,不急匡救,欲报私雠,反以亡躯。语曰'变古乱常,不死则亡',岂错等谓邪!"并没有肯定他主张削藩的积极作用,相反地,责备他的动机是"欲报私雠",做法是"变古乱常"。这些都是不恰当的。然则,司马迁毕竟要写出忠实于客观历史的"实录",因此他记载了邓公称颂晁错和批评景帝的话,称他建议"削地以尊京师"是"万世之利",是一个"忠臣"。在《吴王濞列传》中,司马迁也称晁错"为国远虑"。这样,司马迁对晁错的评价就自相矛盾。班固纠正了《史记》的矛盾说法,把其中正确部分吸收过来,并加以提高。《汉书·晁错传》中详载其事迹,并将他施行于世的言论采辑于篇,客观上讲,是表现了封建阶级上升时期,这样一位有远见的政治家,为

---

① 《汉书》卷四十八《贾谊传》。
② 《汉书》卷四十九《晁错传》赞。

了国家利益不惜冒险犯难的可贵精神。班固这样做，就为那个时代，同时也为《汉书》增添了光彩。

班固评论武帝时期人材之盛也很精彩。他认为，武帝时期大批人材的出现是由历史时势造成的。这一观点见于《公孙弘卜式兒宽传》的论赞。班固讲，这三个人在武帝时分别身居丞相、御史大夫。可是他们都出身贫贱，或放猪，或放牛，或当伙头。这样低微的出身，"非遇其时"，能够上升到高位吗？班固认为，这正是时势造就人材的结果。汉初的休养生息，到武帝时代，已经具有雄厚的经济实力，可以大有作为了。当时要做的有两件大事，一是开拓边境，奠定版图，二是需要建立一套礼仪、政治、法律等制度。"上方欲用文武，求之如弗及。"于是，"群士慕向，异人并出。……汉之得人，于兹为盛"。时代需要大量人材，人材便成批涌现出来。当时各方面都有不平常的人物施展才智，如儒学大师董仲舒、公孙弘、兒宽，荐贤的韩安国、郑当时，制定法令的赵禹、张汤，文学家司马迁、司马相如，天文历算家唐都、落下闳，音乐家李延年，理财家桑弘羊，外交家张骞、苏武，大将卫青、霍去病，一共举出十四个方面二十七个特出人物。

依靠这些特出人物，武帝时代国势达到强盛。"是以兴造功业，制度遗文，后世莫及。"这又寓含着杰出人材推动社会前进的可贵认识。班固认为，汉宣帝时代也颇有作为，"纂修洪业，亦讲论六艺，招选茂异"，举出当时在儒学、文章、将相、治民等方面"有功迹见述于世"[①]的人物，如萧望之、刘向、赵充国、龚遂等。总的讲，班固认识到时代的需要造就了有作为的人物，人物的作为又推动时代前进，不但论述问题完全从时势着眼，而且体现出从许多个别事例中概括出共性的道理，一点也没有掺入天命、迷信的意识。班固所论述的，自然跟历史唯物主义关于历史人物产生及其作用的原理无法相比，但其中有相通的地方，具有唯物主义的因素。一千九百年前的班固能达到这一认识高度，

[①] 均见《汉书》卷五十八《公孙弘卜式兒宽传》赞。

说明他有非凡的历史见识。

(四)《汉书》还具有一定的人民性

班固历史思想的人民性,首先表现在对西汉几个帝王功业的评论上。他最早提出"文景之治"这一著名的历史概念,此后一向成为恢复生产、爱惜民力、轻徭薄赋政治局面的象征。《文帝纪》赞语表彰文帝"敦朴为天下先",不准在宫中建造费值百金的露台,从皇帝本人到宠爱的后妃都衣着简朴,是为历代帝王所罕见。班固特别强调文帝以"利民""恐烦百姓"为治国标准,他的不事征伐,采纳臣下谏议,都是由利民而不扰民的方针所支配,因此在位期间,出现了"海内殷富"的局面。《景帝纪》赞高度评价汉初以来与民休息政策的成效:"汉兴,扫除烦苛,与民休息。至于孝文,加之以恭俭,孝景遵业,五六十载之间,至于移风易俗,黎民醇厚。周云成、康,汉言文、景,美矣!"对于景帝尊奉文帝"利民"的功业衷心地赞美。

班固推崇武帝的雄才大略,多所设施,奖拔人材,但又批评他连年用兵,造成人力物力的大量虚耗,沉重地增加了人民负担,内容见于《武帝纪》《刑法志》《循吏传》等。从班固对武帝时期弊政一面的批评,也反映出他对民众利益的关心。

其次,班固历史思想的人民性,还表现在以赞赏态度记述宣帝时期的吏治和考察制度。对于出身贫贱的汉宣帝,如何"五日一听事",让丞相及各大臣报告履行职责情况;如何重视刺史一级地方官的任用,考察其政绩,了解其实情;对于好的地方官如何郑重赏赐表彰,并从中选拔任用朝廷大臣,班固都予以详载。这套办法确实奏效,出现了一批有名的良吏,"所居民富,所去见思"。[1] 在位二十四年中,"吏称其职,民安其业",被称为西汉"中兴"时期。[2] 班固对宣帝时期如何任用、考察官吏的记载,今天看来,不仅有史料价值,而且有思想上的价值。

---

[1] 《汉书》卷八十九《循吏传》。
[2] 《汉书》卷八《宣帝纪》。

(五)《汉书》十志在史学上的突出贡献——"将书志体完善起来"

《汉书》十志是在《史记》八书基础上发展的。根据白寿彝教授的研究，十志"将书志体完善起来"。具体来说有两大贡献：一、十志"为史学上的有关学科的研究开辟了道路，是很有地位的。有的为政治制度史、法律史、经济史、水利工程史、艺术史、历史地理各科的学术源流，都提供了开创性的著作"，"好多分支科学都是从十志开始有了记载"。二、从十志中，"可以看出封建社会统治集团的作用"。"要理解中国的封建社会，以及封建国家的作用，班固在十志中提供了很好的材料。"① 发挥白寿彝教授上述论点，对十志作专题性探讨，将是很有意义的工作。本节只能就《食货志》中班固如何论述经济生产活动谈点粗浅看法。

《食货志》中虽有生产活动是先王之教的唯心说法，但又认为：生产活动是社会生存的基础，食与货二者是"生民之本"，"食足货通，然后国实民富，而教化成"；借古今经济状况的变化，可以鉴知国家的"盈虚"。这些有唯物倾向的见解，后来明显地为杜佑等所发展。

全篇基本思想，则论述封建国家经济政策影响到生产的发展或破坏，决定了国家的盛衰。班固论秦的灭亡，实实在在地归结到经济上的原因："男子力耕不足粮饷，女子纺绩不足衣服。……海内愁怨，遂用溃畔。"他着意将汉初经济的凋敝与武帝初年的繁荣相对照，证明那些仿佛是从地底下呼唤出来的财富，乃是由六七十年间连续执行"约法省禁"政策取得的。而这种雄厚的经济实力，为武帝"外事四夷，内兴功利"提供了物质基础。又如论王莽的灭亡，班固认为，既有类似于秦亡的原因：王莽对匈奴征战，"发三十万众，欲同时十道并出"，"海内扰矣"；又有不同于秦亡的原因：王莽由于慕古，任意变换各种"不度时宜"的措施，制造混乱，加上横征暴敛，刑罚严酷，造成民愈穷困，

---

① 白寿彝师：《司马迁和班固》，见北京师范大学史学研究所编，施丁、陈可青编著《司马迁研究新论》一书"代序"，河南人民出版社，1982年版。

激起遍地农民起义。按照班固的论述，自战国至西汉末的历史变动，都可以用经济的升降、国家政策的成败得到确切的解释。这同历史唯物主义从经济条件去说明历史事变的终极原因，当然不能相提并论，但其中确有某些萌芽意识。班固还记载宣帝时，"善为算能商功利"的大司农中丞耿寿昌，建议从关内籴粟运京，以省关东漕运每年需卒六万的巨耗，大儒萧望之用阴阳感应说法反对。宣帝拒不采纳望之所议，结果"漕事果便"，① 耿寿昌并将籴粮筑仓之法推行到边郡。班固的记述，也是对唯物论主张的褒扬和对阴阳灾异唯心说法的深刻讽刺。

三、六百年间学者"共行钻仰"

《汉书》成书后所经历的命运跟《史记》很不相同。《史记》著成后并未被人们重视，至宣帝时，才由司马迁的外孙杨恽"祖述其书，遂宣布焉"。②《史记》在东汉甚至被目为"谤书"。汉晋时期对它研究的学者很少。《汉书》成书后则受到普遍的推重，史称："当世甚重其书，学者莫不讽诵焉。"③ 邓太后临朝时，遍注群经、学生千人的经学大师马融，还"伏于阁下，从（班）昭受读"。④ 这说明当时学术极重专门传授，也证明《汉书》一出世就享有很高学术地位。至唐司马贞，对《史》《汉》传习的不同情况这样作了总结：《史记》"汉晋名贤未知见重"。⑤《汉书》"后迁而述，所以条流更明，是兼采众贤，群理毕备，故其旨富，其词文，是以近代诸儒共行钻仰"。⑥ 司马贞主要活动于唐贞观年间（714—741）。据此可知：《汉书》从东汉起备受推崇，长达六

---

① 《汉书》卷二十四上《食货志上》。
② 《汉书》卷六十二《司马迁传》。
③ 《后汉书》卷四十上《班固传》。
④ 《后汉书》卷八十四《列女传》。
⑤ 司马贞《史记索隐》序。
⑥ 《史记索隐》后序。按，司马贞生卒年未详。他于贞观初任国子博士、弘文馆学士。晚年撰成《史记索隐》。

百余年。学者们"共行钻仰"的情况可从以下几个方面见到:

(1) 视为"五经"之亚,尊为修史法式。南北朝时期刘勰在《文心雕龙·史传》篇中称赞《汉书》:"宗经矩圣之典,端绪宏赡之功","十志该富,赞序弘丽,儒雅彬彬,信有余味"。与刘勰同时的萧统(梁昭明太子)编《文选》,其中"史论"和"史述赞"所选的代表作,有《汉书》之《公孙弘传赞》《高祖纪赞》《成帝纪赞》《韩彭英卢吴传赞》共四篇,《史记》却一篇未选。

刘知幾作为杰出的史评家,他对《史记》《汉书》这两部巨著在史学上的贡献都有很高评价,而从编纂学角度和反映当时学者所喜爱来说,他又较看重《汉书》。他认为,《史记》对纪传体有开创之功,诸体配合,优点很多;不过它是通史体裁,"疆宇辽阔,年月遐长",不易做好。《汉书》继承了《史记》体裁,又断代为史,实在优胜得多:"究西都之首末,穷刘氏之废兴,包举一代,撰成一书,言皆精练,事甚该密,故学者寻讨,易为其功。自尔迄今,无改斯道。"①他还概述学者尊奉《汉书》的情况:"始自汉末,迄乎陈世,为其注解者凡二十五家。至于专门受业,遂与'五经'相亚。"②可见《汉书》在当时的地位仅次于"五经"。继《汉书》而起,历代修成断代"正史"并流传下来的,先后有《三国志》《后汉书》《宋书》《南齐书》《魏书》《梁书》《陈书》《北齐书》《周书》《隋书》《晋书》。刘知幾所讲"自尔迄今,无改斯道",就是对这六百年间历史编纂上效法《汉书》的取向所作的概括。

(2) 传授注解的学者辈出。《汉书》在东汉末年,已有服虔、应劭等家注解。此后,历代专门研究的学者辈出,成为一门发达的学问。据《隋书·经籍志》著录,自汉至唐,注释《史记》的著作只有裴骃、徐野民、邹诞生三种。注《汉书》则多达十七种,作者有应劭、服虔、韦昭、刘显、夏侯咏、萧该、包恺、晋灼、陆澄、韦棱、姚察、项岱等。姚察对《汉书》研究尤精,一

---

① 刘知幾《史通》卷一《六家》。
② 刘知幾《史通》卷十二《古今正史》。

人所撰即有《汉书训纂》《汉书集解》《定汉书疑》三种。因此《隋志》概述说："《史记》《汉书》，师法相传，并有解释。……梁时，明《汉书》有刘显、韦稜，陈时有姚察，隋代有包恺、萧该，并为名家。《史记》传者甚微。"① 唐初颜师古撰《汉书注》，是对注释《汉书》一次集大成的工作。据他所撰《汉书叙列》所列，共综合了二十三家注解。其中确知时代的，荀悦、服虔、应劭是东汉人，邓展、文颖、蔡谟②是晋人，臣瓒、崔浩是北魏人。此外注家能见到姓名的，梁时有刘孝标、梁元帝，唐时有颜游秦、刘伯庄、李善。六百年间传习注释《汉书》的学者如此众多，尤其能说明其地位在当时确实超过《史记》。

（3）被当作必读的历史教科书。这里有两个典型例证。一是《三国志·吴主五子传》载：孙权立孙登为太子，张休为太子师傅。"权欲登读《汉书》，习知近代之事。以张昭有师法，重烦劳之，乃令休从昭受读，还以授登。"《汉书》所载是"近代史"，所以被这位江东霸主指定为太子必读的教科书。另一是《陈书·姚察传》所载，陈宣帝时，姚察任职史馆，以兼通直散骑常侍身份，出使北周。传中记载的这次出使的唯一史实，是"沛国刘臻窃于公馆访《汉书》疑事十余条，并为剖析，皆有经据"。由于当时双方是对立政权，官员之间的私人接触很受避忌。这位沛国人士竟为研读《汉书》而甘冒风险，偷偷前来找姚察请教，足见《汉书》对当时士大夫有何等的吸引力。

《汉书》如此盛行六个世纪，时间可谓漫长，究其原因，也应是多方面的。书中的正宗思想适合封建士大夫的胃口，自是重要一项。此外，它所载"近代史"为人们提供了一部很有价值的历史教科书，它包举一代的完整性，使研究汉史者极感方便，它开创的史书新格局成为后代修史"定式"，它囊括的丰富内容具有很高的、多方面的学术价值，这些也都应该是重要的原因。

---

① 《隋书》卷三十三《经籍志二》史部"正史"类小序。
② 司马贞《史记索隐》后序云："蔡谟集解之时已有二十四家之说。"此二十四家何人未详。据姚振宗《隋书经籍志考证》，蔡谟《汉书集解》有一百一十五卷。

公羊历史哲学的形成和发展

在中国儒家经典中,《春秋公羊传》向以具有独特的理论色彩和戏剧性命运而引人瞩目。归纳起来,可以说它有三"怪":它有一套著名的"三世说"历史哲学,且能随时代的变迁而不断引申出新的含义,这是一"怪";它专讲"微言大义",被称为"其中多非常异义可怪之论",是为二"怪";公羊学说在西汉曾经备受尊奉,地位显赫,可是在东汉以后一千多年间又消沉无闻,至鸦片战争前后却重新复兴,到戊戌维新时期风靡于世,成为近代维新运动的思想武器,并且是19世纪、20世纪之交中国思想文化界接受西方进化论的思想基础。其历史命运陡升陡降,近乎离奇,是为三"怪"。"公羊学"的这种独特色彩和历史际遇,中心问题,即在于它的历史哲学。因此对公羊"三世说"的由来、形成和发展,实有作一番历史考察之必要。

一、公羊历史哲学的形成和特点

公羊历史哲学的来源在于《春秋经》的"大义"。《春秋经》表达"大义"的方法,是借文辞的微妙不同显示是非褒贬。例如僖公二十八年践土之会，是周王应晋文公之命赴会。孔子反对"以臣召君"的做法，主张维持周王天下共主的地位，因此讳之曰："天王狩于河阳。"又如，春秋后期形成大夫专政的局面，孔子也不赞成。当鲁昭公被季氏逐出后，《春秋经》每年书曰："春王正月，公在乾侯。"

《春秋经》中的这类"微言大义"，要靠解释才能明白。《公羊传》即专门解释《春秋经》的文辞，发挥其中"大义"的著作，于是从中引申出一套独特的历史哲学。

《汉书·艺文志》著录《公羊传》十一卷。本注："公羊子，齐人。"颜师古注："名高。"它先经过长期的口头传授，至汉代才著录成书。《汉志》又称："及末世，口说流行，故有公羊、穀梁、邹、夹之传。"末世，一般指战国中晚期，相传公羊高是子夏弟子。① 《公羊传》著录成书者，是汉景帝时公羊寿和胡毋生。② 由于用汉代通行的隶字书写，故属于"今文学派"，并且成为今文经的主要代表。从《公羊传》作者看来，《春秋经》处处寓含"微言大义"，跟古文学派认为它是一般历史著作大不相同。从这一根本点出发，《公羊传》形成一套可供人们发挥的历史思想。

第一，宣扬《春秋经》"大一统""拨乱反正"等政治大义。为此，作者在开卷和终篇作了精心安排。《公羊传》开宗明义解释隐公"元年春王正月"经文，说："元年者何？君之始年也。春者何？岁之始也。王者孰谓？谓文王也。曷为先言王而后言正月？王正月也。何言乎王正月？大一统也。"事实上，《春秋经》写"春王正月"，正月建子，③ 其中含有尊奉周天子的意思而不明显。《公羊传》作者则单独拈出后者而大加发挥，这是借宣扬《春秋》拥戴周天子"天下共主"的地位，为战国晚期正在进行

---

① 陆德明《经典释文·序录》："公羊高受之于子夏。"（中华书局，1983年版）
② 何休《春秋公羊解诂》隐公二年注："其口说相传，至汉，公羊氏及弟子胡毋生等乃记于竹帛。"又据戴宏序，公羊寿是公羊高玄孙。据《史记》卷一百二十一《儒林列传》，胡毋生，齐人，景帝时博士，公羊学大师。
③ 参见顾栋高《春秋大事表·读春秋偶笔》，中华书局，1993年版。

的"统一"作舆论的准备。《公羊传》结尾哀公十四年,以总结全书的方式,讲孔子作《春秋》的目的:"君子曷为为《春秋》?拨乱世,反诸正,莫近诸《春秋》。……制《春秋》之义,以俟后圣。"这样,《春秋经》便直接成为孔子专为汉代天子而制定的治国纲领!开卷和终篇这样精心安排,乃是《公羊传》作者所宣扬的《春秋经》政治"大义"的两大关键问题。

第二,提出著名的"公羊三世说",其中包含有历史变易观点,人们可以据之推演,划分历史发展的阶段。《公羊传》先后三次讲"所见异辞,所闻异辞,所传闻异辞"。即:

隐公元年,解释经文"公子益师卒",传云:"何以不日?远也。所见异辞,所闻异辞,所传闻异辞。"

桓公二年,解释经文"三月,公会齐侯、陈侯、郑伯于稷,以成宋乱",云:"内大恶讳,此其目言之何?远也。所见异辞,所闻异辞,所传闻异辞。"

哀公十四年,传云:"《春秋》何以始乎隐?祖之所逮闻也。所见异辞,所闻异辞,所传闻异辞。"

"异辞"指用辞不同。亲见的时代、亲闻的时代、传闻的时代,为何用辞不同?按照常理,其中应该包括因时代远近不同,史料掌握详略不同,文字处理因而不同的道理。《公羊传》却有特别的解释:"定、哀多微辞,主人习其读而问其传,则未知己之有罪焉尔。"① 讲的是时代越近,孔子因惧祸而有忌讳,故多采用隐晦的说法。重要的是,《公羊传》再三强调"所见异辞,所闻异辞,所传闻异辞",其中包含着对待历史的一个很宝贵的观点:不把春秋时期二百四十二年视为铁板一块、凝固不变,而看作可按一定标准划分为不同的发展阶段。这种历史变易观点,能给后人以宝贵的启迪。

第三,《公羊传》专讲"微言大义",往往对经文大加比附引申。上述两项都是极重要的"微言大义"。其他明显的还有:隐公三年讲讥世卿;庄公四年讲"九世复仇";闵公元年讲"为尊

---

① 何休:《春秋公羊解诂》定公元年传。

者讳,为亲者讳,为贤者讳";僖公十七年讲"为贤者讳",等等。

以上三项,彼此又是互相联系的。总括来说,《公羊传》的历史哲学具有政治性、变易性和可比附性三大特点,在儒家经典中实属罕见。到了西汉和近代这种正在酝酿制度性变革的时期,有远见、有魄力的思想家,便可依据这份思想资料加以发挥、改造和创造,掀起学术上的波澜,演出政治上的活剧。

二、在两汉的发展

公羊历史哲学形成之后,在两汉和近代先后曾经历几次大发展,跌宕起伏,各具时代特色。

公羊历史哲学的第一次大发展在西汉武帝时代,代表人物是董仲舒。他由于精通《公羊》而成为西汉一代儒宗。《史记·儒林列传》称:董仲舒"以治《春秋》,孝景时为博士"。"故汉兴至于五世之间,唯董仲舒名为明于《春秋》,其传公羊氏也。"《汉书·董仲舒传》赞语引刘歆评语云:"令后学者有所统壹,为群儒首。"

董仲舒的公羊学说是改制的哲学。当时的时代特点,是封建的统一国家刚刚建立,需要加以巩固,在思想文化上,需要实行维护空前统一局面和封建专制政治的"统一"政策,在制度上,也需要建立起与封建等级制相适应的各项制度。董仲舒适应这种需要,将公羊学与西汉政治相结合,遂使这一学说盛行于当时。他发挥《公羊传》"大一统"的思想,向武帝建议禁绝百家学说,用孔子学说来实行思想统一,为封建专制政治服务。他大力发挥"公羊三世说",提出了"张三世"的论点,说:"《春秋》分十二世以为三等:有见,有闻,有传闻;有见三世,有闻四世,有传闻五世。故哀、定、昭,君子之所见也;襄、成、文、宣,君子之所闻也;僖、闵、庄、桓、隐,君子之所传闻也。所见六十一年，所闻八十五年，所传闻九十六年。"① "张三世"的提出，把《公羊传》的说法大大推进了。

董仲舒又在《王道》篇中提出"异内外"，在《三代改制质文》篇中提出"通三统"的大义。"异内外"说："内其国而外诸夏，内诸夏而外夷狄，言自近者始也。""通三统"则说："《春秋》上黜夏，下存周，以《春秋》当新王。《春秋》当新王者奈何？曰：王者之法，必正号，绌王谓之帝，封其后以小国，使奉祀之。下存二王之后以大国，使服其服，行其礼乐，称客而朝。故同时称帝者五，称王者三，所以昭五端，通三统也。"以夏为黑统，尚黑色；商为白统，尚白色；周为赤统，尚赤色，即所谓"《春秋》作新王之事，变周之制，当正黑统"。

董仲舒把上述诸项相配合，形成一套倡导"改制"的政治—历史哲学。虽然其中有大量附会说法，但其公羊学说却有一个积极、合理的内核，即：从多方面阐释社会历史是依次变化的，因而，政治制度也应该变化。他还用阴阳五行迷信学说来比附《公羊传》的"春王正月"，论证皇权神授，宣扬天人感应。董仲舒罢黜百家的建议，得到汉武帝的采纳。其他有关"改制"的主改，对武帝太初"改制"改正朔、颁新历、定官名等产生了重要影响。董仲舒发挥公羊"大一统"等学说以维护中央集权的封建制度，在当时是符合历史前进要求的。而他把公羊学说与阴阳五行的神秘主义结合起来，后来成为泛滥于两汉的谶纬迷信的祖宗，则是严重的糟粕。

自西汉末至东汉末，经今古文两派展开斗争，古文经学逐渐占据优势。东汉末年，何休坚守今文家法，他发挥西汉胡毋生、董仲舒的公羊学说，撰成《公羊解诂》，如杨向奎先生所说，成为"比较完备的公羊学派义法的总结"。② 因此，何休成为东汉末年公羊历史哲学第二次大发展的代表人物，其特点是在学术上有重要建树。

---

① 董仲舒：《春秋繁露·楚庄王》，清凌曙注本，中华书局，1975年版。
② 杨向奎：《论何休》，《绎史斋学术文集》，上海人民出版社，1983年版，第163页。

何休的主要贡献是：一、强调《公羊传》是一部政治书，讲改制的书。他在《春秋公羊解诂序》中说："昔者孔子有云：'吾志在《春秋》，行在《孝经》。'此二学者，圣人之极致，治世之要务也。传《春秋》者非一，本据乱而作，其中多非常异义可怪之论。"他的《解诂》便是专讲"非常异义可怪之论"的书。二、归纳了西汉公羊学的义法，总结出"三科九旨"的理论。这套理论见于《春秋公羊经传解诂》"隐公第一"徐彦疏引："三科九旨者，新周，故宋，以《春秋》当新王，此一科三旨也。又云所见异辞，所闻异辞，所传闻异辞，二科六旨也。又内其国而外诸夏，内诸夏而外夷狄，是三科九旨也。"三、最重要的贡献，是把"三世说"演绎成有系统的发展史观，云："于所传闻之世，见治起于衰乱之中，用心尚麤觕，故内其国而外诸夏，先详内而后治外……于所闻之世，见治升平，内诸夏而外夷狄……至所见之世，著治太平，夷狄进至于爵，天下远近小大若一。"① 何休把"三世说"跟"据乱—升平—太平"的社会发展阶段论相结合，创造了儒家经典中别树一帜的历史哲学。它启示人们用发展变化的观点观察社会历史进程，跟此后长期成为正统派的古文学派儒生所信奉的视三代为黄金时代的复古史观对比，其进步意义是很明显的。但有一点何休自己也明白，他把定、哀之世正当分裂混乱的时代，称之为"太平世"实在牵强。因而他在定公六年注中说明：讲它是"太平世"，只是"文致太平"而已。

三、龚自珍、魏源的革命性改造

与何休同时的大经学家郑玄博习古文、今文，他遍注群经，以古文为主而兼采今文，为学者宗从。于是郑学盛行，今文衰落，"澌灭殆尽"，在此后一千多年中消沉无闻。公羊历史哲学在近代能起到进步作用，龚自珍、魏源对它实行一番革命性改造，

---

① 何休：《春秋公羊解诂》隐公元年十二月何休注。

实是关键。因此,我们对于清代公羊学的重被提起,到它在龚、魏手中被大力发挥之间的演变,必须深入探讨,究其底蕴。

公羊学在清中叶以后的演变有其深刻的原因。龚、魏之前的清代学者对公羊学的看法均未能越出传统学术范围。清初顾炎武曾提到《公羊传》,他从古文学派的立场,认为何休对"所见异辞"的解释,既费事,又不通,"甚难而实非"。[①] 至乾嘉时期专门研究公羊传的学者庄存与等,则特别重视其中"大一统",表达他们"尊君"的思想。到嘉、道年间青年公羊学者龚自珍、魏源,则突出地发挥公羊学政治性、变易性、可比附性的特点,用来讥评时政。消沉一千余年的公羊历史哲学至此重新显示出其生命力,在龚、魏手里,化腐朽为神奇,成为近代改革派和后来的维新派的武器,这有其深刻的政治原因和学术原因。从政治上说,清中叶以后统治黑暗,危机深重,进步人物必然要批判它,要求变革它,需要有一套理论来发挥,进而掀起政治上的波澜。从学术上说,公羊学说具有既是儒家经典,又与正统的古文学派不同的"异端"地位这样双重身份,可以减轻"非圣无法"的压力,它有一种神秘色彩,更有耸动人心的力量。因此,嘉、道年间和戊戌时期的进步人物,都喜谈《公羊》,风靡一时,跟处于统治地位的顽固派的僵死观点作斗争。它是中国哲学观点演进的一个层次;因为当时,没有更先进的思想,只能利用它作为武器。这样说,并没有夸大公羊学在近代的作用。可以举出叶德辉的一段话作为证据。叶是清末湖南劣绅,又可称是顽固派自觉的思想代表。他曾告发湖南陈宝箴和时务学堂的维新行动,还编了《觉迷要津》,对维新派进行反宣传。就是此人,在辛亥革命、清朝被推翻后痛心疾首,作了一番反思,认定公羊学说是清朝垮台的根源,并将直接原因归咎于龚、魏。他是从自己的实际感受来评论公羊学作用的。其论云:"曩者光绪中叶,海内风尚《公羊》之学,后生晚进,莫不手先生(按,指龚自珍)文一编。其始发

---

① 顾炎武:《日知录》卷四《所见异辞》,黄汝成集释本,岳麓书社,1994年版。

端于湖、湘，浸淫及于西蜀、东粤，挟其非常可怪之论，推波扬澜，极于新旧党争，而清社遂屋。论者追原祸始，颇咎先生及邵阳魏默深二人。"① 叶德辉的话，恰恰从反面证明龚、魏的公羊学说在根本上影响了晚清时期的历史进程。

清代公羊学说重新"翻腾一度"的发端者，是乾嘉时期庄存与、孔广森、刘逢禄三人。值得注意的是：发端者与继起者龚、魏之间却不是一般的师承关系，而是经历了由维护封建统治到批判封建统治两个不同性质的阶段。

乾隆年间，校订整理古代文献之风盛行，学者们钻研典籍及于各个角落，于是消沉多年的《公羊传》重新被提起。庄存与（1719—1788）著《春秋正辞》，授其从子述祖、孙绶甲，外孙刘逢禄。他崇奉《公羊》，是因《公羊》讲"大一统"的核心是"尊君"，是拱奉王室的。他"乾隆十年一甲二名进士，授编修"，以侍讲"直书房"，一人兼直两斋。② 他所以能得到这种殊荣，是因为"以经学为主知"，说明他讲公羊"大一统"学说甚得乾隆皇帝的赏识。孔广森（1752—1786）著《公羊通义》，他不守何休对公羊三世说的解释，自立"三科九旨"（一天道科：时、月、日；二王法科：讥、贬、绝；三人情科：尊、亲、贤）。还把今文经主要代表《公羊传》与古文经主要代表《左传》并列看待，认为"并出于周秦之交，源于七十子之党，学者固不得畸尚而偏诋也"。③ 抹杀了今文、古文界限，淆乱了公羊家法。故其《公羊通义》既不具进步色彩，又无甚学术价值。

刘逢禄（1776—1829）撰有《公羊传》著作多种，计有《春秋公羊释例》《答难》《申何》《难郑》《春秋左氏考证》等。他一生以复兴公羊学为职志，对清代公羊学派起到张大其军的作用。刘逢禄治公羊学有强烈的复古倾向。他解释《春秋》宗旨是

---

① 叶德辉：《龚定庵年谱外纪序》，见孔文光、王世芸编《龚自珍研究资料集》，黄山书社，1984年版，第123—124页。
② 《清史稿》卷三百五《庄存与传》，中华书局，1977年版。
③ 孔广森：《春秋公羊经传通义叙》，见阮元主编《皇清经解》卷六九一，道光九年刻本。

为专制统治服务:"至于'德博而化'而君道成,《春秋》所谓'大一统'也。夫治乱之道,非可一言而尽。《易》变动不居,由一阴一阳而穷天地之变,同归于乾元用九,以见天则。"① 认为天地阴阳变化的最终归宿,都要有利于"君道"即有利于巩固专制统治秩序,这就是大一统。他要用《春秋》来矫正后世之制度、办法,以复六经所述"先王"之古。然而,同是维护封建统治,刘逢禄的公羊学毕竟与庄存与、孔广森有重要不同。他很重视阐释公羊学以三世说为中心的变易观点,并且大胆解释,求上下贯通。最重要之点是,他重新梳理和明确了公羊学的"统绪",作了这样的总结:在春秋三传中,唯《公羊传》才得了孔子真传;汉代董仲舒对公羊学说大有贡献,"三年讲明而达其用,而学大兴";东汉何休,则有继绝辟谬之功,"修学卓识,审决白黑而定","密若禽、墨之守御,义胜桓、文之节制,五经之师,罕能及之"。② 他并且纠正了孔广森别立"三科"做法之不妥,强调对公羊学说必须以"张三世、通三统之义以贯之",否则就会"此通而彼碍,左支而右绌"。③ 这样的观点和方法,对当时因为不满黑暗政治现实和恶浊思想空气,处于哲学探索的青年学子龚、魏来说,是一种重要的启迪和激励。龚自珍的诗句:"昨日相逢刘礼部,高言大句快无加;从君烧尽虫鱼学,甘作东京卖饼家。"④ 真切地表达出由于刘逢禄讲述公羊学而深受触发和产生共鸣的心情。所以刘逢禄是由公羊学重新提出到产生巨大变革的重要过渡人物。

由于龚、魏对时局认识及使命感与他们的前辈根本不同,就必然导致他们将这种具有独特变革思想而又可以引申比附的哲学观点实行一番革命性改造,抛弃它原有的维护封建统治的旧性

---

① 刘逢禄:《春秋公羊经何氏释例》卷一之三《内外例》,北京大学出版社,2012年版。
② 均见《春秋公羊经何氏释例叙》。
③ 刘逢禄《刘礼部集》卷三《春秋论下》。
④ 《龚自珍全集》第九辑《杂诗,己卯自春徂夏,在京师作,得十有四首》之一。东京卖饼家,指东汉何休今文学。《魏略》:严幹字公仲,善于《春秋公羊传》,时司隶钟繇不好《公羊》而好《左氏》,而尤以《左氏》为太官,《公羊》为卖饼家。

质，灌输进批判封建统治的新精神。龚自珍吸收和利用公羊哲学"变"的内核，将据乱—升平—太平三世说，改造成治世—衰世—乱世的新三世说，用来论证封建统治陷入危机。他说："吾闻深于《春秋》者，其论史也，曰：书契以降，世有三等，……治世为一等，乱世为一等，衰世别为一等。"并且，他断言封建统治已到了"衰世"无疑："衰世者，文类治世，名类治世，声音笑貌类治世。黑白杂而五色可废也，似治世之太素；宫羽淆而五声可铄也，似治世之希声；道路荒而畔岸隳也，似治世之荡荡便便；人心混混而无口过也，似治世之不议。……然而起视其世，乱亦竟不远矣。"① 对于衰世的种种特征做了令人触目惊心的刻画。在《尊隐》这篇著名政论中，他巧妙地运用象征和隐喻手法，以"三世说"来描绘专制统治的濒于灭亡。他用"早时—午时—昏时"来概括封建势力由盛到衰的规律：日之早时，"照曜人之新沐濯，沧沧凉凉"，"吸引清气，宜君宜王"，这时统治集团处于上升阶段；日之午时，"炎炎其光，五色文明，吸饮和气，宜君宜王"，统治集团还能控制局面；到了昏时，"日之将夕，悲风骤至，人思灯烛，惨惨目光，吸饮莫气，与梦为邻"，"不闻余言，但闻鼾声，夜之漫漫，鹖旦不鸣，则山中之民，有大音声起，天地为之钟鼓，神人为之波涛矣"。② 跟古文学派一向宣扬三代是太平盛世、封建统治秩序天经地义、永恒不变的僵死教条相对比，龚自珍所阐发的公羊三世哲学观点，显然是新鲜活泼的，容易触发人们对现实的感受，启发人们对时代变化的观察。

魏源同样是今文经学的健将。他批评孔广森别创"三科九旨"，重申"于所闻之世见拨乱致治，于闻见之世见治升平，于所见之世见太平"的"三世说"是公羊学说的真义。但魏源撰《诗古微》《书古微》，陷入今古文家法的门户之争，实在无大意义。他对公羊历史哲学的主要贡献在于：将公羊学说变易的观点，糅合到对中国历史进程的考察之中，提出了"气运之说"来

---

① 《龚自珍全集》第一辑《乙丙之际箸议第九》，第6—7页。
② 《龚自珍全集》第一辑《尊隐》，第87—88页。

概括历史形势的大变局。魏源继承了柳宗元、王夫之观察历史的观点,加以发展,提出中国历史上有过两个大的转折:"三皇以后,秦以前,一气运焉;汉以后,元以前,一气运焉。"① 他讲秦以后的历史转折,是指郡县制代替封建制,"三代私而后代公",② 而秦始皇废除封建制,是"罪在一时,功在万世"。③ 元以后的历史转折,是指在此以前,中国曾多次出现分立对峙的政权,元以后则不再出现全国分裂的局面。

龚自珍因卒于鸦片战争发生的次年,对于西方势力东来后出现的剧变未能有更多的认识。魏源则在鸦片战争后还活了十六年,他一生跨过封建末世和近代史开端的两个时代,因而,对鸦片战争以后局势的变化有深刻的感受。他总结公羊历史哲学而形成的"气运说",极大地帮助他去体察鸦片战争而引起的新的历史巨变。对公羊变易历史哲学的改造和运用,使魏源开始认识到西方资本主义对比中国封建主义已经显示出其先进性。所以他能够反映时代要求,倡导"师夷长技以制夷",大声疾呼了解外国,在《海国图志》书中大力介绍西方地理、历史、政体、科技知识,成为近代倡导向西方学习的先驱人物。

四、戊戌维新时期风靡于世

到戊戌前后,龚、魏改造公羊历史哲学的思想路线被维新派所继承,因而风靡于世。张之洞于1903年所写《学术》诗云:"理乱寻源学术乖,父仇子劫有由来。刘郎不叹多葵麦,只恨荆榛满路栽。"自注曰:"二十年来,都下经学讲《公羊》,文章讲龚定庵,经济讲王安石,皆余出都以后风气也。遂有今日,伤哉!"④ 便是公羊学说在维新前后风行的生动写照。

---

① 《魏源集》,《默觚下·治篇三》,第43页。
② 《魏源集》,《默觚下·治篇九》,第60页。
③ 《魏源集》,《默觚下·治篇三》,第43页。
④ 张之洞:《张文襄公诗集》卷四《学术》,上海集益书局,1917年版。

在政治上，公羊学说成为维新派鼓吹变革的思想武器。康有为将公羊三世说跟建立君主立宪的主张结合起来，形成具有资产阶级性质的进化理论。他在戊戌前后的多种著作中，都借用公羊学说，论证变法维新是历史的必然。《论语注》云："人道进化，皆有定位，自族制而为部落，而成国家，由国家而成大统；由独人而渐立酋长，由酋长而渐正君臣，由君主而渐为立宪，由立宪而渐为共和。……盖自据乱进为升平，升平进为太平，进化有渐，因革有由，验之万国，莫不同风。……孔子之为《春秋》，张为三世，……盖推进化之理而为之。"① 可见康有为"三世说"的要义有二：（一）据乱—升平—太平"三世"，相当于君主专制—君主立宪—民主共和三个阶段，是天下万国共同的普遍规律。所以，变法维新是历史的必然，是达到太平盛世的必由之路。（二）既然中国古代儒家经典中已经包含这重要的"进化之理"，那么现在实行变法也就完全正当了。可见，康有为推演公羊三世说的实质，是代表资产阶级改良派提出了反对封建专制、建立君主立宪、变法救国的时代要求。如马克思所说："他们战战兢兢地请出亡灵来为他们效劳，借用它们的名字、战斗口号和衣服，以便穿着这种久受崇敬的服装，用这种借来的语言，演出世界历史的新的一幕。"②

康有为对公羊历史哲学的发挥是比龚、魏大大前进了，龚、魏引申公羊学说鼓吹变革时，还停留在议论阶段，至康有为则将公羊学说与资产阶级的要求相结合，直接发动了一场政治变革运动，他的新"三世说"便是维新派的政治纲领。这些情况说明中国社会阶级关系出现了新变化，由于民族资本主义在19世纪90年代获得初步发展，使维新运动有了一定的阶级基础。然而，这个阶级特别是维新派上层是极其软弱的，所以康有为的实质要求又只限于对封建制度实行改良。他的三世说中每一世又分为小三世，再划为更小的三世，辗转可至无限。他借解释《中庸》"王

---

① 康有为：《论语注》卷二，中华书局，1984年版，第28页。
② 马克思：《路易·波拿巴的雾月十八日》，《马克思恩格斯选集》第一卷，人民出版社，1995年版，第585页。

天下有三重焉"句，议论说："三重者，三世之统也；有拨乱世，有升平世，有太平世。……每世之中，又有三世焉。则据乱亦有乱世之升平、太平焉，太平世之始亦有其据乱、升平之别。每小三世中，又有三世焉，于大三世中，又有三世焉。故三世而三重之，为九世，九世而三重之，为八十一世。展转三重，可至无量数，以待世运之变，而为进化之法。"① 而历史就必须经由这种差异极小的层次缓慢地"循序渐进"，只主张渐变和改良，反对突变和革命。

在学术思想领域，由于当时国家危亡局势的刺激和维新运动的推动，公羊学已成为晚清进步思想界的主流。喜谈公羊的变易、进化观成为风气，构成 19 世纪、20 世纪之交接受西方进化论的基础。

当时主张维新变法的人物，从学术思想轨迹说，都共同地经历了由宗仰公羊学到接受进化论的道路。康有为自不必说。再如梁启超，他在戊戌维新高潮前后所写的文章，多数篇中都要发挥公羊三世说，1899 年所写《论支那宗教改革》一文中更把公羊历史哲学直接跟达尔文进化论贯通起来，说："《春秋》之立法也，有三世，一曰据乱世，二曰升平世，三曰太平世。其意言世界初起，必起于据乱，渐进而为升平，又渐进而为太平，今胜于古，后胜于今。此西人打捞乌盈（即达尔文）、士啤生（即斯宾塞）氏等，所倡进化之说也。支那向来旧说，皆谓文明世界，在于古时，其象为已过。《春秋》三世之说，谓文明世界，在于他日，其象为未来。谓文明已过，则保守之心生；谓文明为未来，则进步之心生。故汉世治《春秋》学者，以三世之义，为《春秋》全书之关键。诚哉其为关键也！因三世之递进，故一切典章制度，皆因时而异，日日变异焉。"② 1902 年撰《新史学》，揭起新史学是"叙述人群进化之现象"的旗帜，又特别说明："三世者，进化之象也。所谓据乱、升平、太平，与世渐进是也。三世则历史

---

① 康有为：《中庸注》，广智书局，1916 年版。
② 《饮冰室合集》文集之三，第 58 页。

之情状也。"①

谭嗣同著《仁学》，首先标列"仁学界说"，云："仁以通为第一义。"通的首义，为"中外通"，"多取其义于《春秋》，以太平世远近大小若一故也"。②他讲《仁学》思想来源属于中国书的，也首列《易》及《春秋公羊传》。黄遵宪于1902年写信给梁启超，讲自己思想的发展，认为："《公羊》改制之义，吾信之。"并且也将资产阶级民主的思想与公羊三世说结合起来，"以为太平世必在民主"。③另一维新派人物夏曾佑，也在这一时期钻研公羊学，梁启超曾讲到：梁、夏、谭嗣同三人当时是"讲学最契之友"，"曾佑方治龚、刘今文学，每发一义，辄相视莫逆"。④此后，公羊三世说确实成为沟通夏曾佑与西方进化论的桥梁，他所著《中国古代史》在扬弃公羊历史哲学和吸收西方进步学说，并使两者贯通的基础上，形成对于中国历史演进别开生面的看法。即，把中国历史划分为"三大时代""七小时代"。自远古至周末，是"上古之世"，可分为两个时期，由开辟至周初，是传疑时代，周中叶至战国，是化成时代；由秦至唐，是"中古之世"，其中，秦至三国为极盛期，晋至隋为中衰期，唐为复盛期；自宋至20世纪初叶，是"近古之世"，其中，五代至明为退化期，清为更化期。并在书中反复指明：道光以后，外国入侵，已使人看出民族前途的危险，而秦汉以来的专制政体，也将出现重大变化。这种系统的历史发展进化观点，虽来源于公羊学说，而又为传统学术所未有。

近代公羊三世说构成为思想文化界接受西方进化论的基础，这一点，20世纪初有的敏感的学者在论述中已曾涉及。至此，作为历史哲学的公羊三世说，已经完成了它在漫长的中国思想史演变过程中的历史任务，并给后人留下一份有待认真总结和清理的文化遗产。

---

① 《饮冰室合集》文集之九，第8页。
② 《谭嗣同全集》下册，中华书局，1981年版，第291页。
③ 《东海公来简》，见《新民丛报》第十三号。
④ 《清代学术概论》，《饮冰室合集》专集之三十四，第61页。

下篇　传统史学向近代史学转变与文化问题

传统史学向近代史学的转变

一、中介：传统中孕育的近代因素及其发扬

近年来，由于对中国文化的自身价值认识不足，有的人在论及近代史学的产生时意见偏颇，认为：传统史学即封建史学，因而近代史学与传统史学之间存在一个断裂层，近代史学从理论到方法都是由外国输入，在编撰上也是摒弃了传统史书形式而从外国移植的。这种似乎很时髦的论调实则同一个多世纪以来中国史学演进的客观进程相违背。大致说来，传统史学是指鸦片战争以前起于孔子止于章学诚二千年间的史学，在中国传统文化部类中堪称是发达的部门。近代史学是从传统史学发展演变而来的，由彼达此的转变轨迹清晰可寻。鸦片战争前后已明显处于酝酿阶段，至戊戌运动和辛亥革命准备时期，由于新旧思想激烈斗争的推动，正式跨入近代史学的门槛，20世纪初年梁启超的理论主张和夏曾佑的历史著作，即是近代史学产生的标志。五四前后出现了史学近代化更大的势头，产生了一批出色的学者，他们的成果又被随之崛起的马克思主义史学所吸收。传统史学向近代史学的

转变，马克思主义史学的继起，环环相扣，前后之间有着无法割断的联系。不论是近代史家梁启超、王国维、陈寅恪，还是马克思主义史家郭沫若、范文澜，他们都以前人的成果为基础，他们的学术都深深扎根在民族文化的土壤之中，做到了将外来进步思想（西方近代史学或马克思主义理论）与中国史学的优良传统相糅合，因而是地道的中国式的，所以为学者和大众所接受，并在文化实践和社会生活中起作用。20世纪史学发展的主流绝不是一脚踢开传统，对外来东西生硬搬用或简单移植。这些事实，首先即是对"断层论""摒弃论"的有力反驳。

其次，这种似乎时髦的论调在理论上又是一种倒退。早在七十年前，当近代史学正在形成过程之际，有的学者就敏锐认识到无视近代史学与传统史学的继承关系是错误的。顾颉刚先生在1919年写有《中国近来学术思想的变迁观》一文，讲了自己认识前后的变化："吾从前以为近三十年的中国学术思想界是由易旧为新的时期，是用欧变华的时期。但现在看来，实不尽然。""在三十年内，新有的东西固然是对于外国来的文化比较吸引而后成的，但是在中国原有学问上——'朴学'、'史学'、'经济'、'今文派'——的趋势看来，也是向这方面走去。"① 当时他仅二十七岁，大学尚未毕业，却以亲身经历讲出深刻的道理：近代史学的成就固然是由学习外国所得，但同时也是对传统史学有选择地继承、发展的结果。遗憾的是，时隔几十年后，我们的理论却未能在这种正确认识上加以发展，反而出现了不应有的倒退和迷惘。这个研究课题再也不能被忽视，应该努力把空缺补上。

探讨传统史学向近代史学转变，既是科学地说明近代史学的产生所需要，同时对当前发展新史学、建设新文化也具有重要意义。史学工作者总要强调"我们不能割断历史"，"今天的中国是历史的中国的一个发展"，难道史学本身的历史联系反而可以割断吗？按照"移植""摒弃"一类说法，源远流长、高度发达的中国传统史学到近代就中断了，近代史学的来源只有向外国去

---

① 载《中国哲学》第十一辑，人民出版社，1984年版。

找，这等于否定了历史学的基本原则，使自己处于进退失据、不能自圆其说的狼狈境地。近代史学是近代文化的一个组成部分，弄清楚近代史家与前人的批判继承关系，还可以帮助我们更加理直气壮地反对民族虚无主义倾向，坚持中国文化应该走既要坚决肃清封建毒素又坚决反对"全盘西化"的道路。在今天，批判地继承我们民族丰富的文化遗产，仍然是发展民族新文化、提高民族自信心的必要条件。建设具有中国特色的马克思主义史学，同样必须从我国史学的优良传统中吸收营养。吸收外来文化要根据本民族的需要，有选择地进行，才能在民族文化中生根，才能为大众所乐于接受。最近十年我国社会生活所提供的例证，又一次证明这些历史经验的正确性。

跟"移植论""摒弃论"者相反，我主张"转变论""中介论"，即认为：外来影响只是近代史学产生的重要条件，其内在根据还得从中国史学发展本身去找。传统史学中固然有大量糟粕，同时又蕴藏着许多精华，传统之中有近代因素的孕育。当外来文化大量输入的历史关头，这些宝贵的近代因素被当时敏锐的学者所重视、所发扬，成为他们吸收外来进步文化的内在基础，并在与外来成分相糅合的过程中得到升华。这些近代因素的孕育及其发扬，便成为传统史学向近代史学转变的中介。研究"转变的中介"的全部内涵无疑是很丰富的，本章仅初步论及其中数端：就历史观点言，有揭露专制主义罪恶的民主思想和今文经学朴素进化观在近代的发扬；就历史编撰言，有章学诚提出的改革史书编撰的方向在近代的影响；就治史方法言，有乾嘉史家严密考证的科学因素在新条件下的发展。

二、批判专制，憧憬民主

用批判封建专制的观点观察历史，启发大众的民主觉悟，是近代史学产生中的关键问题。因为呼唤民主是近代文化的时代强音，当然也是近代史学的思想灵魂。20世纪初，我国思想文化领域内民主潮流高涨,从西方传入的民主思想对爱国志士的激励作用当然是重要原因,但它不是唯一的,中国思想家所提出的反对专制的思想在当时也发挥了巨大的启迪作用,二者本来就是相通的。

先秦儒家就有显著的民本思想。汉以下,贾谊、司马迁、班固、范晔等都有过对封建统治虐民、残民的愤怒谴责。进入封建末世的清代,更一再爆发出对封建专制的强烈抗议。先是清初进步学者,由于他们经历了"天崩地解"的大事变,目睹明朝的腐朽统治导致了亡国惨剧,因而更加深切地认识专制统治的罪恶。黄宗羲《明夷待访录》便是讨伐封建专制的檄文,把批判锋芒直接指向专制君主,揭露其"屠毒天下之肝脑,离散天下之子女,以博我一人之产业","敲剥天下之骨髓,离散天下之子女,以奉我一人之淫乐"。① 黄宗羲还大胆提出"君民共治"和"是非决于学校"的主张。这些具有民主思想的言论,正是衰老的封建社会终将崩溃的预告,近代社会随之将要来临的先声,启发后来的史学家用批判的眼光去看待二千年历史。所以尽管乾嘉时期考史盛行,而赵翼撰《廿二史劄记》,却能以大量材料揭露历代皇帝昏庸、专制、嗜杀、淫乐等罪恶。

嘉庆、道光年间的龚自珍、魏源发扬了黄宗羲的反封建思想。龚、魏生活的时代,清朝统治正在下坡路上加速滑落,国内危机深重,外国武力侵略的威胁日益严重。因此,龚、魏在其史论、史著中揭露专制主义的痼疾,是同挽救危机、寻求民族出路相联系的。龚自珍指斥封建皇帝是"霸天下之氏",对众人"震荡摧锄",以肆其淫威。② 他分析专制政治腐败的根源,在于"天下无巨细,一束之于不可破之例","约束之,羁縻之",有如将活人放在独木之上,用长绳捆绑起来,"俾四肢不可以屈伸,则虽甚痒且甚痛,而亦冥心息虑以置之"。所以他呼吁废除专制解救社会的灾难,"救今日束缚之病!"③ 魏源揭露当时社会危机的

---

① 黄宗羲:《明夷待访录·原君》,中华书局,1985年版。
② 龚自珍:《古史钩沉论一》,《龚自珍全集》第一辑,第20页。
③ 龚自珍:《明良论四》,《龚自珍全集》第一辑,第34—35页。

各种表现，首先就是"堂陛玩愒"（皇帝耽于逸乐，荒于政事）、"政令丛琐"（专制机构陷于繁文琐事，运转失灵），①并且表达了他对民主政治的憧憬，提出"天子自视为众人中之一人"，"天下为天下之天下"的新论点，希望出现下情上达、上情下达、言路运通、重视舆论的局面。②显然，这是自先秦民本思想以来历代仁人志士进步思想的一种发展。这种由传统文化土壤中生长出来的民主意识，帮助魏源在时代剧变面前，有勇气承认中国的落后，开始注视和探求外部世界的广阔和资本主义的先进性。此即他发愤撰著《海国图志》的思想基础。魏源在这部当时东方最详尽的世界史地巨著中，一再表示对西方民主制度的向往，认为："墨利加北洲之以部落代君长，其章程可垂奕世而无弊。"③又称赞华盛顿创立民主政体，"二十七部酋分东西二路，而公举一大酋总摄之，匪惟不世及，且不四载即受代，一变古今官家之局，而人心翕然，可不谓公乎！议事听讼，选官举贤，皆自下始。众可可之，众否否之，众好好之，众恶恶之，三占从二，舍独徇同，即在下预议之人亦先由公举，可不谓周乎！"④

龚、魏史学论著中批判专制、憧憬民主的言论，使刚刚萌生的近代史学呈现出异彩，并由此一发而不可收，对专制主义的堤坝发起越来越有力的冲击。黄遵宪在戊戌维新准备时期撰《日本国志》，书中揭露封建专制在社会地位、刑法治理、经济负担对平民的残酷压制，而他批判的锋芒同样指向中国的专制制度。到维新高涨时期，康有为、梁启超主张实行君主立宪制，大力抨击专制政治的不合理。维新志士们把自己的事业视为黄宗羲、龚自珍思想的继承，梁启超、谭嗣同将《明夷待访录》一书节抄、印刷、秘密散布，推动变法运动。梁启超还称赞龚自珍批判专制的言论导致了晚清思想解放："语近世思想自由之向导，必数定庵。吾见并世诸贤，其能为现今思想界放光明者，彼最初率崇拜定

---

① 《魏源集》，《默觚下·治篇十一》，第65页。
② 《魏源集》，《默觚下·治篇三》，第44页。
③ 魏源：《海国图志·后叙》，岳麓书社，1998年版。
④ 魏源：《海国图志》卷五十九《外大西洋·墨利加洲总叙》，第1611页。

庵，当其始读定庵集，其脑识未有不受其激刺者也。"① 谭嗣同还以冲决一切网罗的精神喊出："二千年来之政，秦政也，皆大盗也。"② 真切地反映出广大人民对专制压迫的强烈愤恨。

总之，戊戌时期的思想界，一方面是西方民权学说迅速输入，一方面是中国先哲反专制思想的发扬，二者交相为功。百日维新失败的惨剧，使人们更加认识清朝专制统治的黑暗反动，加上列强图谋瓜分中国，民族危机迫在眉睫，于是激起了20世纪最初几年革命民主思想的高涨。在史学范围内，出现了批判"君史"、提倡"民史"、倡导"新史学"的热潮。梁启超于1902年撰《新史学》。论述的中心，是激烈批判旧史为专制政治服务，成为"二十四姓之家谱""相斫书""墓志铭""蜡人院之偶像"，存在四弊（"知有朝廷而不知有国家""知有个人而不知有群体""知有陈迹而不知有今务""知有事实而不知有理想"）、二病（"能铺叙而不能别裁""能因袭而不能创作"）。因此梁氏大声疾呼要实行"史界革命"，开创史书"为国民而作"的新局面，使史学成为"益民智"的工具。以此为界标，宣告了以叙述国民为对象的新时代的开始。因此，《新史学》便成为近代史学正式产生在理论上的标志。而它恰恰是中国史学中朴素民主思想的精华与西方进步思想融合的产物。

三、朴素的历史进化观

用批判专制主义的眼光反思历史，是近代史学在政治视角上必须具有的特色。而历史学的发展，还要求有一套高出于旧时代"复古史观""循环史观"的历史哲学作为指导，以总结过去，预示未来。人们熟知，近代史学的指导理论历史进化论是从西方学

---

① 梁启超：《论中国学术思想变迁之大势》，《饮冰室合集》文集之七，第97页。
② 谭嗣同：《仁学》卷上，《谭嗣同全集》卷一，三联书店，1954年版，第54页。

来的。然而，事情还有另一面：进化论这种西方舶来品之所以能被中国智识界所顺利诚服地接受，并迅速地在"新史学"中结出硕果，则是由于鸦片战争前后和戊戌时期有中国本土的朴素进化观点在流行。——它就是顾颉刚先生所特别提出的"今文派"即公羊历史观，构成为"新史学"接受西方进化论的思想基础。

《春秋公羊传》成书于汉初，系用当时通行的隶字书写，故属"今文学派"，且是其主要代表。公羊学有一套著名的"三世说"，其雏形为《公羊传》作者解释春秋二百四十二年历史所讲的"所见异辞，所闻异辞，所传闻异辞"，① 包含着对待历史的一个很宝贵的观点：历史可以按一定标准划分为不同的发展阶段。至东汉何休为《公羊传》作注，将三世说发展成为一种朴素的社会发展阶段论：据乱—升平—太平。② 于是创造出儒家经典中别树一帜的历史哲学，启示人们用发展变化的观点观察社会历史进程，可以被用来与长期居于正统派地位的古文学派儒生所信奉的复古史观和循环史观相抗衡。东汉以后，今文学衰落，一千多年间消沉无闻。到清嘉、道年间，公羊学说却重新崛起，"翻腾一度"，并被进步学者所力倡。其深刻原因是：由于清朝统治面临危机，进步的人物为了变革现实，且在学术上树立新的风气，需要有一套理论来发挥。公羊学说适逢际遇，它具有既是儒家经典，又长期处于与正统的古文学派不同的"异端"地位这种双重身份，可以减轻"非圣无法"的压力，它专讲"微言大义"的特点，更有耸动人心的力量。所以嘉、道年间和戊戌时期的进步人士都喜谈公羊，拿它跟顽固派的僵死观点作斗争。从历史哲学讲，它是由传统史学向近代史学转变的一个极其重要的中间环节，当时没有更先进的观点，只能以此推演新说。

龚、魏都是清代公羊学的健将，他们批判专制，在史学领域倡导新风气，都跟发挥公羊学说相联系。龚自珍吸收和利用公羊哲学"变"的内核，将据乱—升平—太平三世说，改造成治世—

---

① 见《春秋公羊传》隐公元年、桓公二年、哀公十四年传文。
② 见《春秋公羊解诂》隐公元年何休注。

衰世—乱世的新三世说，用来论证封建统治陷入危机。又用"早时—午时—昏时"来隐括封建专制势力由盛到衰的规律，暗示统治集团已走过了它朝气蓬勃的"早时"和力量足以控制局面的"午时"，如今已到了暗淡无光的"昏时"："日之将夕，悲风骤至，人思灯烛，惨惨目光，吸饮莫气，与梦为邻"，"不闻余言，但闻鼾声，夜之漫漫，鹬旦不鸣，则山中之民，有大音声起，天地为之钟鼓，神人为之波涛矣。"① 跟正统派一向宣扬三代是太平盛世、封建统治永恒不变的陈腐教条相比，龚自珍的公羊三世哲学观点，显然紧扣时代脉搏，容易触发人们对现实变动的感受。他所作时代巨变将要来临的预言，很快也被太平天国革命风暴所证实。魏源则将公羊学说变易的观点，糅合到对中国历史进程的考察之中，提出了"气运说"来解释历史变局。他以此观察鸦片战争引起的中外关系新变化，意识到：自明末西方传教士东来，已显示出东西方由过去隔绝到互相交往的转变；而中国和西方之先进与落后地位也发生根本变化，中国人过去对外国傲慢排斥的态度已经招致战败的屈辱，需要警醒自强，了解世界，学习西方长处。

戊戌时期公羊学风靡于世，这种情形，从持对立态度的张之洞为其《学术》诗（1903）所写的自注中有清楚的反映，可见公羊学说在两个世纪之交对新派人物具有何等吸引力！康有为将公羊三世说跟建立君主立宪的主张结合起来，形成具有资产阶级性质的进化理论，作为宣扬维新变法的思想纲领。而从学术上说，当时许多具有进步倾向的人物，都共同经历了由宗仰公羊学到接受进化论的道路。梁启超于 1899 年所写《论支那宗教改革》一文即把公羊学说跟达尔文、斯宾塞的"进化之说"贯通起来。在《新史学》中，他揭起新史学是"叙述人群进化之现象"的旗帜，又特别说明："三世者，进化之象也。所谓据乱、升平、太平，与世渐进是也。三世则历史之情状也。"② 谭嗣同则把《公羊传》

---

① 龚自珍：《尊隐》，《龚自珍全集》第一辑，第87—88页。
② 《饮冰室合集》文集之九，第8页。

列为《仁学》思想来源之一。

这一时期，将公羊历史哲学与进化论相融合，写出别开生面的历史著作的是夏曾佑。夏与梁、谭三人是"讲学最契之友"，如梁启超所回忆，1895年前后，"曾佑方治龚、刘（逢禄）今文学，每发一义，辄相视莫逆。"① 饶有兴味的是，公羊三世说确实成为沟通夏氏与进化论的桥梁。1896年底他到达天津，结识严复，便立即倾心于达尔文学说，这在他致表兄汪康年信中有深沉的表达："到津之后，幸遇又陵（按，严复字），衡宇相接，夜辄过谈，谈辄竟夜，微言妙旨，往往而遇。徐、利以来，始明算术；咸、同之际，乃言格致。洎乎近岁，政术始萌，而彼中积学之人，孤识宏寰，心通来物，盖吾人自言西学以来所从不及此者也。"② 他原拟写阐述进化论的哲学著作，未能实现，而于1902—1904年撰写了一部体现进化论观点的史书《中国古代史》（原名《最新中学中国历史教科书》）。夏曾佑充分吸收公羊学的历史变易观点，并与西方进化论者"心通来物"的"孤识宏寰"相贯通，形成了独创性的见解。他在书中申明："自东汉至清初，皆用古文学，当世几无知今文为何物者。至嘉庆以后，乃稍稍有人分别今、古文之所以然，而好学深思之士，大都皆信今文学。本编亦尊今文学者，惟其命意与清朝诸经师稍异。凡经义之变迁，皆以历史因果之理解之，不专在讲经也。"③ 夏曾佑跟前人不同之处在于：他将"经义之变迁"即三世说之类，同西方进化史观强调因果关系结合起来，去掉其牵强附会的成分。由于他做到对东西方进化观点加以扬弃、吸收，所以能够提出崭新的关于中国历史的系统看法。即，把中国历史划分为"三大时代""七小时代"：自远古至西周末是"上古之世"，可分自开辟至周初为"传疑时代"、周中叶至战国为"化成时代"；由秦至唐是"中古

---

① 梁启超：《清代学术概论》，《饮冰室合集》专集之三十四，第61页。
② 上海图书馆编：《汪康年师友书札》第二册，上海古籍出版社，1986年版，第1325页。
③ 夏曾佑：《中国古代史》第二篇第一章第六十二节"儒家与方士之分离即道教之原始"，河北教育出版社，2000年版，第362页。

之世",可分秦至三国为"极盛期"、晋至隋为"中衰期"、唐为"复盛期";宋以后为"近古之世",可分五代至明为"退化期"、清为"更化期"。这种自成体系的历史进化观点,既不是重复前人的公羊学说法,又不是生硬搬用外来的进化论术语,而是在贯通二者之后加以创造。所以此书的撰成,在当时给人以耳目一新之感,且影响深远,至1933年改名收入"大学丛书"。

《新史学》和《中国古代史》作为近代史学正式产生的理论上和史著上的标志,它们的撰成都在20世纪初西方进步文化大量输入的年代,也是自鸦片战争前后逐步滋长的新思想至此向旧营垒展开猛烈进攻的时期。这些事实足以证明:中国传统史学中孕育的进步成分,确是向近代史学的方向走的,西方思想的输入尽管起了很重要的促进作用,而转变的内在根据,却存在于中国史学的母体之中。

四、历史编撰中生命力的显示

夏曾佑《中国古代史》在当时大受赞许,除了运用进化史观解释历史、具有新鲜内容以外,还由于采用了恰当的编撰形式——分章节叙述的体裁。在近代,它是通史编撰上第一次成功的采用,从此这种"章节体"一直被沿用,至今流行不衰。有的论者认为近代章节体是摒弃了传统史书形式、从外国输入而来的。这种说法失于片面。实际上,中国史学发展本身提出的要求和业已达到的成就,乃是学习这种外来形式的内在基础。

中国史学的发展,至18世纪末,章学诚便提出改进历史编撰方法,以利于反映历史演进大势的要求。他主张"仍纪传之体而参本末之法"① 作为改革史书编撰的方向。他认为历代沿用的纪传体存在难以反映史事大势的重大缺陷,"类例易求而大势难

---

① 章学诚:《文史通义》外篇三《与邵二云论修〈宋史〉书》。

贯",① 主张用纪事本末体加以弥补。他对纪事本末体的特点有中肯的分析:"因事命篇,不为常格","文省于纪传,事豁于编年,决断去取,体圆用神"。② 产生于传统史学后期的纪事本末体,由于具有这种因事命篇、灵活变化的优点,就成为近代史家学习西方而从事体裁创新的凭借。梁启超就说:"纪事本末体,于吾侪之理想的新史最为相近,抑亦旧史界进化之极轨也。"③ 纪事本末体会成为参照西方史书体裁从事创新的基础,这点并不奇怪。因为从实质上说,分章节叙述与以事件为中心,二者正有相通之处。故有的学者便径称西方这种体裁为"纪事本末体"。④

夏曾佑《中国古代史》在编撰上的成功,即在于把中国纪事本末体的特点,糅合到从西方和日本学来的分章节叙述的形式中。如:书中第三编"中古史"第一章"极盛时代(秦汉)",前五十节中,绝大多数是按事件设立节目的。有的专设一节叙一事,如"文帝黄老之治""光武中兴"等;有的以两节叙述一事,如"天下叛秦""楚汉相争"等。还有用连续六节叙述一事的,如"汉外戚之祸"(一至六)、"宦官外戚之冲突"(一至六)即是。这就证明:近代"章节体"既是在外国影响下出现,同时也是对本国原有形式中有生命力部分的发展。由于对纪事本末体加以改造,它就成为一种转变的中介。

这一时期章炳麟、梁启超分别提出的编撰《中国通史》的设想,同样证明传统编撰形式的有用成分在近代仍然受到重视。章炳麟于1900年写作《中国通史略例》,⑤ 两年之后,他又写信给梁启超重申他的编撰设想。他反复斟酌传统史书体裁的利弊,又对比日本学者著史的特点,确定编撰原则是:采用章学诚的主张并加以发展。做到吸收纪传体所具有的综合的优点,而要写进自己的新哲理、新内容;又要吸收纪事本末体的优点,以反映历史

---

① 章学诚:《文史通义》外篇一《史篇别录例议》。
② 章学诚:《文史通义》内篇一《书教下》。
③ 梁启超:《中国历史研究法》,《饮冰室合集》专集之七十三,第20页。
④ 参见郭圣铭《西方史学史概要》绪论,上海人民出版社,1983年版,第7页。
⑤ 附在《訄书》第五十九《哀清史》之后,始见《訄书》手校本。

演进的大势。具体的设想则是采用表、典、记、考纪、别录五种体例互相配合。梁启超于1901—1902年也酝酿写《中国通史》,①多年后他做了片断工作。1918年他致信陈叔通,概述他订定的通史体例,分设载记、年表、志略、传四体配合。梁氏这一在改造传统史书体裁基础上创新的方案,跟章炳麟一样,都是受到章学诚主张的启示而向前继续探索。他们的相同之处,都是既要吸收纪事本末体的优点,又要发挥纪传体中诸体配合、包罗丰富、伸缩自如的长处。章、梁都是近代史学名家,他们的设想竟有如此一致之处,进一步说明传统史书形式尚有其生命力的东西值得人们吸收、改造、利用。他们虽未能实现著史的宏愿,但其已达到的认识,对我们今天思考如何改进历史编撰的形式,仍然很有启发。

五、考史方法中科学因素的发扬

近代史家中王国维、陈寅恪先生、陈垣先生以治史方法著称,分别在古史考证、中古民族文化史、宗教史和文献学上取得了很大成就。他们研史,适处在20世纪初期相继发现了殷墟甲骨、流沙汉简、敦煌写卷之后,极其重视利用这些新史料,与原有文献互相印证,获得了不少新说新解。他们的治史方法固然明显地受到西方近代实证史学的影响,同时也是乾嘉考史方法在新的时代条件下的进一步发展,因此被称为"近代考据学派"。②

乾嘉朴学是我国传统学术在特殊条件下出现的一次繁荣。乾嘉考史方法是历代学者长期积累的考辨史实、解释史料等经验的总结和发展。我国史学发达甚早,从司马迁就已提出"考而后信"的做法,宋代以后司马光《通鉴考异》、洪迈《容斋随笔》、王应麟《困学纪闻》,已出现重视考证史事的风气。清初顾炎武

---

① 见梁启超《中国史叙论》及《三十自述》两文。
② 参见白寿彝师《中国史学史》第一册《叙篇》第三章。

等大学者倡导务实黜虚的学风,认为经世—通经—考订三者应相结合,直接开创了清代考证学风。康、雍、乾时期社会经济的恢复和发展,清廷所采取的文化专制政策,则从正面和负面促使考证风气达到极盛。乾嘉学者虽有逃避现实之嫌,但这一时期在考证史事和文献整理上却取得广泛多样的成就,为后人研史和阅读古书扫除了障碍。所以郭沫若先生说:"欲尚论古人或研讨古史,而不从事考据,或利用清儒成绩,是舍路而不由。"①

乾嘉学者考史的特点可以概括为:实事求是,无征不信,广参互证,追根穷源。其论著表述的形式古朴,但他们严密考证的方法实则具有近代科学因素。当时学者考史大致遵循这样的路数:一、做到善于发现问题,"必先留心观察事物,觑出某点某点有应特别注意之价值";二、搜集有关的各项材料加以排比分析,"凡与此事项同类者或相关系者,皆罗列比较以研究之";三、通过对材料的分析归纳,初步提出见解;四、有了初步见解,研究决不就此止步,还须广引多方面证据加以验证,对问题追根穷源,力戒立论失于片面、武断。梁启超称这种方法是"精良"的、"近于科学"的方法,实在是并非过誉。②

乾嘉严密考证方法的形式,同当时学者喜谈天文历算之学又有直接关系。自明末徐光启译《几何原理》、李之藻译《同文算指》之后,遂引起士大夫对自然科学知识的重视。乾嘉时期,江永著有《慎修数学》八种、《推步法解》,戴震著有《勾股割圆记》,校有《算经十种》,焦循著有《里堂算学记》,钱大昕著有《三统术衍》。这种研习数学、天文的风气对于整个学术界的影响,是训练和讲求归纳、演绎、推理的逻辑方法,增加了治学方法的科学成分。当时学者还重视用金石器物证史,如钱大昕撰有《潜研堂金石文字跋尾》《金石文字目录》等,王昶更以毕生精力辑成《金石萃编》。以上诸项原则,可以说是世代学者辛勤治学的有益经验的总结,从事研史的人大凡不能违背这些原则,只能

---

① 郭沫若:《读随园诗话札记》之七十七《考据家与蠹鱼》,作家出版社,1962年版,第88页。
② 参见《清代学术概论》第九、十七节,《饮冰室合集》专集之三十四。

在此基础上加以发展。王国维即是在近代条件下加以发扬提高的代表。他总结自己的治史方法为"二重证据法":"吾辈生于今日,幸于纸上之材料外,更得地下之新材料。由此种材料,我辈固得据以补正纸上之材料,亦得证明古书之某部分全为实录;即百家不雅驯之言,亦不无表示一面之事实。"① 所著《殷卜辞中所见先公先王考》等名文,利用甲骨文的新材料,与《史记·殷本纪》《竹书纪年》《山海经》《世本》《楚辞·天问》《汉书·古今人表》等文献材料相印证、分析,取得了震动一时的成就。所以郭沫若称他"承继了清代乾嘉学派的遗烈","严格地遵守着实事求是的态度",而成为"新史学的开山"。② 陈寅恪先生以比前辈们广阔得多的眼光,将乾嘉考史广参互证的方法与西方近代学者重视的比较研究等方法结合起来,在隋唐史等方面做出卓著的建树。陈垣先生则大大推进了"类例""参证"等方法,使之达到系统化、条理化。

  乾嘉考史方法在近代的发扬同样证明:不同时代的学术,前后存在内在的联系,对于我们这样具有悠久文明的大国,尤其是这样。割断历史的联系,或企图踢开前人的成果,都是不足取的。一种文化,一个学科,只有吸收古今中外的优秀成果,才能壮大、丰富起来。越能自觉地这样做,有气魄这样做,其成就也定然会越大。

---

① 王国维:《古史新证》第一章《总论》,清华大学出版社,1994年版,第2页。
② 郭沫若:《历史人物·鲁迅与王国维》,人民出版社,1959年版,第137页。

全祖望对清代学术的贡献

全祖望（康熙四十四年—乾隆二十年，1705—1755）字绍衣，号谢山，浙江鄞县人，是清代浙东学派巨擘。他禀性正直，在三十七岁那年，即愤于官场的倾轧，从北京回到浙江老家。之后，他克服生计困迫、饔飧不继，以至晚年一目失明的困难病痛，以惊人的毅力，先后完成《鲒埼亭文集》三十八卷，《鲒埼亭文集外编》五十卷，《经史问答》七卷，续编《宋元学案》一百卷等重要著作。此外，还著有《汉书地理志稽疑》（六卷），七校《水经注》，三笺《困学纪闻》。另辑有《续甬上耆旧诗》《国朝甬上耆旧诗》。他的著述在当时就受到赞誉，然而时光的流逝，却更显示出这些论著具有非凡的生命力。过了一百多年，在抗战时期，全祖望的著作在大学讲堂上被作为激扬民族气节的珍贵教材。祖望对清代学术做出了哪些主要贡献？他的著述为何具有如此久远的生命力？他又为浙东学派增添了什么光彩？这些都是我们需要回答的问题。

一、表彰民族气节的珍贵文献

关于全祖望的学术造诣,阮元曾作过很高评价:"经学、史才、词科,三者得一足以传,而鄞县全谢山先生兼之。""吾观象山、慈湖诸说,以空论敌朱子,如海上神山,虽极高妙,顷刻可见,而卒不可践。万(斯同、斯大)、全之学出于梨洲而变之,则如百尺楼台,实从地起,其功非积年工力不成。"① 阮元作为大学者,所言对我们理解全祖望多方面的学术成就很有帮助。然则,经过两个多世纪的考验,证明祖望学术最有生命力的部分,应首推他文集中表彰抗清志士民族气节的珍贵文献。这从近代著名史家陈垣先生的论著中有清楚的显示。陈垣先生将自己的学术道路,概括成钱—顾—全—毛,即经由服膺钱大昕的严密考证,到提倡顾炎武的经世之学,到效法全祖望表彰有民族气节、激励爱国思想,最后找到毛泽东思想的正确道路。他在 1950 年致武汉友人信中,曾总结自己抗战时期的思想历程说:"北京沦陷后,北方士气萎靡,乃讲全谢山之学以振之。谢山排斥降人,激发故国思想。所作《鲒覆》《佛考》《诤记》《道考》《表微》,皆此时作品,以为报国之道止此矣。"② 这突出说明处在抗日战争这一民族生死关头,陈垣先生倍感到发扬全祖望的爱国史学思想具有重大意义,因而对学生讲全氏著作,振奋爱国精神,并因此促使陈垣先生本人的学术进入新境界。陈垣先生还称赞《鲒埼亭集》"文美有精神,所以不沾沾于考证"。③ 是对祖望激于民族大义,而发为深沉昂扬之文的中肯评价。陈垣先生的重要著作《明季滇

---

① 阮元:《全谢山先生〈经史问答〉序》,《揅经室集》二集卷七,中华书局,1993 年版,第 544 页。
② 引自陈乐素撰《陈垣》,见陈清泉等编《中国史学家评传》下,中州古籍出版社,1985 年版,第 1266—1267 页。
③ 1946 年 6 月 1 日致陈乐素家书。

黔佛教考》，在写法上也有意继承全祖望的《续甬上耆旧诗》。①学术史的发展已经证明：不遗余力表彰民族气节，是祖望史学最突出的成就。

《鲒埼亭文集》和《外编》的主要部分，是关于明清之际人物的墓志铭、事略和传状，它们是以人物传记形式出现的抗清志士斗争史。尽管是分散的单篇，不具系统性，却以丰富的史实和正气磅礴的感情，表彰抗清志士高尚的民族气节。《明故权兵部尚书兼翰林院侍讲学士鄞张公神道碑铭》一文，记载了张煌言英勇卓绝的抗清经历，表现他百折不挠的可贵精神。煌言在翁洲、天台沿海一带坚持斗争达十九年，多次率军攻到吴淞一带。己亥年（1659）五、六月间，与郑成功水师配合，砍断清军在金山、焦山间截江的铁锁，冒着大炮的轰击，到达南京附近。煌言又溯流到芜湖，派兵到溧阳、池州、和州、宁国进击。"长江南北，相率来归。"连下者有四府、三州、二十四县。此举被称为"江南半壁震动"，得到了大江南北民众的支持。传中对此有生动的叙述："初，公之至芜也，军不满千，船不满百，但以大义感召人心。而公师所至，禁止抄掠，父老争出持牛酒犒师，扶杖炷香，望见衣冠，涕泗交下，以为十五年来所未见。濒江小艇载果蔬来贸易者如织，公军人以舡板援之而上，江滨因呼为'船板张公之军'。"后因郑成功的主力被击溃，长江下游归路受阻，煌言从安徽西上以图江楚的计划又告失败，才历尽艰难，回到浙江天台，最后被清军所获。在杭州就义，宁死不屈，"遥望凤凰山一带，曰：'好山色！'赋绝命词，挺立受刑。"张煌言是为国死难的典型，同时这篇长达七八千字的传记，又是鲁王政权抗清的缩影。书中表彰的死于抗清斗争的人物，还有孙嘉绩、钱肃乐、张肯堂、沈廷扬、张名振等。

全祖望褒扬民族气节的贡献，还在于他发掘了一批以遗民身份拒不降清，坚守气节至死的人物，使他们永垂史册。遗民中有

---

① 参见柴德赓撰《陈垣先生的学识》一文，见《励耘书屋问学记》，三联书店，1982年版，第44页。

的削发为僧或隐居深山，往往被误认为消极避世。全祖望却透过表象看到他们不忘故国、志存匡复的坚决意志，大力予以表彰。譬如《忍辱道人些词》所载朱金芝，明时曾从漳浦黄道周问学。明亡后，削发为僧，曾往来英、霍诸山寨及太湖军中从事抗清，几死者数。后返故里，与亲戚商议参加舟山抗清活动，行前亲戚骤死于告变者之手，"道人不为怵，好事益甚。未几亦牵连被捕，亡命深山"。久之襆被长往，自称远赴湘楚，而毫无踪迹。全祖望在传中，又着力表彰与朱金芝同出于黄道周门下，死于国事者有刘振之、姚奇允、华夏九人；"困守遗民之节以死"者，除朱金芝外，还有彭士望、涂士吉六人。全祖望盛赞他们："不愧于师门，其仁一也。"并且通过表彰这一群体显示易姓之交抗清志士数量之众多！再如余姚邵以贯，甲申之变后也削发为僧，示忠于明朝之志节，但邵氏族人在有关述作中却无一语及之。全祖望撰《邵得鲁（以贯）先生事略》予以表彰，认为：邵以贯及其跋涉深山的同伴黄泽望，隐居山中的南明监军陈从之等，都是可尊敬的坚守志节的遗民，比起南宋郑肖、龚开为拒不仕元毫无逊色！

全祖望表彰坚持抗清不屈的人物和遗民的爱国思想，在当时历史条件下是极为可贵的。这是因为，爱国主义是一个历史范畴，在不同的历史时期有着不同的具体内涵。我们今天讲爱国主义，是指大家庭内平等、团结的各兄弟民族一起爱我们的社会主义祖国。处于明清之际的人物，他们对于"爱国"当然不可能这样理解。我们应该承认，在当时，入主中原的满族与汉族之间属于对抗关系，而且满族统治者统治中原，是伴随着对汉族人民残酷杀戮进行的。满族下层人民大众对此没有责任，而应由满洲贵族负责。因此，站在当时汉族士大夫的角度说，他们的爱国，只能是怀恋故国，他们坚持抗清，不与清廷合作，便是崇高的爱国精神和民族气节的表现，足以扬名后世；而像吴三桂、孙可望之流屈膝投降，帮助满洲贵族统治、杀害汉族人民，则是可耻的叛卖行为，定然遗臭万年！我们当然不能颠倒是非，去赞扬吴三桂一类汉奸。全祖望全力以赴表彰民族气节是一大贡献，为后人留下了可贵的思想财富。他还曾郑重其事致函明史馆，提出对于"不仕二姓"的人物，应由"隐逸传"升格，归入"忠义传"。他在激扬民族志节的同时，严厉指斥投降变节。先后写有《萧山毛检讨（奇龄）别传》和《书毛检讨〈忠臣不死节辨〉后》两文，严责毛奇龄辱没志节、向清廷讨好。毛奇龄先为萧山教官卢宜《续表忠记》作序，待戴名世狱出，他大为恐惧，赶快作《忠臣不死节辨》，贬低坚守志节勇于死难者，为投降行为辩护。又致信卢宜之子，要他将其父《续表忠记》一文"急取弗出"，"勿以示人"，又恬然否认自己亲写的序文，且反口称卢宜假用了他的名字。祖望对毛奇龄的行为深为痛恨，揭露他："检讨不过避祸，遂尽忘平日感恩知己之旧，斯苟稍有人心，必不肯为。……夫负君弃国，与夫背师卖友，本出一致。检讨之心术，尽于斯文！"这决非对毛奇龄一人故意言词刻薄，而是作者满怀民族正气对丧失气节、出卖朋友的可耻行为痛加斥责，并且予以蔑视！

二、揭示清初学术之精髓

祖望史学的又一重要贡献，是他以传神之笔摹画了清初学者的风貌，深刻地揭示出清初学术的精髓。

《鲒埼亭集》保存有黄宗羲、顾炎武、傅山等清初学者的传记。这些人物名望卓著，前此已有人写了墓表、传文，何以祖望又要精心地重予撰作呢？这是因为，前此所写的传状碑文，往往对清初学者的民族气节加以隐匿。再者，这些学者大都有多方面的建树，一般人颇难准确地把握其学术精华。这两项，都是事关一代历史和学术文化的大事。而祖望不仅对材料搜集勤勉，而且对清初学者的精神品格和学术造诣均有深刻的理解，因而重新写出的传记不同凡响，成为真正的传世之作。尤以《梨洲先生神道碑文》和《亭林先生神道表》两文，所述黄、顾二人事迹扼要详实，将他们的精神风采写得十分传神，对其治学特点论述中肯，成为后人了解这两位杰出学者生平和风格的主要依据。这两篇传成功地做到了：

第一，大力表彰两位学者具有高尚坚定的民族气节，至老死不变。《梨洲先生神道碑文》劈头即提出，对黄宗羲不能仅仅以"遗逸"视之，应该突出的是他的抗清活动和民族气节。他说："予读《行略》中（黄百家所撰），固嗛嗛多未尽者，盖当时尚不免有所嫌讳也。公之理学文章，圣祖仁皇帝知之，固当炳炳百世。特是公生平事实甚繁，世之称之者，不过曰始为党锢，后为遗逸。而中间陵谷崎岖，起军、乞师、从亡诸大案，有为史氏所不详者。"他以如椽大笔，写青年黄宗羲与阉党英勇斗争、疾恶如仇的气概，奠定了他以后抗清的思想基础。然后历述他在军中出生入死：清兵南下时，在浙江举世忠营以抗清。复从鲁王政权，先后授监察御史、左副都御史，曾会合其他义军渡钱塘江西进，"军容甚整，直抵乍浦"。后退入四明山结寨自守，又随冯京第赴日本乞师。兵败后，宗羲在沿海一带逃匿，一直列在清朝官吏逮捕名单之内，数年之中，"风波震撼"，"而公不为之慑也"。至南明灭亡，宗羲对复明失去最后希望，他就奉老母回家，从事著述。康熙戊午以后，朝廷屡以博学鸿儒及编修明史征召，宗羲一再托以老病，坚词拒绝。祖望最后对黄宗羲历经劫难，既不为死亡所惧，又不为压力所屈，老死不变，保持了完整的人格，极口赞誉："公为胜国遗臣，盖濒九死之余，乃卒以大儒耆年，受知当宁，又终保完节，不可谓非贞元之运护之矣。"黄宗羲的崇高气节，乃是赖祖望之力载入篇籍的。

同样地，祖望在《亭林先生神道表》中，慨叹人们对顾氏抗清志节之不理解，"历年渐远，读先生之书者虽多，而能言其大节者已罕"。当时考证学风已大盛，学者莫不奉亭林为圭臬，钦服其出入经史，精于考订，而实际上却掩盖了顾氏的抗清精神。祖望认为这是重大问题，不可不辨明，他引用王不庵的话，指出"后起少年，推以多闻博学，其辱已甚！"鉴于此，祖望在传中详述顾氏在明亡后，"抱故国之戚，焦原毒浪，日无宁晷"。他颠沛流离，南北奔走，先后六谒孝陵，又六谒思陵，"遍观四方，其心耿耿未下"，匡复之志犹存。即使晚年卜居华阴，也有其深长考虑："华阴绾毂关河之口，虽足不出户，而能见天下之人，闻天下之事。一旦有警，入山守险，不过十里之遥。若志在四方，则一出关门，亦有建瓴之便。"清朝统治稳定之后，顾氏同样以凛然不可动摇的态度，拒不入仕。朝廷以博学鸿词征召，他的回答斩钉截铁："刀绳俱在，无速我死！"次年大修明史，"诸公又欲特荐之，贻书叶学士讱庵请以身殉，得免。"为坚守民族气节宁死不屈，这就是顾亭林高尚的人格。

第二，祖望在传文中深刻地总结了两位杰出学者学术的精髓。他对黄宗羲的论述极有启迪意义。首先，他总结黄宗羲经过明亡大事变后，思想上产生了飞跃："尝自谓受业蕺山时，颇喜为气节斩斩一流，又不免牵缠科举之习，所得尚浅。患难之余，始多深造，于是胸中窒碍为之尽释，而追恨为过时之学。"这显示祖望有可贵的发展眼光。其次，他精辟地论述了黄宗羲与王学的关系，认为宗羲挽救了王学的流弊，把掌握、发挥儒学的核心内容与总结历史经验二者相结合。"公谓明人讲学，袭语录之糟粕，不以六经为根柢，束书而从事于游谈，故受业者必先穷经；经术所以经世，方不为迂儒之学，故兼令读史。又谓读书不多，无以证斯理之变化；多而不求于心，则为俗学。"祖望所提挈的正是宗羲对清代学术的重大贡献，其中透露出朴素辩证思想的智慧。再次，祖望还总结出黄氏学术的又一特色是广博而求融会贯通："以濂洛之统，综会诸家，横渠之礼教，康节之数学，东莱之文献，艮斋、止斋之经制，水心之文章，莫不旁推交通，连珠合璧，自来儒林所未有也。"祖望所论，远远高出于他同时代者，堪称切中肯綮。当然祖望也未能超出时代的局限，他对宗羲激烈的反封建专制的进步思想未予论及即然。

祖望论述顾炎武学术也极为精辟，他高度评价顾氏具有强烈的社会责任感，提倡学术经世致用，开创一代风气。亭林与宗羲学术有同有异，他对于理学空谈误国认识更为深刻，针砭更有力，祖望对此有深刻的阐发："晚益笃志六经，谓古今安得别有所谓理学者，经学即理学也。自有舍经学以言理学者，而邪说以起,不知舍经学则其所谓理学者,禅学也。故其本朱子之说,参之以慈溪黄东发《日抄》,所以归咎于上蔡、横浦、象山者甚峻。于同时诸公虽以苦节推百泉、二曲,以经世之学推梨洲,而论学则皆不合。……然其谓经学即理学,则名言也。"祖望还揭示出:顾氏从经世致用的宗旨出发,鲜明地主张文不苟作,所作必求有益于国家大计、社会生活,他高悬"文不关于经术、政理之大,不足为也"的标准,以儆己醒人。对于"文起八代之衰"的韩愈,顾氏也不讳言他作文太滥的缺陷。祖望又认为,顾氏本人学风,则是精思苦学与实地考察相结合。故有所著述,必能究于山川利害,有益民生疾苦。

这两篇传记无疑是祖望关于清初学术思想史的出色贡献,为我们认识这两位杰出学者提供了集中而可靠的材料和精辟的见解。这不仅说明祖望搜求材料之勤、写作之认真,更说明他一往情深,对黄、顾的民族气节、学问文章十分崇敬,引起共鸣,才发出此至情之文。

祖望论述清初著名学者,还有傅山、万斯同、李颙、刘献廷等。傅山也是遗民拒不仕清的典型。明亡后,他黄冠自放,摒绝世事,掩盖自己的真志。别人遂以为他旷达放任,是一个信奉老庄哲学的隐者,甚至顾炎武也称其"萧然物外,自得天机"。但祖望以为,傅山别有其"真性"在,实则他志存复明,想干一番像汉代翟义起兵讨伐王莽那样的事业。在这篇《阳曲傅先生事略》中,祖望还突出地记述傅山拒绝康熙征召,称疾固辞,朝廷官吏令役夫舁床以行,"至京师三十里,以死拒,不入城","公卿毕至,先生卧床,不具迎送礼",表现出高尚的气节。在《二曲先生(李颙)窆石文》中,记述李颙刻苦自学而成,无所凭借,具特识独见,并表彰他不受征召,不通官府。在《万贞文(斯同)先生传》中,祖望批评方苞为万氏作墓表,不表彰其民族气节,反而无根据地加以贬低。实则万氏"辞征者再",朝廷欲任其为翰林编修,万氏以死辞之,"先生欲以遗民自居,而即以任故国之史事报故国",故特予表彰。

《鲒埼亭集》中还有关于雍正、乾隆时期学者的传记。祖望针对当时官场上互相倾轧、趋炎附势的恶习，赞扬那些有独立人格、不随波逐流的卓荦人物，如何焯公开与参预陷害汤斌的尚书翁叔元声明脱离师生关系；姜宸英移文责翁叔元，"一日而其文遍京师"；方苞向有文名，祖望却在《前侍郎桐城方公神道碑》中，称赞他具有敢忤权贵、不避危难的品格。

三、学术史著作的完善

祖望在史学上又一重要贡献，是他继承黄宗羲未完之业，续修而成《宋元学案》。这部百卷巨著，是由宗羲创立体例，撰写了主干部分，确定了全书基本格局；祖望则继续进行补充整理，统一体例，完成了百卷规模。

宗羲先独力完成《明儒学案》的撰著，《宋元学案》一书创稿时，他已年迈，历时十九年编撰此书，未完成而卒。后其子黄百家对原稿也作了一些补充。祖望晚年全力以赴进行续撰，他在一篇文章中说："予续南雷《宋儒学案》，旁搜不遗余力，盖有六百年来儒林所不及知，而予表而出之者。"① 这说明他对续撰工作相当自信。

宗羲原已完成部分，计六十七卷，五十九个学案，约占全书规模三分之二。大体上在宋元理学史上有过重大影响的理学家，他都加以论列，② 属于祖望所增加、新设的学案有三十二个，计三十三卷，约占全书三分之一。包括：（一）理学先驱的学案，如：庐陵学案（欧阳修）、涑水学案（司马光）。（二）理学传衍的学案，如属于司马光涑水学统的，有元城学案（刘安世）、华阳学案（范祖禹）等，属于邵雍学统的，有王张诸儒学案（王豫等）。（三）于学术有功的，特为设案，如高平学案，记范仲淹，

---

① 全祖望：《鲒埼亭集》卷三十《戴山相韩旧塾记》，商务印书馆，1936年版，第386页。
② 参见卢钟锋撰《论〈宋元学案〉的编撰、体例特点和历史地位》，《史学史研究》1986年第2期。

范吕诸儒学案,记范镇、吕公著,在北宋都身居宰辅,于提倡学术有功。(四)理学以外的人物,如王安石荆公的新学,苏洵、苏轼、苏辙父子的蜀学等,设立了"荆公新学略""苏氏蜀学略",反映出宋代学术思想的其他流派。

还有全祖望修定、次定、补定者,这类工作也较重要。如对朱熹、张栻、吕祖谦、陆九渊这几个重要的学案,祖望在师友的本传、著述的选录、附录的内容等,都有详细的补充。又如,对于周敦颐、二程、张载等学案,原来都只设一卷,祖望都按内容的需要分为上、下卷,补充了下卷内容。还有,为了使理学的流传和学派关系更清晰可寻,脉络清楚,祖望从原来的学案中,根据需要分设了新学案,并加以补充。如从晦翁学案中,分出"西山蔡氏学案"(蔡元定),从永嘉学案中,分出"艮斋学案"(薛季宣)、"止斋学案"(陈傅良)、"水心学案"(叶适),内容有补充。

《明儒学案》和《宋元学案》是我国产生成熟的学术史著作的标志,在清代史学发展上具有开拓的意义。我国学术史的起源可以追溯到很早。先秦诸子著作中《荀子·非十二子篇》《韩非子·显学篇》《庄子·天下篇》,可以说是学术史之滥觞,此后,有西汉司马谈《论六家要指》《史记·儒林列传》《汉书·艺文志》等,也都属于学术史最初形态的专篇。所有这些早期的篇章,记载都很简略,有的是对别的学派的评论,有的是简述学者生平,有的是概述学术的分合,体例也无一定。但从先秦以来,历代都有专篇对学术加以论列这一事实,对于学术史这一形式的发展却有重要意义,说明我们民族历来有重视学术的传统,同时说明:中国人的思想方法有这样的特点和优点,善于对个别的东西加以归纳,概括出共性,并且对不同类的人物或学术加以比较,总结出差别。

南宋朱熹所编《伊洛渊源录》(十四卷),标志着具有学术史雏形著作的出现。它记载北宋周敦颐、二程等人物。但主要是将现成的传状、年谱、祭文、奏疏之类辑到一起,无有完整的体例,所以只能说是"编",而不是撰述。但它更引起了后人的重视。

明代周汝登《圣学宗传》，清初孙奇逢《理学宗传》，都属于学术史著作范围。《圣学宗传》十八卷，人物繁多，上自伏羲、神农、黄帝、尧、舜、禹、汤、文、武、周、孔、孟，中间有董（仲舒）、扬（雄）、韩（愈），然后是宋代理学人物，至王阳明学派，简略疏漏，又不讲体例，把人物生平、学术传授与著述合在一起，相当驳杂。孙氏《理学宗传》二十六卷，它以个人好恶定正统，将宋明理学家周敦颐、二程、朱、陆、王阳明、顾宪成等列为"正传"，其余人物则列为备考。结果使学术传授关系互相割裂、交错，造成紊乱。

因此，我国的学术史著作，是到了《明儒学案》《宋元学案》产生，系统地记载一代学术源流、学派的思想及其衍生，具有完整的体例，这才标志着这一体裁达到完善的阶段。

《宋元学案》对学案进一步的完善，表现在：它能全面地反映出一个时期学术思想发展的面貌；同时，它在体例上更加合理、谨严。

在内容上，《宋元学案》从纵的方面，记载了理学从产生到发展的全貌。它记述了自北宋初理学的先驱人物，理学奠基者周敦颐、张载，到理学体系的完成者二程，以及他们的主要传人的学说；记载了南宋时期理学两大派代表人物朱熹、陆九渊，以及与他们相近或互相诘难的学者的学说，又如何通过他们的弟子广泛传播，形成了理学的高峰；记载了元代朱学的北传，南方朱子的后学，以及这一时期朱陆的合流。在理学发展史上，主要命题的提出和发展，学派的形成，又跟理学家之间争论密切联系。因而，黄宗羲、全祖望以学案的编排和案语，对这一时期的重大论争加以综合和评论。譬如，周敦颐的《太极图说》如何理解，特别是对其首句"无极而太极"如何解释，朱熹与陆九渊两派有激烈的争论，"往复几万言"。对此，书中在《濂溪学案》下，附有朱陆《太极图说解》，收集了朱、陆双方的论辩文字，并且较有系统地收集了以后历代学者对这一问题的有代表性的论述。

书中各学派的设立虽以理学家为主，但也立有理学以外的重要学派、学者立案,如《水心学案》《龙川学案》《荆州新学略》《苏氏蜀学略》《屏山〈鸣道集说〉略》(李纯甫,是王学、苏学的余波)。黄宗羲有可贵的主张学术自由、百家争鸣的思想。《明儒学案·凡例》明白主张对于不同的看法、相反的意见要承认、要尊重,要认真研究,反对随声附和、人云亦云。《明儒学案》体现了这一主张,但有的地方做得不够,如李贽,在明代影响很大,是学术史上的重要人物,《明儒学案》却未收入。《宋元学案》在体现、尊重不同学派上,做得更好。这一做法,以前受到正宗学者的非议,讥为"驳杂",殊不知这正是黄、全二人难能可贵之处。对于朱熹与陈亮之间著名的"义利王霸"之辩,黄宗羲加了按语,认为陈亮所讲是有道理的。全祖望对陈亮也作了肯定,认为他"尚不失为汉以后人物",祖望对陈亮也有批评,称"其学有未醇"。不过,我们对书中记载理学以外的学派还不能评价过高。它仍是把理学家摆在重要地位,所以称"荆公新学"等为"略"。全祖望还批评王安石和苏氏学术"杂于禅"。

在编纂体例上,两部学案都成功地起到(一)学术思想史和(二)学术思想史资料选辑双重作用,值得我们借鉴。《宋元学案》正文除理学家的传、著述选辑以外,增加了"附录"和记载传授关系的材料。又在每一学案之前列有简明的"表",用来表明案主本人的学术渊源,有哪些讲友、学侣,又有哪些门人、家学、续传、别传等。并且用"序录"代替师说,对一百卷的学案都用简洁的文字,说明其学术渊源传授关系,起到全书总纲的作用。这样,以理学家的传、著述选辑为主体,又有附录、表、序录等相配合,构成一个整体,因而使学术史著作臻于完善。

四、为清代浙东学派继往开来

黄宗羲、万斯同、全祖望、章学诚、邵晋涵等学者,故乡都在浙东,且他们或学风相似,或是有师承关系、朋友关系,故历来有"浙东学派"之称。梁启超、何炳松、钱穆等人都持这种见解。金毓黻《中国史学史》则持否定态度。笔者认为，从黄宗羲—全祖望—章学诚，他们的学术，前后有一种相近的旨趣联系着，故可称为"清代浙东学派"，全祖望即是继往开来者。学派，不应只限于直接师承关系，有相同的学术旨趣，并且加以发扬，就可认为是"学派"。

强调经世致用；怀着强烈的民族意识，记载当代史；贯通经史、博综文献——这三者，是黄、全治史的共同旨趣。全氏对于从未见面的梨洲老人充满敬佩的，也正是这三项。他本人不顾饔飧不给、贫病交加的困境，全力以赴续修《宋元学案》，鼓舞他的精神力量，也在这里。《宋元学案》一书本身即是清代浙东学派所取得的重要成果。尽管全祖望的学术思想，在哲学深度和学识广博上都不及黄宗羲。但是他治学的许多方面又是有意发扬黄宗羲的风格。他学识也很渊博，对经、史、诸子，无所不窥，对于文献、掌故，广搜博采。所著《经史问答》，内容广泛，包括：解释经义、史实、人物、职官、学术、地理、律历等，都有独到的理解和考订。七校《水经注》，三笺《困学纪闻》，也都说明他学识渊博。他继承黄宗羲的民族意识，大力表彰抗清志节，只是对他所表彰的抗清志士，采取了分散写，不集中写，又往往故意说成是对《明史》的补充或对野史笔记的纠正，缩小表彰的用意等巧妙手法，才避免了文字狱的迫害。① 有人不同意全祖望有民族气节的说法。我们拿江藩《汉学师承记》中黄宗羲、顾炎武两篇传作对比。它们写于全氏之后约一个世纪，材料几乎全抄全氏之传，不同处则在：置两篇传于最后，向清廷表示对他们不敢看重；又斥责二人"不顺天命，强挽人心，发蛙黾之怒，奋螳螂之臂，以乌合之众，当王者之师"，"虽前朝之遗老，实周室之顽民"。② 江藩时当 19 世纪，清朝已衰败，文网已疏，龚自珍、魏源已起来批判清朝统治到了"衰世"，江藩却如此存心讨好专制统治者。相比之下，怎么能不承认全氏具有强烈的民族气节呢！

---

① 参见黄云眉《鲒埼亭文集选注》前言，齐鲁书社，1982 年版。
② 江藩：《汉学师承记》卷八末"答客问"，上海书店，1983 年版。

因此,章学诚论"浙东学术",总结其主要线索为黄宗羲—万斯同—全祖望,是确切有据的。章学诚又总结浙东学术的特点,一是"浙东之学,言性命者必究于史,此其所以卓也";二是"史学所以经世,固非空言著述也"。① 这两大特点,都从《宋元学案》的撰著得到体现。《宋元学案》作为一部讲理学演变的学术史,对理学本身作历史的考察;讲"理"与总结历史相结合,不尚空谈。它所提倡的是与社会生活相联系的史学,所以展开对于各派倾向和师承关系的评论,正是体现了"浙东学派"的特色。

---

① 章学诚:《文史通义》内篇二《浙东学术》,《章氏遗书》本。

王鸣盛史学：朴学家的理性探求

18世纪中期至19世纪前期盛行的乾嘉朴学，是我国学术文化在特殊条件下出现的一次繁荣。王鸣盛（1722—1797）所著《十七史商榷》一百卷，历来公认是朴学家的一部名著。书中有关典章制度、历史地理、文字校勘等方面的大量考辨成果，在近代以来的历史著作、历史工具书和史籍整理中均被广泛地采用。王氏还有不少富有思想性的议论和创见，每每使近代学者获得有益的启迪，一二百年后仍被视为有价值的研究课题，这些尤其显示出其学术思想的生命力。王氏所具有的治史通识和独到见解，是儒家实用理性的传统在乾嘉时期取得的积极成果。以往把他当作单纯考据家的看法显然失于偏颇，需要从更高的层次发掘其思想性成就，这对于恰当地评价王鸣盛的学术贡献，以及丰富我们对乾嘉史学内涵的认识，都是有意义的。

一、取得突破的途径何在？

近几十年来，对王鸣盛史学的研究相当冷落，主要是由于存在两大难题：一是整个乾嘉朴学尚未得到公允的评价；二是对于王氏史学的特点未能准确地把握。据我看来，克服障碍取得突破的途径，在于拓宽我们研究的视野，并向更深处开掘。

王鸣盛是朴学家的一员，从总体上，对乾嘉朴学不适当地加以贬抑，势必低估王氏的学术贡献，水落自然船低。长期以来，我们对乾嘉学术批评过多而肯定甚少，认为这一时期虽在整理文献上做出成绩，但从学术方向上来说，朴学家逃避研究现实问题，走向烦琐考证的道路，比起清初经世学风来是一种倒退。同时，又把朴学家统统视为同一规格、同一货色，似乎凡朴学家皆以专搞烦琐考证为癖好，都属思想平庸、眼光短浅之辈，这里存在着几个亟须澄清的问题：

——从朴学兴起的历史条件看，它有无进步的意义？

——当时学者避开研究现实问题的倾向，能否归罪于学者本身？

——同样搞朴学，见识有无高下之分？其中是否可找到有思想、有见识、体现了理性精神的佼佼者？

显然，解决这些共性的问题，即可把评价王氏史学成就放到一个恰当的基点上。乾嘉时代以严密考证为特点的学术之兴起，是多方面历史条件推动和制约的结果。从学术文化发展的源流看，有其近因和远因；从时代社会条件来说，既存在有利于学术发展的积极因素，又存在限制其发展的消极因素。清初大学者顾炎武、黄宗羲、王夫之等，由于经历了"天崩地解"的大事变，总结明亡的教训，认为理学盛行、文人沉溺于心性空谈直接导致了亡国惨剧，因而对"束书不观，游谈无根"的空疏学风痛加针砭，大力提倡崇实致用的新学风。其具体主张是，认为欲经世必先通经，欲通经必先考订经书的文字音义，把考证功夫结合在经世学术之中。这种务实黜虚的学风，正如梁启超所说，是"对于宋明理学一大反动"。① 在学术思想史上具有重大的进步意义。乾嘉学者由考经而考史，蔚为大观，在一个方面把清初务实的学风进一步发展了。不仅如此，朴学的兴起在学术上还有更深远的渊

---

① 梁启超：《清代学术概论》，见《饮冰室合集》专集之三十四，第6页。

源,中国文化经过漫长发展过程之后,客观上需要来一次全面的整理。中国的经学和史学,从先秦产生以来已有两千多年,各个时代流传下来的丰富典籍,成为后人的宝贵财富,然则也因流传久远,典籍本身存在文字上内容上的错讹,以及史实记载上的歧异等诸多问题,必须有专门学者从事整理考证的工作,然后宝贵的古代典籍才能被读懂、被利用,历史记载的歧误伪托才能被指明。早在两宋时期,考证工作已为许多著名学者所重视,即清楚地反映出这一需要。司马光撰《通鉴考异》,详考各书史事记载的差异、说明去取的理由,他如沈括《梦溪笔谈》、洪迈《容斋随笔》、叶适《习学记言》、王应麟《困学纪闻》、黄震《黄氏日抄》等书,都有许多涉及考证的内容。宋代学者启于前,顾炎武等人倡于后,加上时代提供了适宜的社会气候土壤,考证和整理文献之学至此才得勃然兴起。这说明,朴学的盛行是符合于中国文化发展的内在需要出现的。康熙中期以后的社会政治经济条件,则从积极和消极两方面促使这种趋势发展。其积极方面是,康熙中期以来,清政权得到巩固,统治秩序安定下来,朝廷采取兴修水利、蠲免田赋、奖励垦荒等政策,有利于农业生产的恢复和发展,耕地面积超过以前任何朝代,城市也出现繁荣。① 社会经济的发展为学术工作提供了物质条件,从而相继成长出为数甚多的专门学者,竞相著述。乾隆时开四库馆、修《一统志》、纂《续三通》《清三通》、修《会典》诸举,都集合了大批文人参与其事,对整理文献起到提倡作用。统治者以"稽古右文"相标榜,但骨子里则是实行文化专制主义,这又成为严重地限制学术文化发展的消极因素。清廷借修《四库全书》的机会,查禁、销毁、删改许多所谓"悖逆"和"违碍"书籍。清廷实行文化专制的主要手段是屡兴文字狱,对敢于表达一点不满思想的读书人残酷迫害。康熙朝有庄廷鑨案、戴名世案,至雍正、乾隆两朝案件尤多,罪名苛细,治罪严酷,株连甚广,一被发现有涉及嫌疑的文字,即会招来杀身灭族之祸,甚至捕风捉影,任意罗织罪名。

---

① 参见戴逸主编《简明清史》第一册第六、七两章,人民出版社,1980年版。

在这种专制淫威逼迫下，读书人为了避罪免祸，只好不谈现实问题，转向学术考证。可以说，清朝统治者从好的和坏的方面，都对朴学的盛行起了促进和制约作用。

探究朴学兴起的学术趋势和社会条件，即可证明：把乾嘉朴学简单地看作是清初学术的倒退是片面的。在朴学时代，清初学风经世致用的一面固然因受时代的限制而褪色了，但是大规模经史考证的兴起，仍然是学术文化向前发展的标志。从传统学术文化发展的需要看，从摒弃理学空谈的恶劣倾向看，朴学兴起都具有进步的意义，同时也是由于当时生产发展、有了物质基础才能取得的，笔者称它是传统学术在特殊条件下出现的一次繁荣时期，理由即在于此。朴学家的研究成果为后人阅读研究古籍扫除了障碍，而从学术研究方法说，也具有进步意义。当时有不少学者重视研习数学和天文历法，这种风气对整个学术界的影响，是训练和讲求逻辑推理方法。乾嘉考证方法所形成的特点是：实事求是，无征不信，广参互证，追根穷源。比起前人来，方法更加严密，更具科学因素。它同近代由西方传入的实证方法有相通之处，所以被近代史家所继承和发展。乾嘉学者回避谈论现实问题的倾向，是统治者的专制淫威、文字狱的残酷迫害造成的。如郭沫若先生所说："平心而论，乾嘉时代考据之学颇有成绩。虽或趋于繁琐，有逃避现实之嫌，但罪不在学者，而在清廷政治的绝顶专制。聪明才智之士既无所用其力，乃逃避于考证古籍。此较之没头于八股文或饱食终日无所用心者，不可同日而语。……欲尚论古人或研讨古史，而不从事考据，或利用清儒成绩，是舍路而不由。就稽古而言，为考据，就一般而言，为调查研究，未有不调查研究而能言之有物者。故考据无罪，徒考据而无批判，时代使然。"① 郭老肯定了乾嘉学者巨大的学术贡献，指出其缺陷，并认为应该归罪于"清廷政治的绝顶专制"，这种看法是公允的。朴学家按其见识高低，客观上是居于不同层次的。确有不少人专

---

① 郭沫若：《读随园诗话札记》第七十七"考据家与蠹鱼"，作家出版社，1962年版，第87—88页。

重细小问题的考证，陷入烦琐主义，诚然不足为训。但不能因此而忽视其中能找到具有通识的人物，其著名者可以举出：戴震阐述了反理学的唯物主义哲学思想，洪亮吉重视探究人口与民生问题，提出了进步主张，赵翼研究历史上盛衰治乱的教训，以及王鸣盛和钱大昕治史的通识。他们是朴学家中的佼佼者，他们著作中的进步观点和新鲜思想，应该得到认真的发掘和总结。历史上哪些应视为进步思潮或学风，在不同时代条件下应有不同的表现，我们不能只凭一种固定不变的标准来评判各个时代条件下进步或落后的思潮。马克思主义讲"要把问题提到一定的历史范围之内"①来考察，中国传统学术讲"知人论世"，我们在评论乾嘉朴学家学术成果时应进一步贯彻这些原则。

研究工作取得突破的又一关键问题是作深层开掘，超越以往把王鸣盛史学视为单纯考史的表层认识，去探究其学术主张的真谛，发掘其思想性成果。

王鸣盛一生治学的路数是，前期偏重经学，后期深研史学。关于他的学术特点，前人有两种不同的评论。一种以王氏生平好友钱大昕为代表，认为：王氏史学"主于校勘本文，补正讹脱，审事迹之虚实，辨纪传之异同，于舆地、职官、典章、名物，每致详焉。独不喜褒贬人物，以为空言无益实用也"。②他认为王氏精于考证舆地职官、典章制度是正确的，而所说独不喜褒贬议论，则未能究其底蕴。但因钱大昕的学术名望和他与王氏知交的身份，这种看法影响极大，常常被人称引。另一种看法是清末李慈铭提出："此书（《十七史商榷》）与钱先生《廿二史考异》、赵先生翼《廿二史劄记》，皆为读史者之津梁。赵书意主贯串，便于初学记诵；此与钱书，则钩稽抉摘，考辨为多，而议论淹洽，又非钱之专事校订者比矣。"又说，此书"考核精审，议论

---

① 列宁：《论民族自决权》，《列宁全集》第二卷，人民出版社，1995年版，第375页。

② 钱大昕：《西沚先生墓志铭》，《潜研堂文集》卷四十八，商务印书馆，1935年版，第734页。

淹通，多足决千古之疑，著一字之重"。① 李慈铭指出王氏既精于考辨，又善于议论，可谓独具慧眼。可惜他只是点到而已，并无具体论述，因而一向并未引起人们的注意。

钱大昕讲王氏史学独不喜褒贬议论，跟王氏讲过的一段学术自白很有关系。王鸣盛《十七史商榷序》反复申明治史的要义是"务求切实"，对于凭空议论和任意褒贬一再指责，他说："读史者不必以议论求法戒，而但当考其典制之实；不必以褒贬为与夺，而但当考其事迹之实。""大抵史家所记典制，有得有失，读史者不必横生意见，驰骋议论，以明法戒也；但当考其典制之实，俾数千百年建置沿革，了如指掌，而或宜法，或宜戒，待人之自择焉可矣。其事迹则有美有恶，读史者亦不必强立文法，擅加与夺，以为褒贬也；但当考其事迹之实，俾年经事纬、部居州次、纪载之异同、见闻之离合，一一条析无疑，而若者可褒、若者可贬，听之天下之公论焉可矣。书生胸臆，每患迂愚，即使考之已详，而议论褒贬，犹恐未当，况其考之未确者哉！盖学问之道，求于虚不如求于实，议论褒贬，皆虚文耳。作史者之所记录，读史者之所考核，总期于能得其实焉而已矣，外此又何多求邪？"② 王氏所论，诚有其真意也，切不可只从字面了解。

乍眼看来，王氏在序言中表述的这种主张，似乎与书中包含的明确的议论内容自相矛盾。只有联系清代务实学风对宋明理学空谈的批判这一学术背景，联系王鸣盛同时代人的议论，才能明白其中真谛。王氏强调"求于虚不如求于实"，力斥"议论褒贬皆虚文"，乃是有的放矢，是针对宋明以来存在的弊病而发。宋明时期出现了大量所谓"史论""史评"，它们跟《史记》《汉书》等在篇后论赞，对人物或事件做画龙点睛式的评论不同，也跟《过秦论》等篇高瞻远瞩论述历史时势有别。这类"史论"由宋人开其先，论史专重所谓义理、道德，只取史实的某一点而横生议论，借题发挥。譬如苏轼在文学上有很高成就，但所写的一

---

① 见李慈铭著，王利器纂辑《越缦堂读书简端记》，天津人民出版社，1980年版，第170页。
② 《十七史商榷》序，商务印书馆，1959年版。

些史论却不去分析事件的原委,只拈出其中某一点铺陈己说。他写的《六国论》,并不论及秦国商鞅变法加强了国力,奠定了统一的基础,不论及秦与六国运用"合纵""连横"策略的得失成败,也不论及当时已出现的倾向统一的历史趋势,而只讲六国养士风气之盛,因士人"各安其处",才使六国得以"久存"。全文的立意是为劝说北宋统治者优遇士人,对于人们认识六国时期的历史并无帮助。苏轼所写的《贾谊论》,并不论及贾谊卓越的历史眼光和匡救时弊的进步主张,也不论及当时旧臣对他的排斥,而是借贾谊"不能自用其力"立论,力陈士人应该讲"忍"和"待",以等待统治者的重用。宋明两代还有为数不少的"史论"专书接踵出现。如宋胡寅撰《读史管见》,宣扬理学家"存天理,遏人欲,崇王道,贱霸功"的伦理观念,不顾历史时势,专凭主观臆断评论历史,早被王应麟讥为"但就一事诋斥,不究其事之始终"。又如明唐顺之撰《两汉解疑》《两晋解疑》,议论专欲与前人不同,务求标立异说、新奇胜人,如"贾充"条中,称秦桧有"息民之功"。这类著作至明代大有泛滥之势,流弊极大。因此《四库总目提要》直斥这类史论为"百家谰语",尖锐地加以讥评:"《春秋》笔削,议而不辨;其后三《传》异词。《史记》自为序赞,以著本旨,而先黄老、后六经,退处士、进奸雄;班固复异议焉。此史论所以繁也。其中考辨史体,如刘知幾、倪思诸书,非博览精思,不能成帙,故作者差稀。至于品骘旧闻,抨弹往迹,则才绪史略,即可成文。此是彼非,互滋簧鼓,故其书动至汗牛。又文士立言,务求相胜。或至凿空生义,僻谬不情。……故瑕类丛生,亦惟此一类为甚。"① 反映了乾隆时期学者对专凭主观驰骋己说的"史论"泛滥成灾的强烈不满。史学中凭主观予夺、凿空议论的另一表现,是模仿《春秋》巧立书法,示褒贬之意。这类书有欧阳修《新唐书》《新五代史》,朱熹《资治通鉴纲目》等。腾空议论和任情褒贬两种有害偏向的共同本质,是

---

① 《四库全书提要》卷八十八"史评类"总序,中华书局,1997年版,第1162页。

违背实事求是的准则,主观歪曲历史事实。

史学有进步,就必须从宋明人的流弊中解脱出来。王鸣盛相当自觉地担负了这一时代责任,这是他的可贵之处。他竭力反对的"横生意见,驰骋议论"正是针对宋明人离开史实本末的空论而发的,这种空论非反对不可。在他看来,结合史实评论事件和人物的是非曲直,即是属于"考其事迹之实"的工作。他并没有抹杀史家识断的重要性,限制史家只在校勘文字、考订史实上下功夫。以往我们以为王鸣盛反对"空论"即是反对史家必要的表达自己观点的分析评论,实在是极大的误解,原因在于未加深究王氏的主张所提出的背景,结果弄错了他所批评的对象,混淆了不同的时代内容。王鸣盛反对"强立文法,擅加与夺,以为褒贬",同样是针对宋明人模仿《春秋》的主观做法,他明确提出:"《春秋》书法,去圣久远,难以揣测。学者但当阙疑,不必强解,惟考其事实可耳。"①他以远而难考为理由,巧妙地将别人视为神圣的"《春秋》笔法"从根本上否定掉,突出地反映了从理学空谈的羁绊中摆脱出来这一时代进步趋势。

因此,研究王鸣盛史学,只是论及他在校正文字和考订史实方面的成就远远不够,需要更深入地开掘更有价值的内容,即他探究历史问题的通识和他独到的议论,珍视他所提出的课题对后人的有益启发。《十七史商榷》中最有光彩的地方,在于王氏对一系列历史事件和人物的评论,从论楚汉相争策略的得失、司马谈父子学术思想的异同、汉代的刺史制度、口赋和常平仓,直至晋唐间若干重要的政治史问题、陈寿和范晔等重要史家的思想倾向,以及总结著史的直笔要求和史料运用等等。由于以往的研究停留在表层认识的缺点,以致在涉及王氏这些议论时,轻易地用"自相矛盾"或"体例不纯"的话遮盖过去,不加深究,实则这些地方正是将研究工作向前推进的突破口。作为一个朴学家,他自觉地寻求历史记载的真实正确和历史记载的明晰可信,这就是理性精神的表现。在当时,要做到这一点殊非易事。第一,他身

---

① 《十七史商榷》卷七十一"李昭德来俊臣书法"条。

处于清廷文化专制的压力下，却具有独立的意识，发扬了前代史家把治史与关心社会问题联系起来的传统。虽然专制淫威使他不能做到直接关心现实问题，但他毕竟借助历史问题寄托对国计民生的关注，赞扬历史上的革新人物，以此表现其历史家的责任感和正义心。第二，他具有与陈规旧见斗争的勇气。由于千百年来唯心思想的流行和科学水平的限制，史书中大量存在主观臆断和曲笔伪托，因世代相仍而成为人们顽固的偏见，王氏却具有破除传统旧见的勇气，去探求历史的真相。第三，他没有像同时代的另一些学者那样走向烦琐主义，而能注重思想性，探求和阐发有意义的历史问题。王氏的成就不唯完全可以同钱大昕、赵翼相并提，而且就其兼具专深的功力和宝贵的识断而言，他在整个乾嘉一代学者中也应居于特出人物之列。

二、探究一代大事，关注"经国养民"

重视对历代重要制度、事件的探究，注重论述国计利害，同情人民疾苦，并且大胆地摒弃封建顽固人物的偏见，肯定革新派的历史作用，因而从多方面为推进封建时期政治史的研究做出贡献。这些无疑是王鸣盛史学中值得我们珍视的积极内容的一个重要方面。

王氏考辨制度的特点是，他往往能选择在历史上关系甚大而被人忽略的问题，从分散的材料中钩稽贯串，加以分析，揭示出这一制度的沿革和影响。他第一个重视研究汉代十三部刺史职掌的问题。西汉文帝已觉察控制藩国问题不容忽视，至景帝时吴楚七国乱后局面更加严重，故武帝元封以后即常置十三部刺史。有关部刺史的职掌，《汉书·百官公卿表》称"掌奉诏条察州"，颜师古注引《汉官仪》云部刺史按六条察问，仅一条察强宗豪右，其余五条察二千石。王鸣盛把《汉书》《后汉书》《续汉志》有关篇章的记载联系起来，论证部刺史有一项重要的职掌，是"督察藩国"。他指出：吴楚乱后，朝廷对藩国"防禁益严，部刺史总率一州，故以此为要务"。举出《汉书·高五王传》载青州刺史奏菑川王刘终古罪；《文三王传》载冀州刺史林劾奏代王刘年罪；《武五子传》载青州刺史隽不疑获知齐孝王孙刘泽等谋反，收捕泽以闻。这些都是部刺史督察藩国的明证。他进而论述刺史一级官职具有"权甚重而秩则卑"的特点，"盖所统辖者一州，其中郡国甚多，守相二千石皆其属官，得举劾，而秩仅六百石。治状卓异，始得擢守相"。① 因而对汉代刺史制度及朝廷与藩国之间斗争的复杂性作出新解。王鸣盛又锐敏地探讨了汉代公卿大臣与宫廷中秘尚书、中书的权力矛盾，西汉宣、元以后宦官掌管机要，致使政治腐败，弘恭、石显为皇帝所宠信，先后任中书令，权力超过公卿，结果排挤、杀害大臣萧望之。② 这实际上揭露了两千年封建社会宦官为祸的起源。王鸣盛还注重研究汉代经济问题。他根据《汉书》中《贡禹传》《食货志》及《周礼·天官》疏引汉法等材料加以考辨，得出汉代口赋是农民极沉重的负担的结论。③ 此项已成为近代史家的共同看法。关于西汉的常平仓，他指出：这一制度本来于民于官有利，但实行中"猾吏贪胥上下其手"，结果造成弊端。进而认为："自古积粟之法，莫善于在民，莫不善于在官。"④ 写出了他对减轻民众负担的关心。

  王鸣盛这种注重政治制度大事和关心民生的史识，在他论述魏晋以降历史问题中有明显的发展。九品中正制是曹魏以后长期实行的选举制度，但对其渊源和实行情况史载不详。王鸣盛钩稽多方面的材料，探讨这一制度的渊源和实质。他上溯东汉末，当时荐举人才为清议所左右，"名士互相品题，遂成风气，于朝廷用人，率多用之"。曹操想改变这种状态，几次下令破格用人，但清议不为衰止。魏文帝曹丕即位之初，陈群始请立九品中正之法。至晋武帝时下诏规定，诸郡中正按"忠""孝""友""谦"

---

① 王鸣盛有关部刺史的考辨，见于《十七史商榷》卷十四"十三部""刺史察藩国""刺史权重秩卑""刺史隶御史中丞"各条。
② 《十七史商榷》卷三十七"台阁"条。
③ 《十七史商榷》卷二十六"口钱"条。
④ 《十七史商榷》卷十二"常平仓"条。

"信""学"等六条荐举人才,"豫诠定为九品,以待司衡者之采择"。王鸣盛着重指出:所谓举荐论品行不过是表面文章,其实质则是,"中正所重门第,自魏、晋至六朝皆然"。可谓一语道破。州郡中正官皆由著姓士族担任,他们握有重任,品藻人物实以门第为标准,重高门而卑寒士。历东晋、南朝,"中正之设,专以门第定人才高下矣"。① 王氏所引《文选》中所载沈约的言论就是突出例证,他竟以中正官名义,上疏奏劾一个不严格遵守门第界限的官员是"蔑祖辱亲"。②

王鸣盛对晚唐政治史的研究尤有建树。他分析唐代宦官掌握兵权是酿成祸乱的根源,对于历来备遭唾骂的革新派人物王叔文,大力加以褒扬,表现出非凡的胆识。王氏论述唐代宦官企图掌握兵权,早在唐肃宗时已露出端倪,宦官李辅国借口京师多盗,要设羽林郎五百名,以对抗执金吾。大臣李揆以本朝南北衙之制不能改易滋乱为理由,加以反对。"但至代、德两朝,兵权尽入宦官。……自宪、穆以下,愈不可问"。元和以后,朝政腐败,宦官王守澄任神策中尉,更立穆宗、文宗二帝。当时宦官掌握兵权,是为"北司",外胁群臣,内侮天子,在唐晚朝已成牢固之势,无法改变。"要而言之,则祸根总在中人得兵。""宦竖挟君以制群臣,天下有不乱者乎!"③ 对晚唐祸乱频繁的根源作了鞭辟入里的分析。

王叔文是顺宗朝与宦官势力作斗争的正直朝臣,他领导进行了一场改革。这样一个革新派,却遭到历代封建保守人物的嫉恨,骂他"以邪名古今","千古之败类!"《资治通鉴》笔下的王叔文,也加上诸多恶名:"奸诈","朋党专恣","弄权纳贿","欲夺兵权以自固"。④ 王鸣盛以充分的史实、深刻的分析,肯定了王叔文的进步作用。第一,褒扬王叔文的革新措施具有"改革

---

① 以上均见《十七史商榷》卷四十"州郡中正"条。
② 参见《文选》卷四十《沈约奏弹王源一首》。沈约当时身份为"给事黄门侍郎兼御史中丞、吴兴邑中正。"王源本门第甚高,是晋右仆射王雅之曾孙,嫁女于吴郡满璋之子鸾,而满璋姓族,士庶莫辨,故被中正官沈约奏劾。
③ 《十七史商榷》卷八十九"南衙北司"条。
④ 《资治通鉴》卷二三六德宗贞元十九年—顺宗永贞元年。

积弊,加惠穷民"的意义。认为:"(叔文)用心则忠,世恶之太甚,而不加详察。《旧书》亦徇众论,然《顺宗本纪》所书,一时善政甚多。考顺宗在东宫,叔文被知遇,及即位,遂得柄用。然则叔文之柄用仅五六月耳,所书善政皆在此五六月中。"并且一一列举王叔文的革新措施:二月,贬京兆尹李实为通州长史;同月,诸道除正敕率税外,诸色杂税并宜禁断,除上供外,不得别有进奉;又罢五坊宫市。三月,出宫女三百人于安国寺,又出掖廷教坊女乐六百人于九仙门,召其亲族归之。五月,以右金吾卫大将军范希朝为神策统军,充左右神策、京西诸城镇行营兵马节度使。六月,诏令凡贞元二十一年十月以前百姓所欠诸色课利租赋钱帛,共五十二万六千八百四十一贯、石、匹、束,并除免。七月,赠故忠州别驾陆贽为兵部尚书,赠故道州刺史阳城为左散骑常传。总起来,王氏对王叔文"永贞新政"作了很高的评价:"黜聚敛之小人,褒忠贤于已往,改革积弊,加惠穷民,自天宝以至贞元,少有及此者!"① 第二,王氏针对司马光错误指责王叔文"欲夺兵权以自固",论述王叔文此举是为挽救唐后期的危难局势。他强调宦官掌握兵权是造成唐后期政治混乱的关键问题,认为:由于德宗委任宦官掌握左右神策、天威等军,又置护军中尉、中卫军分提禁兵,是以"威柄下迁,政在宦人,举手伸缩,便有轻重。至犗士奇材,则养以为子,巨镇强藩,则争出我门。"祸乱由此而生。因此王叔文谋夺宦官兵权绝不是企图稳固私位,而是忠于唐室、忠于国家的行动。进而指出:王叔文任用范希朝,确是当时掌握兵权的合适人选,他治军严毅,屡有安民御侮保塞之功,名闻军中,当世比之赵充国。所以王鸣盛论定:"叔文之用希朝,举贤为国,可谓忠矣!"并且称赞王叔文所任用的"八司马"也皆一时之选:"无论刘禹锡、柳宗元才绝等伦,即韩华亦有俊才;陈谏警敏,一阅簿籍,终身不忘;凌准有史学;韩泰有筹画,能决大事;程异居乡称孝,精吏治,厉己竭节,矫革积弊,没无留赀。"还举出柳宗元是受王叔文牵连而废

---

① 《十七史商榷》卷七十四"顺宗纪所书善政"条。

黜的，但他在写给友人的书信中却称道王叔文的才能品格，自谓"与负罪者（指王叔文）亲善，奇其能，谓可共立仁义、裨教化"，又为王叔文之母刘夫人作墓志铭，称赞叔文"坚明直亮，有文武之用"。王鸣盛认为，柳宗元的评论"特为具眼"，"道其实耳！"①

王鸣盛敢于肯定革新派的历史作用，在当时是很进步的思想。他一扫千年来各种守旧人物加在革新派领袖身上的诬枉不实之词，赞扬了正直人物对邪恶势力的斗争。其视野达到唐代后期政治、经济、军事各方面，显示出具有开阔的眼光。可以说，王鸣盛的有关论述是18世纪晚唐政治史研究的一个突破。对比17世纪中叶王夫之对王叔文的评论来，二者有相通之处。王夫之也肯定王叔文"革德宗末年之乱政，以快人心、清国纪，亦云善矣"。但又贬责他的动机和品德："器小而易盈，气浮而不守"，"胶漆以固其类，亢傲以待异己，得志自矜"。② 这又跟保守派观点部分妥协。王鸣盛则说："叔文行政，上利于国，下利于民，独不利于弄权之阉宦、跋扈之强藩。"③ 他支持历史上革新派的态度何等鲜明！在这个问题上，王鸣盛的见解超过王夫之。况且王夫之《读通鉴论》当时并未流传，王鸣盛所论更具有力辟众议的勇气。王鸣盛对李训、郑注夺取宦官权力的肯定，同样是他对晚唐政治史研究的贡献。他称李、郑二人是晚唐难得的"奇士"。李训被擢为翰林学士、兵部郎中、知制诰，行使宰相权力，所以能够设谋杀死宦官王守澄及陈宏志等人。对此，王鸣盛的评论说："元和逆党几尽，功亦大矣！训传（《旧唐书·李训传》）言'训本挟奇进'，及权在己，锐意去恶，欲先诛宦竖，乃复河、湟，攘却回鹘、吐蕃，归河朔诸镇，志大如此，非奇士乎！"旧史诋斥李训枉杀宦官，王鸣盛却称赞他的行为"忠于为国"，"脱令其功得成，乱本拨矣！天不祚唐，俾王叔文一不成，训、注再

---

① 《十七史商榷》卷八十九"王叔文谋夺内官兵柄"条。
② 《读通鉴论》卷二十五"顺宗"。又，王夫之的著作是在道咸年间才由邓显鹤搜集刊印的。
③ 《十七史商榷》卷七十四"顺宗纪所书善政"条。

不成，以至于不可救"。认为后人读史，应该为他们计划未成而惋惜，而不应当责备他们。① 王鸣盛以是否改善政治为标准，明确表示自己的爱憎褒贬，丝毫不含糊其词。熟悉唐史的李慈铭对"顺宗纪所书善政"条表示激赏，说："此论千古巨眼。"他赞成王氏对王叔文、李训夺取宦官兵权的评论，因为："中人久统两军，将校皆已帖伏，惟知有中尉，不知有天子。……尔时宦寺已中外蟠结，牢不可破。"②

应该着重指出，王氏论史以改善政治为标准，而他尤其关心国计民生，关心减轻民众的重负。他对王叔文当政后立即罢宫市之事论列甚详，即因为宫市"皆宦者所为害民之事"。③ 这一思想，更突出地贯串在他对《宋书》和《南史》有关记载的比较之中，明确地把史书能够反映民生疾苦，作为衡量史识高下的重要原则。王氏赞扬沈约《宋书》中同情农民负担沉重赋税、受商贾剥削之苦的议论，称之为"卓然至论"，批评李延寿撰《南史》，往往删掉有关"民生疾苦、国计利害"的内容和议论，是缺乏史识，斥之为"无学识陋儒"，褒贬十分鲜明！《宋书》有良吏传，载孔传恭、孔灵符、羊玄保、羊希、沈昙庆等人事迹，立传之宗旨，是取其"治民有惠政者"。如《孔灵符传》，载有关山阳湖田议，十三人的议论全载；《羊玄保传》载吏民亡叛罪同伍议；《羊希传》载占田泽以盗论议。王鸣盛称赞这些篇章"皆因其有关于小民生养之计，载之极详"。又特意引述沈约一段议论，他同情农民负担之苦，认真探求赈救灾荒的办法，又以元嘉、大明年间的灾情和措施相比较，"见仓储之为急，而欲行常平，常平行，则商贾不得操其奇赢，而无枭贱籴贵之患"。王氏对这番议论极表赞赏。同时批评《南史》对上述记载和议论的处理极为不当："既迁移其篇次，而于湖田议竟尽削去，羊玄保、羊希二议亦仅存什一。其论赞每袭取旧文，而于此篇之卓然者，反弃不用。《南史》意在以删削见长，乃所删者，往往皆有关民生疾苦、国

---

① 《十七史商榷》卷九十一"训、注皆奇士"条。
② 见李慈铭著，王利器纂辑《越缦堂读书简端记》，第 195、201—202 页。
③ 《十七史商榷》卷七十四"顺宗纪所书善政"条。

计利害。偶有增添,多谐谑猥琐,或鬼佛诞蔓。李延寿胸中本不知有经国养民远图,故去取如此。"① 乾隆年间号称天下升平,考证学风方炽于世;在此情况下,王鸣盛却能借论史来表达自己"经国养民"的志趣,足见其思想之深刻、见识之宏远。从上述讲汉代口赋和常平仓制度,以至论南北朝和唐代史事,都共同体现出这种宝贵志识。王鸣盛不以考史为限,在乾嘉特殊的社会条件和学术风气中,能够继承历代儒家优秀人物的经世思想和忧患意识,这在当时确属更高的思想境界。他的诗集中有的篇章也表达了与此相通的感情。如《采煤叹》一首,写他对处于社会底层的采煤工的深切同情,和对权贵奢侈生活的谴责,诗云:"小车轧轧黄尘下,正是西山采煤者。天寒日暮采不休,面目鳌黑泥没踝。南人用薪劳担肩,北人用煤煤更难。长安城中几万户,朱门金盏酒肉腐,吁嗟谁怜采煤苦!"② 联系到这些敢于直面社会不合理现实的诗句,我们更能体会到王鸣盛在考史形式下所寓寄的"经国养民"的情怀,他外表似乎平静而内心却是炽烈的。

三、追求历史真实性的可贵努力

探究兴废大事、关心国计民生都不能离开历史的真实性。历史学是通过史家的主观认识来表达客观历史的,史家的记载与客观历史之间总存在有不能符合之处,有的是因认识能力的限制而造成的差距,有的甚至是主观有意加以歪曲。因此,世代进步史家对历史真实性的不断追求,就构成史学进步的重要阶梯。王鸣盛在他的时代所提供的条件下,继续了前代史家的这种努力。他相当自觉地做到把"直书其事"和"史实明晰"作为论史的标尺,辟除关于古史年代的各种伪托,提倡直笔,反对曲笔,大力针砭宋明人主观蹈空学风的流弊。这些是我们所应重视的其史学

---

① 《十七史商榷》卷六十"《宋书》有关民事语多为《南史》删去"条。
② 《西沚居士集》卷八,《清代诗文集汇编》,上海古籍出版社,2010年版,第745页。

积极内容的又一重要方面。

　　古史年代问题曾长期聚讼纷纭，存在着极大的混乱。本来，司马迁曾对上古年代作过一次清理。当时他面对两类极不相同的材料，一是经过孔子编次的儒家典籍，如《尚书》记西周以前史事采取阙疑态度，不杜撰年代，有确切年代记载的自《春秋》始。一种是所谓百家"牒记"，记"黄帝以来皆有年数"，① 与战国秦汉之际流行的五德终始说相糅合。司马迁"考信于六艺"，② 剔除百家杂说，断定古史的确切年代自共和元年始。但是，后代儒生却嗜古成癖，总想把古史往上拉远，于是编造出虚假的古史帝系和年代，真假混淆，讹误相传。系统地考辨古史传说与可信历史界限的工作，是要等到20世纪才由古史辨派和其他学者进行的，王鸣盛则早于一个多世纪前，即于年代问题开其先河。他的出色贡献在于：划分共和元年是古史可信年代的界限，肯定司马迁"《十二诸侯年表》断自共和庚申始，以前三代但作《世表》"的处理，肯定他考信、阙疑的审慎态度。又对司马迁之后诸家之说第一次作了认真梳理，证明汉人尚少附会，如：刘歆《三统历》（载于《汉书·律历志》）采《尚书》所说，只讲尧即位七十载，舜即位五十载；郑玄《诗谱序》则云："夷、厉以上，岁数不明，太史年表自共和始，历宣、幽、平王而得《春秋》。"到晋皇甫谧以下，则大量出现伪托杜撰。皇甫谧所撰《帝王世纪》已佚，但其荒诞说法却多被后人采用，造成混乱。如《史记·五帝本纪》索隐引其文云：炎帝神农氏至黄帝，中间凡隔八帝，五百余年，等等。王鸣盛斥之曰："至荒远事，岂得凿凿言之！""《律历志》于黄帝、颛顼、帝喾皆无年，而谧又追言之，此其妄也。"又北魏时有张彝其人，向宣武帝上《历帝图》五卷，竟编造出起庖牺、终晋末，历十六代，一百二十八帝，历三千二百七十年之数。宋代以后，伪托上古年代几成风气。王鸣盛一概指出其杜撰的实质而加以廓清："司马光《稽古录》、刘恕《通鉴

---

① 《史记》卷十三《三代世表》序。
② 《史记》卷六十一《伯夷列传》。

外纪》《外纪目录》、邵雍《皇极经世书》、金履祥《通鉴前编》、陈桱《通鉴续编》、薛应旂《甲子会纪》、南轩《通鉴纲目前编》、顾锡畴《通鉴正史约》、钟渊映《历代建元考》,虽各互异,而皆有三皇、五帝下至周初历年久近之数,列其甲子,此皆皇甫谧为之作俑也。愚谓直当概阙其疑,略而不道。"① 王鸣盛划出古史年代的正确界限,摒弃种种伪托,确实合乎科学对待古史的态度,因而这一研究成果,自近代以来已被学术界普遍采用。②

王鸣盛还按照"直书其事"和"史事明晰"标准,对《汉书》以下的重要史书作了评论,提出了很有价值的看法。

首先,他赞扬班固、范晔的直笔精神和史识。《汉书》名篇《匡张孔马传》写了一批以儒学进身、专以阿谀取容为能事的典型人物,他们身居高位而无所匡建,甚至依附外戚势力,利禄熏心,广殖产业。班固设立这一合传,等于给这类人物来一次大曝光。他写张禹广占膏腴上田数百顷,奢侈享乐。身为丞相,却阿附外戚王氏,以谋位固宠。又写孔光历任尚书令、光禄勋等职,凡典枢机十余年,却从不敢对皇帝谏诤,最后被王莽利用来剪灭异己势力。王鸣盛极为推崇班固的这种直笔精神,称:"孟坚于张、孔,直笔诋斥,尽丑描摹,洵不愧良史矣!"王氏还表彰范晔以直笔记载奸佞人物的另一种手法,指出《后汉书·胡广传》表面上叙述胡广如何步步高升,实则刻画其依附权奸的小人面目,"冷讥毒刺,寓于褒颂夸誉中","鄙夫情状,曲曲道破","读之辄为击节叹赏,亦不觉捧腹绝倒",并称赞范晔的史笔达到了"肆而隐,微而彰"的境界。③ 由此也可看出,王鸣盛提倡直笔精神的一项重要内容,是要对危害国家人民的邪恶势力无情地揭露鞭挞。

其次,王鸣盛用比较《三国志》和《晋书》有关内容的方法,指责《晋书》对司马氏曲笔回护。他举出《晋书》载太和四年司马懿对蜀进兵,"(诸葛)亮望尘而遁",又称"亮宵遁,追

---

① 《十七史商榷》卷三"共和庚申以前无甲子纪年"条。
② 参见白寿彝师主编《史学概论》第三章,宁夏人民出版社,1983年版。
③ 《十七史商榷》卷三十六"刺广寓于褒颂"条。

击,破之,俘斩万计"。① 而据《魏志·明帝纪》载,太和四年之役,"大雨……诏(曹)真等班师"。《蜀志·后主传》载,建兴八年(即魏太和四年)之役,"大雨道绝,(曹)真等皆还"。证明《晋书》所述乃是为了美化司马懿而有意矫饰。王鸣盛进而分析当时双方情势:"彼时,亮正大举北伐,虽马谡小挫于街亭,而斩王双,走郭淮,遂平武都、阴平二郡,安得被魏俘斩万计邪? 懿从不敢与亮交锋,屡次相持,总以案兵不动为长策。"可见击破大胜云云,显属晋人夸词。王氏进而指出:晋人所修国史,对司马懿作战有夸饰,尚不为怪,"今《晋书》成于唐人,而犹仍其曲笔,不加删改",就更要受责备了。② 他还批评《晋书》在记载司马氏与曹魏政权关系时也有不少回护。如《宣帝纪》云:"正始九年,(曹)爽、(何)晏谓帝(司马懿)病笃。遂有无君之心,与黄门张当密谋,图危社稷。"当时是曹魏政权,却说曹爽、何晏"有无君之心",这是为了掩盖司马氏代魏。王鸣盛反驳说:"此马图曹,非曹图马! 即或有谋,亦但欲危懿耳,非欲危社稷也!"③

再次,王鸣盛尖锐批评了《南史》的迷信内容,表现出唯物的进步思想。李延寿删削南朝诸史而成《南史》,往往删去原书中反映国计民生的材料,而增添了许多神怪荒诞的故事,王鸣盛对此作了严肃批评,说:"《南史》最喜言符瑞,诡诞不经,疑神见鬼,层见叠出。"他指出,《南史·宋武帝纪》所载刘裕寒微时遇到的种种祥瑞大多源于《宋书》,而宣扬更加卖力:"沈约亦好言符瑞者,故此诸事,虽不采入纪,而别作《符瑞志》述之。射蛇事则《符瑞志》亦无,却见于任昉《述异记》上卷。"④ 再如《南史·齐高帝纪》内容系删节《南齐书·高帝纪》而来,却在篇末附上符瑞荒诞故事一千余字,甚至还模仿王莽时杜撰图谶的

---

① 《晋书》卷一《宣帝纪》,中华书局,1974年版。
② 《十七史商榷》卷四十四"曲笔未删"条。
③ 《十七史商榷》卷四十四"曹马构衅"条。
④ 《十七史商榷》卷五十四"宋武帝微时符瑞"条。

拙劣做法。① 王鸣盛从唯物思想出发痛斥史书中迷信荒诞的内容，今天读来仍使人感到犀利有力。

宋明时期因理学盛行而滋生了主观空疏的恶劣学风，在史学范围的表现则是，或从主观臆测解释历史，极尽穿凿附会之能事，或模仿"圣人《春秋》笔法"，对史事大加褒贬。王鸣盛对这种气习痛加贬斥，他说：宋人"略通文义，便想著作传世，一涉史事，便欲法圣人笔削"；② "动辄妄为大言，高自位置，蔑弃前人，而胸驰臆断，其实但可欺庸人耳！"③ 由于王鸣盛对"历史的真实性"有相当程度的自觉追求，这就决定了他在力矫空疏学风的流弊上，比起同时代其他学者更为坚决。他敢于对康熙、乾隆皇帝推崇的《通鉴纲目》，提出直率的批评。四库馆臣对于《读史管见》之类也敢讥评，但一遇到经过"御批"的《通鉴纲目》立即匍匐于地，吹捧《纲目》"权衡至当，衮钺斯昭"，"足以昭垂千古，为读史之指南矣"。④ 王鸣盛则说：《纲目》行世时，距朱熹卒已二十年，属朱熹未定之稿，且赵师渊所注未必尽朱子之旨。尤其是，王氏拿《纲目》与《通鉴》原书对比，认为：朱熹的立纲与司马光修史自订提纲根本不同，司马光的做法是"记事之常体"，他的用意，"惟在乎案年编次，据事直书，而不在乎立文法以为褒贬。至《纲目》方以此为事"。⑤ 实际上，王氏是把"据事直书"的修史方法，跟"立文法以为褒贬"的做法对立起来，肯定了前者，而对后者本身加以否定。他还说："愚观诸古，周公称召公为君奭，子思称圣祖为仲尼，左氏书'孔丘卒'，而不及其尝为司寇，则名字与官，又曷足为重轻哉！"⑥ 这同他借口"去圣久远"而巧妙地否定"《春秋》笔法"含意一样地明显。他还将《通鉴纲目》同《通鉴纪事本末》比

---

① 《十七史商榷》卷五十五"齐高帝纪增添皆非"条。
② 《十七史商榷》卷九十二"唐史论断"条。
③ 《十七史商榷》卷三十八"马融从昭受《汉书》"条。
④ 《四库全书总目》卷八十八"史评类"。
⑤ 《十七史商榷》卷一百"《通鉴纲目》"条。
⑥ 《十七史商榷》卷九十三"欧法《春秋》"条。

较,说:"《纲目》不作无害,而此书似不可无。"① 王氏敢于这样公开贬低《通鉴纲目》,其勇气即来自一个正直史家对于"历史真实性"的追求。

欧阳修撰《新五代史》把"褒贬义例"放在首位,是模仿"《春秋》笔法"写史的又一典型。由于欧阳修是一代名儒,《新五代史》自宋至清一直被封建朝廷颁列为"正史",当时学者未敢直指其失,《四库提要》还推崇说,欧氏"褒贬祖《春秋》,故义例谨严"。② 王鸣盛则对欧氏专尚褒贬的做法加以严肃批评:"欧公手笔诚高,学《春秋》却正是一病。《春秋》出圣人手,义例精深,后人去圣久远,莫能窥测,岂可妄效?且意主褒贬,将事实壹意删削,若非旧史复出,几叹无征!"③ 这等于宣布"意主褒贬"导致了失败的结果,因为它删削了史实,违背了撰史"书事但取明晰"的根本原则。

王鸣盛还选择了一个很有说服力的例子,就同一史事,不同史书的不同记载作对比,说明专在书法上弄笔毫不足取。其例证是唐武则天万岁通天二年六月丁卯,李昭德、来俊臣二人同被处死一事。王鸣盛认为,二人死因不同,李昭德被冤死,来俊臣罪有应得,可是新旧《唐书》专从书法上做文章,为了示褒贬、求简古,书作二人"以罪伏诛"或"杀",都无法使史实明晰,反而掩盖了真情。对比《资治通鉴》"平平叙述"的记载:六月丁卯,昭德、俊臣同弃市,时"人无不痛昭德而快俊臣"。王氏称赞《通鉴》记载的恰当,"二人一枉死,一伏罪,千载而下,自是显然别白,即今读者展卷之下,孰不一痛之、一快之乎!此真叙事良法"。《通鉴纲目》则采取"纲"中削昭德不书,独书"周来俊臣伏诛",结果遂使李昭德遭奇冤、武则天施滥杀这些史实都掩盖了。王鸣盛归结说:"如此,则何贵乎有纲?不如仍《通鉴》旧贯之妙矣!……是非千载炳著,原无须书生笔底予夺。

---

① 《十七史商榷》卷一百"《通鉴纪事本末》"条。
② 《四库全书总目提要》卷四十六"史部·正史类二"。
③ 《十七史商榷》卷九十三"欧法《春秋》"条。

若因弄笔，反令事实不明，岂不两失之！"① 王鸣盛所作的分析，有力地证明巧立褒贬书法必然对史学造成巨大的损害。为力矫宋人的积弊，他明确提出"作史不可拟经"的进步命题。王鸣盛把追求"历史的真实性"视为史家的根本责任，所以敢于彻底抛弃千百年来使许多史家误入歧途的"《春秋》褒贬书法"。称他在这一点上反映出一种觉醒的意识，这样评价并不过分。

四、"通识"的运用，生命力的显示

史学研究中"通识"的运用，是指史家有纵向和横向联系的眼光，善于将表面上分散孤立的材料加以归纳贯串，发现其内在联系，作出合理的分析，从而讲清历史问题的真相，发前人之所未发。这是史家取得突破性成就的关键。前述王鸣盛对于一些重要问题的阐释，即已显示出其"通识"的眼光，而更能说明这一特色的还在于：他注重研究一些著名史家的思想倾向，纠正了前人的误解；对于历史地理的考辨和总结采用史料的方法都具有卓见；他所提出的看法引起了后人的研究兴趣，证明理性精神所具有的生命力。这些同样值得我们给以足够的重视。

陈寿所撰《三国志》历来在受到推崇的同时，又一直蒙受着曲笔的恶名。问题的引起，是《晋书·陈寿传》对陈寿有褒有贬："撰魏吴蜀《三国志》，凡六十五篇。时人称其善叙事，有良史之才。夏侯湛时著《魏书》，见寿所作，便坏己书而罢。张华深善之，谓寿曰：'当以《晋书》相付耳。'其为时所重如此。或云丁仪、丁廙有盛名于魏，寿谓其子曰：'可觅千斛米见与，当为尊公作佳传。'丁不与之，竟不为立传。寿父为马谡参军，谡为诸葛亮所诛，寿父亦坐被髡，诸葛瞻又轻寿。寿为亮立传，谓亮将略非长，无应敌之才，言瞻惟工书，名过其实。议者以此少

---

① 《十七史商榷》卷七十一"李昭德来俊臣书法"条。

之。"① 尽管《晋书》在索米之前加了"或云",表示事属传闻,但其说法却被刘知幾加以渲染:"……陈寿借米而方传。此又记言之奸贼,载笔之凶人,虽肆诸市朝,投畀豺虎可也。"② 把《晋书》原来未肯定的语气变成肯定的说法,加以严辞谴责。由于刘知幾是史评权威,《史通·曲笔》篇是讨伐有意歪曲历史之辈的檄文,故此说影响更大,后人遂不再核问由来,几乎视为定论,陈寿就长期被误认为曲笔的典型。王鸣盛敏感到史德问题是史家能否取信于人的关键,因而认真加以考辨。他指出陈寿受诬的症结在于"《晋书》好引杂说,故多芜秽",而"索米"的无根之说,又被北周柳虬、唐刘允济、刘知幾误信,结果错讹相传。王氏吸收了清人朱彝尊、杭世骏的考辨成果,先就丁氏兄弟应否立传问题加以深究。他认为:魏国文士中在《三国志》立传的有王粲、卫觊数人,取其有"兴造制度"一类的贡献,而像徐幹、陈琳、阮瑀、应玚等名士,则仅在《王粲传》中附及。丁仪、丁廙在当时被视为人品低劣,充当陈思王羽翼,在废立问题上陷入很深,对毛玠、徐奕等魏国耿直大臣屡加谗陷,像这样的人,何有立传资格!但陈寿对丁氏兄弟也未曾一笔抹杀,《王粲传》中提到"沛国丁仪、丁廙,弘农杨修,河内荀纬等亦有文采",《刘异传》中提到刘异与丁仪共论刑礼。此即把丁氏兄弟放在与名士徐幹、陈琳等人相同看待,陈寿这样做已算客气。再对比其他史家记载:王沈《魏书》既斥二人奸于事君,又论其果以凶伪败。鱼豢《魏略》称:文帝欲丁仪自裁,仪向夏侯尚叩头求哀。张骘《文士传》称:丁廙盛誉临菑侯,欲以劝动太祖。相比之下,陈寿对待丁氏兄弟的态度更显宽厚,索米之说不攻自破。对于陈寿挟父私怨而贬抑诸葛亮的说法,王鸣盛也提出有力的反驳:街亭之败,陈寿据事直书"马谡违亮节度,为张郃所破",并未归咎于诸葛亮。至于称诸葛亮"将略非长",当时人袁准、张俨均有这种看法,俱见裴松之《三国志注》所引,可见绝非陈寿有意贬

---

① 《晋书》卷八十二《陈寿传》。
② 《史通》卷七《曲笔》。

低。尤其是，陈寿入晋以后，编成《诸葛亮集》，向晋武帝"表上之，推许甚至，本传特附其目录并上书表，创史家未有之例，尊亮极矣！"①且陈寿一再称誉诸葛亮"科教严明，赏罚必信，无恶不惩，无善不显"，②当然也意味着他父亲本人执法公正，挟持私怨又何来之有！至此，陈寿受诬的两条罪名都被驳倒，读者的疑惑得以冰释，确信陈寿史德高尚，著史堪称"实录"。然则王氏的考辨犹未至此止步，他进而提出：《晋书·陈寿传》后论中本来对陈寿极表推崇，称"丘明既没，班、马迭兴，奋鸿笔于西京，骋直词于东观。自斯已降，分明竟爽，可以继明先典者，陈寿得之乎！江汉英灵，信有之矣！"既然如此诚心地赞扬陈寿是难得的良史，为什么又有索米一类记载呢？其原因，即在《晋书》作者有"好引杂说，故多芜秽"的大毛病，索米云云，正是"好采稗野，随手掇拾，聊助谈资耳！"③这也告诫人们著史非持严肃态度不可。王氏考辨一事而两得，既推倒加在一个优秀史家身上的诬枉不实之词，恢复陈寿高尚史德的真正价值，同时又指明《晋书》的弊病以示告诫，充分显示出他思辨的智慧。

王鸣盛论范晔的思想倾向也很精彩，他为范晔辩诬，澄清了历史疑案，并且揭示出范晔所以能写出不朽之作的原因，表彰其志向和史识。他的评论显示出一种博大的眼光。

范晔博涉经史，擅长文章，撰写有流传后世的名著《后汉书》，在刘宋官场中身居显贵，却突然坐谋反罪，与其三子同死于市。王氏没有讳言范晔的性格弱点，认为他"轻躁不谨"，与妄人孔熙先相往还，遂与闻义康谋反之事，又因心怀顾虑而迟疑未报。他的过错，在于"知情未报"。但范晔被告为"首乱"之罪，并且不容其辩诬立即处死，则属不白之冤。王鸣盛提出了千余年前的疑案，缕析可疑之点和当时的复杂关系，有力地论证称范晔谋反与情理不合。如：范晔受到刘宋朝廷的优遇，为右卫将军，掌禁旅，参机密，而义康则曾因细故黜逐范晔，像这样，他

---

① 《十七史商榷》卷三十九"陈寿史皆实录"条。
② 《三国志·蜀书》卷三十五《诸葛亮传》。
③ 《十七史商榷》卷三十九"陈寿史皆实录"条。

竟会突然对文帝反目成仇，操戈相向，若不是狂乱，则为情理所无。孔熙先以宗室不与范晔联姻来挑起范晔的不满，范晔终不回复，却被视为谋逆之意遂定！范晔向朝廷言义康欲反，又被说成"欲探时旨"。本来孔熙先之谋，人人皆知，却反称范晔为"首乱之人"。所有这些，都是悖于情理的冤枉之词。王鸣盛眼光的锐敏，尤在于他将范晔的被枉杀，与当时朝廷政治斗争的复杂背景联系起来，指出官僚徐湛之、庾炳之、沈演之忌恨范晔，蓄意陷害。王氏对此有中肯的分析："（晔）序香方，一时朝贵，咸加剌讥，想平日恃才傲物，憎疾者多，共相倾陷。"又据《宋书·沈演之传》，说明沈演之因与范晔同被知遇而心怀忌恨。据《何尚之传》，说明何尚之擅权而与卑鄙小人朋比陷害范晔。又据《徐湛之传》，刘湛伏诛、殷景仁卒之后，太祖委任沈演之、庾炳之、范晔三人，说明这种情况正引起沈、庾等人为争权而倾陷。这样，王氏的分析便澄清了历史真情：范晔怀才自傲，出言招怨，十分缺乏政治斗争经验，处在权贵排挤的恶劣环境中而不自知，最后酿成惨剧。王氏的分析是切中肯綮的。

更有意义的是王氏论述了范晔著史的旨趣，赞赏他"以意为主"，"志在根本之学"，这种治学志趣和性格气节，同谋反事格格不入。这样做，从考证史家的生平遭遇引起论述史家的思想倾向，因而达到更加深层的认识。王鸣盛说："蔚宗《与甥侄书》自序其读书作文之法甚备，甘苦蕴味，千载而下，可以想见。……观其所述，志在根本之学，六朝文士，罕见及此。""今读其书，贵德义，抑势利，进处士，黜奸雄，论儒学则深美康成，褒党锢则推崇李、杜，宰相多无述，而特表逸民，公卿不见采，而惟尊独行。立言若是，其人可知。"① 王氏所论，中肯地道出范书的精华所在，认为范晔著史把立意放在首位，乃是他的成就高出于同时代人的根本原因。王氏还论述范晔史学在后代产生的积极影响，如"《党锢传》首总叙，说两汉风俗之变，上下四百年间，了如指掌。下之风俗，成于上之好尚，此可为百世之龟镜。蔚宗

---

① 《十七史商榷》卷六十一"范蔚宗以谋反诛"条。

言之切至如此，读之能激发人"。① 并拿袁宏《后汉纪》中所论相比，说明范晔的史识更高。王氏论史这样重视阐述思想性方面的贡献，而且见解深刻，在乾嘉诸老中堪称独具慧眼。这再次说明：以前认为王氏只重视具体问题的考证，史识上无甚可取，确与事实出入甚远。

王氏对历史地理的考证同样显示出"通识"，其特点可用"动态考察"四字概括。他考证西汉淮阳一地由郡到国所经历的曲折变化即是突出一例。《汉书·地理志》有淮阳国无淮阳郡。但王氏广引《汲黯传》《高五王传》《文三王传》诸篇，从中勘破了解西汉政区地理的关键：西汉郡与国的建制是变动的，《地理志》所据是汉平帝元始年间的资料，不能以此误认为西汉一代固定的行政区划。用变动的观点考察，史籍上零星的记载可得到合理的解释，早被掩盖的复杂过程重新被认识：淮阳一地，高帝时封刘友为淮阳王，置国；惠帝时徙王赵，淮阳国除为郡；高后封刘强为淮阳王，置国；文帝时除为郡；……最后在宣帝时置国，经六七十年，至王莽乃绝。王鸣盛总括说："此郡始为国，改为郡，后复为国，从此展转改易，凡八九次，终为国。《地理志》以最后之元始为据，故言'国'，而中间沿革则俱略去也。"他还上升到研究方法加以强调："读书贵贯串，今人惯眊善忘，顾此失彼，又性懒畏考核，宜乎史学之无人也！"② 此言"贵贯串"，即是以通识的眼光去分析，所以才能发千年未发之覆，收到左右逢源之效。

由于重视研讨方法，使王鸣盛还能对丰富史料学理论做出贡献。旧史家采用史料可分官方记载（实录国史）与私人撰述（野史笔记小说）两大类。一般认为，前者系有官府正式文献档案为依据，史料价值高，后者依个人见闻写成，无正式记录为据，未足凭信。明代王世贞提出各类史料互有短长之说："国史人恣而善蔽真，其叙典章、述文献，不可废也；野史人臆而善失真，其

---

① 《十七史商榷》卷三十八"《党锢传》总叙"条。
② 《十七史商榷》卷二十四"淮阳郡"条。

征是非、削讳忌,不可废也;家史人谀而善溢真,其赞宗阀、表官绩,不可废也。"① 所论确属创见,但讲得过于简略。王鸣盛则对前人采用史料的得失作了相当深入的比较分析。他认为:"大约实录与小说互有短长,去取之际,贵考核斟酌,不可偏执。""采小说未必皆非,依实录未必皆是",应互相参核,斟酌去取。他举出,薛居正《旧五代史》大都本于实录,"而各实录亦多系五代之人所修,粉饰附会必多"。梁末帝朱友贞时令修梁太祖(朱温)实录,为颂扬其父,多加虚美。而"今薛史以温为舜司徒虎之后,令人失笑。又言生时庐舍有赤气,熟寐化为赤蛇。居然以刘季等话头作装缀"。又杂有许多图谶迷信说法,都是因为采用实录致误。对比之下,欧阳修《新五代史》尽管在专弄褒贬书法上弊病明显,而在史料选择上,他将赤气、化蛇等等虚妄说法一概删去,并从私人记载选择可信者补充入史,则是高明之处。再如《张全义传》,薛史对张效力于藩镇势力的行为极为赞赏,欧史则采王禹偁《五代史阙文》尽写其罪恶。② 王鸣盛又对比新旧《唐书》,认为旧书《黄巢传》记载缺漏很多,连黄巢行军路线都无交待。新书则采用宋无名氏《平巢事迹考》,补充记载行军路线和其他史实。③ 新书《宦官传》对鱼朝恩恣肆骄横之状,揭露得淋漓尽致,也多为旧书所无,是从苏鹗笔记《杜阳杂编》采来。由此王鸣盛得出结论:"新书好采小说,如此种采之却甚有益。"④ 这些主张明显地具有朴素的辩证因素。王氏本人考史还能不局限在文献范围之内,以碑刻资料或实地见闻与史籍互证,⑤ 与近世重视以考古和实地调查材料证史的趋势相符合。

王鸣盛所提出的课题和看法,二百年来曾一再引起人们研究的兴趣,这是他所从事的理性探求具有生命力的证明。近代以来有不少研究者,重视王氏的学术成果,在此基础上继续对汉代政

---

① 《弇州史料》后集卷六十一《史乘考误》,广州中山图书馆,1988年版。
② 《十七史商榷》卷九十三"欧史喜采小说薛史多本实录"条。
③ 《十七史商榷》卷九十二"《黄巢传》二书详略甚远"条。
④ 《十七史商榷》卷九十二"《鱼朝恩传》新旧互异"条。
⑤ 参见《十七史商榷》卷四十一"山越"条,卷八十八"王忠嗣两传异同"条,卷九十四"周世宗大毁佛寺"条。

治制度,唐后期的政治改革和政治斗争,陈寿和范晔的学术和生平,以及历史沿革地理等课题深入探讨,取得了新的成绩。① 这里还可再举出若干例子。关于司马迁的学术倾向,自从班彪班固父子提出"论大道则先黄老而后六经"的非难以后,很多人未加详察,以为司马迁的思想宗旨是崇道而反儒,甚至今天有的哲学史教科书上也持此看法,可见班氏父子所论影响之深。王鸣盛则第一个明确提出"司马氏父子异尚"的论点,以为《论六家要指》论述"孔不如老",只代表司马谈的学术思想,"而迁意则尊儒,父子异尚,犹刘向好《穀梁》而子歆明《左氏》也"。并举出司马迁称引董仲舒之言,正是"隐隐以己上承孔子,其意可见"。② 王鸣盛这一卓识,对于评价《史记》这部不朽名著和研究两汉思想史具有深刻的意义。司马迁表彰孔子和儒学的论据不胜枚举,近代以来一些好学深思之士,沿着王氏这一思路继续探求,进一步提出很有价值的看法,如龚自珍和梁启超即是。可见对王鸣盛符合理性精神的论点所具有的价值不可低估。又如,魏收《魏书》历代蒙受"秽史"的恶名。王鸣盛则是敢于对它作肯定评价的第一人,提出:《魏书》"未见必出诸史之下","千载而下,他家尽亡,收书岿然特存"。③ 这一创见今天已为学术界普遍接受。《十七史商榷》卷九十二又有"高祖称臣于突厥"条,根据《贞观政要·任贤篇》和《旧唐书·李靖传》等资料,论定:"高祖起事之时,倚仗突厥,屈体称臣,乃其实也。"唐朝史臣特因有辱于高祖而有意讳饰。近代史家陈寅恪先生对此撰有专

---

① 如劳榦《两汉刺史制度考》(载《中央研究院历史语言研究所集刊》第十一本,1944年)是在王氏对十三部刺史研究基础上的发挥。又如对范晔的生平和学术,清代陈澧著《申范》(载国粹学报社1923年刊行《古学汇刊》第二集第十八册)及傅维森《缺斋遗稿》重申此说。当代学者论述此问题者,有束世澂《范晔与〈后汉书〉》(载《历史教学》1961年第11—12期)、陈光崇《关于范晔之死》(收入《中国史学史论丛》)、张述祖《范蔚宗年谱》(《史学史研究》1981年第2期),均在王氏论点基础上继续讨论。

② 《十七史商榷》卷六"司马氏父子异尚"条。

③ 《十七史商榷》卷六十五"魏收《魏书》"条。

文，可以视为对王氏论点之发挥。①

最后还有一点需要说及，王鸣盛以二十余年的精力钻研十九部正史，提出了许多有价值的看法，为此付出了极其艰苦的劳动，吾人不应目为"文儒老病销愁送日之具"或"有闲"者的消遣之作。他曾真切形象地讲自己探索的甘苦："暗砌蛩吟，晓窗鸡唱，细书饮格，夹注跳行。每当目轮火爆，肩山石压，犹且吮残墨而凝神，搦秃豪而忘倦。时复默坐而玩之，缓步而绎之，仰眠床上而寻其曲折，忽然有得，跃起书之，鸟入云，鱼纵渊，不足喻其疾也。顾视案上，有藜羹一杯，粝饭一盂，于是乎引饭进羹，登春台，飨太牢，不足喻其适也。"他的真知灼见是经过长年累月的艰苦劳动获得的，他表达的是正直学者在学术领域中追求真理的执着感情。自然，王氏的见解也有明显属于非理性的错误，如，同在《十七史商榷序》，他提出对汉儒训注绝对不能违背："若于古传注凭己意择取融贯，犹未免于僭越。但当墨守汉人家法，定从一师，而不敢他徙。"② 这完全是与"通识"相违背的保守观点。又如，他批评宋儒也有过头的地方，张融重视义例创造，反对因循，主张不应"寄人篱下"，王氏对这种正确主张却大加贬责："愚谓六朝便有此等妄人，何况唐、宋以下！去孔子愈远，学问不寄人篱下，便是乱道！"③ 显然也是迂腐之见。一个时代的学者对真理的追求都难免存在时代的和自身的局限，但同时我们又应承认各个时代学术的积极成果又都具有真理性的因素，由此构成人类认识向上的阶梯。综观《十七史商榷》全书，王鸣盛耗尽心力，获得了对于许多历史问题的新鲜见解，并且在史识上和治学态度上也给后人以宝贵的启发。这就是王氏史学的理性价值之所在。

---

① 参见陈寅恪《论唐高祖称臣于突厥事》，载《寒柳堂集》，上海古籍出版社，1980年版。
② 《十七史商榷序》。
③ 《十七史商榷》卷六十一"张融不寄人篱下"条。

钱大昕治史的特色

钱大昕（1728—1804）是清代乾嘉考证学派代表人物。他著述宏富，治学领域宽广，于经学、音韵、文字、天文历算、金石、版本目录均有高深造诣，尤其以擅长历史考证著称。他的学术成就在当时即备受推崇，如卢文弨恭誉他"品如金玉，学如渊海，国之仪表，士之楷模"。[1] 钱氏学术对后世产生了深远的影响，20世纪崛起的新历史考证学派的出色学者，一致褒扬他代表了传统考证学的高峰。如王国维称誉钱大昕与顾炎武、戴震同是清代二百六十年学术的三位"开创者"。[2] 陈寅恪也推崇钱氏代表了乾嘉朴学的高峰，他在评价陈垣考史之作为中华学人所推服时，说："盖先生之精思博识，吾国学者，自钱晓徵以来，未之有也。"[3] 陈垣更推尊钱氏是"清代考证家第一人"。据援庵先生的及门弟子赵光贤先生回忆，援庵先生对学生讲："《日知录》在清代是第一流的，但还不是第一；第一应推钱大昕的《十驾斋养

---

[1] 卢文弨：《抱经堂文集》卷十九《与辛楣论熊方〈后汉书年表〉书》，中华书局，1985年版。
[2] 王国维：《沈乙庵先生七十寿序》，转引自袁英光、刘寅生《王国维年谱长编》1919年，天津人民出版社，1996年版，第275页。
[3] 陈寅恪：《金明馆丛稿二编·陈垣元西域人华化考序》，里仁书局，1984年版，第239页。

新录》。""先生举《养新录》中考证东晋以来侨置州郡为例，《晋书》中所记南徐州、南青州之类，多是错的，后来沿讹袭谬，直到钱氏始正其误。""听了先生的话，我又读了《养新录》及其它清人论经考史之作，觉得钱氏考证之学确乎高出众人之上，而先生所做的考证文章，取材既博，论证又精，纯是竹汀一派学风。"① 陈垣本人也明言自己学术的基础和旨趣是效法钱氏的严密考证："从前专重考证，服膺嘉定钱氏；事变后，颇趋重实用，推尊昆山顾氏。"②

上述乾嘉时期学者对钱氏的称誉和 20 世纪史学名家的高度评价，足以说明钱大昕的学术代表了传统考证学的最高水平，而且经过一个多世纪时间考验之后，仍然具有启迪近现代学者的非凡价值。虽然钱氏毕生从事的是具体问题的考证，但其治学精神和方法却具有长久的生命力和巨大的影响力。毫无疑问，深入阐发钱氏治史的特色是总结中国学术史的一项很有意义的工作。

一、严密精良的考证方法

精于考证，是钱大昕治史的最大特色。他发扬了传统史学中"实事求是"的优良精神，采用广参互证、追根求源的方法，对历代正史中存在的文字错讹、版本歧异以及年代、地理、典制、人物、事件记载的错误进行了系统考辨，"订千年未正之讹"，从而把传统考证方法提高到新水平，并且就其最为精良的部分而言，是符合于近代科学精神的。

中国学术史上作为传统考证学发展高峰的乾嘉学术，最具时代特点的有两项。一者，当时考证学风气既盛，学者之间每每就学术问题互相讨论，或书信往来切磋，大多均能本着彼此尊重的态度，陈述己见，以质同好；或因对同一问题有不同意见而互相

---

① 赵光贤：《回忆我的老师援庵先生》，《励耘书屋问学记》，三联书店，1982 年版，第 159 页。
② 《致方豪》，《陈垣史学论著选》，上海人民出版社，1981 年版，第 624 页。

辩难，不匿己见，而又做到措辞温和。这种切磋、讨论的风气，有效地促使彼此治学更加严谨，方法更趋严密。此一时代特点，在钱大昕身上有突出的体现。他有广泛的学术交往，在其讨论学术问题的书信、文章以及为别人所写的序、跋中，常能坦率而平和地表明自己的赞同或异议，或对别人指出自己的不足，表示虚心接受。为了考辨《晋书》所载侨置州郡的错误，他曾先后在为洪亮吉《东晋疆域志》所作序文中和在致徐仲圃书信中反复申论。为了讨论秦统一天下之后，分天下为三十六郡或四十郡问题，他先后与洪亮吉、姚鼐讨论，因看法不同，往复辩论，但措词温厚，互相尊重。钱氏治学，以"实事求是""祛疑""求真"为准则，一再申明："夫史非一家之书，实千载之书。祛其疑，乃能坚其信；指其瑕，益以见其美。"① 为了"求真"，钱氏自觉地做到：一不为古人所蔽，二不为门户之见所蔽，三不为主观看法所蔽。作为考证家，他重视最早出现的证据，认为古人的说法不应轻易否定，故说："前之古人无此言，而后之古人言之，我从其前者而已矣。"② 但如果后人的说法有确凿的证据，能驳正前人的误见，则无疑应采用后人的说法："后儒之说胜于古，从其胜者，不必强从古可也。"③ 他明确反对门户之见，反对主观臆测、武断立论，严肃地批评某些学者"臆决唱声，自夸心得"，"强词以求胜者，特出于门户之私"。④ 他的姻兄、著名学者王鸣盛有时立论过勇、指责别人言词偏激，钱氏致书予以规劝，说："愚以为学问乃千秋事，订讹规过，非以訾毁前人，实以嘉惠后学。但议论须平允，词气须谦和，一事之失，无妨全体之善，不可效宋儒所云'一有差失，则余无足观'耳。""去其一非，成其百是，古人可作，当乐有诤友，不乐有佞臣也。……所虑者，古人本不误，而吾从而误驳之，此则无损于古人，而适以成吾之妄。"⑤

---

① 《廿二史考异序》。
② 《潜研堂文集》卷十六《秦四十郡辨》。
③ 《潜研堂文集》卷九《答问六》。
④ 《潜研堂文集》卷二十五《严久能〈娱亲雅言〉序》。
⑤ 《潜研堂文集》卷三十五《答王西庄书》。

钱氏本人名望很高，但当别人指出其错误时，立即虚心接受。如卢文弨指出钱氏所校《后汉书》有误校，他即复函表示"始悔向来粗心之误，受教良非浅矣"。① 他的一篇文章不识"震㦴"之"㦴"为何字，孙星衍指出此即"振旅"之异文，钱大昕即复函说："敬闻命矣"，"即当刊正，以志不忘"。② 对照钱大昕所言"仆于读史，择善而从，非敢固执己见"③ 的话，确实称得起言行相符。

再者，乾嘉时期天文、历算之学引起学者普遍重视，从而对训练严密的逻辑方法产生良好的效果。钱大昕也精通天文历算之学，著有《三统术衍》《算经答问》《宋辽金元四史朔闰表》。④ 当时，天文、历算成为积学之士必修之业，是中国学术史上很有意义的现象，它对于促进考证方法的严密大有关系。因为研究数学、天文、历法，讲究充分的证据、严密的判断，训练了严格的归纳和演绎的方法，从而更能自觉地遵守实证研究的原则，以缜密的态度去分析研究之对象客观存在的逻辑关系，探求其内在法则，有效地摒除主观臆测、穿凿附会、夸大其词的蹈空习虚的做法。钱大昕和戴震，既精通天算学，又在经史考证方面成为乾嘉朴学的杰出代表，此绝非偶然，不仅说明他们学识渊博，尤其说明数学、天文学领域的科学训练有效地促进文献考证之学达到更高水平。在钱大昕身上体现的这一时代特点，今天对于我们认识自

---

① 《潜研堂文集》卷三十四《答卢学士书》。
② 《潜研堂文集》卷三十三《答孙渊如书》。
③ 《潜研堂文集》卷三十四《与梁耀北论史记书三》。
④ 钱大昕《自编年谱》乾隆十八年载：（二十六年）始习天算之学，"在中书任暇，与吴衫亭、褚鹤侣两同年讲习算术，得宣城梅氏（文鼎）书，读之，寝食几废。因读历代史志，从容布算，得古今推步之理。"《十驾斋养新录》卷十四、卷十七有"星经""丹元步天歌""数学九章""岁星超辰""置闰"等十几个条目，钱氏以当时天文历算水平，对历代正史《律志》的诸多问题做了纵贯的总结，对于后人认识天文历法的进步大有帮助。其中最精彩的是论述古代求圆周率进步的历史，高度评价了祖冲之求得"约率""密率"的贡献，并且与刚刚传入的欧洲圆周率数值相比较，指出东西方学者各以自己的创造达到精确的水平。还有总结祖冲之置闰法的进步、首先考虑岁差的成就等项，都是通过考证发掘了史籍中的宝贵资料，肯定了一代大天文学家祖冲之的杰出成就。到了近代，祖冲之的成就更为全世界科学家所公认，成为中华民族的骄傲。晚清罗士琳对钱大昕的天算学造诣推崇备至，称"宣城犹逊彼一筹"（罗士琳：《续畴人传》卷四十九，中华书局，1991年版）。

然科学与人文、社会科学交叉研究的作用，无疑是有启发意义的。

钱大昕考史的优良方法，概括来说是：实事求是，无征不信，广参互证，追根求源。他为"求真"而殚精竭虑，以数十年之精力，潜心于考辨史籍文字之错讹，地理、制度的误载，史实之歧异，目的即在恢复历史之真和文献之真。《廿二史考异》诸书中所汇集的考证成果，按条列出，形式上似乎近于琐碎，实则处处寓含着过人的见识和高明的方法。因此，阮元恭誉他考经考史，做到"洞彻原委"，"订千年未正之讹"，又说他兼治天算、地理沿革、文字音韵、金石、官制等，均能"观其会通"，"考核尤精"。① 段玉裁也盛赞他"于儒者应有之艺，无弗习，无弗精"，凡所著述，"中有所见，随意抒写，而皆经史之精液"。② 近代梁启超言，清代朴学家运用无征不信、层层逼进、追根求源的考证方法，"此种研究精神，实近世科学所赖以成立"。③ 对此钱大昕是当之无愧的。

钱氏精审的考证成果每能做到"订千年未正之讹"，我们从他的著述中可以举出大量例证。譬如，陈垣先生所赞誉的钱氏纠正了《晋书·地理志》的错误，得出"晋侨置州郡无'南'字"的重要结论。④ 再如，关于汉武帝时河西新开四郡的设置时间，《汉书》上记载有歧误。钱氏周密辨析，得出"元狩二年，以匈奴休屠王故地置武威、酒泉二郡，元鼎六年，分武威、酒泉，置张掖、敦煌二郡"的正确结论，使长期存在的疑问至此冰释。⑤

钱大昕对解读《汉书·地理志》的更大贡献，在于启发读者以动态观点考察西汉郡国沿革。此项包括两层意思：其一，钱氏解释了《地理志》所载郡国区划以何年代为断的问题。《汉志》记载的内容，有西汉行政区划、郡国设置和郡县户口数字。关于

---

① 阮元：《十驾斋养新录序》，见钱大昕《十驾斋养新录》，上海书店，1983年版。
② 段玉裁：《潜研堂文集序》。
③ 梁启超：《清代学术概论》，《饮冰室合集》专集之三十四，第26页。
④ 《潜研堂文集》卷二十四《东晋疆域志序》，《廿二史考异》卷十九，《十驾斋养新录》卷六。
⑤ 《廿二史考异》卷七"地理志下"。

户口数字,《志》中明言所举系以平帝元始二年版籍为据,① 那么,郡国区划和县目又断于什么年代呢?钱氏以纪、志、表、传互相参证,得出"《汉志》所书侯国,以成帝元延之末为断"的结论,并将其主要考辨论据和思路写成《侯国考》一文,其中云:"高祖之世,功臣侯者百五十余人,其封邑所在,班孟坚已不能言之。武、昭以后侯者,班《表》始著其地,亦有不备者,盖疑而阙之,或转写脱去也。《地理志》载侯国,皆据当时见存者。"那么,这个"见存"是以何年代为依据呢?钱氏归纳了两类史实,西汉历史上曾经存在的侯国,而《志》中不载者,以及西汉末哀、平年间新封的侯国,而《志》所未及载者,从中找到判断的重要依据。属于前者,如中山之曲逆,陈平所封;清河之鄃,栾布所封;南阳之冠军,霍去病所封等。这些都是西汉历史上曾经存在过的侯国,惟其年代在昭、宣以前,情况已有变化,按《汉志》所依据的西汉官府档案,这些侯国已不存在,"《志》皆不云'侯国'者,其时国已除也"。属于后者,有《王子侯表》堂乡以下十一侯,《恩泽表》殷绍嘉以下三侯,"皆成帝绥和以后所封,而《志》亦不之及"。综合上述两项,运用逻辑推理,最后水到渠成,明白无误地得出结论:"然则《志》所书侯国,盖终于成帝元延之末"。② 其二,与此相联系,钱氏强调读《地理志》应掌握"一代因革,不能尽书"的钥匙,启发读者研究历史地理必须具备动态观点。历来研习此志者,总会产生不理解西汉"国小郡大"的问题,因为《地理志》所载诸侯王国,真定、河间、广阳、城阳等国只辖四县,菑川国、泗水国只辖三县,高密国、六安国只辖五县。这一情况,跟人们熟知的汉初大封同姓,几据天下之半,诸侯王国始封,往往兼二三郡之地的史实出入太大。况且文、景以后,朝廷虽对诸侯王加以裁制,但《史》《汉》亦少见以罪削地者,那么何以《地理志》所载诸侯王国封域如此之小?钱大昕以纪传表志互证,对此作了严密的考辨。他先引申

---

① 《地理志》首列"京兆尹,元始二年户十九万五千七百二,口六十八万二千四百六十八"。
② 《廿二史考异》卷九"诸国考"。

《中山王胜传》所载,武帝"用主父偃谋,令诸侯以私恩自裂地分其子弟,而汉为定制封号,辄别属汉郡。汉有厚恩,而诸侯地稍自分析弱小云"。由此证明,诸侯王国日削的根本原因,是王子侯国数量越来越增加。钱氏对《王子侯表》作了统计,城阳王分出侯国五十四人,赵三十五人,河间二十三人,菑川二十一人,鲁二十人。王子侯数量如此众多,"食邑皆改入汉郡,无怪乎封域之日蹙矣"。以上是从正面举出有力证据。然后,再从一些大郡所辖县数何以特多这一面作考证。大郡领县多者,以琅邪、东海为最。"琅邪与城阳、菑川、胶东、高密诸国邻,东海与鲁、泗水、楚、城阳诸国邻,侯国之析置者多属焉,此所领之所以多于它郡也。"至此,钱氏已用了充分的史实证明《汉书·地理志》所记载的郡国区划,并非反映汉初政区情况,而是反映了西汉二百余年间郡与封国经历不断变动之后至西汉末的结局,若要知道不同时期郡与封国的情况,必须结合纪、传、表所载史实辨析清楚。钱氏为了帮助读者确立上述动态观点,又进一步举出旁证:"中山之陆成(表作陆城)、新处(表作薪处)、安险皆尝为侯国,改属它郡矣(表于陆成、薪处皆注涿字,安险失书所属,亦当属涿郡也)。宣、元之世,中山绝而复封,所封又是帝子,故稍以旧封益之,如北新成县,刘向以为涿郡(《志》末论十二国分域盖出于刘向),而《志》属中山国,亦是后来益封之证也。"① 以上是钱大昕运用"广参互证,追根求源"的方法,决千年之疑的突出例证。钱大昕成功地运用广搜材料、层层逼进、逻辑推理的严密考证方法,有助于再现地理沿革或某一制度的原貌,因此为后人治史者扫清障碍,他所做的贡献是巨大的。

---

① 以上引文,均见《潜研堂文集》卷十二"答问九"。

二、以金石文字证史

钱大昕治史的又一重要特点,是把考证的史料范围扩大到典籍以外,以金石文字证史。《潜研堂全书》中收录有《金石文字目录》八卷、《金石文跋尾》二十卷。经过数十年的用心搜集,他共获得金石拓片2370件,其他他为之撰写跋文者873篇之多。钱氏的女婿瞿中溶曾描述随侍十三四年,亲见他对金石文字苦苦访求和喜爱不倦的情景:"亲蒙先生指授,间尝撰杖从游,所过山崖水畔,黉宫梵宇,得一断碑残刻,必剔藓拂尘,摩挲审读而后去。其好殆至老而益笃云。"① 应该强调的是,钱大昕对金石文字如此宝爱,至老弥笃,他绝非满足于做一个古董收藏家或鉴赏家,而是把金石文字作为考证的重要新史料,深入发掘其价值。因此王鸣盛评论云:钱氏考释金石文字,超出宋以来学者欧阳修、赵明诚、都穆、赵崡、顾炎武、王澍、朱彝尊,"乃尽掩七家,出其上,遂为古今金石学之冠"。又称钱氏尤为出色者,"以治金石,而考史之精博,遂能超轶前贤"。② 在钱大昕以前,学者们对金石文字基本上限于收集、鉴赏,少有用作考证史料者,而这样目的明确、范围广泛地运用金石文字证史者,钱氏堪称第一人。钱氏此举,实开创了利用文献典籍以外的考古文物证史的新风气,对清代后期学者影响至大。至20世纪初年,有大量地下材料出土,尤其是殷墟甲骨文和器物大量出现,为中国古史研究提供了丰富的第一手资料,于是有王国维古史考证的"二重证据法",即取地下实物同纸上遗文互相印证,成为20世纪"新史学"发展之阶段标志。这正是以钱大昕为代表的乾嘉学者利用金石文字证史的治学新风气在新的条件下的发展。钱氏利用金石文

---

① 瞿中溶:《潜研堂金石文字目录·跋》,《嘉定钱大昕全集》第六册,江苏古籍出版社,1997年版。

② 王鸣盛:《潜研堂金石文跋尾序》,《嘉定钱大昕全集》第六册,江苏古籍出版社,1997年版。

字证史的成功例证甚多，限于篇幅，这里只能择举其最典型者，以见一斑。

东汉时期，中原统一政权与西北边境的匈奴族之关系，是历史上的重要问题，但自汉顺帝以后史料缺乏，双方力量的变化消长情况甚不清楚。钱大昕从碑刻文字中发现了很有价值的史料，补充了史书的缺漏。他发现东汉永和年间《敦煌太守裴岑纪功碑》记载敦煌太守裴岑率郡兵打败北匈奴呼衍王，使边境得到安宁的史实。碑文云："惟汉永和二年八月，敦煌太守云中裴岑将郡兵三千人，诛呼衍王等，斩馘部众，克敌全师。除西域之灾，蠲四郡之害，边境艾安，振威到此，立德祠以表万世。"钱大昕特为这篇碑文写下跋语："按，汉自安帝以后，北匈奴呼衍王常展转蒲类、秦海间，专制西域，共为寇抄。及班勇为长史，破平车师，西域稍通。顺帝阳嘉四年春，呼衍王侵车师后部，敦煌太守率兵掩击于勒山，汉军不利。其秋，呼衍王复将二千人攻后部，破之。当是时，呼衍之势日张，而岑能以郡兵诛之，克敌全师，纪功勒石，可谓不世之奇绩矣！而汉史不著其事，盖其时朝多秕政，妨功害能者众，而边郡之文簿壅于上闻故也。"钱氏深深地感慨，千载之后，此碑却能历经风霜冰害、烟尘砂砾，经久不坏，"功虽抑于一时，而名乃彰于后代"，[①] 指出裴岑为保卫西部边境立了大功，而由于当时朝政多弊，有功者受掩抑，史册上得不到记载，正有赖此碑文，才使这一重要史实得以彰明。

钱大昕还从碑刻中发掘出元代航海家杨枢远航至西洋忽鲁模思的事迹，用来与《元史·成宗纪》及《宗室世系表》互证。[②] 他所发现的这件碑刻为黄溍撰《海运千户杨君墓志》，证明杨枢航行西洋共两次，每次历时数年，此一航海壮举比郑和下西洋早了一个世纪。钱大昕所发掘的元代航海史这一珍贵史料，今天仍然值得我们重视。除了边疆民族史、海外交通史外，钱氏利用金石文字考证年代、地理、典制、历史事件和人物活动等项均有诸

---

① 钱大昕：《潜研堂金石文跋尾》卷一《敦煌太守裴岑纪功碑》。
② 钱大昕：《诸史拾遗》卷五"宗室世系表"，光绪壬寅上海文澜书局石印。

多创获,唯其如此,他在扩大史料范围、开辟新的研究途径方面才能对晚清及近代学者产生深远的影响。

三、考证学家的理性思维

钱大昕治史以考证精审严密著称,不以正面议论见长,他是朴学极盛时期的代表人物,故梁启超称钱氏学术"固清学之正宗"。① 乾嘉考史三大家在考证功力和发表议论两个方面各具特点:论考证之精审确当,钱大昕首屈一指,为王鸣盛、赵翼所不及;王氏所著《十七史商榷》在考证地理、典章制度、事件等项均有成绩,又能就评论一些历史问题提出卓见;赵氏所著《廿二史劄记》罕有考订年代、地理、文字版本的内容,但他以善于提挈一代大事为最大特色,重视总结治乱兴衰之故,其书具有史论的色彩。三大家处于同一时代,治学范围大致相同,却各具特色、交相辉映,这也从一个侧面反映出中华文化蕴含之丰富,创造力具有旺盛的源泉。然则,我们又应充分地注意到,钱氏虽不以正面议论见长,但其考史著作同样呈现出理性思维的光彩。他在考证上运用逻辑思维,缜密地进行归纳、分析、推理,这些自然属于理性思维的范围,同时,他又能够对学术史上一些有意义的问题,对宋明以来史学的某种倾向,以至对关系国计民生至巨的治河问题等,发表真知灼见。——强调这一点有重要的意义,说明钱氏跟某些眼光狭窄,只会作琐屑饾饤考证,或纂辑排比史料者,决不相同。他有很高的史识,善于作逻辑推理,且对于一些历史问题能提高到理性认识的高度,故其著作闪耀出考证学家之理性思维的光彩。此乃钱大昕治史的又一特色。

钱氏对于司马迁、陈寿的史学成就和著史态度有中肯的评价。他推崇司马迁《史记》有极高价值,认为其著述宗旨为"继《春秋》之后,成一家言。……以虞卿、吕不韦著书之例言之,

---

① 梁启超:《中国近三百年学术史》,《饮冰室合集》专集之七十五,第292页。

当云《太史公春秋》，不称《春秋》者，谦也。"① 他严正驳斥称《史记》为"谤书"的妄词，并高度赞扬司马迁善恶直书的实录精神："或又以'谤书'短之，不知史公著述，意在尊汉，近黜暴秦，远承三代，于诸表微见其旨。……史家以不虚美、不隐恶为良，美恶不掩，各从其实，何名为'谤'？"他也不讳言《史记》体例草创有粗疏之处，史料抉择尚不够精审。② 对于陈寿，钱氏表见其尊蜀立场："于蜀二君，书先主、后主而不名，于吴诸君，则曰权、曰亮、曰休、曰皓，皆直斥其名。……李令伯陈情之表称蜀为'伪朝'，承祚不惟不伪之，又以蜀两朝不立史官，故于蜀事特详。"钱氏据实驳斥所谓陈寿因挟父私怨而故意贬低诸葛亮的无根之论："承祚于蜀所推重者惟诸葛武侯，故于传末载其文集目录篇第，并书所进表于后，其称颂盖不遗余力矣。论者谓承祚有憾于诸葛，故短其将略，岂其然乎！岂其然乎！"③

关于唐代学术，钱氏也有精辟的见解。刘知幾《史通》一书，因其中对历代正史大胆加以批评，甚至写有《疑古》《惑经》，故每每招来非议。钱氏则指出《史通》是感愤之作。刘知幾的批评，实际上是针对唐代官修诸史。"但以祖宗敕撰之本，辄加弹射，又恐谗谤取祸，遂于迁、固已降，肆意抵排，无所顾忌。"这是对刘知幾著史宗旨的深刻阐发。并指出，《史通》的议论，当时虽未施行，后代却奉为科律。欧阳修、宋祁撰《新唐书》，实行了《史通》的主张，"如受禅之诏策不书；代言之制诰不录；五行灾变，不言占验；诸臣籍贯，不取旧望；有韵之赞全删；俪语之论都改"。这是刘知幾通过总结历代史书体例的得失而提出的改进主张，适应了社会和史学本身前进的需要，所以果然被后来史家所实行，堪称"言立而不朽"。④ 对于颜师古，钱氏肯定他不轻信家谱的正确态度。钱氏发掘出颜师古注《汉书》中论述家谱不可轻信的两段注文，一是《眭孟传》中注云："私谱

---

① 《廿二史考异》卷五"太史公自序"。
② 《潜研堂文集》卷二十四《〈史记志疑〉序》。
③ 《潜研堂文集》卷二十八《跋〈三国志〉》。
④ 钱大昕《十驾斋养新录》卷十三"《史通》"条。

之文，出于间巷，家自为说，事非经典。苟引先贤，妄相假托，无所取信，宁足据乎！"又一段是《萧望之传》所注："近代谱牒，妄相托附，乃云望之萧何之后，追次昭穆，流俗学者共祖述焉。但酂侯汉室宗臣，功高位重，子孙嗣绪，具详表、传。长倩巨儒达学，名节并隆，博览古今，能言其祖。市朝未变，年载非遥，长老所传，耳目相接，若其实承何后，史传宁得弗详？《汉书》既不叙论，后人焉所取信？不然之事，断可识矣。"颜师古所讥是《南齐书》本纪叙述先世，以萧望之为萧何六世孙的附会说法。钱大昕通过表彰颜师古，表达出实事求是乃史家第一要务的卓越见解："师古精于史学，于私谱杂志，不敢轻信，识见非后人所及。唐书《宰相世系表》，虽详赡可喜，然纪近事则有征，溯远胄则多舛，由于信谱牒而无实事求是之识也。"①

宋明以来出现了附会、杜撰上古史事和刻意模仿《春秋》褒贬书法、任意以主观裁断史实的做法，在学者中颇有附从效法者。对于这两种严重违反历史学的客观性、可靠性的有害倾向，钱大昕起而痛加贬斥，确是这位考证大家为维护学术"实事求是"原则而提出的最具批判锋芒和最有价值的见解。钱大昕严厉批评南宋胡宏、罗泌之流杜撰上古史体系的荒谬做法："胡宏《皇王大纪》，以盘古、天皇、地皇、人皇、有巢、燧人为《三皇纪》，伏羲至尧、舜为《五帝纪》，夏、商、周为《三王纪》，编年之书，追述上古，始盘古氏，盖起于此。""罗泌《路史》，在胡宏之后，征引益为奥博。自后儒生，侈谈邃古，而荒唐之词，流为丹青，盖好奇而不学之弊。"②再者，他批评欧阳修、朱熹误学《春秋》笔法以示是非褒贬，历史事件或人物原来复杂多样，企图以一两字用词的不同以表示褒贬予夺，岂能做到？况且连欧阳修、朱熹本身在书中的用法也多前后自相矛盾，读者既然无法明了历史事实的真相，只好对书中的褒贬书法作种种主观的揣测，如此做法对史学的发展，非惟无益，反而十分有害，故说：《宰相表》"有书薨、书卒、书死之别，欲以示善善恶恶之旨，然

---

① 《十驾斋养新录》卷十二"家谱不可信"条。
② 《十驾斋养新录》卷十三"胡五峰《皇王大纪》"条。

科条既殊，争端斯启，书死者固为巨奸，书薨者不皆忠悫，予夺之际，已无定论。《紫阳纲目》颇取欧公之法，而设例益繁，或去其官，或削其爵，或夺其谥，书法偶有不齐，后人复以己意揣之，而读史之家，几同于刑部之决狱矣。"① 胡宏、罗泌之任意杜撰上古历史，欧阳修、朱熹之专喜掉弄书法，这两种做法确实在学者中造成极其不良的影响，不少人起而仿效，致使时代越往后，上古的历史编造得越渺远，荒诞离奇。专在褒贬书法上做文章，则以另一种形式造成对历史事实的掩盖。两者都严重地妨害"求真"的目的，阻碍史学的发展。又应看到，清朝廷将朱熹理学尊奉为官方指导学说，《通鉴纲目》经过乾隆帝"钦定"，据有至高无上的地位。在当时，钱大昕，还有王鸣盛，却敢于对此作严肃的批评，表现出杰出的考证学家忠实于历史真实的可贵责任心和勇气，同时也闪射出中华优秀文化朴素理性精神的光辉！

钱氏史识尚有值得称道者。如他赞成孟子"民贵君轻"的进步思想，认为无道之君被弑是罪有应得："《左氏传》曰：'凡弑君，称君，君无道也；称臣，臣之罪也。'后儒多以斯语为诟病。愚谓君诚有道，何至于弑？遇弑者，皆无道之君也。"② 钱氏还关心黄河的治理，指出颇为中肯的意见，反映出他思想中经世意识的一面。《十驾斋养新录》中有"河防"条，论述黄河自金元之间改为南行，合汴、泗、淮以入于海后，灾害频仍，"两岸之堤，岁增月益，高于民田庐舍，且与城平矣。水之性就下，不使由地中，而使出地上，欲其无决溢之害，不亦难乎！"他又批评潘季驯治河一味增高河堤、反对改流分流的保守主张，决非治河良策："谓河不宜分，而增堤以御之，一朝溃溢，堤不能御，又縻国帑以塞之，侥幸成功，而官吏转受重赏，此国之巨蠹也。季驯之法，守之百五十年，而其效如此，谓之习知河务，吾不信也。"钱氏又引用顾炎武抨击河防官吏从上到下无不靠侵吞治河费用发财的言论，加以发挥，斥责当时贪官污吏的害国害民："今之官吏，其好利犹昔也。堤防日增，决溢屡告，竭海内之膏脂，饱若

---

① 《廿二史考异》卷四十六"唐书六·宰相表中"。
② 《潜研堂文集》卷七"答问四"。

辈之囊橐,赏重罚轻,有损无益,其何能淑载胥及溺,深可虑也!"① 黄河改南行以后灾害连年,原因是兰考、商丘以东地势南高北低,维持黄河南行,违反水自高就下的本性,所以无岁不治,而无岁不决。钱氏指出若坚持潘季驯维持黄河南行的旧法,决然难以治理河患,这是击中要害的卓识!在钱大昕之后,魏源在道光年间著《筹河篇》进一步论述了这一问题,详尽地阐发应该根据地势水性,使黄河恢复北行的主张,并预言"人力纵不改,河必自改之"。在魏源撰文的十三年后(1855),黄河果然从铜瓦厢向北冲开决口,北行沿大清河流入渤海。钱大昕、魏源的有识之见得到完全的证实。

钱大昕的学术成就,特别是他的渊博学识、优良的考史方法和开辟研究新途径的精神,对于20世纪史家有深远的影响,这些优秀的学术遗产在今天也仍然有宝贵的价值。当然,钱氏也有其时代及个人的局限。他以严密考史著称,而对于总结历史时势、议论历史问题并不见长。他也有错误或迂腐的见解。如,宋代欧阳修撰《易童子问》,辨《易经》的《系辞》《文言》以下非圣人之作;郑樵作《诗辨妄》,对《诗序》提出怀疑,他们都能摆脱正宗思想的束缚,表现出求实求真的精神。钱氏却错误地指斥欧阳修、郑樵"以穿凿杜撰为经学,诋毁先儒,肆无忌惮"!② 再如,王充出身寒门,在《论衡·自纪篇》中,针对俗士嘲笑他祖宗无地位、无遗著,"无所禀阶,终不为高",凛然予以辩驳:"五帝不一世而起,伊、望不同家而出。……士贵雅材而慎兴,不因高据以显达。……颜路庸固,回杰超伦;孔、墨祖愚,丘、翟圣贤。"有力地驳斥了俗士所持的地位和学问世袭的陈腐见解。钱氏却据这段话,责骂王充"盖自居于圣贤,而訾毁其亲。可谓有文无行,名教之罪人也"。③ 这样指责实有无限上纲之嫌,且纯属推论,难以服人。我们对于钱氏不应求全责备,但对其局限性也应有恰当的说明。

---

① 《十驾斋养新录》卷十八"河防"条。
② 《十驾斋养新录》卷六"宋景文识见胜于欧公"条。
③ 《十驾斋养新录》卷六"王充"条。

《文史通义》：
传统史学后期的理论探索①

　　章学诚（乾隆三年—嘉庆六年，1738—1801）生当考据学盛行的乾嘉时代。由于他的学术主张不投时好，生前备受冷落，甚至被视为"怪物"，诧为"异类"。但是他毫不气馁，勇敢地"逆于时趋"，独树一帜，有力地针砭当时学风的流弊。从二十九岁开始直到去世，呕心沥血，撰成了《文史通义》这部史学评论名著。他毫不怀疑：他的主张"实有开凿鸿濛之功"，②"自信发凡起例，多为后世开山"。③ 历史的进程证实了章学诚这种自信。进入20世纪以后，《文史通义》一再受到近代学者的推崇，并由于1921年《章氏遗书》的刊布而普遍受到重视，甚至被称为"显学"。造成学术史上这一扬抑升降的巨大反差现象，原因何在呢？

　　其原因，即在《文史通义》一书所具有的探索性特点。章学

---

　　① 《文史通义》有两种版本，一是章学诚次子华绂所编大梁本（1832），一是章学诚之友王宗炎编定，后由刘承干刊刻之《章氏遗书》本（1921）。《章氏遗书》本中，《文史通义》内篇篇目无缺漏，外篇所选文章均与内篇相发明，较大梁本为胜。
　　② 《文史通义》外篇三《再答周筤谷论课蒙书》，古籍出版社，1956年版。
　　③ 《文史通义》外篇三《家书二》。

诚活动的时代，一方面，衰老的封建社会已走到它最后的路程，乾隆朝的表面强盛只不过是回光返照，在学术上，尽管文献学取得许多成就，但考据学的末流却陷于烦琐，学术界充斥着因循守旧的沉闷风气；另一方面，则是近代社会行将到来，巨大的社会变动正在酝酿。这两方面的特点结合起来，驱使着有识之士思索怎样冲破这种学术的困境，重新唤起创造、拓展的精神。《文史通义》一书鲜明的探索性特点，即是这种时代要求的体现。章学诚正确地把握住史义、史识、别识心裁对于史学具有指导和决定作用这一关键问题，并从这里出发，探索了二千年史学的演变，尖锐地批评因袭守旧、烦琐考据的学风流弊，提出了史学改革的方向。《文史通义》在章学诚生前受到的冷落、歧视，不仅不能降低其价值，恰恰相反，证明了这部著作蕴含着许多符合近代史学观念的宝贵内容，预示着学术风气转变的新趋向。

一、探索二千年史学的演变

在中国史学史上，自孔子起，就提出"史义"的问题。但从理论上对"史义"着重进行阐述，章学诚实为第一人。《文史通义》把对史学发展的总结检讨推进到新的阶段，达到了更加深层的认识。其标志是：特别重视从"史义"，即从观点、内容着眼，总结史学发展的利弊得失。《文史通义》的写作目的，就是为挽救史义被淹没的严重积弊而作。对此，他说得很明确："获麟而后，迁、固极著作之能，向、歆尽条别之理，史家所谓规矩方圆之至也。魏、晋、六朝，时得时失，至唐而史学绝矣。其后如刘知幾、曾巩、郑樵皆良史才，生史学废绝之后，能推古人大体，非六朝、唐、宋诸儒所能测识。余子则有似于史而非史，有似于学而非学尔。然郑樵有史识而未有史学，曾巩具史学而不具史法，刘知幾得史法而不得史意。此予《文史通义》所为作也。"①史义被淹没，便是"史学废绝"。因此他大声疾呼：由于长期因循保守的风气盛行，史家的别识心裁和创造力被窒息，造成了史学的灾难。史学要存在、要发展，必须恢复并发挥"史义"的指导作用。把"史义""史识"作为决定史学存亡兴衰的关键问题来论述，这是传统史学后期理论探索的显著特点，比起《史通》来是重大的发展。

章学诚以纵贯的眼光分析了几千年史学的演变。他认为，史学是发展进化的。由《尚书》变为《春秋》的编年体，由编年体到纪传体，都是史学的重大进步："《尚书》一变而为左氏之《春秋》，《尚书》无成法，而左氏有定例"；"左氏一变而为史迁之纪传，左氏依年月，而迁书分类例"。纪传体本是三代以后之良法，司马迁发凡起例，具有卓见绝识，纪表书传互相配合，足以"范围千古，牢笼百家"，具有很大的包容量。又因为司马迁对体例的运用能够灵活变通，不愧为撰述的典范。加上《汉书》《后汉书》《三国志》，都是"各有心裁家学"的上乘之作。降而《晋书》《隋书》《新唐书》等，"固不出于一手，人并效其能"。所以能够修成有价值的史书。后来的修史者墨守成规，不知根据需要变通，结果史才、史识、史学都反过来成为史例的奴隶，"斤斤如守科举之程式，不敢稍变；如治胥吏之簿书，繁不可删"。"纪传之最敝者，如宋元之史，人杂体猥，不可究诘，或一事而数见，或一人而两传，人至千名，卷盈数百"，"溃败决裂，不可救挽，实为史学之河、淮、洪泽，逆河入海之会，于此而不为回狂障隳之功，则滔滔者何所底止！"（以上论述集中见于《文史通义》之《书教下》《史学别录例议》《与邵二云论修宋史书》等篇）这些论述，相当中肯地总结了中国史学演变的主要趋势。尤其是，章学诚指出由于后代修史窒息了史家的别识心裁，造成祸患无穷，更是打中了传统史学后期严重积弊的要害所在。

---

① 见《章学诚遗书》外编卷十六《和州志·志隅自叙》，文物出版社，1985年版。

章学诚认为,要挽救后代修史这样严重的弊病,就必须明确和贯彻史义对史事、史文的指导、统率作用。正像迷路的人,为了找到正确方向,必须回到原来的出发点一样,章学诚要求返璞归真,回到对史学创始时期加以分析。如他所说:"经为解晦,当求无解之初;史为例拘,当求无例之始。"① 书中反复地以孔子修《春秋》为例,论证"义"对于史书的决定作用。在《答客问上》篇中,他以"史之大原本乎《春秋》,《春秋》之义,昭乎笔削"为重要命题,分析"史义"的作用,不仅用来剪裁材料、删削文字,更重要的是"推明大道,所以通古今之变而成一家之言",这样才能撰成一部有观点、有特色的史书。强调"史义"即史家的观点、见识对史书的决定作用,这是章学诚在理论上的重要建树。

章学诚探索史学演变的又一重要理论建树是,他独创性地把几千年浩如烟海的史籍,直截了当地区分为"撰述"和"记注"两大类,也即区分为两个不同的层次。他说:"撰述欲其圆而神,记注欲其方以智","记注欲往事之不忘,撰述欲来者之兴起,故记注藏往似智,而撰述知来拟神也"。② "撰述"居于较高层次,它体现了高明的史识,抉择去取,灵活变通,对历史做出阐释,帮助人们预见未来。"记注"则居于较低层次,它的任务是汇集丰富的历史知识,有一定的体例,兼备各方面的记载。章学诚这种崭新的独创的分类法,突出地说明历史家的见识高低决定了史书不同的价值。同样体现这一指导思想,他在别的地方具体的提法略有不同。在《报黄大俞先生》一文中,他又用"著述"与"比类"对两大类加以概括,指出二者相辅相成,"本自相因而不相妨害","盖著述譬之韩信用兵,而比类譬之萧何转饷,二者固缺一而不可"。③ 其标准,同样以是否体现了"史义""史识"来衡量。章学诚认为史部著作中能称得上"史学"者是不多的,而更有意义和更加需要的正是"史学"。所以他曾一再强调区

---

① 《文史通义》内篇一《书教下》。
② 《文史通义》内篇一《书教下》。
③ 《文史通义》外篇三《报黄大俞先生》。

"史学"与"史考""史选""史纂"之间的不同:"整辑排比,谓之'史纂';参互搜讨,谓之'史考',皆非史学。"① 只有贯穿了"史义""史识"作为指导,才能称为"史学",否则,只能属于较低的层次。章学诚反复申述这一点,正是对忽视"史义"的"积学之士"和"能文之士"的严肃批评。

章学诚探索史学演变的卓识,还突出地表现在他对不同史书体裁的特点和作用的评析上。一是他主张撰修通史,称赞郑樵"慨然有见于古人著述之源","独取三千年来遗文故册,运以别识心裁,盖承通史家风,而自为经纬,成一家言者"。② 他所讲的"通史家风",总结了自司马迁以后通史修撰的成就,揭示出中国史学上一个优良传统。二是对于晚出的纪事本末体的优点有精当的评论。他说:"本末之为体也,因事命篇,不为常格","文省于纪传,事豁于编年,决断去取,体圆用神"。③ 而这种优点正好补救纪传体后期出现的严重弊病。三是对纪传体中几种体裁的不同作用和互相配合,有中肯的论述。《永清县志舆地图序例》中云:"史部要义,本纪为经,而诸体为纬。有文辞者,曰书,曰传;无文辞者,曰表,曰图,虚实相资,详略互见。"这是讲几种体裁互相配合的作用。《礼教》篇中认为史志体来源于《周礼》,应以《史记》八书、《汉书》十志为榜样,做到能记载大量史料,又"典雅可诵",也都是针对后代史书的缺陷而发。四是他重视史表的作用。章学诚认为,恰当地使用表,可使"文省事明",避免"文繁事晦"。他设想纠正后代史书人物繁多的办法,是用人物表与列传配合,做到:"人分类例,而列传不必曲折求备;列传繁文既省,则事之端委易究。"④ 那么像马、班那样的名著就有重新产生的可能。

在探索几千年史学演变和辨析体例的基础上,章学诚针对传统史学后期的严重弊病,提出了改革史书编撰的方向。总的主张

---

① 《文史通义》内篇二《浙东学术》。
② 《文史通义》内篇四《申郑》。
③ 《文史通义》内篇一《书教下》。
④ 《文史通义》外篇二《史姓韵编序》。

是："仍纪传之体而参本末之法。"① 并且提出过两种设想：一种是设立包含多种内容、具有多种功能的"传"，可用来记人，用来记事，用来代替书志；一种是采用"别录"，在全书前面标出一个时代最主要的事件，在每一事件之下将有关的篇注明。其主张，详见《书教篇》和《史学别录例议》。

这是章学诚很大胆的设想，实是综合了他一生辨析体例的真知灼见。他将表面上似乎不相干的两大体裁打通了，让它们互相补充。既保留了纪传体范围广阔，兼备几种体裁，包容量大，可以反映社会各方面情状的优点；又发挥了纪事本末体线索清楚，起讫自如，记载方法随着历史事件的变化而伸缩变化的优点，而用来补救后期正史体例庞杂、历史大势难以贯通的弊病。因此是在史学发展上打开了一条新路。章学诚的见解，很符合近代史家探索的需要：既要求史书反映历史的主线清楚，又使它能囊括丰富的内容。20世纪初年章炳麟曾计划撰写《中国通史》，当时他已确立了资产阶级革命立场，撰写通史的目的，一是为了用进化论解释历史，一是为了振厉士气，鼓舞斗志。他苦于找不到可以表达这种进化论观点的通史体例，最后在章学诚的论述中得到很大启发，认为他改革史书编撰的办法，是"大势所趋，不得不尔也"。②

总起来说，章学诚探索史学演变的各项主张，共同贯串的一个核心问题是重视"史义""史识"。刘知幾所论述的主要问题则是体例的运用，虽也讲到史识而未着重论述。章学诚本人曾概括两家的不同特点："自信发凡起例，多为后世开山，而人乃拟吾于刘知幾。不知刘言史法，吾言史意，刘议馆局纂修，吾议一家著述；截然两途，不相入也。"③ 强调"史义"，是章学诚史学理论探索的特点，比起刘知幾是大大前进了。不过，章学诚的观点与刘知幾仍是相联系的，是继

---

① 《文史通义》外篇三《与邵二云论修宋史书》。
② 章炳麟：《訄书》（重订本）之《哀清史》五十九附《中国通史略例》，《章太炎全集》（三），上海人民出版社，1984年版，第329页。
③ 《文史通义》外篇三《家书二》。

承和发展的关系,并非截然两途,章学诚对于彼此不同是强调得过分了。

二、对考据学风的有力针砭

章学诚立志于探索史学演变,作为本人治学的途径,这本身决定了他跟当时的流行学风格格不入,以至直接冲突。当时的学术风气,是考证盛行,由考经而考史。大多数学者穷年累月,所做的是版本校勘、训诂注解、考证排比材料、辨伪辑佚等一类工作。他们所重视的是古音古义,搜集材料,考证是非。如果不同的书上,或同一书的不同版本上,记载有分歧,那就认为有学问可钻研,反之,若无差异,许多人就没有什么学问可做。由于崇尚古人,而汉代经注,离古人最近,所以处处迷信汉代学者说法,称为"专门汉学"。如梁启超云:"家家许、郑,人人贾、马,东汉学烂然如日中天。"① 而章学诚所确立的原则,是治学要别出己见,"不为训诂牢笼",他注重的是"史义",讲纵贯分析,讲别识心裁,强调观点、思想,强调变通、改革,因而在学术方向上,治学方法上,价值认识上,都与当时的学术风气相对立,"颇乖时人好恶"。但是他不随波逐流,顶住了风气的压力,并且旁观者清,看准了烦琐考据的弊病而大力针砭,以挽救学风流弊为己任。

当时社会上存在一种无法改变的观念,认为考据就是学问的目的、学问的全部,舍此别无他求。对于章学诚探究学术源流、辨析体例的治学路数,则加以排斥和歧视。这种沉闷委琐的学术氛围,反而促使章学诚深入地探讨,淬砺了他思想的战斗锋芒。

——究竟治学的根本目的是什么?

——究竟考据在治学中应占据什么地位?

围绕这些根本性问题,章学诚从多方面针砭了烦琐考据学风

---

① 梁启超:《清代学术概论》,《饮冰室合集》专集之三十四,第53页。

的流弊，鲜明地提出一系列与流行观念对立的价值认识。

首先，他倡导学术经世的思想。对于治学的根本目的何在的问题，章学诚作出精辟的回答："君子苟有志于学，则必求当代典章，以切于人伦日用；必求官司掌故，而通于经术精微；则学为实事，而文非空言，所谓有体必有用也。不知当代，而言好古，不通掌故，而言经术，则錾帨之文，射覆之学，虽极精能，其无当于实用也审矣。"①他明确主张学术要密切联系当代社会生活，坚持反对脱离实际的无用空谈，是对清初进步思潮的继承。清初顾炎武等思想家，痛责明代理学空谈，主张经世致用，提倡"实学"。顾炎武提出"经学即理学"，号召人们从研读古代经书中去推究经世治国的大法，以此反对理学家天人性命的空谈，开创了清朝一代实事求是的学风。乾嘉时期学者们崇尚考据，治学讲求无征不信、广参互证，他们只是继承了顾炎武治学"实事求是"的一面，却抛弃了他经世致用的进步精神。章学诚接过清初学者的经世旗帜，批评当时学者埋头考据，"尊汉学，尚郑、许，今之风尚如此，此乃学古，非即古学也，居然唾弃一切"，是自炫所得寸木，以为胜过别人的高楼，满足于细小的收获，忘记了根本的目的，形式上学古而抛弃了古人学术的精华。

章学诚进一步把文章著述比作"药石"，必须针对社会的弊病而发："学问经世，文章垂训，如医师之药石偏枯，亦视世之寡有者而已矣。以学问文章，徇世之所尚，是犹既饱而进粱肉，既暖而增狐貉也。"②他反对逐于时趋，人云亦云，贬斥沽名钓誉，私心胜气。他在书中反复提出告诫："学业将以经世，当视世所忽者而施挽救焉，亦轻重相权之义也。"③到他晚年所写《上尹楚珍阁学书》中，对自己一生"经世"和"救弊"的宗旨作了这样深刻的总结："学诚……读书著文，耻为无实空言，所述《通义》，虽以文史标题，而于世教民彝，人心风俗，未尝不三致

---

① 《文史通义》内篇五《史释》。
② 均见《文史通义》内篇四《说林》。
③ 《文史通义》外篇三《答沈枫墀论学》。

意,往往推演古今,窃附诗人义焉。"① "耻为无实空言",正是他与脱离实际学风相对立的独特风格。

其次,章学诚提出区别功力与学问的著名命题,确切地说明考据只是做学问的基础,它在学术工作中只能居于较低的层次。

章学诚认为,同是治学,按其性质和造诣,有两种不同的境界。"学与功力,实相似而不同;学不可以骤几,人当致攻乎功力则可耳,指功力以谓学,是犹指秫黍以谓酒也。"② 考据家们搜集、考订材料固然有一定的价值,但只是罗列现象,属于表层的东西,只能称之为"功力";不能停留在这一步,还要从材料中提出独到的见解,这才是真正的"学问"。他的分析深刻地说明了搜集原始材料与加工提炼出精品二者质的不同。他进而指出,真正的学问,是在掌握丰富材料之后,再深入进去,以求明白其所以然的道理。他说:"记诵名数,搜剔遗逸,排纂门类,考订异同,途辙多端,实皆学者求知所用之功力尔。即于数者之中,能得其所以然,因而上阐古人精微,下启后人津逮,其中隐微可独喻,而难为他人言者,乃学问也。"③ 他指出误把功力当作学问,造成了学术方向的迷误,告诫人们不要盲目地跟着风气跑,都切中了当时学风弊病的症结所在。

再次,章学诚郑重地指出:如果沉溺于烦琐考据而忘掉治学的目的,那么下功夫越大,离开正确的方向也就越远。《申郑》篇云:"记诵家精其考核,其于史学,似乎小有所补;而循流忘源,不知大体,用功愈勤,而识解所至,亦去古愈远,而愈无所当。"他认为必须冲破琐屑考订的束缚,发扬《史记》《汉书》成一家之言的传统,史学才能发展。他把考证恰当地譬作治学的舟车。"记诵者,学问之舟车也。人有所适也,必资乎舟车,至其地,则舍舟车矣。"④ 人要达到目的地需要乘坐车船,但是人不能一辈子无目的地永远坐在车船里。同样道理,做学问需要以考

---

① 《章学诚遗书》卷二十九。
② 《文史通义》内篇二《博约中》。
③ 《章学诚遗书》卷二十九《又与正甫论文》。
④ 《文史通义》内篇三《辨似》。

据作为手段,但是不能沉溺于考据而忘记经世的目的。他辛辣地嘲讽把烦琐考证误认为最高学问的人:你们把搜求、考证古代零星材料当作"足尽天地之能事",你们算是幸运,生在秦焚书以后,有这些"襞绩补苴"修修补补的工作可做,如果生在焚书以前,古篇完整保存下来,那你们还有什么事情可干呢!①

清代学术的发展充分证明:章学诚上述从学术方向、价值认识、治学方法等方面对脱离实际的考证学风的针砭,都切中肯綮,具有重大的进步意义。章学诚对烦琐学风的斗争很坚决,批评又是讲道理的,因而打中要害。更为难得的是,他对学风流弊的针砭,已达到自觉的程度,他是有意识地以逆时趋而持风气为己任。他曾写信给钱大昕,很深沉、很痛切地披露自己的心迹:

> 学诚从事于文史校雠,盖将有所发明,然辨论之间,颇乖时人好恶,故不欲多为人知。所上敝帚,乞勿为外人道也。……惟世俗风尚,必有所偏,达人显贵之所主持,聪明才隽之所奔赴,其中流弊,必不在小。载笔之士,不思救挽,无为贵著述矣。苟欲有所救挽,则必逆于时趋,时趋可畏,甚于刑曹之法令也。②

章学诚是把挽救风气流弊视为不可推卸的时代责任,自觉地担负起来。在考据的习尚风靡于世、人人倾倒的情况下,他却看到危害,所以不顾从达官显贵到整个学者社会所构成的巨大压力,即使感到像刑狱那样的威胁,他也毫无顾惜。烦琐考据的学风既然脱离实际的需要,违反学术发展的规律,那么它终将被抛弃。章学诚的批判针砭,毕竟预示着学术风气变化的新趋势。所以,《文史通义》一书的价值超过史学的范围,对于整个思想史和文化史都有重大的意义。

章学诚观察当时学术问题眼光之敏锐,见解之深刻,还从他对戴震的评论中突出反映出来。戴震(1723—1777)是乾嘉汉学中皖派代表人物,名望很高。他的学问实际包括考证和反理学的

---

① 《文史通义》内篇二《博约中》。
② 《章学诚遗书》卷二十九《上辛楣宫詹书》。

哲学著作两部分。当时人们的评价很有出入。章学诚与戴震在修地方志和评论郑樵等问题上存在分歧，但他对戴学之"绝诣"确有卓见，评论中肯。章学诚对戴震的总评价是："戴君学问，深见古人大体，不愧一代巨儒。""一时通人，……而求能深识古人大体，进窥天地之纯，惟戴氏可与几比。"给予充分的推崇，毫不顾及个人的恩怨。

　　但许多考据家认为，考据才是戴学的"绝诣"。而戴氏著《原善》《论性》一类哲学著作，则"空说义理，可以无作"，甚至指责为"精神耗于无用之地"。这正说明当时学术界的偏见是多么根深蒂固！大学者朱筠、钱大昕也持这种看法，"群惜其有用精神耗于无用之地"。① 戴震《原善》等篇与《孟子字义疏证》相联系，都是反理学进步著作，揭露"以法杀人者人犹怜之，以'理'杀人者有谁怜之"。是对理学杀人爆发出来的抗议。戴震对自己的学问精髓反遭轻视很感气愤，说：考证是我学问的舆夫，《原善》等才是坐舆的主人，"当世号为通人，仅堪与余舆隶通寒温耳"。讥笑称赞其考据的硕儒们只配与他学问的奴仆打交道。章学诚恰恰是戴震的知音，他认为《原善》诸篇，"于天人理气，实有发前人所未发者"，"能识古人大体，进窥天地之纯"。围绕评价戴震这些事实，说明了两个很紧要的问题：一、乾嘉时期那种崇尚考据的风气怎样把最有进步意义的学问精华掩盖了，把成就卓著的学者的形象扭曲了。二、充分说明章学诚见识卓越，比起当时众多的考据家们来不知要高出多少倍。章学诚有关戴震的评论，见《文史通义·书朱陆篇后》《章学诚遗书·佚篇·答邵二云书》等篇中，很值得再作深入的研究。

三、探讨学术与社会史的关系

　　章学诚批判当时学风的流弊，实质是要论证烦琐考据脱离实

---

① 《章学诚遗书·佚篇·答邵二云书》。

际,离开了正确的方向,违背了社会的需要和学术的规律。而这个实质问题的解决,仅限于对时尚分析评论还是不够的,还应该在理论上和历史上作更深入的探讨。探究源流本是他思考和治学的特点。因此他进一步的理论探索,是把探求史学之本原,扩大到探求整个学术的本原。他著名的"六经皆史"说,对"道"的本原和"道""器"关系的论述等等,都是围绕深入一步解决学术与社会的关系而展开的,其核心,是讲学术必须"经世"。这个问题,从学术的整体讲,是探讨学术的发生、发展与社会史的关系;从学者个人所应做到的来讲,则是论述学者应有的修养和社会责任。

(一)"六经皆史"说的意义

"六经皆史",是章学诚探求学术本原所得出的重要命题。他认为,两千年来被顶礼膜拜的六经,实际上是先王的政典,是当时历史的记录,所以说"六经皆史"。《文史通义》之《易教》(上中下)、《经解》(上中下)等篇对此都有阐述。《易教上》开宗明义说:"六经皆史也。古人不著书,古人未尝离事而言理,六经皆先王之政典也。"他论学术的本原,在先秦时代,官府职掌、典章文献、治国的道理三者本来合为一体。古代官府部门各分其责,这些部门的典章文献保存下来,就是后代所称的"经",一向被视为高深莫测、无比神圣的"道",就在这些治国的文献之中。所以古代圣人并没有离开这些先王政典,另外著书去讲什么神秘的道理。他还指出,就拿颇有点神秘意味的《易经》来说,它的产生也同阴阳历法有关,同政事有关,并非圣人有特殊用意而"离事物而特著一书"。因此,学术从它起源,就同社会人事密不可分,就是"经世"的。这是学术史上一个很重要的原理。章学诚追根求源论证学术与社会史的关系,就为批评当时学风脱离实际,离开社会人事去治经、去讲道的不良倾向,进一步提供了理论的历史的依据。

有的文章争论"六经皆史"是谁首创的问题,这并不重要。章氏以前,确有人讲过类似的话。王阳明回答学生徐爱说:"以事言谓之史,以道言谓之经,事即道,道即事,《春秋》亦经,五经亦史。"① 此外，明代及清代讲类似的话者，有王世贞，见《弇州山人四部稿》卷一四四；李贽，见《焚书》卷五《经史相为表里篇》；何景明，见《大复集》卷三二《经史皆记事之书》；潘府，见《明儒学案》卷四六《诸儒学案》；顾炎武，见《日知录》卷三。有的论著还追溯到更早，提出可追溯到元代郝经甚至东汉。②

即使能找到很早的出处，也不会降低章学诚这一命题的意义。因为前人都只是行文中涉及，并无专门论述。章学诚是作为重要命题提出来，深入地加以论证，并且是针对时弊而发，是与他强调学术必须"经世"的主张密切联系的。他吸收了前人的提法，把它提高了，发展了，赋予了时代的内涵。这是意义之一。意义之二，是扩大了史学的范围，提高了史学的地位。他还讲："愚之所见，以为盈天地间，凡涉著作之林，皆是史学。"六经即其中同圣人有关系的六种。③ 明确提出包括六经在内的，都是史料，所以扩大了史料范围。而且，当时风气，经书是被当作偶像受到崇拜，史只能居于附庸地位，"号为治经则道尊，号为学史则道诎"。④ 现在按照章学诚的理论，六经也是史，可以平起平坐了，六经皆史的命题之所以在近代受到重视，还在于它符合近代学术的一个大趋势：把所有各种学问都置于历史考察范围之内。"六经"过去只能顶礼膜拜，现在也要作为研究对象了。所有这些，都包含有冲破封建教条的积极意义，包含着可贵的近代科学意识。

(二) 探求"道"的产生和"道""器"关系的哲理

章学诚认为"道"是随着人类社会的进化，从无到有，从简单到复杂发展起来的。他说："道者，非圣人智力之所能为，皆其事势自然，渐形渐著，不得已而出之。"否定了上帝创造或圣

---

① 王守仁：《传习录上》，《王阳明全集》卷一，世界书局，1936年版，第7页。
② 两说分别见陶懋炳《中国古代史学史略》，湖南人民出版社，1987年版；陆宗达《从旧经学到马列主义历史哲学的跃进——回忆吴承仕先生的学术成就》，《北京师范大学学报》1984年第2期。
③ 《文史通义》外篇三《报孙渊如书》。
④ 《龚自珍全集》第一辑《古史钩沉论二》。

人有意安排的唯心说教,坚持了唯物主义的观点。具体说来,他把"道"看作是有阶段的发展:"天地生人,斯有道矣,而未形也;三人居室,而道形矣,犹未著也。人有什伍而至百千,一室所不能容,部别班分,而道著矣。仁义忠孝之名,刑政礼乐之制,皆其不得已而后起者也。"章学诚所讲的,好像猜测到一些由原始公社、氏族公社到形成国家的演变。① 如对于封建国家各项制度职能的产生,就有相当接近于历史进程的天才猜测:"至于什伍千百,部别班分,亦必各长其什伍而积至于千百,则人众而赖于干济,必推才之杰者理其繁,势纷而须于率俾,必推德之懋者司其化,是亦不得不然之势也,而作君、作师、画野、分州、井田、封建、学校之意著矣。"② 由于社会的复杂而推动各项秩序的治理,促进国家制度的形成。他论证"道"的产生和形成的不同阶段,都由客观的"不得不然之势""事势自然"所推动,乃是符合唯物史观存在决定意识原理的进步观点。

同时,章学诚发挥了中国思想史上"道不离器"的正确命题,从哲理高度批驳理学空谈的错误倾向。他说:"道不离器,犹影不离形。"孔子撰述六经,则以书中的典章制度体现了治国的"道"。六经既是载道之书,同时六经又皆是器。这就叫"道器合一",或"道寓于器"。他强调指出:"天下岂有离器言道,离形存影者哉!彼舍天下事物人伦日用,而守六籍以言道,则固不可与言夫道矣。"③ 理学家违背了"道器合一"的根本哲理,结果陷入了性理空谈,"于学问文章、经济事功之外,别见有所谓'道'耳。以'道'名学,而外轻经济事功,内轻学问文章,则守陋自是,枵腹空谈性天,无怪通儒耻言宋学矣"。④ 理学空谈虽与烦琐考据形式不同,但其共同弊病是脱离实际,违背了经世的目的。章学诚认为,正确的做法,应该是发挥"道"产生于

---

① 侯外庐说,见《中国思想通史》第五卷第十三章"章学诚的思想",人民出版社,2011年版,第455页。
② 以上引文均见《文史通义》内篇一《原道上》。
③ 《文史通义》内篇一《原道中》。
④ 《文史通义》外篇三《家书五》。

"事势自然"的原理,研究当今变化了的制度事物,总结出符合当今状况的"道"来。所以他对著作家提出的要求是:"事变之出于后者,六经不能言,固贵约六经之旨,而随时撰述以究大道也。"①

以上是书中从历史的发展,论证学术不能与社会生活、经世大旨相脱离,著述的文辞不能与义理相脱离。再从现实中著作者的作为来讲,就必须强调应该具备的修养和责任。章学诚在后一方面的理论贡献,是论述了"言公"和"史德"。

《言公》篇的主旨是讲著作家应该坦诚无私严格律己。章学诚认为,著述的出发点必须是"诚",抒写真情实感和真知灼见,文辞是用来恰当地表达这种"诚"的形式。"学者有事于文辞,毋论辞之如何,其持之必有其故而初非徒为文具者,皆诚也。"②怎样做到坦诚无私呢?章学诚论述了两项,一是摒弃猎取名誉的虚荣心,二是根绝表里不一的虚伪心。他说:"仆于学业文辞,不知于古有合与否,惟尺寸可自信者,生平从无贰言歧说,心之所见,口之所言,笔之所书,千变万化,无不出于一律。""而窃怪今之议学问者,往往不求心术,不知将以何者为学为问,而所为学与问者,又将何所用也!"③章学诚现身说法,论述树立了"经世"的目的和责任心,才能力戒私心胜气和虚饰欺瞒,对于著述者何等重要,今天读来仍然发人深省。

章学诚还强调历史学家应具有"史德"。他说:"能具史识者,必知史德;德者何,谓著书者之心术也。……盖欲为良史者,当慎辨于天人之际,尽其天而不益以人。"④刘知幾论史家应具"才、学、识"三长时,已讲到"犹须好是正直,善恶必书,使骄主贼臣所以知惧,此则为虎傅翼,善无可加,所向无敌者矣"。⑤其中已包含有"史德"的思想。章学诚加以大大发展,

---

① 《文史通义》内篇一《原道下》。
② 《文史通义》内篇四《言公中》。
③ 《章学诚遗书·佚篇·与史馀村》。
④ 《文史通义》内篇五《史德》。
⑤ 《旧唐书》卷一百二《刘子玄传》,中华书局,1975年版。

作为三长以外的一个重要问题提出来，并专门写了文章，此项贡献，诚如白寿彝先生所评价的，"在中国史学史上是一件很重大的事情"。① 章学诚讲"尽其天而不益以人"，是强调史书记载要符合历史事实，不要掺杂私人感情和偏见。因为，史书要靠人写，而人是有意识有感情的，这些很容易受到外界条件的刺激影响，"其中默运潜移，似公而实逞于私，似天而实蔽于人，发为文辞，至于害义而违道，其人犹不自知也。故曰心术不可不慎也"。章学诚又讲，评论古人应设身处地，包含有结合历史条件去考察的意思。他针对有人称司马迁"为讥谤之能事"，"百三十篇，皆为怨诽所激发"的片面说法，强调司马迁著史的主旨，是"究天人之际，通古今之变，成一家之言"，肯定其高尚志趣和卓越史识。又指出他因遭遇不幸而"不能无所感慨"，但跟"怨诽"根本不同，得出了相当公允的结论。②

四、朴素的辩证分析——《文史通义》的精髓

总结《文史通义》的贡献，还应该特别讲到书中朴素的辩证分析的因素。我认为，此项是章学诚的见识高于同时代学者之原因所在，也是他理论探索的进步性和真理性之精髓所在。《文史通义》论述史义与史事、史文、史例的关系和演变，论述撰述和记注的关系，功力与学问的关系，论述"经"和"史"、"道"和"器"的关系，历史的客观因素（"天"）和史家的主观因素（"人"）的关系，对戴震学术的评价，等等——都是正因为符合辩证法关于分析矛盾普遍存在的观点，关于用互相联系的、发展的眼光观察事物的观点，关于具体分析具体事物，既要看到事物的正面，又要看到事物的反面的观点，因而鞭辟入里，具有很强的说服力。

---

① 白寿彝师：《说六通》，《史学史研究》1983年第4期。
② 以上引文均见《文史通义》内篇五《史德》。

《文史通义》中出色地运用辩证分析的例证还有不少。譬如：

论"立言之士"与"专门考索"的关系。章学诚大力针砭烦琐考据学风的流弊已如前述。他还形象地指出："近日学者风气，征实太多，发挥太少，有如桑蚕食叶而不能抽丝。"① 深刻地揭露出烦琐考据不切实用的本质。那么，章学诚对于考据是不是完全否定呢？不是的。他反对的是把考据当作学问的全部、学问的目的，反对的是学者不顾自己的条件而盲目跟着风气跑，与此同时，他对考据的作用又有所肯定。他认为，考据家的专门知识不应当忽视和抹杀。"考索之家，亦不易易，大而《礼》辨郊社，细若《雅》注虫鱼，是亦专门之业，不可忽也。"因此他不同意友人的看法，认为阮元《车考》只研究一车之用，无甚意义，指出"治经而不究于名物度数，则义理腾空而经术因以卤莽，所系非浅鲜也"。进一步，章学诚又精辟地论述理论发挥与专门考据二者互相补充的关系。他说："人生有能有不能，耳目有至有不全，虽圣人有所不能尽也。立言之士，读书但观大意；专门考索，名数究于细微；二者之于大道，交相为功，殆犹女馀布而农馀粟也，而所以不能通乎大方者，各分畛域而交相诋也。"② 这段话，批评了把注重理论与注重考据二者完全对立的形而上学观点，透彻地论证了二者既互相对立又互相补充的辩证关系。章学诚还有很难得的见解，他认为有识之士把握学术的正确方向，应该做到："非特能持风尚之偏而已也，知其所偏之中亦有不得而废者焉；非特能用独擅之长而已也，知己所擅之长亦有不足以该者焉。不得而废者，严于去伪而慎于治偏，则可以无弊矣；不足以该者，阙所不知而善推能者，无有其人，则自明所短而悬以待之，亦可以无欺于世矣。"③ 这些话确实符合辩证地具体分析的态度，在不好的倾向中，要能发现其中合理的东西，而对正确的应该发扬的一方，又要看到其中不足之处而加以弥补。采取这种实事求是的、有分析的态度，才能做到"无弊"，"无欺于世"。他

---

① 《文史通义》外篇三《与汪龙庄书》。
② 以上引文均见《文史通义》外篇三《答沈枫墀论学》。
③ 《文史通义》内篇四《说林》。

本人也确实做到这一点,他曾多次声明自己不擅长考据,所以要从考据家的长处得到弥补。

论博与约的关系。怎样处理渊博与专精的关系,是学者无人不碰到的大问题。章学诚对此有精到的辨析。他认为,博与约互相依存。博是约的基础;但是做不到约也谈不上真正的博。在广博与专精二者之中,章学诚强调专精,称它是学者"自立之基"。如果务博而不求精,就不可能有真正的学问。天下的知识无有涯际,材料不计其数,若想穷尽天下的材料,只不过是无法实现的妄想,"尧舜之知所不能也"。① 只满足于搜罗材料,不作专精的钻研,那只是材料的杂凑而已,谈不上学问。这些话,既全面论述了博与约二者的关系,在当时又有很强的针对性。因为当时考证之风正盛,学者普遍的毛病是夸多矜博,沉溺于浩繁的材料之中。章学诚进一步指出,没有专门研究,材料再多也不过像乱摊在地上的散钱一样。只有用自得之学作为线索贯串起来,分散的材料才能成为有系统的学问。② 那么,已经达到专深的人,是否可以忽视博呢? 不是的。他认为,专了以后,还要重视广泛地吸收营养,得到启发,"博详反约,原非截然分界。及乎泛滥渟蓄,由其所取愈精,故其所至愈远"。③ 章学诚对博与约的辩证关系的不同层次,论证实在透彻,在今天也仍有其生命力。

论文章的内容与文辞的关系。章学诚反对片面追求文辞华丽的倾向,强调内容才是根本,内容的需要决定文章的表达形式。他说:"文章之用,或以述事,或以明理。……其至焉者,则述事而理以昭焉,言理而事以范焉,则主适不偏,而文乃衷于道矣。迁、固之史,董、韩之文,庶几哉有所不得已于言者乎! 不知其故,而但溺文辞,其人不足道已。"④ 但他又明确反对走到另一极端,即借口重视内容而忽视文辞的运用,他指出:"不文则

---

① 《文史通义》内篇二《博约中》。
② 《文史通义》外篇三《与林秀才》。
③ 《章学诚遗书》卷二十二《与族孙汝楠论学书》。
④ 《文史通义》内篇二《原道下》。

不辞,辞不足以存,而将并所以辞者亦亡也。"① 强调文辞的准确优美对于史书发挥社会作用有重要意义。针对宋明理学盛行而产生的鄙薄文辞的倾向,他指出文辞粗劣、面目可憎的作品,令人生厌,连他所要表达的内容也无人理会。② 在《文理》篇中,他反复论述写文章要言之有物,要有充实丰富的内容,有真知灼见而在文字上要发挥尽致,力求佳胜。堪称是一篇辩证地解决内容与文辞关系的精彩文章。

辩证分析的态度,是正确探求事物本质联系的、唯一符合科学的态度。章学诚在他的时代所能达到的水平上,出色地运用了辩证分析的方法,因而取得了卓越的理论成果,并且足以启迪后人的智慧。

章学诚史学理论的主要局限,则已有学者提出其"卫道和泥古"。③ 前者如《妇学篇书后》宣扬"男女授受不亲"的封建伦理,表现出浓厚的道学习气。后者如书中每每夸大古代学术的作用。但从总体上评价,则是大醇小疵。《文史通义》全书在编排上无完整系统,使人感到它"散"。其原因也是明显的,章学诚处在当时学术条件下,他需要探讨和辨析的问题很多,因而来不及构成一个完整的体系。值得我们注意的是,章学诚的理论探讨在一定程度上已经具备自觉的特点。他说:"学必求其心得,业必贵于专精,类必要于扩充,道必抵于全量,性情喻于忧喜愤乐,理势达于穷变通久,博而不杂,约而不漏,庶几学术醇固,而于守先待后之道,如或将见之矣!"④ 这段话,实则从包含全面的观点、历史变易的观点、自得之学、重视材料等方面,申明了他在学术上所自觉追求的目的,也是他对自己治学道路自觉的总结。正是这种自觉地追求真知的精神,支持他顶住被周围人们视为"怪物"、诧为"异类"的巨大压力,支持他忍受一辈子的困苦磨难,晚年的贫病交加,辛勤地撰述,反复地修订,以毕生心

---

① 《文史通义》内篇四《说林》。
② 《文史通义》外篇三《答沈枫墀论学》。
③ 李宗侗:《中国史学史》,中国友谊出版公司,1984年版,第199页。
④ 《文史通义》内篇二《博约下》。

血浇灌出这株传统史学理论的奇葩。章氏所言"守先待后之道",即以在学术上继往开来自任。他还预言,后人将会懂得他的文章都是有所为而发,有深刻的思想蕴涵,"百年而后,有能许《通义》文辞与老杜歌诗同其沉郁"。① 到 20 世纪初期,处在学术近代化进程中感觉敏锐的人物,结合切身体会重读《文史通义》,果然受到极大的触动,认为:《文史通义》"实为乾嘉后思想解放之源泉","为晚清学者开拓心胸,非直史家之杰而已"。② "自从章实斋出,拿这种'遮眼的鬼墙'(按,指学术上迷信古人的风气)一概打破,说学问在自己,不在他人。""这实在是科学的方法了。"③ 这些评语是《文史通义》对近代学者产生过极大的启迪作用的明证。但我们以往对这部名著的研究还很不够,实有必要更深入进行发掘。

---

① 《章学诚遗书》卷二十九《佚篇·又与朱少白》。
② 梁启超:《清代学术概论》,《饮冰室合集》专集之三十四,第 50 页。
③ 顾颉刚:《中国近来学术思想界的变迁观》(作于1919年),载于《中国哲学》第十一辑,人民出版社,1984年版。

崔述古史新说及其价值观

清代,是中国传统史学久远行程的最后阶段。这一时期史学所呈现的复杂纷纭的现象,长期使人难以把握其趋势和实质。如果我们在深入研究的基础上努力加以概括,则大体上可以认为,清代史学的动态过程包含着两个矛盾的方面:一方面是相对停滞,旧史学进一步暴露出其因袭的惰性,如作为封建社会"正史"的纪传体史书,此时增加了一部《明史》,完全袭用以往的体例格局,封建气味十足;典制体史书继"三通"(《通典》《通志》《文献通考》)之后,又增加了"续三通"(《续通典》《续通志》《续文献通考》)和"清三通"(《清通典》《清通志》《清文献通考》),陈陈相因,绝少创造。另一方面,史学却又酝酿着更新,如清初杰出学者顾炎武、黄宗羲、王夫之的著作在历史思想上闪耀出批判封建专制主义的异彩,以及乾嘉时期史学方法的趋向严密,就是其中突出的例子。前者,反映出封建社会后期衰老文化的特点,比较明显。后者,是转折时期行将到来以前酝酿滋长的因素,处在演进过程的深层,以往深入探讨不够。依我看来,这种内在趋向的价值不应忽视——它显示出中国史学蕴积深厚,虽然旧机体已经老化,但在这母体中却逐渐成长着更新的机制。这是中国史学长期的优良传统和生命力的一种体现。崔述古史学说及其方法论中所蕴含的近代价值观,就是清代史学复杂行程中孕育着更新动向之又一例证。

一、消沉百年后的巨大反响

崔述古史学说在百年中经历了一场曲折的悲喜剧。崔述字东壁,直隶大名人。生于乾隆五年(1740),卒于嘉庆二十一年(1816),与乾嘉时期著名学者王鸣盛、钱大昕、赵翼均是同时代人。崔述与他们同属考史,但领域不同,治学路数不同。王鸣盛等人致力于历代正史,主要考证秦汉以下的史实和制度,崔述所致力的是上古史范围,上起远古传说时代,下至春秋、战国。王鸣盛等人是当时著名的"汉学家",对于古代的经传、注疏的说法,诸子百家的记载都完全相信,对于汉代大儒郑玄、贾逵等人推崇备至,认为汉儒近古,讲的定有根据。他们的著作是当时学术风气的代表,人们交口称誉,享有很高的学术地位。崔述则对古代记载采取审查态度,他不盲目相信,而要"考而后信",他的力作就叫《考信录》。他以儒家经书为标准,对于战国秦汉以后关于上古历史的各种方法一概要细加考查,立志要廓清其中的大量附会和谬误。他以这种治学态度和抱负,一生辛勤著述,共写下二十一种著作,其中《考信录》计十二种,包括《考信录提要》《补上古考信录》《唐虞考信录》《夏考信录》《丰镐考信录》《洙泗考信录》《孟子事实录》,其他著作有《读风偶识》《古文尚书辨伪》等九种。但崔述当时处在"家家许、郑,人人贾、马,东汉学烂然如日中天",① 学者趋之若鹜的时代风气下,人们却不理会他的著作,"见此说而大骇,而却步而走也"。② 崔述的研究成果这样遭到冷落,跟王鸣盛、钱大昕等人生前享有显赫名声形成了多么鲜明的对比!

---

① 梁启超:《清代学术概论》,《饮冰室合集》专集之三十四,第53页。
② 崔述:《考古续说卷之一·观书馀论七则》,见顾颉刚编订《崔东壁遗书》,上海古籍出版社,1983年版,第448页。

崔述的治学志向是在困顿的生活和被冷落的环境中磨炼出来的。他少年读书，就怀疑典籍上关于古帝王史事的记载往往相歧异。他二十四岁考中举人，以后屡试不中进士，遂潜心治学。自称从三十岁起，改掉原来读书泛杂的毛病，立志"究心六经"，用传说、笺注与经书对比，将其中不同的说法分类抄录，考究其本源和变化，越加发现经书以外的百家杂说、经注传疏并不可信。当时他就决心著一部书，辟除众说的谬诬，纠正传注的误会。由于上古史料问题复杂，他长年作刻苦的钻研整理。崔述在贫困生活中治学的情景和志趣，从他夫人成静兰所写的诗中得到反映。成静兰能诗，《二馀集》中《赠君子》一首云：

> 崔郎卓荦志不群，胸藏经济人莫闻。
> 有时慷慨论时务，沛如黄河向东注。
> 近来学古益成癖，独坐搔首常寂寂，唤之不应如木石。
> 忽然绝叫起狂喜，数千馀言齐落纸。
> "五行""三正"细剖分，创论惊天思入云。
> 直欲扫除千载惑，岂效小儿弄笔墨。
> 半生辛苦文几篇，才高可惜无人识。
> 长安虽去每空还，十年憔悴长途间；且同煮酒开心颜。
> 一朝飞腾遂厥志，平尽人间不平事。①

对崔述考辨古史表示了充分的理解与支持。所以陈履和撰《崔东壁先生行略》中说："外人未有好先生书者；独成孺人为闺中老友，尽悉生平著书事耳。"② 这对在贫穷与寂寞中奋斗的崔述当然是一大助力！

崔述还有一件准备工作，他为使自己在文章中把考辨古史的观点表达得准确透彻，还在锻炼写作能力上下功夫。他不仅悉心揣摩韩、柳、欧三大家文章，还向当时古文家汪师韩请教，有《上汪韩门先生书》，诚恳地问他如何"自抒所见"，"使文不烦

---

① 见《二馀集》，《崔东壁遗书》附录，第784页。
② 见《崔东壁遗书》附录"传状"，第944页。

而意毕达"①,从这里也可以看出崔述对著述的认真态度。这段时间,他屡遭家庭变故的打击:父亲病殁,房屋遭大水冲毁,无栖身之处。四十一岁时,出生刚一年、全家视为命脉的独子早夭,接着老母哀伤而亡,次年,崔述治学的伴侣——弟弟崔迈又病死。一连串的打击,使他几次得了大病差点丧命。但他终于从这些灾难挫折中挺了过来,"益发愤自励",开始撰写第一部著作《洙泗考信录》。从此以后到他七十七岁卒前,二十余年间,勤苦著述不辍。

乾隆五十七年(1792),崔述五十三岁,写了《洙泗考信录》《补上古考信录》初稿。这一年吏部通知他参加候选,崔述到北京。后来被授福建罗源知县,曾先后任罗源、上杭县官六年。

这次在北京,崔述有一段极重要的奇遇。陈履和是云南石屏人,当年三十二岁,来北京参加会试,在客店中偶然认识了崔述,得读崔述所携带的《洙泗考信录》《补上古考信录》两部书稿,十分倾倒。他在信里向崔述表达敬意:"旬月以来,捧读大著,辨古书之真伪,折群言之是非,期于尊经明道,无所淆乱而已,比于武事,可谓敌忾御侮之师……生平谒见所及,一人而后已。"②并再三再四要拜崔述作老师。崔述被他的诚意所感动,推辞不去,便受了他的弟子之礼。他们在北京相聚只有两个多月,此后便没有再见面。但这次认识,却结下了三十多年师生情谊,从此陈履和心悦诚服崇拜他,以传播他的著作为自己的志愿。这三十多年中,陈履和先是陪随他父亲在江西、云南做知县等小官,以后陈履和本人被授浙江东阳知县,在这么长久的岁月中他和崔述只有书信来往,但他千方百计地陆续刊印了崔述的著述,为此付出了全部心血。

崔述在福建任县官期间,一面为职事操劳,一面又时刻惦记著述的事业。他当县官一直办事认真,开始时一些差役见他凡事都仔细询问,认为是个无能的老学究,但以后亲见他办理案件细

---

① 崔述:《考信附录卷之一·上汪韩门先生书》,见《崔东壁遗书》,顾颉刚编订,上海古籍出版社,1983年版,第476页。
② 《考信附录卷之二》附陈履和《客京师时致书》,《崔东壁遗书》,第481页。

致准确,对上司的错误处置敢于顶住,而且很有政绩,结果这班狡猾的差吏也不得不佩服他。但崔述觉得当县官不能正直做事,处处受妨碍受掣肘,"无罪不能救,有罪不能惩","地方事一毫不能整顿","每日卯起,亥眠,无一刻之暇",① 繁杂的事务和为难的处境使他无法看书写作,后悔出来做县官,只盼望赶快辞职回家完成自己的著述志愿。嘉庆七年(1802),六十二岁的崔述辞掉县官之职,携眷回到大名,几度迁居,最后定居彰德府。在他卒前十四年中,完成了《考信录》全书和其他著作。

崔述由于贫穷,所写大量著作自己无力刊刻,假若没有陈履和,崔述的著作便不能流传。当嘉庆二十二年(1817)闰六月陈履和到河北大名找他老师时,崔述已在半年前去世,留下遗嘱将全部书稿交陈履和。在崔述死后八年,陈履和终于以独人之力,在浙江东阳刻完崔东壁遗书,次年便病死了。他死后"宦囊萧然,且有负累;一子甫五龄,并无以为归计"。② 幸亏金华知府设法替他弥补亏空,把《东壁遗书》的版本二十箱留存金华府学作欠款抵押,并由金华府各县同官捐款,凑够陈履和眷属返回云南的路费。所以清人张维屏评论说:"(东壁)先生所著书,履和一人刊行。先生之书不朽,履和为弟子,其笃于师弟之谊若此,亦当附之以不朽矣。"③ 这是很恰当的评价。崔述学说在近代的传播,陈履和有很大的功劳,他们师生的交谊也是学术史上极感人的事。

崔述《考信录》一书虽然幸运地刻成了,但他的学说在整整一个世纪中一直几乎不被人知。这是因为,崔述的学说不投时好。当时的风尚,除了讲理学、求科举外,在考据范围内,则是讲求如何恪守汉儒的经注。而崔述所做的,却是要推翻战国以后经传、笺注对古史的附会与假托,这对当时读书人来说是不可思议的。所以崔述在给友人信中曾一再感慨说,当地除有一二人看

---

① 崔述:《莳田賸笔残稿·与朱松田》,《崔东壁遗书》,第804页。
② 萧元桂:《崔东壁先生遗书序》,载《崔东壁遗书》,第924页。
③ 张维屏:《松轩随笔》,载《崔东壁遗书》,第1014页。

过他的著作外,别人"非惟不复称之,抑且莫肯观之"。① 因此连他的姓名都长期不被人知。他死后,有个叫张澍的人写《辟崔氏说》一文,把《考信录》当作"邪说"来"辟",却把作者名字误为"崔应榴",即是明证。②

在整个 19 世纪中,中国重视崔述学说的只有张维屏一人。他是道光进士,鸦片战争时期的爱国诗人,编有《国朝诗人徵略》,指出"二百年来,考据之学盛矣,然大都就制度名物辨论之,未有合唐、虞、三代圣贤君臣之事迹而考究之者"。《考信录》却做到了。这番话意味着崔述开辟了新的领域,填补了空白。并且赞扬他的方法:"每事必究其原;每书必核其实。"③ 张维屏不愧是难得的有见识的人物,可是他的这些话在当时却如同旷野中的一声呐喊,并未引起回音。事实上,崔述学说在一个世纪中完全消沉无闻,无人问津。

到了 20 世纪初情形却迥然而异。随着东方国家史学近代化的展开,日本学者首先大力加以褒扬,而后在中国更引起强烈反响。20 世纪初年,日本学者那珂通世读到《东壁遗书》,十分赞赏,称"著者议论高明精确"。为了使此书在日本学术界得以传布,他将全书校订标点,于 1903 年列入日本史学会丛书出版。那珂通世并撰写《〈考信录〉解题》一文,在日本《史学杂志》发表。他论述崔述学说的内容和价值说:"中国学者拘于汉儒之训诂,耽于宋儒之空理,其弊固不待言。尚古之念既深,对于古书皆如宗教徒之崇拜经文……崔氏处于群迷之中,独能建树己说","识通古今,考据辨析高出于汉、宋诸儒之上"。④ 那珂通世如此表彰和传布,遂使崔述学说与近代史学产生了密切的

---

① 崔述:《书〈考信录〉后》,载胡适《科学的古史家崔述》,见《崔东壁遗书》,第 1004 页。

② 张澍:《辟崔氏说》,载《养素堂文集》卷二十九,见《崔东壁遗书》,第 1073 页。

③ 张维屏:《崔述》,载《国朝诗人徵略二编》卷三十五,见《崔东壁遗书》,第 1072 页。

④ 〔日〕那珂通世:《〈考信录〉解题》,于式玉译,见《崔东壁遗书》附录"序目",第 929 页。

联系。

20世纪国内最早重视崔述的学者是刘师培,他曾于1907年东渡日本,带回了日本史学界表彰崔述学说的新信息。约在1910年,他撰写了《崔述传》,介绍崔述生平和《考信录》主要内容。刘师培不仅重视崔述考辨古史的结论,而且重视他治史的方法:"浅识者流仅知其有功于考史;不知《考信录》一书自标界说,条理秩然,复援引证佐以为符验,于一言一事必钩稽参互,剖析疑似,以求其真,使即其例以扩充之,则凡古今载籍均可折衷至当,以去伪而存诚。"① 此后,崔述的学说更引起胡适、钱玄同、顾颉刚、洪业等学者的极大研究兴趣,于是在1921—1936年期间,学术界先后校印《崔东壁遗书》,访问其故里,搜集其佚著,撰写其传记、年谱,并且直接导致了顾颉刚为代表的"古史辨派"的探索可信的古史体系的研究热潮。胡适于1923年撰写《科学的古史家崔述》,认为:"我深信中国新史学应该从崔述做起,用他的《考信录》做我们的出发点。"② 顾颉刚于1921年开始校点《崔东壁遗书》。他在1923年致友人信中说:"崔述的《考信录》确是一部极伟大又极细密的著作。"③ 并决心发扬崔述的治史方法,认为"他把难的地方已经做过一番功夫,教我们知道各种传说的所由始了,由此加功,正是不难"。④ 1926年,他又在编著《古史辨》第一册的《自序》中说:"我弄了几时辨伪的工作,很有许多是自以为创获的,但他的书里已经辨证得明明白白了,我真想不到有这样一部规模弘大而议论精锐的辨伪的大著作已先我而存在。"⑤ 这说明:崔述的学说如同一颗长久埋藏在尘土里的史学明珠,现在突然放出光彩,被发现出其中具有近代科学的因素,成为刺激和推进史学近代化倾向的重要机制。这是《考信录》所显示的生命力和价值之所在。

---

① 刘师培:《崔述传》,《国粹学报》1907年第三卷(总第三十四期)。
② 胡适:《科学的古史家崔述》见《崔东壁遗书》附录,第953页。
③ 顾颉刚:《与钱玄同先生论古史书》,《古史辨》第一册,上海古籍出版社,1982年版,第59页。
④ 顾颉刚:《论伪史例书》,《古史辨》第一册,第28页。
⑤ 顾颉刚:《自序》,《古史辨》第一册,第45—46页。

二、廓除前人附会，提出古史新说

崔述对史学研究的重要贡献，在于他发扬了古代伟大史学家司马迁的"考信"精神，以严密审查的态度对待两千年形成的古史传说，廓除了以往记载中大量的附会和谬误，开辟了探求可信的古史体系的道路。

《考信录》一书的得名，是从《史记》上"学者载籍极博，犹考信于六艺"①的名言来的。这句话，是司马迁治史的基本态度，也是《史记》取得伟大成就的重要条件之一。司马迁当时接触到的是各种各样的关于上古史的说法，"百家言黄帝，其文不雅驯，荐绅先生难言之"。对于各种歧异的说法，司马迁没有轻信，他将不同的记载加以比勘，且以实地访问调查相印证："余尝西至空峒，北过涿鹿，东渐于海，南浮江淮矣，至长老皆各往往称黄帝、尧、舜之处，风教固殊焉，总之不离古文者近是。"②反复比勘、印证的结果，他认为用先秦文字记载的儒家古文著作较为可信，以"考信于六艺"为基本方法的理由即在于此。但他对"六艺"也不盲目相信，有时也有保留，"疑则传疑，盖其慎也"。③

总之，司马迁的基本态度是"考信"和"求实"，以写出一部信史为自己努力的目标，开创了我国史学的优良传统。两千年后，王国维利用出土卜辞考证出《殷本纪》中所载殷先公先王世系基本正确可靠，就是《史记》在总体上具有极高史料价值的有力证据。但由于当时史料条件和科学水平的限制，《史记》不可能做到史实完全正确，关于上古史的记述，"信史"与"传说"界限并不清楚。后代有不少史家、学者继承了司马迁的求实精神，或在撰写中据事直书，或在评论中辨伪纠误。然而，在上古

---

① 《史记》卷六十一《伯夷列传》序。
② 《史记》卷一《五帝本纪》赞。
③ 《史记》卷十三《三代世表》序。

史领域内,许多儒生却迷信远古传说,甚至杜撰材料,任意附会,使上古史在传说之外又增加了许多假造的说法。由于假托和杜撰太多,矛盾和纰漏也越来越暴露。这就为后代史家提出了这样的任务:考辨种种假托和附会,清理出可信的上古史轮廓。宋代的欧阳修、朱熹,明代宋濂、胡应麟,清初姚际恒等人在辨伪上都有成绩。崔述则以毕生精力撰成有系统的巨著《考信录》,考辨古史范围更大,体例更严密,贡献尤为突出。

崔述古史学说的中心论点是:

(1)先秦典籍记载的上古史与后人说法不同,比较可信。儒家经典《诗经》《尚书》等以及《论语》《孟子》讲上古史,只讲到尧、舜。"《论语》屡称尧、舜,无一言及于黄、炎者;孟子溯道统亦始于尧、舜。"① "自《易》《春秋》传始颇言羲、农、黄帝时事,盖皆得之传闻,或后人所追记。然但因事及之,未尝盛有所铺张也。"即是说,这些记载中夸大的成分还比较少。

(2)战国至秦汉,《国语》《大戴礼记》及杨朱、墨子等学派的言论,"以铺张上古为事,因缘附会","妄造名号,伪撰事迹",② 于是造成对上古史的说法矛盾混乱、荒远无征。司马迁则采取比较审慎的态度,他整齐百家杂语,"考信于六艺",从黄帝起,删掉其言不雅驯。司马迁明确地不从伏羲、神农讲起,他摒弃了战国时人的一些说法。

(3)到晋代谯周《古史考》、皇甫谧《帝王世纪》"所采益杂,又推而上之,及于燧人、包羲"。以后的河图、洛书、《皇王大纪》等,则甚至"有始于天皇氏、盘古氏者矣"。崔述称之为:"邪说诐词杂陈混列,世代族系紊乱庞杂,不可复问。"③

仔细研究崔述这些论点,可以明白:第一,他所整理的古史体系分为三段:"三代"是可信的阶段;尧、舜或上溯到黄帝,是比较可信的传说阶段;再往上,则后人附会更甚,更加荒远不可征信。如果认为是确实存在过那样的历史,那就上了附会妄造

---

① 崔述:《补上古考信录序》,《崔东壁遗书》,第25页。
② 崔述:《考信录提要》下,《崔东壁遗书》,第17页。
③ 崔述:《考信录提要》下,《崔东壁遗书》,第17页。

者的当了!第二,旧的古史体系的造成,越到战国以后,离儒家经典越远,附会越多,杜撰越厉害。

崔述的这些论点,从根本上动摇了旧的古史体系。由于两千年儒生"尚古""复古"积习所支配,总想把上古史越拉越远的人历代皆有,读书人向来受的就是"盘古开天地,三皇五帝到于今"的定型教育,因讹传讹,不加怀疑。现在崔述提出古史新说,等于宣布,儒生们世世代代所信奉、所传习的"盘古氏,开天地"等古帝王世系,都是出于后人附会,需要重新审查。而且他有大量的证据、严密的考辨,这就给陈旧的传统观念以沉重的打击。

崔述清理古史体系的意义,可以从由他直至影响的"古史辨派"的理论看出来。顾颉刚先生有著名的"层累地造成的古史说"。其要点是:一、"时代愈后,传说的古史期愈长"。如,"周代人心目中最古的人是禹,到孔子时有尧舜,到战国时有黄帝神农,到秦有三皇,到汉以后有盘古等";二、"时代愈后,传说中的中心人物愈放愈大","如舜,在孔子时只是一个'无为而治'的圣君,到《尧典》就成了一个'家齐而后国治'的圣人,到孟子时就成了一个孝子的模范了";三、我们即使"不能知道某一件事的真确的状况,但可以知道某一件事在传说中的最早的状况"。①

对照一下即可清楚,顾颉刚先生的理论,正是从崔述的论点发展而来的。顾先生自己说过:"我们今日讲疑古辨伪,大部分只是承受和改进他(崔述)的研究。"② 顾颉刚倡古史辨固然有的地方疑过了头,但他在廓清旧古史体系的迷雾上是很有贡献的。郭沫若先生评论说:"顾颉刚的'层累地造成的古史',的确是个卓识。从前因为嗜好不同,并多少夹有感情作用,凡在《努力》上发表的文章,差不多都不曾读过。他所提出的夏禹的问题,在前曾哄传一时,我当时耳食之余,还曾加以讥笑。到现在

---

① 顾颉刚:《与钱玄同先生论古史书》,《古史辨》(一),第60页。
② 顾颉刚:《崔东壁遗书序》,见崔述《崔东壁遗书》,第60页。

自己研究了一番过来，觉得他的识见是有先见之明。在现在新的史料尚未充足之前，他的论辨自然并未能成为定论，不过在旧史料中凡作伪之点大体是被他道破了。"[1] 如今我们讲历史，已经不再糊糊涂涂地从盘古氏、伏羲氏作为"信史"讲起，而是明确区分了古史传说时代与有文字可考的历史之间的界限。对于这种科学的古史体系的建立，"古史辨派"学者无疑是有功绩的，但追根溯源，崔述则有开创之功。

根据上述中心论点和对古代典籍的详细考辨，崔述对于古代史料有许多卓越见解：

（1）认为"三代以上经史不分，经即其史，史即今所谓经者也"。他把神圣的"经"作为史料看待，作为研究对象，这跟同一时代的章学诚提出"六经皆史"是相呼应的。崔述还说："后世学者不知圣人之道体用同原，穷达一致，由是经史始分。其叙唐、虞、三代事者，务广为纪载，博采旁搜，而不折衷于圣人之经。其穷经者则竭才于章句之末务，殚心于心性之空谈，而不复考古帝王之行事。"[2] 这些话若去掉其尊圣的意味，则他讲出了先秦经书即是先秦的历史记载、经史不分的道理，脱去了"经书"神秘的色彩，并且尖锐地批评了儒生们尊古妄信、空谈义理的弊病。同时也反映了近代史学领域的扩大，尽量去把各种记载都置于史学考察的范围，显示出一种新价值观的取向。

（2）确定《周礼》《仪礼》是战国时期的作品，这点已为近代多数学者所公认。

崔述认为《仪礼》一书保存着三代礼制的资料，具有帮助"识其名物之制，以考经传之文"的价值，"大有益于学者"。但他举出有力的证据，证明它决不是"周公之书"，推翻了历来相沿的成说。第一，从时代特点考察。"周初之制犹存忠质之遗，不尚繁缛之节。"可是，"今礼经所记者，其文繁，其物奢"，与上述时代特点"相背而驰"。"古者公侯仅方百里，伯七十里，子

---

[1] 郭沫若：《中国古代社会研究》附录"夏禹的问题"，《郭沫若全集》历史编第一卷，人民出版社，1982年版，第304—305页。

[2] 崔述：《洙泗考信录自序》，《崔东壁遗书》，第262页。

男五十里;而今聘食之礼,牲牢笾豆之属多而无用,费而无当,度其礼每岁不下十余举,竭一国之民力犹恐不胜。"这种礼制反映的恰恰是春秋以后"诸侯吞并之余,地广国富"的时代特点。第二,从史实考察。《仪礼》上所说"臣初拜于堂下,君辞之,遂升而成拜"① 的记载,跟春秋以前的史实大相径庭。据《左传》所载周襄王赐齐桓公胙②和秦穆公享晋公子重耳③所用礼节证明,春秋以前通行臣拜君于堂下的礼制,即使君有"无下拜"之命,为臣者仍按古礼行事,下拜后再登而受之;即或国君辞礼,臣也不因其辞而改变礼节,辞者自辞,拜者自拜。崔述强调说:"齐桓为诸侯盟主,权过于天子,然犹如是,则寻常之卿大夫可知矣","晋文公乃邻国之公子,且夕为晋君,与秦穆同列,然犹如是,则本国之卿大夫可知矣"。④ 可见《仪礼》"升而成拜"的记载在春秋以前是不可能存在的。第三,再与春秋时代人物的评论对照。孔子说过:"拜下,礼也;今拜乎上,泰也。"⑤孔子讲的,正是春秋时期由"古礼"到"今礼"的过渡。《仪礼》所记就是孔子讲的"今拜乎上"的情况,更证明它只能出于春秋之后。第四,从称谓辨别。《仪礼》上载:"诸侯之臣有所谓'诸公'者。"这与春秋以前"王之下不得复有王,即公之下不得复有公"的制度完全相矛盾,只能是反映韩、赵、魏三家灭智伯、鲁三桓弱公室这些"公族"势力膨胀后的情况,也是《仪礼》一书出于"春秋、战国间学者所记"⑥ 的明证。

对《周礼》一书,崔述同样以有力的证据证明它虽然保存了有价值的古代礼制的资料,但它所载有的制度与《春秋》等书不合,所以"显为战国以后所作"。⑦

---

① 崔述:《丰镐考信录》卷五《周公相成王下》,《崔东壁遗书》,第214、215页。
② 《左传》僖公九年。
③ 《左传》僖公二十三年。
④ 崔述:《丰镐考信录》卷五《周公相成王下》,《崔东壁遗书》,第214—215页。
⑤ 《论语·子罕》。
⑥ 崔述:《丰镐考信录》卷五《周公相成王下》,《崔东壁遗书》,第215页。
⑦ 崔述:《补上古考信录序》,《崔东壁遗书》,第25页。

(3) 论"井田"的附会。所谓"井田"制度，可能是反映了古代农村公社定期轮换份地，用沟洫道路作为区划的一种土地制度，后代儒者却把它"理想化"，推演得十分整齐统一。崔述对于井田制，一方面因它记载于《孟子》等书，而予以重视，另一方面又指出后人加了许多附会："三代经界之制……自周之衰，王制缺微，旧典散失，学士之所称述或不免有传闻附会之言。及至后世，去古益远，益不悉其时势之详……往往反取经传之文曲为之解，以斡旋而两全之。"①

(4) 论证"五德终始说"始自邹衍，最后的系统化出自刘歆。流传的纂辑古史的传说，讲自伏羲以下都"以五行周而复始"，伏羲以木德王，神农以火德王，黄帝以土德王，帝喾、尧、舜以下，都以五行类推。崔述对此作了严密的考辨。其要点是：一、战国以前，并无"五行""五德"的说法。二、《尚书·洪范》篇中，讲"水曰润下，火曰炎上，木曰曲直，金曰从革，土爰稼穑"，讲的是水、火、木、金、土等具有"曲直""从革"之类的属性，显然不涉及帝王"受命之符"。三、《左传》所说："昔者黄帝氏以云纪，故为云师而云名；炎帝氏以火纪，故为火师而火名；共工氏以水纪，故为水师而水名；大皞氏以龙纪，故为龙师而龙名；我高祖少皞挚之立也，凤鸟适至，故纪于鸟，为鸟师而鸟名。"②讲的是"因物以取义""因义以立名"，与五行终始说法也不相同。四、"五德终始之说起于邹衍；而其施诸朝廷政令则在秦并天下之初。"这在《史记》之《封禅书》《秦始皇本纪》《孟子荀卿列传》都有详载。五、以"木、火、土、金、水"作为五帝相承的次第，则是刘歆杜撰。王莽利用了他的说法，宣称"火德销尽，土德当代"，自居土德，代汉也成为"天命所归"。崔述的结论是：这样一套杜撰的说法，"后世之大儒硕学皆遵之而不敢异"，岂不是莫大的讽刺！③

以上数项，自近代以来已逐渐成为学者们比较一致的看法，

---

① 崔述：《三代经界通考》，《崔东壁遗书》，第513页。
② 《左传》昭公十七年。
③ 崔述：《补上古考信录卷之下·后论一则》，《崔东壁遗书》，第49—50页。

崔述则是最早严密考证的人。它们都涉及对古代重要制度和史实的理解，所以构成了崔述古史学说的相关部分。

崔述从治经入手，实际上做的是"考史"。他对诸子百家和经书传注采取分析、考辨的态度，因而在清理对古史体系上取得开拓性的成就。梁启超说："彼用此种极严正态度以治古史，于是自汉以来古史之云雾拨开什之八九，……可谓豪杰之士也。"① 但他的局限性在于，对于儒家经典和《论语》《孟子》却采取崇奉的态度，绝对地相信。他做学问的目的，是要使伪学不能"乱经"，邪说不能"诬圣"。他的学说有一个比较科学的、具有辩证因素的合理的内核，外面却包着一层陈腐的外壳。我们应该打破这层外壳，采用其合理的内核。由于他心目中存在着"尊经""卫圣"的成见，所以处处要维护孔子这一"理想的圣人"。这种成见不但妨碍他学说的发挥，而且有时使他不承认正确的事实，得出错误的结论。他辩《史记·孔子世家》中孔子"尝为季氏宰"的记载，就说"孔子岂为季氏家臣者哉！"意思当然是圣人所不屑为。② 《史记》又记载"行摄相事，有喜色"，崔述则说："摄相而有喜色，亦非圣人之度。"③ 都不是以考证这件事真不真来作判断，而是以"圣人之度"应该怎样作去取的标准。这种迷信圣人、尊奉儒家经典的做法，与他"考而后信"的态度正自相矛盾。

三、方法论中所体现的近代价值观

生前无人理睬的崔述古史学说，进入近代以后才引起巨大反响，而且先由日本学者表彰，而后国内学者才重视起来，这些都决非偶然。其深刻原因是：他的方法具有近代科学因素，才会在近代引起历史家的巨大兴趣；日本史学近代化先于中国，所以又先从日本而后引起国内的信息反馈。

---

① 梁启超：《中国近三百年学术史》，《饮冰室合集》专集之七十五，第278页。
② 崔述：《洙泗考信录》卷一《初仕》，《崔东壁遗书》，第268页。
③ 崔述：《洙泗考信录》卷二《为鲁司寇下》，《崔东壁遗书》，第286页。

崔述重视证据的充足、考辨的严密，这在《考信录》中全书随处可见。还有很特殊的，他重视对自己治史方法的总结、概括，写成《考信录提要》冠于全书之首，专门讲方法论，这在传统史家中是罕见的。《提要》开门见山讲他治学的根本宗旨：经书与传注"互异"，要把两者分开。前者是标准，后者是考辨、分析的对象，要区别其是非真假，"考而后信"。这是他学术体系的出发点，所以刘师培称他"自标界说"。《提要》的最后，是批评明代以来许多学者高谈性理的空疏学风，完全是无用之学，"其驳者固皆拾庄子、佛氏之唾余，其醇者亦不过述宋儒性理之剩说"。① 他自己则要"尽下学"，研究具体实际的学问。《提要》的大部分内容，是阐述"考史"的正确态度和方法，分析产生错误的种种原因。举其要者有以下四项：

第一，"究其本末，辨其同异，分别其事之虚实而去取之。"② 这是重视证据的求实观点，也是历史地进行考察的观点。崔述考辨所谓"三皇五帝"的说法即是最好的例子。他首先辨明春秋以前无这种说法。《左传》所记"黄帝氏以云纪"，"炎帝氏以火纪"，是历叙"古帝"所记之物不同，讲了黄帝、炎帝、共工、太皞、少皞、颛顼六个帝号，并无"五帝"之说。其次，指出《吕氏春秋》根据《左传》的说法，删去共工，然后"以五德分属之"。《国语·鲁语》中，讲"皇帝能成命百物以明民共财；颛顼能修之；帝喾能序之辰以固民；尧能单均刑法以仪民；舜勤民事而野死"，叙五人之功，没有称"五帝"，但也包括古帝必限定为五的格式。再次，举出《大戴礼记》承《国语》五个帝号，直接称为"五帝"。以后的学者，不寻究这些说法的来源，便误认为三皇、五帝确有其事，《史记》以黄帝、颛顼、帝喾、尧、舜为"五帝"，《三统历》以包羲、神农、黄帝、尧、舜为五帝，郑玄以女娲、伏羲、神农为"三皇"，谯周又以燧人、伏羲、神农为"三皇"一再附会，致使互相抵牾，混乱不堪。

---

① 崔述：《考信录提要》，《崔东壁遗书》，第15—16页。
② 崔述：《考信录提要》，《崔东壁遗书》，第8页。

第二,强调"名""实"必须相副的形式逻辑方法,反对"重名而不究实"的妄信态度。崔述地处文化落后的小县,又独学无友,生前未见阎若璩《古文尚书疏证》一书,但他用自己的严密考证,同样确定古文二十五篇出于伪造。这一结论也是对其考证方法的很好检验。他的基本方法即是"名""实"对照,经过几十年功夫,先由怀疑到最终搜集大量证据加以确证,得出"所谓《古文尚书》者,非孔壁之《古文尚书》,乃齐、梁以来江左之《伪尚书》"的结论。两千余年来历代学者误信的原因,则是"童而习之,不复考其源流","循其名而不知核其实也"。① 他还指出作伪者是王肃一派人,这点也为近代学者所重视。

第三,总结出辨文体、辨时代风气的辨伪通例。崔述说,作伪的人总是要留下痕迹,"伪尚书极力摹唐、虞、三代之文,而终不能脱晋之气;无他,其平日所闻所见皆如是,习以为常而不自觉,则必有自呈露于忽不经意之时者"。② 他考辨《易传》非孔子所作的证据则有:一者,《春秋经》文体"谨严简质",《论语》是孔子"后人所记,则其文稍降矣",《易传》则"繁而文,大类《左传》《戴记》,出《论语》下远甚"。二者,《系辞》《文言》篇中,有的冠以"子曰",有的不冠以"子曰",同样证明:"《易传》必非孔子所作,而亦未必一人所为;盖皆孔子之后通于《易》者为之,故其言繁而文;其冠以'子曰'字者,盖相传以为孔子之说而不必皆当日之言;其不冠以'子曰'字者,则其所自为说也。"③ 这些论证,也被现代学者高亨先生撰著《周易杂论》一书所采用。再如,崔述对《韩诗外传》中周公"一沐三握发,一饭三吐哺,犹恐失天下之士"的记载加以考辨,认为:西周初年并无众多的士求见的风气。"段干木逾垣而避之,泄柳闭门而不纳,春秋以后犹然,况成周之世乎!"到了战国,才有大批的士游说求进,"干谒以求荣显",作者"见当时之风气如是,而因臆料周公大圣之必有更甚于是者",因此这也是不能据

---

① 崔述:《古文尚书辨伪》卷一,见《崔东壁遗书》,第582—583页。
② 崔述:《考信录提要卷下·总目》,《崔东壁遗书》,第15页。
③ 崔述:《洙泗考信录卷之三·归鲁上》,《崔东壁遗书》,第310页。

信的附会之说。① 梁启超称崔述所总结的考辨方法是"高妙的法门","发人神智,实在不少"。②

第四,崔述还善于用简明的话总结容易产生错误的原因。如说,"人言不可尽信","逞其博而不知所择"即造成谬误,汉儒将战国众家杂说尽采入书,刘歆、郑玄又用谶纬说经,宋人更用杂家小说构造古史体系,都是误信人言,不知所择。又如他说,"少见者多误",见识愈下,称引愈远,真伪皆收,谬误遂多。他还总结有"以己度人","虚言衍成实事"③造成错误,等等。对自己的求实态度,他也有通俗明白的话作总结,叫作"打破沙锅问到底","细细推求"。崔述在古史领域的贡献,都是他用严密考证的方法取得的。但他尊经、崇圣的封建意识,自然限制他严密的方法不能贯彻到底。他卫护道统,认为"尧舜者,道统之祖,治法之祖,而亦即文章之祖也",④还相信仓颉造字,尧时已有史书,都属于明显的错误。尽管存在着这类时代的局限性,但崔述在考辨古史和运用具有近代科学因素的方法上的贡献却是巨大的,正如齐思和先生所说:崔述的著作,"是对于古代史料第一次的彻底批判,这是对于传说神话第一次的大扫除。他的《考信录提要》……是清代第一部讲史学方法的书,直到现在,凡治古史的人,都应当细读"。⑤

---

① 崔述:《丰镐考信录卷五·周公事迹附考》,《崔东壁遗书》,第223页。
② 梁启超:《古书真伪及其年代》,《饮冰室合集》专集之一〇四,第37页。
③ 崔述:《考信录提要》,《崔东壁遗书》,第2—4页。
④ 崔述:《考信录提要卷下·唐虞考信录提要》,《崔东壁遗书》,第18页。
⑤ 齐思和:《晚清史学的发展》,见《中国史探研》,河北教育出版社,2000年版,第660页。

龚自珍与传统文化的转折

近三百余年来,浙江一省人文荟萃,为中国文化的发展先后贡献出为数不少的俊秀之士,黄宗羲、章学诚、龚自珍、章炳麟、鲁迅、蔡元培,是其中尤为英伟卓越者。龚自珍处在承先启后的地位,他是近代史开端时期开创风气的人物。在我看来,自珍的开风气,乃是适应历史发展的需要,大胆地批判专制制度的腐朽和暴露当时思想风气的恶浊,憧憬一个变革、进取时代的到来。在提出新价值观、探索时代哲学和倡导学术风气的转变上,自珍都有披荆斩棘的开创之功。他标志着传统文化的终结,同时代表着近代文化的发轫。

一、转折时代的一面镜子

评价龚自珍文化思想的价值不能只局限在嘉庆、道光时期这一狭小的范围内,他的思想是这样敏锐地反映着时代的脉搏,以至于到了19世纪末、20世纪初,人们读他的著作,仍然感到有思想的火花在闪耀,具有强烈的震撼力量。对于龚自珍言论的这种"超前性"特点,处在两个世纪之交的进步人物,是有深刻的感受的。维新巨子梁启超的评论最有代表性。他曾多次讲述过自己的切身体会:"语近世思想自由之向导,必数定庵。吾见并世诸贤,其能为现今思想界放光明者,彼最初率崇拜定庵,当其始读定庵集,其脑识未有不受其激刺者也。"① "晚清思想之解放,自珍确与有功焉。光绪间所谓新学家者,大率人人皆经过崇拜龚氏之一时期。初读《定庵文集》,若受电然。"②

饶有兴味的是,甚至清末顽固派营垒人物,也以痛切的心情,把戊戌维新、辛亥革命、清朝灭亡的历史变局,归因于龚自珍所倡导的新思潮。叶德辉即是一个突出代表。其论云:"曩者光绪中叶,海内风尚《公羊》之学,后生晚进,莫不手先生(按,指龚自珍)文一编。其始发端于湖、湘,浸淫及于西蜀、东粤,挟其非常可怪之论,推波扬澜,极于新旧党争,而清社遂屋。论者追原祸始,颇咎先生及邵阳魏默深二人。"③ 叶德辉本意要归罪于龚自珍,实际效果则相反,恰恰从反面证明龚自珍的主张对于晚清社会发展的巨大功绩。

梁启超从进步派的角度"语近世思想自由之先导",叶德辉从顽固派的角度"追原祸始",两人的看法竟有共通之处,这个事实是龚自珍导发了近代文化潮流的无可辩驳的证据。

龚自珍言论的深刻意义,在于他宣告封建统治危机时期已经到来,敏锐地反映了中国封建社会行程的结束。中国封建社会演变到明清两朝,已经进入它的衰老时期,压迫人民的专制统治和以愚民为目的的封建文化,造成了社会停滞、民族落后。如果说在康、雍、乾三朝,封建统治还曾有过一段回光返照的话,那么,从乾隆末年起,封建社会便已朝着下坡路加速滑落和走向解体。龚自珍主要活动于19世纪前半期,正是封建社会行将崩溃的转折时期,历时九年的白莲教起义,即是旧时代病入膏肓的反映。鸦片战争后中国沦为半殖民地社会,实则是中国封建社会内

---

① 梁启超:《论中国学术思想变迁之大势》,《饮冰室合集》文集之七,第97页。
② 梁启超:《清代学术概论》二十二,《饮冰室合集》专集之三十四,第54页。
③ 叶德辉:《郋园北游文存·龚定庵年谱外纪序》。

部危机发展的结果。龚自珍对于社会矛盾有深刻的感受,他在当时便已预见到更大危机的到来:"至极不祥之气,郁于天地之间,郁之久,乃必发为兵燧,为疫疠,生民噍类,靡有孑遗,人畜悲痛,鬼神思变置。"① 只有置身于现实的深重危机局面之中,才会发现这样哀痛的呼喊!

历史发展的要求,就是要结束封建专制的统治,使中华民族在危机之中得到解放,经由深刻的变革,走上世界先进国家的民主政治的道路。近代史阶段是以鸦片战争开始的,而从社会进程和文化思想演进说,鸦片战争前四十年与这场战争的发生是紧密联系的,属于中国封建社会和传统文化面临转折的时代。龚自珍的文化观点便是这个转折时代的一面镜子。

二、新价值观的倡导者

嘉庆、道光年间文化思想上觉醒意识与愚昧观念的尖锐对立,究其根本原因,在于对时代的看法截然相反。当时士人由于长期受到封建教条的禁锢、毒害,仍然生活在"海内清晏,皇基永固"的幻梦之中。白莲教起义这样一场使统治者受到"痛深创巨"的沉重打击的大规模起义事件,竟然绝少在当时士人的记载中反映。这一点,突出地说明当时思想界的麻木与愚昧!龚自珍(还有他的挚友魏源)则敏感到时代风暴即将来临,在举世如痴如梦、歌舞升平中,唯独他们为国家民族命运忧心如焚,早夜不安,上指天下划地,规设经世大计。龚自珍宣告封建统治已经到了"衰世","乱亦竟不远矣!"② 大胆地预言时代大变动就要到来。这种对时代危机痛切的感受,迫使他去寻找社会的病因,解救的良策,展开了对扼杀民族生机的专制主义和束缚人们头脑的腐朽文化的猛烈批判。他无情地诅咒封建末世的黑暗混沌,同时

---

① 《龚自珍全集》第一辑《平均篇》,上海人民出版社,1975年版,第78页。
② 《龚自珍全集》第一辑《乙丙之际箸议第九》,第7页。

渴求和憧憬一个变革进取、人才涌现、个性发展的"新"时代的到来。在他批判专制、倡导变革的激烈言论中，包含着一系列具有近代意义的新价值观。

批判和揭露是龚自珍文化思想的最大特色。尤应引起我们重视的是，他的批判意识，已经达到某种自觉的状态。"廉锷非关上帝才，百年淬厉电光开。"① 他自豪地把自己的诗文视作电光四射的利剑，反思清朝百余年的历史和体察当世，"淬厉"了他批判利剑的锋芒。自觉的战斗的意识，使他对长期窒息人们头脑的旧观念的批判达到了前所未有的高度和深度。

两千年来，人们把封建帝制视为天经地义，对专制君主顶礼膜拜，尤其在清代，士人更念念不忘"列祖列宗，深仁厚泽"，只求俯首服从、肝脑涂地，丧失了独立思考的能力，更不能有半点非议。龚自珍则深深地揭露了专制君主仇视、摧残天下之士的实质。他指斥封建皇帝是"霸天下之氏"，对众人"震荡摧锄"以建立其淫威，"其力强，其志武，其聪明上，其财多，未尝不仇天下之士，去人之廉，以快号令，去人之耻，以嵩高其身，一人为刚，万夫为柔，以大便其有力强武"。② 他继承和发扬了清初黄宗羲反封建的民主意识，把它推向新的高度，因而揭起了近代思想解放的序幕。

龚自珍抨击封建专制在文化史上的开创意义还在于：他已经达到更深的层次，即从伦理道德范畴分析专制主义为害的酷烈，扼杀人的创造力，泯灭人的个性。《明良论四》指出"庖丁之解牛，伯牙之操琴，羿之发羽，僚之弄丸"，此四者是古代的"神技"。可是如果不准庖丁多割一刀，也不准少割一刀，否则施加鞭笞；或者限制伯牙今日操琴，只准志于山而不准思于水；或者规定羿和僚向东看不能西顾，向西看不能东顾：那么，这四种"神技"将无可适从。龚自珍用这些实例，唤醒人们认识专制制度严重禁锢束缚士民头脑的祸害。天子"南面而权尊"，"惟吾意

---

① 《龚自珍全集》第十辑《己亥杂诗》，第509页。
② 《龚自珍全集》第一辑《古史钩沉论一》，第20页。

所欲为","天下无巨细,一束之于不可破之例","约束之,羁縻之"。结果等于将整个社会放在独木之上,用长绳捆绑起来,"俾四肢不可以屈伸,则虽甚痒且甚痛,而亦冥心息虑以置之"。由此他认识到专制主义的"条例""制度"与人性的保存、才能的发展根本对立,因此他呼吁破除"一切琐屑牵制之术","救今日束缚之病!"① 在《乙丙之际箸议第九》一文,他更沉痛地控诉专制制度下形成的卫道意识、奴才思想已成为杀人不见血的软刀子。"当彼其世也,而才士与才民出,则百不才督之缚之,以至于戮之。戮之非刀、非锯、非水火;文亦戮之,名亦戮之,声音笑貌亦戮之。……徒戮其心,戮其能忧心、能愤心、能思虑心、能作为心、能有廉耻心、能无渣滓心。又非一日而戮之,乃以渐,或三岁而戮之,十年而戮之,百年而戮之。"② 这些能忧愤、能思虑、有作为,堪称民族精英的人物,竟被专制的势力、卫道的"文""名"(封建陋规、纲常名教)陷害扼杀了,这还成个什么世道?! 龚自珍的言论,有如石破天惊,振聋发聩。既然专制制度是对人的本性和创造力的毁灭,那么它就失去存在的合理性,而必须彻底否定它。

专制主义是依靠官僚机器来维持其统治的。认识封建官僚体制对中国社会的严重阻碍作用,也是近代文化觉醒的重要课题。在这方面,龚自珍的精警论述,对近代思想解放同样产生了积极促进作用。他的真知灼见来自长期观察,耳闻目睹。其祖父龚禔身、父龚丽正曾先后任内阁中书军机处行走、礼部主事,他本人从小随家居住京城,嗣后也任职内阁、礼部。虽然三代都是"冷署闲曹",却有利于他对官场冷眼观察。因此,他不仅能够淋漓尽致地描绘出官僚集团种种丑态,更能深入实质,穷其底蕴,透辟地分析封建官僚群体的心态特点,从制度上探讨官僚政治腐败的根由。龚自珍概述官僚集团的心理特征是献媚营私、丧失廉耻。越是身居高位,越是无耻地献媚取宠,"官益久,则气愈偷;

---

① 以上均见《龚自珍全集》第一辑《明良论四》,第34—35页。
② 《龚自珍全集》第一辑《乙丙之际箸议第九》,第6—7页。

望愈崇,则谄愈固;地益近,则媚亦益工。至身为三公,为六卿,非不崇高也,而其于古者大臣巍然岸然师傅自处之风,匪但目未睹,耳未闻,梦寐亦未之及。臣节之盛,扫地尽矣"。身为大臣却处事卑鄙,把探听人主喜怒作为保官求荣的诀窍,"堂陛之言,探喜怒以为之节,蒙色笑,获燕闲之赏,则扬扬然以喜,出夸其门生、妻子。小不霁,则头抢地而出,别求夫可以受眷之法"。营利谋利是他们的唯一目的,国家大事完全置之不顾,"苟安其位一日,则一日荣","以退缩为老成,国事我家何知焉!"一旦国家有事,他们便像鸠燕一样飞得无影无踪。因此龚自珍斥责这班官僚是"求寄食焉之寓公,旅进而旅豢焉之仆从,伺主人喜怒之狎客",已经堕落为完全对国家社会丧失了责任感的寄生阶层。①

龚自珍进而历数官吏选举制度的积弊。他指出,清朝实行的"停年之格",即官吏升迁完全限于年数、资历的制度,"累日以为劳,计岁以为阶",造成人才的被压抑,碌碌无为者身居高位,"贤智者终不得越,而愚不肖者亦得以驯而到"。熬到最后当上宰辅、一品大臣的官员,"其齿发固已老矣,精神固已惫矣,……然而因阅历而审顾,……傈然终日,不肯自请去"。他还用大门外的石狮子的形象,来讽刺那些资格最深、稳坐其位、无所作为的官僚。这种用人制度的严重恶果,必然是进取精神的被窒息,畏葸退缩、冀图侥幸、萎靡不振的风气蔓延泛滥,整个社会失去活力。正如龚自珍所痛切分析的:"英奇未尽之士,亦卒不得起而相代。""至于建大猷,白大事,则宜乎更绝无人也。""其资浅者曰:我积俸以俟时,安静以守格,虽有迟疾,苟过中寿,亦冀终得尚书、侍郎。奈何资格未至,哓哓然以自丧其官为?其资深者曰:我既积俸以俟之,安静以守之,久久而危致乎是。奈何忘其积累之苦,而哓哓然以自负其岁月为?……此士大夫所以尽奄然而无有生气者也。"② 这些切中肯綮的话,表明龚自珍早在近代

---

① 《龚自珍全集》第一辑《明良论二》,第31—32页。
② 《龚自珍全集》第一辑《明良论三》,第33—34页。

史前夜,就已经尖锐地提出论资排辈的官僚政治造成行政机制严重老化和惰性化的重大问题,其眼光之锐利、见解之深刻,是极其难得的。

由于龚自珍深切地感受到社会危机四伏、弊病丛生,他召唤时代的"风雷"来打破这"万马齐喑"的局面,即,希望以果敢的行动改革腐朽制度。他就当时认识所及,曾一再针对有关国计民生的问题提出革新主张。在《对策》中,他向道光帝提出施政、用人、治水、治边等建议。在《西域置行省议》中,他分析了在新疆改置行省的必要性。这些建议大多切实可行。例如新疆设置行省至光绪十年(1884)果然由清朝政府正式实行,他的预言得到了证实。

比起这些具体改革主张居于更高层次的,是龚自珍以勇敢地向旧传统挑战的姿态,倡导变革是历史的必然,发出要求个性解放的呼声。这有力地冲击了旧的价值观念,对近代中国人的认识确实起到首开风气的作用。

针对千百年来封建阶级所恪守的"天不变,道亦不变","祖宗之法不可变"的陈旧教条,龚自珍鲜明地论证不变革就是自取败亡:"自古及今,法无不改,势无不积,事例无不变迁,风气无不移易",①"一祖之法无不敝,千夫之议无不靡,与其赠来者以劲改革,孰若自改革?抑思我祖所以兴,岂非革前代之败耶?前代所以兴,又非革前代之败耶?……奋之,奋之!将败则豫师来姓,又将败则豫师来姓"。② 正因为龚自珍把变革提高到历史必然规律,提到民族盛衰存亡的高度来论述,他的主张才成为近代维新派言论的先河。

针对千百年来禁锢人们头脑的"克己复礼","存天理,灭人欲"的儒家教条,龚自珍倡导个性解放,并专门撰文论述个人利益的合法性,这在中国文化史上是破天荒第一次。《病梅馆记》一文,从人性的角度,揭示了一个造成社会价值观念和民族心理

---

① 《龚自珍全集》第五辑《上大学士书》,第319页。
② 《龚自珍全集》第一辑《乙丙之际箸议第七》,第6页。

畸形化、病态化的严重问题,即:专制统治者束缚、扼杀正直的、健全的人性成长,使之扭曲变形,造成当时普遍存在的奴才性、虚伪性、谄媚性,并以此为荣,以此为贵,竞相效法。这种深刻的思想,龚自珍是用文学的形象化手法来表达的,所以更加哀感动人,成为近代文化史上脍炙人口的名篇。龚自珍以隐喻的手法,对专制统治者摧残人性发出沉痛的控诉!他发誓要"疗之,纵之,顺之","解其棕缚","必复之全之"。① 在与专制黑暗势力和卑污社会心理的顽强斗争中,他提出一种闪射出近代思想光芒的崭新价值观,呼吁保存和恢复人性,追求个性的解放。

龚自珍还公开地为个人利益合法性辩护。《论私》一文用醒目的标题亮出自己的旗帜,毫不掩饰,批判锋芒直指满口"仁义道德""至公无私"的伪道学。龚自珍从自然界、生物界和社会现象,多方面地说明"私"的存在天经地义。"天有闰月,以处嬴缩之度,气盈朔虚,夏有凉风,冬有燠日,天有私也;地有畸零华离,为附庸闲田,地有私也";圣帝哲后,所愿"庇我子孙,保我国家而已,何以不爱他人之国家,而爱其国家?何以不庇他人之子孙,而庇其子孙?""忠臣何以不忠他人之君,而忠其君?孝子何以不慈他人之亲,而慈其亲?寡妻贞妇何以不公此身于都市,乃私自贞私自葆也?"并进一步认为,如果按照那班假道学所标榜的去做,只能与禽兽无异。因为,"禽之相交,径直何私?孰疏孰亲,一视无差。尚不知父子,何有朋友?若人则必有孰薄孰厚之气谊,因有过从宴游,相援相引,款曲燕私之事矣。"② 这里他举出动物界做例子,并不恰当。但他的意图是要证明在道德观念上应该承认"私"的合法存在,并认为正确的提法应是"公私并举",这些又都是独到的进步见解。这些言论,是继承了明代思想家李贽的观点而加以发展。③ 这种论证个人利益合法性的言论在明清出现不是偶然的,在客观上,它反映了这一时期资本

---

① 《龚自珍全集》第三辑《病梅馆记》,第 186 页。
② 《龚自珍全集》第一辑《论私》,第 92 页。
③ 李贽《藏书》卷三十二《德业儒臣后论》,中华书局,1974 年版,第 1827—1831 页。

主义萌芽因素正在生长,商人和手工业主要求在一定程度上挣脱封建主义的束缚,在经济上获得发展。经典作家曾指出人类的私欲对于历史发展具有推动作用,恩格斯说:"自从阶级对立产生以来,正是人的恶劣的情欲——贪欲和权势欲成了历史发展的杠杆,关于这方面,例如封建制度的和资产阶级的历史就是一个独一无二的持续不断的证明。"① 恩格斯的话有助于我们理解:龚自珍在封建末世论述个人利益的合法性的确是有其进步意义的。

三、时代哲学的探索者

一个时代的哲学是该时代文化思想的精华。进入 19 世纪以后,面对封建统治的黑暗和社会的危机,进步人物要批判它,变革它,需要寻找一种哲学武器,借助它掀起学术上的波澜,演出政治上的活剧。由于当时处在封建统治仍很强大的条件下,必须找到这样一种学说——它既是来自儒家经书,具有合法地位,又具有跟正统派的僵死观点不同的"异端"色彩这样双重身份——来加以发挥改造。龚自珍和魏源改造公羊学说,恰恰是反映了这种时代需要的哲学探索。公羊学说属于儒家今文学派,它有一套独特的"三世说"思想体系,具有变易性、政治性、可比附性的特点,在西汉时曾大显于世。东汉末以后古文学派盛行,今文衰落,在一千多年间消沉无闻。至此清朝中叶却重新"翻腾一度",先由庄存与、刘逢禄提起,但他们旨在宣扬《公羊传》"大一统"思想,为维护清朝统治服务。龚、魏接受公羊学说固然受了庄、刘的影响,然则,他们对时局的认识及使命感跟前辈学者不同,于是导致他们将这种具有独特变革思想而又可以引申比附的哲学观点实行一番革命性改造,抛弃它原有的维护封建统治的旧性质,灌输进批判专制统治、鼓吹变革的近代内容。这是中国哲学

---

① 恩格斯:《路德维希·费尔巴哈和德国古典哲学的终结》,《马克思恩格斯选集》第四卷,人民出版社,1995 年版,第 237 页。

观点演进的一个层次,当时没有更先进的思想可以发挥,只能利用公羊学说作为武器。由于龚氏首发其端,嘉道年间和戊戌时期的进步人物,都喜谈《公羊》,风靡一时,构成晚清进步文化思潮的主流。

龚自珍吸收和利用公羊哲学"变"的内核,将据乱—升平—太平三世说,改造成治世—衰世—乱世的新三世说,用来论证封建统治陷入危机,必须寻求变革的对策。他说:"吾闻深于《春秋》者,其论史也,曰:书契以降,世有三等,……治世为一等,乱世为一等,衰世别为一等。"① 并且,他断言封建统治到了"衰世"无疑。对于衰世的种种特征做了令人触目惊心的刻画。在《尊隐》这篇著名的政论中,他巧妙地运用象征的艺术化手术,以"三世说"来描绘专制统治的濒于灭亡。他用"早时—午时—昏时"来概括封建势力由盛到衰的规律。跟古文学派一向宣扬三代是太平盛世、封建统治秩序永恒不变的僵死教条相比,龚自珍所阐发的公羊三世哲学观点,显然是新鲜活泼的,容易触发人们对现实的感受,启发人们对时代变化的观察。龚自珍所作历史将要发生巨变的预言,更被他死后十年爆发的震撼天地的太平天国运动所证实。所以半个世纪后酝酿维新变法挽救国家危亡的爱国志士们,重新读到他的论述,就不能不被这种哲学内涵的深刻性、预见性所震动,并把自己对于时代局势和国家前途的考察,也建立在这个体现了时代精神的哲学思想之上。

龚自珍这种哲学探索的时代意义,还可以从他对魏源的影响看出来。魏源佩服龚自珍的公羊学思想,也是一位今文经学的健将。龚自珍卒于鸦片战争爆发次年,对于局势变化未能有更多的观察。魏源在鸦片战争后还活了十六年,他用总结公羊历史哲学而形成的"气运说",去体察新的历史变局,② 因而在呼吁御侮图强的同时,开始认识到西方的先进性和学习西方长处的紧迫性,大力倡导了解世界,成为近代向西方学习的先进人物。

---

① 《龚自珍全集》第一辑《乙丙之际箸议第九》,第6页。
② 参见魏源《海国图志》卷五《东南洋叙》,第119—120页。

四、关注现实:学术风气的转变

乾嘉学术的末流,充斥着脱离实际的烦琐考据,与当时玄虚迂腐、口是心非的理学空谈和追逐利禄的科举文章,形成了万马齐喑、委琐恶浊的文化风气。面对着"人畜悲痛,鬼神思变置"①的惨酷现实,学术文化还能不打破这种蒙昧状态?龚自珍即代表了这种冲破中世纪蒙昧的努力,他在倡导新价值观和探索时代哲学的同时,以自己的主张和实践呼喊着学术风气的转变:由粉饰太平转变为揭露黑暗,由埋头考据转变为关注现实,由"避世"转变为"经世"。

龚自珍深刻感受到封建蒙昧状态与时代急剧变动的尖锐矛盾,因而着眼于扭转"风气"的颓坏,呼吁"风气宜力挽"。②他为人才枯竭、思想禁锢的可悲局面忧心如焚,认识到八股取士是封建蒙昧的一大祸根,因此,在参加进士朝考时,直言不讳,在写给皇帝亲览的《对策》上,他敢于直斥八股考试造成天下士人"疲精神耗日力于无用之学"。③他指出士人们为之耗尽心血的八股文章,其实质全属梦呓:"剽掠脱误,摹拟颠倒,如醉如痱以言,言毕矣,不知我为何等言。"④ 是重复多年的陈词滥调:"万喙相因,词可猎而取,貌可拟而肖。"因而大声疾呼废除这种禁锢和毒害士人心灵的考试制度,"以收真才"!⑤ 此后八股取士虽然还勉强维持几十年,但不断受到有识之士的抨击,至1905年清政府被迫宣布废除,而龚自珍则是近代文化史上第一个公开主张必须予以废弃的人。

与科举制度形成的"万喙相因"风气相对照的是,龚自珍提

---

① 《龚自珍全集》第一辑《平均篇》,第78页。
② 《龚自珍全集》第五辑《在礼曹日与堂上官论事书》,第328页。
③ 《龚自珍全集》第一辑《对策》,第116页。
④ 《龚自珍全集》第一辑《述思古子议》,第123页。
⑤ 《龚自珍全集》第五辑《与人笺》,第344页。

倡大胆探索的精神。他一生不得志,因不随俗俯仰而被讥为"狂生""呆子",但他毫不反悔,相反地,用"感慨激奋而居下位,无其力,则探吾之是非,而昌昌大言之"① 作为座右铭,砥砺自己即使身处逆境,也要勇于探求真理,旗帜鲜明地讲出真话。在任内阁中书五年中,他独立思考,忧国愤事,用自己的原则评判周围事物。他认为,做事和治学,都应具有"四不畏"的勇气:"大言不畏,细言不畏,浮言不畏,挟言不畏。"② 面对种种压力,也决不放弃自己认为正确的主张,这正符合于近代文化所提倡的根本原则——理性精神。

在治学上,他提倡贯通众说,把握关键性问题:"于一物一名之中,能言其大本大原,而究其所终极;综百氏之所谭,而知其义例,遍入其门径,我从而筦钥之。"③ 这种强调以我为主、穷本追源、兼采百家、为我所用的研究方法,与蒙昧主义笼罩下拾取古人唾余、拘守经史窠臼的风气,完全是相对立的。

对于乾嘉时期极盛的考据学,龚自珍一方面肯定重考证、重"无征不信"的治学态度矫正了明人学术空疏的毛病,有整齐排比之功,另一方面,他指出考据学的致命弱点是"琐碎饾饤",不是做学问的正途。他尖锐地批评说:"近有一类人,以名物训诂为尽圣人之道,经师收之,人师摈之。"④ 并将空谈性理与沉醉于细小问题考证二者的弱点归结为:"彼陟颠而弃本,此循本而忘颠。"⑤ 龚自珍是著名朴学家段玉裁的外孙,父龚丽正在注释整理古籍上也有成绩,所撰《国语补注》,被章炳麟评价为清儒有价值的著作之一。⑥ 这种学术渊源,使龚自珍从小在古文字学、文献学上有很好基础,但他没有走上考据学的道路。他一生的努力,是把当时的学风从脱离实际、烦琐考据转变到关心现实、挽

---

① 《龚自珍全集》第五辑《上大学士书》,第 319 页。
② 《龚自珍全集》第一辑《平均篇》,第 80 页。
③ 《龚自珍全集》第五辑《与人笺一》,第 336—337 页。
④ 《龚自珍全集》第五辑《与江子屏笺》,第 347 页。
⑤ 《龚自珍全集》第三辑《陈硕甫所著书序》,第 195 页。
⑥ 参见《章太炎全集》第三卷《检论·清儒》,上海人民出版社,1984 年版,第 479 页。

救危机上来。他本人治学更是恪守这一原则。"友朋之贤者"李锐、陈奂、江藩问他:"曷不写定《易》《书》《诗》《春秋》?"他回答说:"方读百家,好杂家之言,未暇也。"又有"内阁先正姚先生"问他:"曷不写定《易》《书》《诗》《春秋》?"他回答说:"有事天地东西南北之学,未暇也。"① 龚自珍于经、史、诸子、文字、音韵、金石等都有著述,但他所关注的中心,始终是"东西南北之学",即社会现实问题。他这样形容所写文章与时代的关系:"外境迭至,如风吹水,万态皆有,皆成文章,水何容拒之哉!"②他对史学与时代之关系尤有卓越的论述。他要求史家应做到"善入"和"善出"。"善入",是讲史家应熟悉社会生活各个领域,"天下山川形势,人心风气,土所宜,姓所贵,皆知之;国之祖宗之令,下逮吏胥之所□守,皆知之。其于言礼、言兵、言政、言狱、言掌故、言文体、言人贤否,如其言家事,可谓入矣"。否则,写出来的就不是"实录"。"善出",是指对上述社会生活各个领域及其相互联系,史家要把它明白生动地表现出来,使人如观演剧一样心领神会。否则,你写的史书就没有"高情至论"。与这两个要求不合的史书,就是"余呓""余喘",白日说梦。③

社会的变革,民族的命运,是龚自珍一生关注的中心问题。魏源对龚自珍的思想、学术特点作了这样中肯的评论:"于经通《公羊春秋》,于史长西北舆地。其书以六书小学为入门,以周秦诸子、吉金乐石为崖郭,以朝章国故、世情民隐为质干。"④ 尤其对西北边疆史地的精湛研究,成为龚自珍倡导"经世"学风的出色实践。他于道光元年,在程同文的帮助下,修《蒙古图志》⑤。又撰有《西域置行省议》《御试安边绥远疏》《上镇守吐鲁番领队大臣宝公书》等重要文章,充分显示出他着眼于解决社会危机,着眼于安定边疆,来解决边疆民族问题的卓识。

---

① 《龚自珍全集》第一辑《古史钩沉论三》,第25页。
② 《龚自珍全集》第五辑《与江居士笺》,第345页。
③ 《龚自珍全集》第一辑《尊史》,第80—81页。
④ 《魏源集·定盦文录叙》,中华书局,1976年版,第239页。
⑤ 《蒙古图志》体例是图、表、志三者配合。书未成遭火烧毁,只存各篇的序及《拟进上蒙古图志表文》。

龚自珍对封建蒙昧主义和空疏学风的批判及其研究的实践，对近代学风的影响是深远的。近代就有人评论说："近数十年来，士大夫诵史鉴，考掌故，慷慨论天下事，其风气实定公（龚自珍）开之。"①

五、对近代文化移植说的异议

综上所述，龚自珍是传统文化向近代文化转折时代的代表人物。他的文化思想既是用批判的方式总结过去，又具有启示未来的意义。——批判封建专制、提倡个性解放通向近代平等思想，阐发变易的历史哲学观点通向近代进化论学说，对空谈性理、烦琐考据、科举程式的批判跟近代科学思想互相联系。然而，近年在讨论传统文化与近代化的关系中，却忽视了这种中介和联系，于是有的研究者指出近代文化移植说的论点，认为中国传统文化根本没有能够通向近代文化的积极因素，近代文化中民主和科学的新思想都是由外国移植过来，与本土绝无联系。对此我认为甚为不妥，而且这个问题是为了从反思近代文化历程中寻找规律，与当前的文化战略决策很有关系，故有必要提出一点商榷意见。近代中国文化潮流，包括两大内容，一是反对外来侵略、挽救民族危亡，二是批判封建专制、学习西方的民主制度和科学技术。前一项植根于维护国家利益和热爱本民族历史文化的深厚感情，自不待言。后一项，若深入地考察近代文化的进程，即可看到它存在两源，既有对西方先进文化的输入，又有对于传统文化优良部分的发扬。龚自珍批判封建专制等等主张，向上继承了孟子"民贵君轻"到清初黄宗羲、唐甄抗议专制的言论，继承并改造了公羊学说的合理内核，继承了历代有识之士关注国家命运、经世致用的主张，向下开启了近代文化潮流。这样评价，绝非随意拔高。戊戌时代思想解放运动中的进步主张，许多都可溯源于龚

---

① 程秉钊语。引自国学扶轮社本《龚定庵全集》中《定庵文集》卷下。

氏，戊戌维新志士们都视龚氏为自己的前驱，这些都早已为人们所熟知。他如政治立场保守的洋务派官僚张之洞，也按自己的观察将新思潮的涌起归结到龚氏学说的传播。他写有的《学术》诗自注曰："二十年来，都下经学讲《公羊》，文章讲龚定庵，经济讲王安石，皆余出都以后风气也。"① 同样清楚地反映出以龚自珍为发端的进步思想如何壮大成为行将陷封建统治者于灭顶之灾的文化洪流。近代文化演进的事实，显然证明"移植论"失之偏颇，跟历史客观进程所昭示的哲理是甚不相合的。

---

① 张之洞：《张文襄公诗集》卷四，上海集益书局石印本，1917年版。

近代史开端时期史坛的新风气

鸦片战争是西方列强侵略中国的起点,同时也是近代中国人民反抗侵略、挽救危亡、展开长期斗争的开端。在中国史学长河中,这一时期是二千年传统史学明显地向近代史学转变的开始。在此之前的传统史学是在中国原有的文化条件下,在中国封建社会连续性发展的环境中演进的;由于鸦片战争发生,西方列强的大炮和他们的先进文化一起出现在中国人面前,有识之士对此作出的最早反应,恰恰在史学领域中有突出的显示。从此,无论是著史的主旨或是史书的内容都跟以往显著不同,史学与中国人民反抗侵略、摸索救国道路的斗争息息相关,展开了新的出色篇章。近代史开端时期史学有何总的特点?当时的进步史家做出了哪些富有时代意义的贡献?对于整个近代史学又发生了什么影响?这些都是值得深入探讨的问题。

一、史学因民族救亡斗争的推动而突放异彩

近代史开端时期史学①总的特点是,由于民族救亡斗争的推动而突放异彩,短时间内产生出为数不少的、在当时即广为传播并对后来产生深远影响的史著,历史学成为中国人民反抗侵略、摸索救国道路的伟大斗争之重要组成部分。

鸦片战争标志着历史的急剧转折。在此之前,中国社会在封闭的状态下运行,对于西方资本主义潮流及其殖民活动闭塞无知。鸦片战争即是中华民族与西方殖民主义侵略势力发生尖锐矛盾而爆发的。从此,中华民族与资本—帝国主义侵略势力的矛盾成为中国社会最主要的矛盾。与这一基本矛盾相联系,在清朝内部抵抗派和投降派也展开斗争。在战争中,东南沿海地区人民大众成为抗击侵略的主力,一再表现出可歌可泣的爱国精神。在官员中则出现了像林则徐、关天培这样的民族英雄和爱国将领,为反抗侵略而奋斗献身。先进的中国人从此警醒起来,认识到凶恶的侵略者威胁着中华民族的生存,必须坚决抗击侵略,才是民族唯一的生路。近代史开端时期的史学敏锐地反映了这一矛盾。爱国史家怀着高度的社会责任感,发愤著述,表达对时局的看法和对民族命运的关切,在中国史学史上写下了光彩焕发的一页。

魏源堪称是爱国史家的杰出代表,他在鸦片战争时期奋力完成了三部重要史著。在《南京条约》签订的同一月,他就满怀义愤完成《圣武记》一书。魏源为著此书早就着手搜集资料,1828

---

① 学术思潮的变迁无不前有酝酿后有延续,故"近代史开端时期的史学"所包括时间,自比鸦片战争爆发至《南京条约》签订时间为长。当魏源于1825年编《皇朝经世文编》时,已经关注了东南海防问题,他和龚自珍所写大量史论、政论,尤其表示了对社会危机的严重关切,实已开了近代史的转折的先声。魏源、姚莹、徐莹、徐继畬、夏燮等人在战争期间酝酿撰写的著作均完成于《南京条约》签订之后。如《海国图志》百卷本完成于1852年。以记述鸦片战争经过为主干部分的《中西纪事》,对初稿进行增订则在1859年。本文即把《中西纪事》也放在鸦片战争时期的史学中一并考察。

年（道光八年）任"内阁中书舍人候补"时，便广泛阅读了内阁所藏大量档案、典籍，从那时起即为著述作了准备。鸦片战争时，魏源居住在扬州，目睹英国野蛮侵略、清廷昏庸战败这一重大事变，忧愤交加，遂在以往探索研究的基础上，率先完成《圣武记》，表达其爱国御侮的决心。全书共十四卷，主要内容一为记载清初军事上的节节胜利，一是论述乾隆末年后陷入的困境，由于明确地从历史的反思中为当前御侮斗争提供经验教训，因而就具有近代史学的意义。此书一著成，即"索观者众，随作随刊"，① 产生了广泛影响。此后又于1844年和1846年两次增订刊行，成为晚清史学的一部名著。魏源还于同年十二月完成《海国图志》五十卷本。此书尤为鸦片战争时期抵抗路线在历史著述上的结晶，是由林则徐倡议编撰的。时为1841年六月，已被革职派到浙江军营效力的林则徐又再次遭到处罚，路过京口（今镇江）时，魏源从扬州赶来见面，两人"万感苍茫"，② 彻夜长谈，就是在这次会见时，林则徐把《四洲志》等资料交给他，嘱他修撰《海国图志》。其后，魏源又在1846—1847年增订为六十卷本，再于1852年增订为一百卷本。全书大部分内容是介绍外国历史、地理和现状知识，而开篇两卷《筹海篇》（包括"议守"上下篇，"议战""议款"各一篇）则代表魏源呕心沥血总结鸦片战争经验教训，他认真地分析战争中的胜败得失和前因后果，并提出反侵略的办法。第三部著作是《道光洋艘征抚记》，成书和流传时间都在鸦片战争结束不久。此书原名作《夷艘寇海记》，由于惧祸，当时没有署上作者魏源的姓名，但我们现在仍能找到多项直接记载证明作者是魏源无疑。③ 至1893年（光绪四年）上

---

① 魏源：《圣武记序》，《圣武记》中华书局，1984年版，第2页。
② 《魏源集·江口晤林少穆制府》，中华书局，1983年版，第781页。
③ 中国社会科学院近代史研究所藏《夷艘寇海记》抄本，前有娄东福桥居士所写的一篇前记说："道光丙午夏六月上旬，皖江邓君守之（完白山人之令子，申耆先生之高弟）触暑来访余于石墩馆舍，……行箧中携有邵阳魏氏所纂《夷艘寇海记》二卷。"此书是"邵阳魏氏纂"，说得明明白白。清末以前确认此书作者是魏源的记载，还有汤纪尚《槃薖文集》甲集《纪定海兵事》，又葛士濬编《皇朝经世文续编》、朱克敬编《边事续抄》两书均收入此篇并署名魏源。

海申报馆将之收入《圣武记》,正式确认并第一次公开作者是魏源,标题也改为今名。此书成书在1843年(道光二十三年)春以后;① 当时人们即不怕触犯时忌,广为传抄,今天仍可见到几种内容相同而书名小异的抄本,如题为《夷艘入寇记》或《英夷入寇记》等,② 就是当时受到社会重视的明证。此书虽然仅有二卷的篇幅,却被研究者誉为中国关于鸦片战争"最早"和"比较全面"的记述,"确是记载鸦片战争史事的第一等著作"。③ 1845年(道光二十五年)魏源致书友人讲他发愤著述的心情说:"海艘迭警,不胜漆室之忧,托空言以征往事。"④ 他将著史与反抗侵略的紧迫事业结合起来,去反思清朝盛衰的历程,记载"当前的活的历史",又撰成内容丰富的介绍外国史地的巨著,三部史书都在数年之内相继完成,因而为近代爱国史学树立了一座丰碑。

这一时期同样由于民族救亡斗争的推动而产生的史著还有:姚莹《康輶纪行》(十六卷),完成于1847年;徐继畬《瀛寰志略》(十卷),撰著于1843—1848年;梁廷柟《夷氛闻记》(五卷),完成于道光末年咸丰初年;夏燮《中西纪事》(二十四卷),于1859年对初稿进行增订,形成全书基本格局;张穆《蒙古游牧记》(十六卷),此书在1849年张穆卒时尚未刊刻,后十年由何秋涛校订补充刊行;何秋涛《朔方备乘》(先于1853年成《北徼汇编》六卷,后来增订为八十卷,进呈咸丰帝,被赐名《朔方备乘》)。

以上对近代史开端时期史学总的特点作了扼要的论述,从史

---

① 据北京图书馆藏抄本《夷艘入寇记》中记事下项是:"二十三年春,伊里布卒于广东,诏著英往接办。"则成书当在此之后。又李瑚《魏源诗文系年》一书,据《征抚记》中有"英夷自去年夏困于三元里"的话,认为"成书时间当在道光二十二年"。此说也可参考。

② 如:题为《夷艘寇海记》,中国社会科学院近代史研究所藏;题为《夷艘入寇记》,北京图书馆、北京大学图书馆均有收藏;题为《夷舶入寇记》,北京图书馆藏;题为《英夷入寇记》,南京大学图书馆藏。还有一本《洋务权舆》,称"是书初名《英吉利人寇记》……改题之曰《洋务权舆》",也是由魏源之书改头换面而来。

③ 姚薇元:《鸦片战争史实考》(修订本)"前言",新知识出版社,1955年版。

④ 《魏源全集》第十四册"补录"《致邓显鹤信四通》,岳麓书社,2009年版,第293页。

著的数量、规模和反映的广泛范围,都证明这一时期由于爱国御侮斗争的刺激,进步史家迸发出异乎寻常的智慧和创造才能,因而形成了近代爱国主义史学的第一次高涨。下文我们进而选取爱国思想、历史见识和学术风格等视角,分析这一时期史学富有时代意义的贡献。

二、及时忠实地记述反抗侵略的正义斗争

处在民族危机的紧急关头,爱国史家挺身而出,及时、忠实地记述反抗侵略的正义斗争,用庄严的史笔,揭露侵略者、斥责投降叛卖行为,赞扬抵抗派,歌颂民众斗争的伟大力量,是鸦片战争时期史家一项富有时代意义的突出贡献。他们不惜冒着巨大的风险,表现民族的正气和人民的爱憎,为今天的人们留下了宝贵的思想财富。

魏源在《圣武记序》中强烈地表达出他因对时局忧心如焚、对侵略者同仇敌忾而著史的心情:"荆楚之南,有积感之民焉。……晚侨江淮,海警沓至,忾然触其中之所积,乃尽发其椟藏,排比经纬,驰骋往复,先出其专涉兵事及尝所论议若干篇","告成于海夷就款江宁之月"。① 因此他做到把探索清朝统治的盛衰跟反侵略斗争密切结合起来,从总结历史事实中吸取对当时御侮有益的教训,同时揭示出统治集团腐败误国的根源。如,书中赞扬康熙在平定三藩和对噶尔丹作战中镇定指挥,就是针对道光在战争中忽战忽降、举棋不定而说的。魏源还加了直接的议论:"自古及今,或以殷忧启圣,或以道谋溃成,庙算不定,而大难克削者,未之前闻。"② 这里指出"庙算不定"招致失败,显然即是对道光在战争中忽战忽和举棋不定的谴责!书中赞扬清朝兴盛时期军事行动迅速,布置严密、情报准确、赏罚分明,所针对的也

---

① 《圣武记叙》,《圣武记》,中华书局,1984年版,第1页。
② 《圣武记》卷二《康熙戡定三藩记上》,第73页。

是鸦片战争中统治集团"文恬武嬉,水陆废弛",一败再败,谎报军情以避罪或邀功,赏罚是非颠倒等腐败情形。书的后半部写白莲教起义使清廷受到痛深创巨的打击,暴露官军的极度腐败,将领临阵逃脱,甚至残害无辜百姓以邀赏;以及各路将领互相掣肘,勾心斗角,靠侵吞军费腐化享乐,致使"各路官兵乡勇饷迟不发,致令枵腹无裈,牛皮裹足,跣行山谷"。① 这些论述实则揭露了鸦片战争中奕经之流"今日揖于堂,明日觞于隍,后日胾于藏"② 的卑劣行径和根源。靠这样腐败的"将军"和毫无战斗力的士兵去对付侵略者的洋枪洋炮,还能不惨败吗?由于这部著作把写历史与论时局有机地结合,帮助人们更加深刻地观察当前事变,所以在当时才受到广泛的欢迎。以往认为《圣武记》只是歌颂清朝武功之盛,显然尚是据表象立论,我们对这部著作的积极内容还应作更深入的发掘。

《道光洋艘征抚记》《夷氛闻记》和《中西纪事》都是直接记载鸦片战争经过的史著。前面提到,《征抚记》在著成和传抄过程中都因惧祸不敢署上魏源姓名。这种现象是当时涉及鸦片战争史的著作所共有的。《夷氛闻记》及记载鸦片战争局部史实的《出围城记》《壬寅闻见略》《英夷入寇纪略》等也都不署名或不署真名。《中西纪事》迟至同治年间才著成并刊刻,果然旋即被清政府某大吏禁毁,至同治十年(1871),才由"雪中人"(笔名)根据旧本重印,始得流传。由此说明:这些著作的撰写、传抄和刊刻,都是触犯时忌、冒着风险进行的。史坛上的这一特殊的现象恰恰反映出,鸦片战争时期抵抗路线和投降路线的尖锐斗争,在战后很长时间内仍在继续。这是因为,鸦片战争以后,清朝统治集团为了维持其更加腐朽的统治,加上它实际上已经听命于侵略者的旨意行事,因而对一切爱国进步力量摧残镇压,对思想舆论界实行钳制。最突出的事件是对广东人民抗英斗争进行破坏镇压,又悍然起用琦善、奕经、文蔚等人,使这些不齿于人民

---

① 《圣武记》卷九《嘉庆川湖陕靖寇记四》,第399页。
② 《圣武记叙》,第2页。

的奸贼一个个重新神气起来。投降派首领人物穆彰阿、耆英内外勾结，狼狈为奸。终道光之世，穆彰阿都是首席军机大臣，权势有增无已，庇护重用民族败类，处心积虑排挤陷害进步势力。耆英签订卖国条约后，以两广总督、钦差大臣身份包办对外交涉，媚敌有功，官至内阁大学士，并得到紫禁城乘坐肩舆的特殊优遇。当时，尽管东南沿海地区人民及部分中下层官吏中抵抗情绪仍相当强烈，但在政府中投降派得势，不准人们谈论国事。《软尘私议》记载当时京城的政治气氛说："和议之后，都门仍复恬嬉，大有雨过忘雷之意，海疆之事，转喉触讳，绝口不提，即茶坊酒肆之中，亦大书'免谈时事'四字，俨有诗书偶语之禁。"①投降派这样钳制舆论，是害怕人们揭了他们的老底。私下谈论尚被禁止，著书则更要冒更大的风险。魏源、梁廷枏、夏燮等人处在这样恶劣的政治环境下，却不避危难，敢于写下真实的历史，其著述的勇气令人肃然起敬。他们的精神和著作至今仍是我们进行爱国主义教育的好教材。

《道光洋艘征抚记》一书，无论从著述的及时、史识之卓越和记载之系统来说，成就都最为突出。魏源站在中华民族反抗侵略的正义立场，把握了这场复杂事变的来龙去脉，"据实直书"，尖锐地揭露侵略者和投降派的罪行，表彰了爱国将领和人民大众的英勇气概。魏源揭露侵略军所到之处"掳掠焚烧惨甚"。三元里事件就是洋兵"时肆淫掠"而激起的。侵略军进入长江，"炮声震江岸，自瓜洲至仪征之盐艘估舶，焚烧一空，火光百余里"。②愤怒地控诉侵略者犯下的滔天罪行。而清朝统治集团腐败无能，造成战争的失败，"承平恬嬉，不知修攘为何事，破一岛一省震，骚一省各省震，抱头鼠窜者胆裂之不暇，冯河暴虎者虚骄而无实"。侵略者的军舰开到南京城下，对耆英、伊里布恐吓"诘朝请战"，当下"诸帅即胆裂，即夜覆书，一切惟命"，铸成

---

① 《软尘私议》一，中国史学会主编：《中国近代史资料丛刊》第一种《鸦片战争》第五册，上海神州国光社，1954 年版，第 529 页。
② 《道光洋艘征抚记》下，《魏源全集》第三册，岳麓书社，2004 年版，第 481—482 页。

屈辱失败的结局！魏源写此书时，投降派正在道光、穆彰阿庇护下重新抬头，魏源对他们的罪行痛加揭露，如斥责琦善到广州后，"开门揖盗，自溃藩篱"。奕山先是冒险进攻，以图侥幸，招致失败后立即现出怕死原形，"避入巡抚署，面无人色"。于是急派广州知府余保纯向敌求降，"一切允之，城上改树白旗"。① 奕经出师，一路游山玩水，沉迷酒色，法纪荡然。在浙江失败后捏奏虚报，英军放弃宁波城北上，奕经竟以"大军逼退英兵、收复宁波入告"，② 大败又成大胜。书中又以鲜明态度赞扬林则徐等抵抗派人物的功绩，反映人民抗英斗争的巨大力量。魏源肯定了林则徐坚决禁烟、加强战备、严密防守等一系列坚决抗击侵略的行动，肯定了他在对外交涉中的识见。书中对邓廷桢、关天培、姚莹等抵抗派也予以表彰。他在书中还明确提出"义民可用"，并以充沛的感情歌颂三元里附近一百零三乡人民"倡义报复，四面设伏"，③ 使凶恶的侵略者陷入重围，终日突围不出，当场击毙侵略军头目伯麦以下二百余人，谱写了一曲人民抗英斗争的雄伟战歌。而南海等县义民自办团练，达数万人，"昼夜操练，义律侦知内河既有防备，竟不敢报复"。④ 这些表现人民抗英力量的记载，今天读来仍然使人感奋。结尾写道：

> 迩者，沿海通商，鸦片益甚于前，其据定海及鼓浪屿之夷，且胁官吏，薮逋逃。封豕横门户，绸缪无桑土，直未知所底止矣！⑤

指出签约后鸦片祸害更加严重，侵略者盘踞中国门户，后患无穷，深沉地呼吁人们提高警惕。由于《征抚记》是一部信史，表

---

① 《道光洋艘征抚记》上，《魏源全集》第三册，岳麓书社，2004年版，第470页。
② 《道光洋艘征抚记》，479页。
③ 《道光洋艘征抚记》，467页。
④ 《夷艘入寇记》卷上，《续修四库全书》第445册，上海古籍出版社，2002年版，第243页。
⑤ 北京图书馆、北京大学图书馆藏两本《夷艘入寇记》（抄本）结尾均如此。排印本《道光洋艘征抚记》则补写至"咸丰元年，又特诏奖林则徐及姚莹、达洪阿之尽心竭力于边，而斥耆英畏葸之罪"。表明抵抗派得到昭雪，是非已有定论。

达了当时正直人们共有的思想感情，而且比一般人了解得更多，观察得更深刻，符合时代的需要，加上它善于叙事，篇幅又短，所以人们不怕触犯时忌，广为传抄。进步的史学著作冲破了当权者的禁阻，产生了广泛影响。

《夷氛闻记》的作者梁廷枏，曾于1835年入广东海防书局，此后即一直关注海防、外交问题。又曾与方东树同修《粤海关志》，汇辑了广东对外贸易的重要资料，书中还详载有关海防的图籍。鸦片战争时，梁廷枏任广东越华书院监院，林则徐到广州，驻节越华书院，曾向他询问禁烟、海防事宜，梁热心襄助，"为规画形势，绘海防图以进"，① 大力支持禁烟。1849年，在广州人民反对英人入城斗争中，曾亲与英领事交涉，迫英人暂停入城之议，因功被授予内部中书加侍读衔。《夷氛闻记》即大约成书于此时，比较全面地记载鸦片战争经过，包括中英通商由来、禁烟经过、鸦片战争中沿海各省战事及广东人民的抗英斗争。

梁廷枏的爱国思想突出表现在两个方面。第一，他对英国的侵略性和中国人民反抗侵略的正义性，有正确认识。梁氏严正指出英国早已蓄谋对中国侵略，书中劈头即指出："英夷狡焉思逞志于内地久矣。"② 指出英国早已蓄谋对中国进行侵略，鸦片战争的爆发有极其深刻的必然性，责任在英国。战争的导因是英国对中国长期实行鸦片走私贸易，使中国遭受极其严重的经济损失，民众的身心健康受到极大的损害。并且相当深刻地认识到其武装侵略背后的经济动机，是英国依靠可耻的鸦片走私贸易获取了巨大的经济利益。因此在战争一开始，侵略军头目就已"先定旷日持久之谋，不得逞于粤，则肆毒于闽、浙"。③ 梁氏已能从经济上对英国发动侵略战争作分析，这是对当时有人所持林则徐操之过切、引起英国报复的错误论调的有力驳斥。梁氏还总结出侵略者的本性是得寸进尺，包藏祸心，惯于实行欺骗恫吓。这些都是梁氏站在正确立场对事变作出的中肯总结，因而经受了时间的考

---

① 《清史列传》卷七十三《梁廷枏》，中华书局，1987年版，第6049页。
② 梁廷枏：《夷氛闻记》卷一，中华书局，1959年校注本，第1页。
③ 梁廷枏：《夷氛闻记》卷五，第170页。

验。第二，同样可贵的是，梁氏对三元里人民抗英斗争有完整的记述。他着重记载：三元里附近"九十余乡，率先齐出拒堵。对岸之三山等村，并闻声而起。老弱馈食，丁壮赴战，一时义愤同赴，不呼而集者数万人"。遂将侵略军包围在牛栏岗丛林之中，"及天明，入林内，搜杀几尽。逃者不识途径，亦多被截击。有叩首流血得免者……夷兵方舍命突围出，无奈人如山积，围开复合，各弃其鸟枪徒手引颈待戮，乞命之声震山谷"。"围既久，越日，义律驰至，亦被围。"① 生动地表现出人民群众奋起抗英的英雄精神及其威力！在鸦片战争期间，对人民抗英是赞扬还是反对，一直是抵抗派与投降派斗争的一个焦点。梁氏对人民抗英力量作如此高度评价，是极其难得的。由于梁氏经历了广东地区事变的前前后后，材料得自亲身见闻，所以此书具有很高的史料价值，对于三元里抗英事件的记载就比魏源《道光洋艘征抚记》更为完整。

不过，梁氏对于历史的大转折则显得相当隔膜，他还吹嘘清朝"国运方隆"，处于"全盛之日"，认为学习外国，请外国人作教师，是"丧失国体"，"反求胜夷之道于夷也，古今无是理也"。② 这就说明，只有爱国心而缺乏辩证态度，就无法对历史转折关头的复杂课题作出正确回答。书中对琦善有所揭露，但又称耆英、伊里布"不得已为国受过"，为他们辩护。这些都反映出梁廷枏所属的士绅阶层的严重局限性。

鸦片战争时期还有一部史书，是著者冒着巨大风险，经历了更多的艰难才完成的，作者的著述勇气也更令人崇敬，这就是夏燮的《中西纪事》。全书内容记载鸦片战争及第二次鸦片战争经过，而夏燮著述的意图，是通过记载当前事变，唤醒国人认识侵略者正在步步进逼，民族前途日益危险。他这样做，在当时是处于巨大的政治压力下，如他在《中西纪事原序》所说："两相（指穆彰阿、耆英）枋国，防口綦严，珍此享帚之藏，窃怀挟书之惧。"③ 这寥寥数语，正道出投降派钳制舆论的逼人气氛和当时

---

① 梁廷枏：《夷氛闻记》卷三，第 75 页。
② 梁廷枏：《夷氛闻记》卷五，第 172 页。
③ 夏燮：《中西纪事》原序，岳麓书社，1988 年版，第 1 页。

一些作者惧祸的心情。夏燮著史不仅胆识过人,而且抱有极其严肃的态度,为搜集材料历尽艰辛。鸦片战争发生时,他正在直隶临城训导任上,中国战败的消息使他义愤填膺,"蒿目增伤,裂眦怀愤"。这一年冬天,《南京条约》条款刚刚传出,他就在致友人书中加以痛切的评论,认为:开放五口通商,使侵略者俨然成为主人,他们"得陇望蜀",欲壑难填。"通商码头,东南四省,一气联络,向则开门揖盗,今且入室操戈矣!"① 列强对中国的威胁更严重更深入了。他还预见到,侵略者以后还会要求开放更多的口岸,此也为后来事态的发展所证实。于是他立志著史,自次年起,即开始"蒐辑邸抄文报,旁及新闻纸之可据者,录而存之",② 开始从事编撰工作。1850 年,道光帝死,咸丰帝登位,穆彰阿、耆英被革职,至此,夏燮把所藏资料整理成初稿,并写了《中西纪事原叙》,但当时还未敢刊行,仍秘藏起来。1859 年,他对初稿作了增订,补充了"十年来所闻见者","分类记叙,厘为十六卷"。此后,在 1860 年和 1863 年夏燮又作了两次增订,才最后完成这部二十四卷的著作。他赤诚地表明自己的著史态度:"沥血叩心,忧危入告,不避文字之忌,故今悉据实书之;不敢诬,亦不敢讳也。"③ 严酷的环境,更磨炼他高尚的史德和坚定的志向。经过他锲而不舍的苦心搜求,积二十年左右的努力,才获得了以下几方面有价值的资料:一是邸抄、奏议;二是当时传抄的官员来往信札;三是当事人的笔记、书信,如姚莹《上闽督论斩夷囚书》《奉逮入都上浙抚刘韵珂书》,梁章钜《致刘中丞鸿翱书》,还有作者访问所得材料,如通过访问江西地方官员许应镳,获得许祥光在广东为义民团练阻止英人进城而写的致英国使臣的信;四是可以据信的西人月报,如卷六《粤东要抚》即录有西人月报十五则。全书就上述材料互相参校而写成,保证了史实上的可靠性。

夏燮记述的重点是鸦片战争长江之役、台湾抗英将领姚莹遭

---

① 《中西纪事》卷九《白门原约》,第 126 页。
② 《中西纪事》原序,第 1 页。
③ 《中西纪事》卷十五《庚申换约之役》,第 199 页。

受诬陷的事件和广州人民反英人入城的斗争。他把批判的锋芒指向权奸穆彰阿乃至道光帝,指出:造成南京城下屈辱签约的结局,不仅是因为耆英、伊里布"预存一不敢战之心,而先入之言,方寸已乱",早就作好了投降打算,而决策者更在朝廷:"是时满首揆揽机务,谓:'兵兴三载,糜饷劳师,曾无尺寸之效,剿之与抚,功费正等,而劳逸已殊。靖难息民,于计为便。'上亦久厌兵,而几幸外夷之一悔祸也,爰排廷臣之议许之。"① 显然,"抚夷""息民"之类只不过是自欺欺人的说法,夏燮的记述实已寓含着向穆彰阿和道光帝追究投降责任的深刻用意。书中还揭露:姚莹、达洪阿抗英有功反遭诬陷,这一冤狱是投降派头面人物秉承侵略者旨意罗织而成的:"台湾之狱,外则耆相主之,内则穆相主之。怡制使(怡良)之查办此案,竟以'莫须有'三字定谳,固由忮功,亦奉政府枋臣指授也。"② 夏燮直书无隐,为爱国者申了冤,让历史的是非曲直昭示于世。尤为可贵的是,夏燮对当权人物最忌恨的广东义民的斗争,却给以有力的肯定和赞扬,书中首尾完整地记述广东人民用"团练"的自发武装组织,进行反对英人进广州城的斗争。"团练"具有明确的反侵略目的,同仇敌忾,众志成城。"始自南海、番禺,而香山、新安等县继之,绅民喋血,丁壮荷戈,誓与英夷为不共之仇。"在群众高昂斗争情绪推动下,爱国士绅一再向地方官员表示:"吾乡之民能为国家效剿力,不愿从抚也。""吾粤之眈眈者皆在夷矣,若明公投袂一呼,则负杖入保者皆至,何求而不克!"夏燮精心地记述这些掷地有声的话,表达出广东人民共同的反侵略、反投降的坚强决心。于是,在民众的支持下,取得了阻止英人入城斗争的胜利:"二十九年己酉,英舟至粤,复请入城与制府议事。制府辞之。……时则南海、番禺各乡团练之师,先后并至。绅士请师期。制府告曰:'夷人志在入城;不许,则必挟兵以攻我。先守后战,曲在彼矣。'越日,夷舟闯入省河,连樯相接,轮烟蔽天,

---

① 《中西纪事》卷八《江上议款》,第117页。
② 《中西纪事》卷十《台湾之狱》,第141页。

制府复单舸前往，谕以众怒不可犯。夷酋谋质制府舟中，以要入城之请。俄而省河两岸义勇呼声震天，夷酋大惧，乃以罢兵修好请。自此不言入城事。"夏燮还特意用两件事衬托这一胜利。一是写道光帝获报后，"方悟广东民情可用"。二是因此役朝廷对徐广缙、叶名琛封爵嘉奖，夏燮则一再点明："然实粤民团练之师，先人而夺之者也。"① 这是郑重宣告，真正建立功勋的是广东人民！夏燮对民众斗争的力量有如此深刻的认识和生动的表现，确实为近代史学增添了光彩。书的末尾将自鸦片战争以来殉难的将士和平民可考者，不论官职高低或官民界限，对每人都郑重记载，让他们的壮烈事迹彪炳史册，激励后代。

爱国主义是近代以来动员和组织亿万人民战胜一切敌人的神圣旗帜。在鸦片战争时期，爱国主义就是抗击英国野蛮侵略、保卫民族生存。当侵略者打来时，以魏源为代表的爱国史家把关心民族生存视为高于一切，把爱国的赤诚倾注于史著之中，充分地发挥了史学的战斗作用。当时的清朝很腐朽，但它对外还代表中国。魏源等人曾一再谴责统治者的腐败，而作为封建时代的知识分子，他们还不能把清朝统治者与真正的中国即民族的利益二者区别开来，这是认识上的局限性。

为了恰当评价《道光洋艘征抚记》《夷氛闻记》和《中西纪事》这三部爱国史著的思想价值和史料价值，我们应拿侵略者和投降派营垒中歪曲历史的记载来作比较研究。1842年英国伦敦出版了一本《英军在华作战记》，② 作者宾汉是参加过对华侵略战争的英国海军军官。宾汉大为恼火的是，当时英国的"普通人"，"从中国人的立场看问题，认为这次战役，是由于中国政府为了挽救人民的道德而禁止鸦片入口所引起的，因而谬称这次战争是'鸦片战争'，而对我们（指英国政府）这次出兵是否合乎正义的问题，也表示怀疑"。于是写书专为英国侵略行为狡辩。他胡说引起战争是"大不列颠民族从愚昧而骄傲的中国官吏们的手里所

---

① 以上引文均见《中西纪事》卷十三《粤民义师》，第165—169页。
② 此书译文及《道光抚远纪略》均收入中国史学会主编《中国近代史资料丛刊》第一种《鸦片战争》第五册，上海神州国光社，1954年版。

受到的无数的侮辱","因中国政府的固执和狡诈行为,迫得我们不得不对他们加以打击"。书中到处是歪曲事实,颠倒黑白,对中国人民恶意诽谤。投降派也要借歪曲历史为自己辩护,投降派干将黄恩彤①就是一个典型。他写过《抚夷论》,宣扬投降理论。1865年(同治四年),这个久住山东家中的老投降派仍然感到"世人悠悠之口"②的压力,便企图以伪造的历史洗刷自己的臭名声,于是写《道光抚远纪略》,为自己及其同伙涂脂抹粉,评功摆好。书中,侵略者烧杀淫掠,胁迫签约,被说成为了"申冤"。强迫中国割地赔款,不是出于其侵略本性,而是因为"西人性胶结难解","断难折以空言"。③耆英之流媚敌求降,被称赞为"周知情伪","洞悉机宜","以尧阶干羽化覃海外",④救了江南人民。并继续把引起战争的责任推给林则徐,诬陷姚莹"捏奏冒功属实"。还恶毒诬蔑广东人民"结队横行,骄悍难制","见利忘义","必不倚以重用",⑤充分暴露他死心塌地与人民为敌、向侵略者献媚的丑恶面目。可以想见,如果没有魏源等人作出忠实的记载,鸦片战争史将被侵略者和投降派歪曲颠倒到何等程度!两种记载之间的对立,是侵略与反侵略、爱国与卖国、抵抗与投降之间的斗争在史学领域的反映,也是"直书"与"曲笔"之间在新的历史条件下的尖锐对立。

三、认识外部世界的广阔和先进性

鸦片战争又是中西文化撞击的起点。以洋枪洋炮打开中国大门的西方列强,当时在制度文化上又比封建的中国远远居于先进

---

① 此人参加过筹划卖国的《南京条约》和诬陷姚莹,镇压广东人民抗英斗争,终以声名狼藉而清廷不得不将之免职。
② 《抚远纪略》序,中国史学会主编:《中国近代史资料丛刊》第一种《鸦片战争》第五册,上海神州国光社,1954年版,第409页。
③ 《抚远纪略·金陵议抚第三》,第417页。
④ 《抚远纪略·后序》,第484页。
⑤ 《抚远纪略·粤东复市第四》,第419页。

的地位。长期互相隔绝的两个文化系统,第一次发生了剧烈的撞击。中国传统文化具有源远流长、独立发展的特点,凝聚成自强不息、不畏强暴的民族品格,并对世界文化做出了宝贵贡献,这些都是中国文化的优点。但是,"独立发展"的另一面,却是它长期与外界绝少联系(只有汉唐时期是例外)。到了近世,西方资本主义文化在迅速发展,中国封建"皇朝"却以"闭关自守"为国策,因而形成了妄自尊大、拒斥外来文化的极端狭隘性。这就是马克思所评论的"野蛮的、闭关自守的、与文明世界隔绝的状态"。① 乾隆年间所修《皇朝文献通考》,即典型地反映出这种妄自尊大、傲慢拒外的文化心理,仍然一厢情愿地称"中土居大地之中","海外诸国亦谓之裔,裔之言为边也",② 对于已从传教士闻知的"五洲之说",西方国家"反有非中华所及者"这类新鲜观念、新鲜知识,一律采取不承认主义,斥之为"语涉诞诳","剿说瞽言",依然把欧洲国家当作"荒远犺獉"的化外之夷看待。③ 中国已远远落后,却仍以"天朝上国"自居;西方国家早已先进,却被目为"夷狄之邦"加以鄙视。封建专制与民主政治对立;纲常伦理、等级观念与平等思想、法律观念、竞争意识对立;空谈义理、醉心考据与重视科学、征服自然的学说对立……东西文化这种严重差异和隔阂,由于鸦片战争爆发,又同外交上的对抗相纠缠。中国处于落后地位,却是正义的、被侵略的一方;西方国家是先进者,它们又是非正义的、进行野蛮侵略的一方。因此鸦片战争这场剧变,就骤然向我们的先辈提出了极为复杂、困难和严峻的课题:如何在维护民族独立的同时,有勇气承认西方国家的先进,放下"天朝上国"的架子,向西方学习。中国社会走向近代化的根本方向,也就是在坚持独立、反抗侵略的前提下,了解世界,学习西方,寻求救国真理。中国进步思想界对于这一历史潮流最早的认识,恰恰就反映在鸦片战争时期的

---

① 马克思:《中国革命和欧洲革命》,《马克思恩格斯全集》第二卷,第2页。
② 《清朝文献通考》卷三百《四裔一》,第二册,万有文库本,商务印书馆,1936年版,第1186页。
③ 《清朝文献通考》卷二九八《四裔考六》,第1240页。

历史著作中。这是当时史学又一富有时代意义的贡献。在鸦片战争结束不久撰成的《海国图志》《瀛寰志略》二书,把真实的世界面貌介绍给国人,让他们认识外部世界的广阔和先进性,并且首先提出了学习西方的思想。具体来说,这两部著作具有下列三方面共同的进步内容:

(1) 呼吁了解外国的紧迫性,展示出一幅真实的世界图画。

魏源批判了两千年来视为"神圣古训"的"严夷夏之防"的迂腐观点,大声疾呼了解外国是当务之急。他尖锐地揭露统治集团对外国昏暗无知,是造成战争惨败的重要原因:"苟有议翻夷书、刺夷事者,则必曰多事(原注:嘉庆间,广东有将汉字夷字对音刊成一书者,甚便于华人之译字,而粤吏禁之);则一旦有事,即或询英夷国都与俄罗斯国都相去远近,或询英夷何路可通回部……以通市二百年之国,竟莫知其方向,莫悉其离合,尚可谓留心边事者乎?"① 同时他用英国以新加坡为基地,处处侦探中国情报作对照:"(英人)建英华书院,延华人为师,教汉文汉语,刊中国经史子集,图经地志,更无语言文字之隔,故洞悉中国情形虚实。而中国反无一人了彼情伪,无一事师彼长技,喟矣哉!"② 总结双方的成败得失,结论就是:必须彻底抛弃闭目塞听,视外国为夷狄的旧意识,迅速了解外国情形。这是对付西方列强的先决条件。因此,魏源一再呼吁:"欲制外夷者,必先悉夷情始;欲悉夷情者,必先立译馆翻夷书始;欲造就边才者,必先用留心边事之督抚始。"③ 他还清醒地预料到,传播外国知识,定然要经历与保守势力的严重斗争,要冒"罪以多事,甚坐以通番"的风险,但他却置之度外。为了介绍外国知识,魏源把当时所能搜集到的材料全部汇辑进去,"钩稽贯串,创榛辟莽,前驱先路"。④ 对于外国人的撰述,即所谓"西洋人谭西洋"者尤为

---

① 《海国图志》卷二《筹海篇三》,《魏源全集》第四册,岳麓书社,2004年版,第27页。
② 《海国图志》卷九《暹罗东南属国,今为英吉利新加坡沿革三》,第440—441页。
③ 《海国图志》卷二《筹海篇三》,第27页。
④ 《海国图志原叙》,第1页。

重视，使内容更为可靠，除了采辑林则徐派人翻译的《四洲志》外，他如英国人马礼逊《外国史略》、葡萄牙人马吉斯《地理备考》、美国人高理文的《美理哥国志略》，都大量引用。全书收入各种地图七十五种，图志配合，内容详博，同时具有实用性和直观性的特点。

徐继畬当鸦片战争期间都在闽、粤沿海任职，较多接触涉外事务。① 从1843年起，他即为将可靠的外国知识介绍到国内而殚精竭虑，着手撰《瀛寰志略》，至1848年完成。他在先后结识美国传教士雅裨理、英国领事李太郭等，借阅外国史地资料，详细询问探究，"荟萃采择，得片纸亦存录勿弃。每晤泰西人，辄披册子考证之"。五年之中，"稿凡数十易"，"未尝一日辍也"。② 徐氏颇擅地理考证之学，③ 在此书中，他把考证的严谨学风与介绍新鲜的世界史地知识相结合，形成论述集中、文字简洁的著述风格。开卷第一卷为《地球》，介绍南北极、赤道、各大洲、各大洋，概述亚细亚大陆之广袤，欧罗巴洲之诸国林立、犬牙交错，美洲新大陆的晚近发现，南冰海的探险……都是令人耳目一新的科学知识。徐氏把记述欧美国家作为重点。在卷四《欧罗巴总论》中，他颇为准确地勾勒出欧洲历史的轮廓，论述了欧洲古代的希腊罗马文明，近代欧洲国家在世界范围内的殖民活动，各国地理形势、版图、人口、兵力，以及技术、商业、宗教等。更有意义的，是他讲到西方文明在当时居于先进的地位："（欧人）善于运思，长于制器，金木之工，精巧不可思议，运用水火尤为奇妙。火器创自中国，彼土仿而为之，益加精妙，铸造之工，施放之敏，殆所独擅。造舟尤极奥妙，篷索器具，无一不精，测量海道，处处志其浅深，不失尺寸。……先由大西洋而至小西洋，建置埠头，渐及于南洋诸岛，然后内向而聚于粤东。萌芽于明

---

① 1842年任两广盐运使、广东布政使，次年任福建布政使，此后任福建巡抚，旋又兼署闽浙总督。

② 均据《瀛寰志略》自序（作于道光戊申年八月），上海书店出版社，2001年版，第6页。

③ 另著有《两汉志沿边十郡考略》一卷及《两汉幽并凉三州今地考略》一卷。

中,滥觞于明季,至今日而往来七万里,遂如一苇之杭。天地之气,由西北而通于东南,倘亦运会使然耶!"① 徐氏自然不理解资本主义在社会发展阶段上先进于封建主义的原理,但他显然已意识到东西方先进与落后发生了根本性的转折,并且把这个信息传递到国内。徐氏所论也有其迂腐之处,如他称赞瑞士"不立王侯"的制度是"西土桃花源",却又叹惜其地"远在荒裔,无由渐以礼、乐、车、书之雅化耳!"则又未能摆脱"夷夏之辨"的陈旧意识。

(2)论述西方殖民者东来以后亚洲的局势,注意反映东方民族反抗侵略的经验教训。

魏源重视总结缅甸、安南这类国家抵抗英国侵略的经验,认为:"观于缅栅之足拒夷兵,而知我之所以守;观于安南札船之足慑夷艇,而知我之所以攻。"② 对于已经沦为英国殖民地的新加坡、印度,则重视它们在英国侵略活动中的地位。如说英国控制新加坡是"欲据此东西要津,独擅中华之利,而制诸国之咽喉"。说印度为英国提供财力、兵力,在英国侵华活动中占据重要地位,"东印度为英夷驻防重镇,凡用兵各国都调诸孟加腊"。③ 徐继畬总结南洋各地地位的变化,昔年是中国的藩属,如今已成为西方列强统治的范围和从事殖民活动的基地。徐氏对英吉利奴役孟加拉和整个印度次大陆尤为扼腕叹息:"英吉利渐于各海口建立炮台,调设兵戍,养锐蓄谋,待时而动。迨孟加拉一发难端,遂以全力进攻,诸蛮部连鸡栖桀,等于拉朽折枯,于是五印度诸部,夷灭者十八九,哀哉!哀哉!"④ 这些论述显然寄托着对殖民者的阴谋要早加防备的深刻用意。他还对马辰、苏禄等地民众抗击侵略的斗争表示敬佩。

(3)倡导向西方学习,赞扬民主制度的优越性。

魏源总结中国战败的又一原因是,列强船坚炮利,武器和技

---

① 《瀛寰志略》卷四《欧罗巴总论》,第112—113页。
② 《海国图志》卷十《东南洋·缅甸》,第459页。
③ 参见《海国图志》卷二十一《西南洋·五印度国志》,第653页。
④ 《瀛寰志略》卷三《亚细亚·五印度》,第76页。

术远比中国先进,因此响亮地倡导"师夷之长技以制夷"。这一口号的提出成为近代先进的中国人向西方寻找真理的起点。当时他注目的重点固然在学习军事技术,即制造轮船枪炮、仿效西方练兵方法整顿军队等,但我们还注意到魏源学习西方有更丰富的内容。他进而提出发展民用工业的主张:"凡有关民用者,皆可于此建立",如千里镜、火轮机、自转碓、千斤秤等,并允许私人设厂制造,"沿海商民有愿仿设厂局,以造船械,或自用,或出售者,听之",① 并在书中介绍外国铁路、银行、保险等知识。这些在客观上都具有发展资本主义的意义。再者,魏源还明确表达了对资本主义政治制度的赞美和向往。他赞扬美国华盛顿开创的社会制度和"一变古今官家之局"的总统定期换选制度,具有"公"(与"私天下"对立)和"周"(合理周全)的优越性,② 远比封建专制进步得多。又称北美的制度"其章程可垂奕世而无弊"。③

徐继畲认识到英国称雄于世界,是由于殖民掠夺,"盖四海之内,其帆樯无所不到,凡有土有人之处,无不睥睨相度,思朘削其精华"。④ 同时,徐氏又对西方民主制表示羡慕,称英国的两院制"聚众公议,参以条例,决其可否"。尤其赞扬华盛顿在领导美国取得独立之后,提出"得国而传子孙,是私也",做到"不设王侯之号,不循世及之规,公器付之公论",乃是"创古今未有之局",所以华盛顿是西方世界第一伟人!⑤ 这样的议论出于徐继畲这样一位清朝大员之口,是很难得的。魏、徐二人的上述认识均符合以民主制代替封建专制这一近代历史潮流。

《海国图志》和《瀛寰志略》两部著作是近代中国人了解世界的起点,它们突破了传统学术的范围,提供了具有近代意义的外国史地知识和历史发展趋势。它们受到社会各方面的欢迎,也

---

① 《海国图志》卷二《筹海篇三》,第33页。
② 《海国图志》卷五十九《外大西洋·墨利加洲总叙》,第1585页。
③ 《海国图志后叙》,第7页。
④ 《瀛寰志略》卷七《欧罗巴英吉利国》,第237页。
⑤ 《瀛寰志略》卷九《北亚墨利加米利坚合众国》,第291页。

遭到顽固派的忌恨,如徐氏著此书果然受到"言者抨击",① 书经付梓,即腾谤议。王韬曾评论说:"近来说海外掌故者,当以徐松龛中丞之《瀛寰志略》,魏默深司马之《海国图志》为嚆矢,后有作者弗可及已。"又说:"此二书者,各有所长,中丞以简胜,司马以博胜。"② 就二书知识性的特点而言,王韬的评语是恰当的。而就思想性而言,则《海国图志》反侵略的主旨更加鲜明。③

梁廷枏在这一时期著有《合省国说》和《兰崙偶说》,分别介绍美、英两国史地知识,对于资本主义制度的进步性也有中肯的评论,因它们的影响远不及魏、徐之书,为节约篇幅,此不具论。

四、冲破"考史"藩篱,为结合现实社会需要而著史

史学冲破了因长期考据盛行而形成的沉闷局面,与社会生活的需要密切结合起来,由"考史"转变为著史,形成新的风气,这是近代史开端时期史学又一富有时代意义的贡献。

鸦片战争时期的史学与乾嘉时期前后相连而学术风气迥异,形成鲜明对照。乾嘉学术以严密考证著称,当时学者由考经而考史,究心于文字训诂、版本校勘、辑佚补缺、考订史实异同一类工作,形成了学术史上十分特殊的"朴学"时代。由于朴学盛行达百年以上(自康熙中晚期至嘉庆年间),学者众多,治学范围广泛,名家辈出,不仅在整理文献和形成严密考证方法上做出极大贡献,而且也不乏对历史问题和学术问题具有通识、表现出理性倾向的学者。这些成就我们都不能低估。但是朴学时代又有其明显的局限,由于清朝文化专制政策的迫害,当时学者们不敢关

---

① 《清史稿》卷四二二《徐继畲传》,中华书局,1977 年版,第 12184 页。
② 王韬:《瀛寰志略跋》,《弢园文录外编》卷九,沈阳人民出版社,1994 年版,第 363 页。
③ 参见拙作《魏源与鸦片战争史》,载《鸦片战争史论文集续编》,人民出版社,1984 年版。

心现实问题；考证学的末流，则更陷于琐碎饾饤。故当考证学风方炽之时，就有章学诚起而大力针砭烦琐考据的流弊。到嘉道年间，清朝统治的危机已经显露，社会矛盾日趋尖锐，于是一些眼光敏锐的知识分子，联系封建专制的祸害，而更猛烈地指责烦琐考据禁锢士人的头脑，倡导学风的转变。龚自珍提出著史应与国家治乱盛衰的"道"相联系，"出乎史，入乎道，欲知大道，必先为史"。① 魏源主张史学应该成为医治社会现实弊病的药石，"立乎今日以指往昔，异同黑白，病药相发，亦一代得失之林哉！"② 龚、魏的主张表明：由于时代危机的刺激，鸦片战争前一二十年，学术风气已在酝酿着变化。

鸦片战争的发生，终于使上述趋势向"渐变"而达到"突变"，涌现出一批与社会实际问题密切联系的史著。学者争相著述，指陈政治得失，暴露当前祸患，呼吁挽救危亡，预见未来趋向。前面所论列的魏源、徐继畲、梁廷枏、夏燮的著作都代表了由"考史"向"著史"转变的成果。这一时期自觉地结合解决时代课题的史著，还有《康輶纪行》《蒙古游牧记》和《朔方备乘》。

《康輶纪行》为姚莹所撰。他在鸦片战争中任台湾兵备道，坚决抗击英军侵略，后被诬贬官四川，再被罚往西藏。姚莹在台湾时就怀着"控制外夷，屏藩数省"③ 的目的，搜集有关海防和外国史地的资料。他为中国战败无比痛心，对时局充满忧虑。当他在贬谪西南途中读到魏源《海国图志》一书时，不禁大喜，赞曰："大获我心。"④《康輶纪行》即作于姚莹被贬西南时期。他就藏人访西事，身在边陲就近了解外国，并记述边疆地区山川、物产、宗教、风俗等情况，自称"喋血饮恨，而为此书，冀雪中

---

① 《龚自珍全集》第一辑《尊史》，上海人民出版社，1975年版，第81页。
② 《魏源集·明代食兵二政录叙》，第165页。
③ 《东溟外集》卷二《答张亨甫书》，哈佛大学汉和图书馆藏清同治六年（1867）刻本，第18页a。
④ 姚莹著，吴丰培整理：《康輶纪行》自序，西藏学汉文文献汇刻丛书，中州古籍出版社，1986年版，第3页。

国之耻"。① 对于西藏的关隘险要,特别是内地入藏路线、里程,从印度、尼泊尔入藏路线,都详加考订,意在为防守边陲提供可靠资料,他的实地考察也有助于订正其他记载的错误。② 虽然此书尚非有体系的著作,但它的产生同样反映出史坛的新风气。

《蒙古游牧记》和《朔方备乘》是两部边疆史地的名著,它们的产生有深刻的时代原因。清朝建立起空前版图的多民族国家,至此已一二百年,学者们以前的智识范围大致只限于中原内地,至此很有必要将视野扩大,系统地研究西北的地理沿革、民族关系的变迁。这是国内方面巩固统一国家的需要。清中叶以后,出现了来自北方的沙俄和来自中亚的英国对我西北地区的威胁,至鸦片战争后边疆危机更加突出。这是对外关系方面形势的推动。嘉庆以后,祁韵士、徐松、龚自珍、魏源等已开始注意研究边疆史地,③ 张穆、何秋涛在他们的基础上取得更为可观的成就。

张穆的学术观点同他际遇的坎坷有直接关系。他于1839年应顺天乡试时,与监考人发生冲突,被逐出考场,并被处罚不准再应考,从此他愤然放弃仕进的努力,"益求经世之学"。④ 这种受压抑的社会地位,使他更容易感受到鸦片战争的社会矛盾和民族危机。他曾写信给御史陈庆镛,说:"当今天下多故,农桑、盐铁、河工、海防、民风、士习,何一事不当讲求",并且批评陈庆镛只满足于结纳名士,不肯认真思考如何救世的道理,见面时只会泛泛讲些不关痛痒的话,这样下去很危险。⑤ 说明张穆虽身为布衣却敢于直言,对于国家社会很有责任感。陈庆镛对此非

---

① 《东溟文后集》卷八《复光律原书》,哈佛大学汉和图书馆藏清同治六年(1867)刻本,第11页a。

② 如魏源增订《海国图志》时,即据之订正原来对廓尔喀地理位置记载之误。

③ 祁韵士著有《西陲总统事略》《西域释地》《藩部要略》和《西陲要略》。所谓西陲指新疆,藩部指蒙古。徐松著有《西域水道记》《汉书西域传补注》,又受松筠委托,在祁韵士《西陲总统事略》的基础上,扩大补充撰成《新疆事略》。龚自珍著有《西域置行省议》等,又撰《蒙古图志》,未成而毁于火灾。魏源《圣武记》《海国图志》两书都兼及西北边疆地理。

④ 祁隽藻:《殷斋文集序》,见张穆《殷斋诗文集》卷三。

⑤ 张穆:《与陈颂南先生书》,《殷斋诗文集》卷三,清咸丰八年祁隽藻刻本。

但不生气，反而称赞张穆学问见识胜过自己。其后陈庆镛一疏劾琦善，伸张了正气，声震朝野，他所以能这样做有其思想基础。张穆关注鸦片战争以后的事变，他认识到侵略者的凶恶本性和狡猾手段，"虎狼在户"，"挟兵威以鼓其邪说"。主张坚决反抗侵略，相信"民心可恃"。① 他对《海国图志》和《瀛寰志略》的著成很赞赏。正是从这种关心国家民族命运的思想出发，他著成《蒙古游牧记》十六卷。此书以蒙古各盟的旗为单位，用史志体，而自己作注，考证蒙古古今地域及山川城镇的沿革，本末分明，内容详博。而其最突出的特点，即在于贯串了经世致用的观点，如祁隽藻序文中所云，既陈古义又论今事。自序中说：有清一代，各省州、县都有方志，足以"考古镜今"，独内外蒙古未有专书，"学古之士尚多懵其方隅，疲于考索，此穆《蒙古游牧记》所为作也"。因此他要做到"缀古通今"，着重考察古代蒙古与近代蒙古之沿革变化。这种切于实用的观点，使张穆在当时即被誉为边疆史地的名家。何秋涛也精于边疆史地之学，与张穆、陈庆镛等交游。当时人评其学术的特点是："于经史百家之词，事制之理，考证钩析，务穷其源委，校其异同，而要归于实用。"② 何秋涛对中俄关系特别关注，因为"俄罗斯地居北徼，与我朝边卡相近"，③ 不能不对之高度重视。所著《朔方备乘》一书突出地强调用意在于"备用"，即备国防之用。在《凡例》中，他列举"备用之处"共有八项，其中尤为重要者为："明曲直以示威信"；"惩前事以具法戒"；"志险要以昭边禁"；"详遐荒地理以备出奇"。前两项，强调总结历史，有理的一方在中国；后两项，则强调这部书在军事防守上有重要的用途。何氏把发扬史以致用的传统与忠实记载历史结合起来。书中卷十四《雅克萨城》、卷十五《尼布楚城考》，都载明这些地方原属中国领土，是后来康熙主动划给俄罗斯作"贸易栖托之地"。何秋涛于咸丰初年着重记

---

① 张穆：《与徐仲升制军书》，《殷斋诗文集》卷三，清咸丰八年祁隽藻刻本。
② 黄彭年：《刑部员外郎何君墓表》，《续碑传集》卷二十，文海出版有限公司，1980年版。
③ 《清儒学案》卷一六六，第7册，中华书局，2008年版，第6414页。

载这些史实，正是为了昭示历史的鉴戒。当时有识之士如林则徐、魏源等都忧虑地指出沙俄对中国边疆的威胁。何秋涛的记载正表明中国是正义者、受威胁者，唤起人们警惕俄罗斯挑起新的纠纷。同时，书中对中俄在经济、文化上的友好往来也如实记载，反映了历史家全面的观点，史料价值很高。

《蒙古游牧记》和《朔方备乘》都是符合于时代的需要、内容详实的边疆史地名著，它们的产生，与《海国图志》《瀛寰志略》等反映关注西方势力东来的著作有着内在的联系，因而丰富了近代史开端时期爱国史学思潮的内容。

五、奏响了近代史学的主旋律

近代史开端时期史学的特点和成就充分地证明：它是我国史学优良传统在民族救亡斗争高涨时代的发扬，在中国史学发展史上具有继往开来的重要意义。

中国史学自孔子和司马迁起，即形成了与社会生活密切联系的传统，此后历代进步史家也都注重把撰史与时代要求结合起来。至清代顾炎武、黄宗羲、王夫之等，倡导史学经世，批判封建专制，表彰民族气节，表现尤为突出。清初学者离魏源、夏燮等人较近，因而被直接取鉴。

魏源等人又是根据自己的时代条件，对前人的优良传统大力加以发扬。清初学者所经历的变动，还只限于中国封建社会本身朝代的更迭。鸦片战争时期的史学家则面临着背景更广阔复杂、程度也更为激烈的冲突。西方殖民主义者从数万里以外打上门来，对我肆意欺凌掠夺，中华民族的生存受到严重威胁。在此民族危机的紧急关头，进步史家表现出强烈的爱国主义精神，以自己的史著反映了时代的脉搏。前代志士仁人所倡导的民族气节，至此发展为反抗殖民主义、帝国主义侵略的近代爱国思想，先前学者倡导的经世学风，至此具有打破闭塞状态、观察世界潮流的崭新内容；以往批判封建专制的思想，则为认识和赞扬西方民主制架起了桥梁。从此，史学与人民大众反对帝国主义侵略的伟大斗争相呼应，推动时代前进。尤为难得的是，魏源等人能以清醒的态度，把握住坚决反抗侵略，同时倡导了解外国、学习外国先进事物这两个互相辩证地相联系的核心问题，因而奏出了近代史学的主旋律，开辟了前进的道路。

近代史开端时期史学的深刻影响可以魏源的史著为代表来说明。《海国图志》经两次增订为百卷本后，在半个世纪中曾连续在国内多次重刻，我们现在仍能见到的即有：同治六年（1867）郴州重刊本，光绪二年（1876）魏光焘平庆泾固道署重刊本，光绪六年（1880）邵阳急当务斋镌刻本，光绪十三年（1887）巴蜀成善堂重刊本，光绪二十一年（1895）上海积山书局刊本，光绪二十八年（1902）文贤阁石印本。而当1879年，青年康有为为了进一步了解西方情形，还再度阅读《海国图志》和《瀛寰志略》，以此作为讲"西学"的基础。① 梁启超于1924年著《中国近三百年学术史》，评价说：《海国图志》一书奖励国民对外之观念，"其论实支配百年来之人心，直至今日犹未脱离净尽，则其在历史上关系，不得谓细也。"② 这是梁氏根据本人几十年的观察体验而得的结论。

鸦片战争时期是近代救亡图强的爱国主义史学思潮第一次涌起，此后随着近代社会矛盾的展开，在戊戌变法时期和20世纪初年又一再掀起新的波澜。黄遵宪在戊戌变法准备时期著成《日本国志》，他继承了魏源史学的爱国精神和向西方学习的进步思想，介绍日本改从西法和欧美的制度文化，明确要求发展资本主义，比起魏源的思想倾向又前进了一大步。此书在编撰上也是继承并发展了魏源用"书志体"广泛记载外国政治、经济情形的撰史方法。至20世纪初年，西方学术的输入更如火如荼，中国进步思想界掀起了激烈批判封建专制的热潮。在史学领域，则争先批判"君史"，提倡"民史"。最重要的著作有梁启超《新史学》

---

① 楼宇烈整理：《康南海自编年谱》光绪五年，中华书局，1992年版，第8—10页。

② 《饮冰室合集》专集之七十五，第323页。

（1902年）和夏曾佑《中国古代史》（原名《最新中学中国历史教科书》，1904—1906年分三册出版），它们都共同地以从西方传入的进化论为指导，并与民族救亡运动密切相联系。《新史学》呼吁："今日欲提倡民族主义，使我四万万同胞强立于此优胜劣败之世界乎！则本国史学……一刻不容缓者也。""史界革命不起，则吾国遂不可救。"① 夏曾佑也同样明确地把著史与救亡图强的紧迫需要结合起来，认为研究历史，才能更加看清当前积贫积弱的症结所在，找到解救办法。

由此我们可以看出：戊戌时期和20世纪初年史学的鲜明倾向，与近代史开端时期史学的时代风采是一脉相承的。魏源等人所奏出的时代主旋律，在此后一再得到呼应、延续和发展。

---

① 《饮冰室合集》文集之九，第7页。

《日本国志》的时代价值

《日本国志》是近代第一部有系统地记述外国当代史的著作,在当时就被誉为"奇作"。① 黄遵宪自1879年创稿,至1887年完成,历时八九年才实现了自己的心愿。为此,他曾怀着对时局的深切忧虑,写了《〈日本国志〉书成志感》一诗:

> 湖海归来气未除,忧天热血几时摅?!
> 千秋鉴借《吾妻镜》,四壁图悬人境庐。
> 改制世方尊白统,罪言吾窃比《黄书》。
> 频年风雨鸡鸣夕,泪洒挑灯自卷舒。②

这首含意深刻的诗篇,确是《日本国志》全书画龙点睛之笔,揭示出作者撰述的意图和报国的赤诚。担任过多年外交官,对国内外时局有真知灼见的黄遵宪,目睹中国处于风雨如磐的险恶环境中,一再遭受欧美列强的侵略掠夺,如今东邻日本又现称霸亚洲之势,沉睡的祖国何时才能猛醒?! 黄遵宪将这满腔的"忧天热

---

① 薛福成:《日本国志序》,黄遵守《日本国志》,光绪二十四年(1898)上海图书集成印书局刻印。

② 黄遵宪著,钱仲联笺注:《人境庐诗草笺注》卷五《〈日本国志〉书成志感》,上海古籍出版社,1981年版,第443—444页。

血"都倾注在此书之中。他及时地记述了日本明治维新的历史,作为自己祖国的千秋史鉴;日本的进步来自学习西方,因而他又尽力介绍欧美国家发展的取向;他借王夫之《黄书》相比,提醒人们《日本国志》同时也是一部政论,书中有他开列的医治祖国积弱的良方。黄遵宪的撰述意图符合当时中国历史前进的要求,反映了时代的脉搏,因而这部史书在戊戌运动中直接产生了引人注目的社会效果。通过研究《日本国志》的时代价值,将有助于对黄遵宪在近代史学和思想启蒙上的贡献作出恰当的评价。

一、对明治维新"改从西法,革故取新"的及时总结

黄遵宪在青年时代就富有革新和批判精神。1877年秋,他以参赞身份随首任驻日公使何如璋赴日。当时日本明治维新正在进行,"百度草创,计日程功",黄遵宪努力体察日本"改从西法"带来的新变化,并且阅读卢梭、孟德斯鸠民权学说的著作,"心志为之一变,以谓太平世必在民主"。① 黄遵宪主张维新变法和拥护民权学说的思想从此确立,于是决心撰写明治维新的历史作为自己国家的千秋史鉴,为此表现出极大的热情。从1879年秋创稿,克服了语言不通,资料缺乏,无人襄助等巨大困难,至1882年春奉命调任驻美国旧金山总领事时,已完成初稿。1885年秋离美回国,正值中法战争结束,他思想上更受刺激,最大心愿就是把此书修订完成。于是回到嘉应故居,"闭门发箧,重事编纂",② 补充他在美国亲身考察西方制度的新见解,使此书臻于新的境地。1887年5月全书告成,计四十卷,五十余万言,采书二百余种。

---

① 黄遵宪致梁启超信,《梁启超年谱长编》1902年条,上海人民出版社,1983年版,第290页。
② 郑海麟、张伟雄编校:《黄遵宪文集》,京都中文出版社,1991年版,第124页。

《日本国志》撰述时间与所记史实的发展几乎是相平行的。黄遵宪却能做到对于明治维新这一复杂而且正在变动中的"活的历史"作出总结，把握住其"改从西法，革故取新"这一核心问题，提供了一条中国确实应当效法的改革图强的道路。这是《日本国志》时代价值的首要所在。

全书分为十二篇志（国统、邻交、天文、地理、职官、食货、兵、刑法、学术、礼俗、物产、工艺），按门类记载。黄遵宪创造性地运用志书的形式，有系统地记述了明治维新的由来，政治、经济、军事、文化教育各个领域中施行的新制度、新办法，以及获得的显著成效。为了以明治维新史作为中国的鉴戒，他突出地讲了以下三个方面：

（一）明治维新带来的根本历史变局

对于当时中国人最具警醒作用的是，书中明白宣告日本君主专制制度已经注定要完结，召开国会为期不远了。首篇《国统志》是全书总纲，开宗明义讲，全地球共有百数十个国家，政体分为三类："一人专政"的君主制，"庶人议政"的民主制，"上下分任事权"的"君民共主制"。黄遵宪以赞扬的态度记述：在推翻德川幕府过程中，天皇为了争取民心，下诏全国宣誓"万机决于公论"。幕府倒台后，政治形势继续发展，以至于"近日民心渐染西法，竟有倡民权自由之说者"，先前天皇的誓言"适授民以议政之柄而不可夺。数年以来，叩阍求请促开国会者，纷然竞起，又有甚于前日尊王之说"。① 因此，"时会所迫"，"二千余岁君主之国，自今以往，或变而为共和，或变而为民主"，已是必然的历史趋势。黄遵宪明确赞成废除君主专制，是同他认为中国必须改变帝制的看法相联系的。《己亥杂诗》也记述了当时这种思想，诗云："滔滔海水日趋东，万法从新要大同。后二十年言定验，手书心史井函中。"诗后自注："在日本时，与子峨星使（何如璋）言：中国必变从西法。其变法也，或如日本之自强，

---

① 黄遵宪：《日本国志》卷三《国统篇》第 16 页 b—第 17 页 a，光绪二十四年（1898）浙江书局刻本。

或如埃及之被逼,或如印度之受辖,或如波兰之瓜分,则吾不敢知。要之必变,将此藏之石函,三十年后,其言必验。"① 黄遵宪希望中国走日本式的道路,废除帝制以求自强,这是他爱国民主思想的突出表现。

  黄遵宪在书中总结的日本历史又一根本变局是:明治维新以来,大力学习西法,社会获得了巨大进步。他在《自叙》中指斥清朝当权人物对外国情形昏暗无知,"足己自封,于外事不屑措意。无论泰西,即日本与我,仅隔一衣带水,击柝相闻,朝发可以夕至,亦视之若海外三神山,可望而不能即,……可不谓狭隘软?"他在书中反复讲述日本如何大力学习外国,就是为了针砭这种痼疾。黄遵宪提出这样的问题:日本在地理上孤立大海之中,与天下万国无一邻接,按理应该一向闭关自守,而事实怎样呢?他总结说,事实上,日本自"中古以还,瞻仰中华",各种制度、文化,"无一不取法于大唐"。"近世以来"则有根本变化,各种制度、文化"无一不取法于泰西"。② 因西方势力东来而寻求应变办法,则是造成这种转变的契机,"外舶迭来,海疆多事,当路者皆以知彼国情、取彼长技为当务之急"。③ 他详细记述明治四年以来如何"锐意学西法",如:四年十月,派遣大臣岩仓具视、木户孝允、大久保利通聘问欧美各国。五年三月,废亲兵,置近卫兵;六月,设邮便局;七月,定学制;八月,置裁判所,创银行;九月,建造东京至横滨铁道;十月,禁买卖人口,解放娼妓;十一月,颁行太阳历,颁发征兵令。黄遵宪赞美这些学习西方的新政说:"布之令甲,称曰维新,美善之政,极纷纶矣!"④ 他断言:日本历史的进步与学习外国关系绝大,尤其近世大力学习西方的结果,已使日本"骎骎乎进开明之域,与诸大国争衡!"假若实行"闭关谢绝"政策,那么至今必定仍是"一洪荒原昧未

---

  ① 黄遵宪著,钱仲联笺注:《人境庐诗草笺注》卷九《己亥杂诗》,上海古籍出版社,1981年版,第826—827页。
  ② 《日本国志》卷四《邻交志一》。
  ③ 《日本国志》卷三十二《学术志一》。
  ④ 黄遵宪著,钱仲联笺注:《人境庐诗草笺注》附录一《日本杂事诗》卷一,第1101页。

开之国耳!"黄遵宪在本书反复论证"交邻果有大益",目的是要让国内那班足已自封、排斥学习外国长处的守旧派醒悟过来。

对于日本近期历史发展的趋向,黄遵宪在书中作出预言:由于日本地盘狭小而发展迅速,它必然要向外争霸。他说:"(日本)壤地虽曰褊小,其经营筹画卒能自立,亦有足多矣!然而日本论者方且以英之三岛为比。其亟亟力图自强,虽曰自守,亦颇有以小生巨、遂霸天下之志。试展五部洲舆图而观之,吾诚恐其鼎举而膑绝,地小而不足回旋也!"① 未及八年,这一预见就完全被中日甲午战争所证实。正如梁启超在 1905 年所说:"当吾国二十年以前,群未知日本之可畏,先生此书,则已言日本维新之效成则且霸,而首受其冲者为吾中国。及后而先生之言尽验,以是人尤服其先见。"②

(二) 明治维新以来经济上军事上增强国力由弱变强的制度、办法

《日本国志》对日本在经济、军事上如何增强国力,记述堪称详备。《职官志》中记开矿山、建铁路、置邮政,《食货志》中记税务、国计、货币、商务,记新式产业和对外输出,《兵志》中讲采用征兵制的优点,都是著者记述的重点。书中还有各式各样的表,与文字记述相配合。如,《职官志》"农商务省"下,列有邮便局表、邮便线路里程表,"工部省"下,列有官有矿山表、民有矿山表、铁道表、灯台灯船浮标礁标表、电信表;《食货志》"国计"之下,列有岁出入总计表、岁入表、岁出表、岁入预算累年比较表、岁出预算累年比较表,"国债"之下,列有国债种类数目表、国债每年偿还额数表、国债历年增减表,"货币"之下,列有古金银货价格比较表、新制金银铜三货表、金银铜货币发行额数表、纸币流通数目表,等等。可见,黄遵宪对明治维新的研究深入到有关国计民生的各个领域,难能可贵地搜集到极其丰富的资料,足以说明各项新政计日程功,卓有成效。显然,广

---

① 《日本国志》卷十《地理志一》。
② 梁启超:《嘉应黄先生墓志铭》,《饮冰室合集》文集四十四(上),第6页。

泛记述各项新政施行的情况，目的也在于让中国的当政者足资借鉴。

黄遵宪把记述明治维新开矿山、建铁路，跟批驳国内守旧派直接联系起来。他认为，开矿益处极大，"以地学测验，以机器开掘，以化学分析，其便利尤前古所未闻"。日本明治维新以来，鼓励民间开采，"皆听民为之，官特设法以保护"，实在值得效法。对于国内守旧派所持有的"破坏风水""与民争利""聚众难散"等谬说，他都痛加驳斥。他论证说，事情正相反，开矿可以达到官民两利，增强国力的目的，因为"一经开坑，则开采需人，冶铸需人，传运需人，小民借手足之力，资以谋生者不知凡几。……转移富强之机不在此乎！"黄遵宪对修建铁路的重要性也作了有力论证，他说："铁路之利于漕务、矿务、赈务、税务，为益毋穷，而于用兵一事尤为万不可少之举，必不可缓之图。"还强调说，"铁道之便生民、兴国产，利益之尤大者也"。"西人之觇国势、编政表者，每比较铁路之长短，以衡论国计民生之盛衰，各国政府争相设法兴造。"针对国内守旧派所持"铁路一兴必有损于小民生计"、费用太巨、"得不偿失"一类论调，书中又具体举出日本西京至大阪铁路刚刚建成即已开始获利，英国修建铁路"其利百倍于早"的史实，予以驳斥。黄遵宪质问那班守旧派"何不一考日本铁道之事而计其得失乎！"①

黄遵宪特别重视明治维新如何兴办新式企业和奖励对外输出。他总结出日本政府所实行的旨在奖励保护的各种措施：（1）大力开办国有企业。如千住制绒所、爱知纺绩所、砂糖制造所、造币厂、印刷局、横须贺造船所、唐津石炭所（煤矿）等，这些官办企业，都"招集群工，日事兴作"。（2）从设备、资金上，扶植民间专业性大企业。例如，"举国家所有轮船，付之三菱会社，岁给赀金，使争内外航海之利"。又如，将国家建成的煤矿交给长崎商社，"以劝民人开矿之业"。（3）派员出国考察，引进新品种、新技术。回国之后，"开农场，设学校，日讨国人，

---

① 《日本国志》卷十四《职官志二》。

教以务财、训农、通商、惠工诸事"。（4）设立行业联合会（"共进会"），举办大规模国内博览会，派政府要员"督率商人"参加国际博览会，评出优良产品给予奖赏，鼓励采用新技术。（5）在国外重要商埠，如上海、天津、厦门、新加坡、马赛、伦敦、纽约、旧金山等地，设领事，"命以时呈报商务"。（6）对国内产品实行免税鼓励出口。明治十二年起，对国内棉丝织物、衣服、陶瓷和工艺品"一概免税，许之输出"。（7）重视采择各种利于发展产业的建议。"凡有可以拓商业、揽利权之法，皆依仿采择，一一举行。"书中还记述日本商人联合起来组织"会社"，从而增强了对外竞争的能力。这是因为商人总结了与外商竞争失败的教训，懂得"私财绵薄，不如集赀商会之力之大"，于是"合力联结会社"，"集合众商，开商法会议所，设商法学校，以振兴商务"。① 以上各项是明治维新大力发展资本主义的重要措施，当时在日本也是前所未有的新鲜事物。黄遵宪以敏锐的眼光给以总结，及时向国内传播，这样做具有很不平常的时代意义。正是在19世纪70年代以来，中国沿海一带开始有了民办的新式产业，标志着中国民族资本主义已经产生。这是历经艰难曲折之后近代中国出现的新的社会物质力量，它迫切需要发展的条件，需要政府扶植，以抗拒外国资本主义的压迫，冲破国内封建势力的包围。黄遵宪及时地传达了明治维新保护鼓励新式产业和对外输出的信息，恰恰反映了国内民族资本主义发展的要求。

（三）教育、文化上"西学有蒸蒸向上之势"

黄遵宪对清朝腐朽的科举制度十分痛恨，因而很注重记述日本实行的新式教育制度。包括：明治四年派大臣赴欧美考察后，决意学习西方"学术之精"，立即颁行新学制，在全国建立起西方式教育制度。在小学和中学，开设算术、地理、历史、物理、生理、博物等课程，学习科学知识。在大学，实行按科学门类分科，设置数学、物理、星学（天文）、生物、工学、哲学、政治、理财（经济）等科。还有各式专门学校，如农业专门学校，教的

---

① 《日本国志》卷二十《食货志六》。

是物理、土宜、地质、栽种方法等,都是切于实用的知识,又有植物园可亲作试验。中国当然也迫切需要采用这种新式学制,取代空疏的学术和腐朽的科举制度。标志着"西学蒸蒸日上"的新事物,还有图书馆、博物馆和新闻纸。明治十一年,全国新闻纸共231种,发行数达3618万余份。黄遵宪盛赞新闻纸的作用是"论列内外事情以启人智慧",尤其在"(明治)四年废藩立县改革政体,新闻论说颇感动人心"。此后,"读者愈多发行愈盛,乃至僻村荒野,亦争相传诵,皆谓知古知今、益人智慧,莫如新闻纸"。① 由于他极其重视新闻纸具有开发民智、推动政治改革的作用,直接导致尔后(1896)他在上海创办《时务报》的行动。

　　黄遵宪对明治维新"改从西法,革故取新"的记述和评价,表明他具有深刻的历史洞察力。当时新政正在施行,各种制度尚处于变动之中,日本社会舆论对新政毁誉不一。黄遵宪却明确肯定这是日本走向富强的道路,从纷纭复杂的现象中把握住其来龙去脉,这种见识比起日本旧派学者诚然不知要高出多少倍。跟王韬相比,其见识也要高出一筹。王韬是有名的早期维新派人物,恰好在1879年到日本游历,在所撰《扶桑游记》中对明治维新曾有评论:"余谓仿效西法,至今日可谓极盛矣。然究其实,尚属皮毛。并有不必学而学之者;并有断不可学而学之者。又其病在太骤,而摹之太似也。"② 可见王韬对新政的批评实多于赞扬。但时间的推移证明黄遵宪的看法更为正确。黄遵宪的历史洞察力,还在于他敏锐地看出中国必须仿效日本实行维新变法。《日本国志》撰成时比戊戌维新要早十一年。而戊戌时期的时代潮流是:"要救国,只有维新;要维新,只有学外国。那时的外国只有西方资本主义国家是进步的,它们成功地建设了资产阶级的现代国家。日本向西方学习有成效,中国也想向日本人学。"③《日本国志》则早在十几年以前,就明白地反映出中国社会前进的这

---

① 《日本国志》卷三十二《学术志一》。
② 王韬:《扶桑游记》,《日本日记·甲午以前日本游记五种·扶桑游记·日本杂事诗广注》,岳麓书社,1985年版,第453页。
③ 《毛泽东选集》,人民出版社,1991年版,第1470页。

一历史要求。

二、打开观察世界潮流的窗口

黄遵宪所定的另一撰述要求，是要努力溯源介绍西方资本主义制度、文化，如《凡例》所说："今所撰录，皆详今略古，详近略远，凡牵涉西法，尤其详备，期适用也。"他在日本五年，通过究心日本的"学习西法"，已对西方制度有所了解，又到美国三年余，对西方制度作直接的考察。他把这些熔铸入史，使本书又成为观察世界潮流的窗口，这是构成《日本国志》时代价值的又一重要内容。

黄遵宪用"事变之亟，开辟未有"八个字概括当时世界形势急剧变化的特点，西方列强武器技术先进，到处侵略，横行无忌。针对国内守旧派以为"泰西之国"不胜其渺茫辽远的无知状态，黄遵宪向他们发出猛喝：当今世界已经日益缩小！"自轮船铁路纵横于世，极五大洲之地，若不过弹丸黑子之大，各国恃其船炮，又可以无所不达。昔林子平有言：'日本桥头之水，直与英之伦敦、法之巴里（黎）相接，古所恃以为藩篱者，今则出入若庭户矣！'"[①] 这些话在当时说出来，实足以振聋发聩。黄遵宪企图唤醒人们：万里重洋不能阻隔，地势险要也不足凭借，侵略者随时会再度打上门来，不求自强就要亡国！

欧美各国为什么比中国强盛？黄遵宪的回答是主要靠两条。一是它们建立起民主式制度。"其国大政事、大征伐，皆举国会议询谋，佥同而后行。其荐贤授能、拜爵叙官，皆以公选。君臣上下无甚差别，相维相系，而民气易固。"这是远远胜于专制制度的民主式制度，欧美各国已经实现，日本正在实现，他认为其他国家也应跟上这种世界潮流。他的诗句"滔滔海水日趋东，万法从新要大同"，"改制世方尊白统"，就是这个意思，大同指民

[①] 《日本国志》卷十《地理志一》。

主,白统也是指欧美国家(白种人)的政治制度。黄遵宪认为实行这种制度是当时的世界潮流,这是他很重要的政治思想。

二是西方国家通过竞争角逐,大力发展产业、增强国力。他认为产业发展与否决定国力的强弱,从多方面总结西方国家殚精竭虑增殖产业的办法。如,论述西方国家把发展产业作为根本国策,说:"今海外各国汲汲求富,君臣上下,并力一心,期所以繁殖物产者。""泰西人有恒言:疆场之役,十战九败,不足虑也;若物力虚耗,国产微薄,则一国之大命倾焉。……彼益筹之精而虑之熟矣。"总结西方取得技术的迅速进步来自举国精心研求,说:"其在国中也,则日讨国人,朝夕申儆,教以务财、力农、蓄工。于己所有者,设法以护之,加意以精之,于己所无者,移种以植之,如法以效之。广开农工商诸学校以教人。有异种奇植,新器妙术,则摹其形,绘其图,译其法而广传之。"他又论述西方国家采用关税保护、收集市场需求等手段,发展本国产业,与外国激烈竞争,说:"其竭志尽力,与邻国竞争,则有甲弛乙张,此起彼仆者。其微析于秋毫,其末甚于锥刀,其相倾相轧之甚,其间不能以容发。""而犹虑他国之产侵入我国,吾之力微不能拒也,则重征进口货税。……而犹虑己国之产不售于人国,吾之利薄不能盛也,则分设领事,遍遣委员,使察其风尚之所趋,人情之所习,而依仿其式以投其好。"①

黄遵宪对西方国家产业蓬勃发展的情景和措施作了生动描述,并不是为了讴歌西方,而是为了取其法以求中国的富强,与当时国内民族资本的发展要求密切相联系。

既然积弱的中国处在这样一个事变急剧、充满侵略危险的世界,既然西方国家在政治制度上居于先进、在产业上迅速发展,那么中国如何跟上世界潮流、谋求自立自强呢?黄遵宪认为,首先是中国人必须去掉头脑中以天朝上国自居的虚幻的世界,以清醒的态度面对现实的世界。这就要破除那些长期禁锢人们头脑的传统,树立有利于社会进步的新观念。书中主要论述的有以下

---

① 《日本国志》卷三十八《物产志一》。

几项:

抛弃"用夏变夷"的陈腐之见,采取"互相师法"的学习态度。"弓矢不可敌大炮,桨橹不可敌轮舶",任何人也不能否认。可是不明时势的国内守旧派,死抱着"用夏变夷"的旧教条,视西方为"异类",以学习西法为"可耻",结果造成中国依旧落后,"不能与之争雄",一再受其欺侮侵逼。相反地,"泰西诸国以互相师法而臻于日盛",日本也因大力学习西方而"骎骎乎有富强之势"。① "今万国工艺,以互相师法,日新月异,变而愈上"。② 为求中国之富强,必须立即抛弃"用夏变夷"的旧见,转而"效之法之",这样下去就能"收效无穷",赶上西方,进而达到"远驾其上"的目的。

反对"喜谈空理",提倡注重"实学"。黄遵宪总结西学的特别之处是讲求"实学","崇尚工艺",即重视自然科学,有益于国计民生。他称赞说:"今欧美各国,崇尚工艺,专门之学,布于寰区。""举一切光学、气学、化学、力学,咸以资工艺之学,富国也以此,强兵也以此。"强调重视"实学"带来了西方的富强。而中国士大夫却"喜言空理,视一切工艺为卑卑无足道"。③ 这正击中了中国旧学轻视自然科学的要害。他认为,"鄙夷"工艺之学造成了中国的贫弱,因此必须抛弃有害的空谈,大兴有益于国计民生的"实学"。

改变"讳言兴利"的陋规,讲求"理财之法"。黄遵宪认为,"财也者,兆民之所同欲,政事之所必需者也"。决不应该"讳而不言",而要刻意讲求"理财之道"。他对比了西方与中国两种绝然相反的做法:欧美各国,每年公布"预算""决算",做到"征敛有制,出纳有程","取之于民,布之于民,既公且明,上下孚信"。日本也学了西方理财方法,"每岁出入书之于表,普示于民"。而中国君臣却"不敢言兴利","不愿核出入之数,明取之、实用之、公布之"。他愤然说,沿用这种陋规的结果,恰恰

---

① 《日本国志》卷三十二《学术志一》。
② 《日本国志》卷四十《工艺志序》。
③ 《日本国志》卷四十《工艺志序》。

便于贪官赃吏中饱私囊,"上下其手,百端侵渔,阳利其用之不敷,得以推诿敷衍,无所事事,坐视政事之弛废,国家之贫乏,小民之困穷,而漠然不顾"。① 时至今日,是该彻底抛弃这种害国害民的陋规的时候了!

在近代,由于社会矛盾的推动和中西文化的接触,一些长期阻碍中国社会前进的旧教条、旧传统不断受到了冲击,引起一系列价值观念的改变。这是近代具有思想启蒙意义的深刻变革,促使人们从长期封建蒙昧的桎梏中解放出来。黄遵宪是这场思想启蒙运动的积极参加者。他对中西文化的不同有亲身体验,因而能够打中"用夏变夷"一类陈规陋习的要害,输入近代社会所需要的"互相师法"等新的价值观念。这样做同样大有益于使人们认识西方思想文化的潮流。

还有一点值得注意,黄遵宪从多方面论述了欧美资本主义国家的进步和强盛,同时又反复告诫:这种进步和强盛对于弱小落后的东方国家来说,则又意味着侵略。他说:"轮船电线争骛纷起,机巧夺天工,智能欺鬼神,凡西人兵威宗教,几几乎弥纶地球而无所不至。……余观亚细亚各国,印度覆矣,土耳其仆矣,安南、缅甸又倾踣矣!"它们丧失独立地位的悲惨命运正是中国的前车之鉴。他还总结出西方列强为达到侵略目的而使用的手段是极为狡猾的:"虽使车四出,槃敦雍容,而今日玉帛,明日兵戎,包藏祸心,均不可测。"② 弱小国家对此必须保持高度的警惕。他还论述美国民主、共和两党为"争执政权"勾心斗角,"互相排抵,互相偏袒","有游说以动人心者,有行贿以买人心者","譬之汉唐宋明之党祸,不啻十百千倍,斯亦流弊之不可不知者也"。③ 暴露了资本主义制度丑恶的一面。这就告诉人们:西方国家的先进性和侵略性同时并存,资本主义的"民主"制虽是各国的大势所趋,却也出现了严重的"流弊"。这样,《日本国志》提供给人们的世界潮流的图画,也就具有更多的真实性。

---

① 《日本国志》卷十七《食货志三》。
② 《日本国志》卷二十一《兵志一》。
③ 《日本国志》卷三十七《礼俗志四》。

三、具有强烈的政论色彩

《日本国志》突出的时代价值,还在于结合史实发表议论,直接提出救亡图强的主张。黄遵宪在诗中以王夫之《黄书》相比,即点明本书具有强烈的政论特色。他在书中大量地运用序、后论,以及正文和小注中夹叙夹议的形式,热烈地表达自己改革图强的进步要求。这类议论前文已多有涉及,下面再举出几个明显的例子。

黄遵宪尖锐地抨击封建专制的罪恶。他说:"盖自封建以后,尊卑之分,上下悬绝,其列于平民者,不得与藩士通婚嫁,不得骑马,不得衣丝,不得佩刀剑。而苛赋重敛,公七民三,富商豪农,别有借派。间或罹罪,并无颁行一定之律,畸重畸轻,唯刑吏之意,小民任其鱼肉,含冤茹苦,无可控诉。或越分而上请,疏奏未上,刀锯旋加,瞻仰君门,如天如神,穷高极远。盖积威所劫,上之于下,压制极矣!"① 这段话概述日本封建专制在政治上、经济上对小民的压迫剥削,实际上也表达了他对中国封建压迫的抗议。这种批判封建专制的倾向贯串黄遵宪的一生。戊戌时期,他在湖南积极参与举办新政,以"署按察使"身份在长沙时务学堂向学生主讲"政法",尤大胆地斥责昏庸骄横的封建统治者,说:"如所谓'生于深宫之中,长于妇人之手',骄淫昏昧,至于不辨菽麦,亦腼然肆于民上,而举国受治焉,此宜其倾覆矣!"② 这样尖锐批判封建主义的话,当时出于一位政府省级官员之口,确是难得!在他去世之前所留下的最后一首诗中,仍然预言:"人言廿世纪,无复容帝制。举世趋大同,度势有必至。"③

---

① 《日本国志》卷三《国统志三》。
② 黄遵宪:《南学会第一、二次讲义》,吴振清等整理:《黄遵宪集》,天津人民出版社,2003年版,第404—405页。
③ 《人境庐诗草笺注》卷十一《病中纪梦述寄梁任父》,上海古籍出版社,1981年版,第1071页。

由于黄遵宪在撰写《日本国志》时,就勇于批判专制统治的罪恶,因此能随着时代的步伐前进,坚信帝制必定灭亡、民主制必将到来,唱出了20世纪初的时代强音。

黄遵宪褒彰了明治维新中爱国志士"一往无前""视死如归"的精神。他评论说,"处士横议"在启开由幕府专权走向明治维新这一历史变局中起了关键性作用。前有山县昌贞等人,"或佯狂涕泣,或微言刺讥,皆以尊王之意鼓煽人心"。后有他们的门生子孙"张皇其说,继续而起。……外舶纷扰,幕议主和,诸国处士乘间而发。幕府方且厉其威棱,大索严锢,而人心益愤,士气益张。伏萧斧、触密网者,不可胜数。前者骈戮,后者耦起,慨然欲伸攘夷尊王之说于天下,至于一往不顾,视死如归,何其烈也!"充分肯定了由于爱国志士不畏死难、前仆后继的行动,才导致演出了明治中兴的活剧,所以他又说:"幕府之亡,实亡于处士。"他还论述:明治四年以后改革的步骤加快,其主要原因是:"故家世族,束之高阁,居要路者,多新进平民,益奋袂攘臂,以图事功,而维新之规模益拓矣!"①高度评价了出身下层的政治家在推进维新运动中所起的重大作用。黄遵宪如此热情赞扬日本"处士"一往无前的精神,也有其更深的寓意。拿他所写《近世爱国处士歌》来作参证便可清楚。这首诗歌颂了爱国志士吉田矩方等人,诗前小序说他们"前仆后起,踵趾相接,视死如归。死于刀锯,死于囹圄,死于逃遁,死于牵连,死于刺杀者,盖不可胜数,卒成中兴之业"。并明确说要以此"兴起吾党爱国之士",即寄希望于中国的维新人士。诗中对为学习外国而死难的吉田矩方特加赞扬,吉田在狱中写诗,引日人语草《七生灭贼记》,寄托自己壮志未酬。黄遵宪歌云:"丈夫四方志,胡乃死槛车?倘遂七生愿,祝君生支那!"②这是深沉地召唤中国也要产生勇于为革新事业献身的爱国志士。黄遵宪还论述了改革的艰巨性。他在讲日本改革兵制时说:"初下征兵之令,外议哓哓,谤

---

① 《日本国志》卷三《国统志三》。
② 《人境庐诗草笺注》卷三《近世爱国处士歌》,第286—287页。

言载道。……然起数百年之衰废,而变更旧制,要非容易,观于八年之间改令三回,逐渐整顿,则当路诸君黜浮议而勤远略,汲汲图强有足多矣!"① 论述改革旧制必将遇到巨大的阻力,革新者必须无所动摇才能达到目的,这不也包含着他对将来中国的维新派寄托希望的良苦用心吗?!

黄遵宪还论述了"联合"的力量。他观察到西方社会有"联合"的趋势,对治理国家和发展产业是巨大的推动力量。这种认识,可以说已接触到资本主义生产社会化的趋势。又以此跟中国封建社会分散的特点相比较,得出"联合"可以"合众人之才力,众人之名望,众人之技艺,众人之声气",因而是"最善法"的结论。他用道理和事实反复地论证,说:"举世间力之最巨者莫如联合力。……凡世间物力皆有尽,独联合力无尽,故最巨也。余观泰西人行事,类以联合力为之,自国家行政,逮于商贾营业,举凡排山倒海之险,轮舶电线之奇,无不借众人之力以成事。其所以联合之故,有礼以区别之,有法以整齐之,有情以联络之,故能维持众人之力而不涣散,其横行世界莫之能抗者,恃此术也。"又举出西方国家有"竞争会",日本学习西方,设有各种"专会",商人则有"会社",都有力地推动改进技术和对外竞争,证明"联合"的莫大好处。② 戊戌时期他在长沙讲学,进而主张通过"联合"实行民治,实现"开民智"和"伸民权",表明他的思想又向前发展。

然而,黄遵宪认为"有礼以区别之"是造成"泰西行事"能够"联合"的首要条件,则又明显地表现出他思想的局限。所谓"礼",不是别的,即是中国儒家学说用以维系封建秩序的等级制度。按照他的意思,只讲"联合""平等"不行,同时还必须用"礼"来区分上下等级的差别。他一方面赞美欧美国家"君臣上下无甚差别","而民气易固";另一方面恐惧"无统一(按:这是指集权)无差等"将造成"流弊不可胜言"。他忧心忡忡地断

① 《日本国志》卷二十一《兵志一》。
② 《日本国志》卷三十七《礼俗志四》。

言:"天下之不能无尊卑,无亲疏,无上下,天理之当然、人情之极则也。……今必欲强不可同、不能兼者,兼而同之,是启争召乱之道耳!"① 封建制度的一个重要特征是不可逾越的等级观念。资产阶级(尤其在它的上升时期)的一个重要特点是提倡"天赋人权""人人生而平等",并以此作为摧毁封建制度的思想武器。用平等学说向等级制度挑战,这是人类历史的一大进步,尽管资产阶级不可能真正实现平等,但是无论如何要比等级森严的封建制度要平等得多、进步得多。黄遵宪却企图将这两种对立的思想体系调和起来。这种政治思想的矛盾,表明他在相信"民权之说","以为太平世在民主"以后,认识上出现了局部倒退。虽然在全书中仅属次要因素,但也需要对此有恰当的说明。出现这种局部倒退,有内因也有外因。其内因是,黄遵宪与其他维新人物一样,本来带有浓厚的封建性。其外因则是他赴美以后目睹美国两党争斗所引起。他对此曾回忆说:"及游美洲,则见官吏之贪诈,政治之秽浊,工党之横肆,每举总统,则两党力争,大几酿乱,小亦行刺,则又爽然自失,以为文明大国尚如此,况民智未开者乎!"② 资本主义制度丑恶的一面已在他面前暴露出来,他又看不到消除这种丑恶的可能性,于是想倒退一步,从中国儒家的"礼"即等级制度中寻找补救的办法。这就使他陷入了矛盾:既羡慕西方民主制度,又想借等级制度来调和它;既认为民权是人类大同的必由之路,又害怕无差别的平等要启争召乱。但这是时代的局限,我们对此不能苛求。黄遵宪思想的主流,是确信欧美的制度、学说比封建的中国进步,确信明治维新的成功道路亟需中国借鉴仿效,确信中国必须变革、维新才能挽救危亡,这是他思想的卓越之处。惟其如此,他的著作才能从多方面反映出时代前进的要求。

黄遵宪对《日本国志》的价值有充分的自信。1887年书成之后即誊抄送总理各国事务衙门,冀图用书中"志在变法"的思想

---

① 《日本国志》卷三十二《学术志一》。
② 1902年致梁启超信,《新民丛报》第十三号。

去影响清朝当局,为他们提供决策的依据。可是黄遵宪完全估计错了。他没有想到,反动卖国、腐烂透顶的清朝统治集团是一切先进思想的死对头,它绝不肯主动采取任何有利于社会进步的步骤,对任何救国良策统统置若罔闻。黄遵宪的呕心沥血之作送去后无人问津。这当然不说明此书无用,只说明统治者的昏聩,而新思想滋生于这样黑暗恶浊的年代,就越加难能可贵。

1890年,《日本国志》在广州富文斋付刊。至1895年底刊成。甲午战争爆发,老大的清朝政府被它一向所看不起的弹丸小国日本打得惨败,割让辽东、台湾、澎湖,赔款白银二万万两。在全国一片公愤中,《日本国志》的价值也被大家看清楚了:原来书中所记日本经维新而崛起、预见日本争霸亚洲、主张学习西方变法图强,这一切与国家大局竟有这样密切的关系!难怪1895年秋,总理各国事务衙门章京袁昶从北京到江宁见张之洞,迢迢几千里,行箧中却带着《日本国志》。袁昶见到刚从新加坡总领事任上奉召回国的黄遵宪,大为感慨,说:"此书早流布,省币二万万两!"这反映了当时朝士的看法。维新志士梁启超则为《日本国志》写了后叙,高度评价此书内容的重要和预见的卓越,说:日本在二十年间由弱变强,"一举而夺琉球,再举而割台湾。此土学子,鼾睡未起,睹此异状,挢口纤舌,莫知其由"。"乃今知日本之所以强,赖黄子也!""其言,十年以前之言也;其于今日之事,若烛照而数计也。"因此,他断言:"有王者起,必来取法。斯书乎,岂可以'史乎、史乎'目之乎!"这是认为本书可做变法维新的教科书。梁氏所言并非溢美之辞。《日本国志》确实在戊戌变法中产生了引人注目的直接影响,黄遵宪本人也实行了他在书中的主张,成为维新运动的核心人物之一。1897年,光绪帝师傅翁同龢(户部尚书)读了《日本国志》,欣赏黄遵宪的才识,让他补为湖南长宝盐法道。至长沙后,署湖南按察使,与湖南巡抚陈宝箴"力行新政,督理学堂,开办警察署,凡湖南一切新政,皆赖其力"。① 湖南当时成为全国最有生气的省份,黄遵

---

① 梁启超:《戊戌政变记》卷一,《饮冰室合集》专集之一,第90页。

宪出力甚大。顽固派攻击他:"自黄公度观察来而有主张民权之说","我省民心,顿为一变"。① 当时在北京,正值光绪面临最后下决心变法和筹谋变法具体步骤的关键时刻。据翁同龢日记和《人境庐诗草》卷九《己亥杂诗》所载,当时光绪帝急切地向翁同龢索取《日本国志》,因翁一时未备而"颇致诘难",后翁送上一部了,光绪又再要第二部。四月,侍读学士徐致靖奏《密保人才折》,保荐康有为、黄遵宪等人,称黄遵宪"于各国政治之本原,无不穷究,器识远大",所指的就是《日本国志》中有大量关于西方制度的论述,又称他"近在湖南办理时务学堂、课吏局、保卫局等,规模宏远,成效已著"。百日维新中,光绪帝陆续颁行的各项新政上谕固然主要是采纳康有为历陈的建议,而上谕中不少重要改革措施,如:命各部删去旧例,另定简明则例,选宗室王公游历各国,饬户部编列预算,命各省设商务局,命地方官振兴农业、试办机器,兴办农务局、农会、分设丝茶公司,振兴工艺、开矿、修铁路、置邮政等,则又明显地反映出《日本国志》中明治新政与黄遵宪议论的影响。六月,朝廷中帝党与后党斗争更趋激烈,光绪帝特命黄遵宪为出使日本大臣,"三诏敦促",谕旨中称"无论行抵何处,着张之洞、陈宝箴传令攒程迅速来京",急切之情溢于言表。时值黄遵宪因病滞留上海,未几而政变发生,六君子被害,康、梁逃到国外,黄遵宪也被革职回乡。他所多年冀求的维新变法,由于那拉氏、载漪、荣禄为代表的极端仇恨社会进步事业的顽固派的绞杀迅速失败了。诚然,戊戌变法的失败证明改良的道路在中国行不通。但是这次维新变法运动的意义不能低估,它是近代史上一次重要的爱国进步运动,明确要求挽救民族危亡,发展资本主义;同时它又是近代史上"中国知识分子的一次思想解放",② 从此,全国范围内开始兴起了批判旧学、宣扬新学,批判封建专制、宣扬民主思想的新思

---

① 《岳麓书院宾凤阳等上王益吾院长书》,《翼教丛编》卷五,上海书店出版社,2002年版,第144—149页。

② 范文澜:《戊戌变法的历史意义》,《范文澜历史论文选集》,中国社会科学出版社,1979年版,第192页。

潮。黄遵宪的史学恰恰具有这种时代的特色。

总起来说,黄遵宪在《日本国志》中倾注了炽热的爱国热情,他的撰述意图符合于当时中国历史前进的要求,因而本书与戊戌维新运动的准备和进行都有密切的联系。它是近代先进的中国人向西方学习、摸索救国救民道路的一份宝贵记录,所以经过一个世纪以后,今天研究日中文化交流史的知名学者仍然把它视为"值得学习"的"名著"。①

在近代史学史上,《日本国志》是对鸦片战争时期以来爱国主义史学思潮的继承和发展。这一爱国史学思潮由龚自珍、魏源开创风气,特别是魏源撰《海国图志》,满怀爱国御侮的义愤,及时总结鸦片战争失败的经验,首倡"师夷长技以制夷"的思想,将当时所能见到的有关外国史地的中外记载"钩稽贯串",大力唤醒国人开眼看世界,实有"创榛辟莽,前驱先路"的功绩。黄遵宪继承了魏源史学爱国的精神,向西方学习的进步思想,以及利用"书志体"广泛记载外国政治、经济情形的撰史方法。而《日本国志》在思想上明确要求发展资本主义,介绍日本、欧美的制度、文化,批判封建专制,则较魏源的思想大大向前发展了;在编撰上,由于黄遵宪多年担任驻日外交官,亲自了解、观察、访求,而直接获得大量资料,熔铸成篇,因而较之魏源的书更有系统性。

---

① 参阅夏衍《从〈忠臣藏〉想到黄遵宪》,《世界知识》1979年第4期;王芸生《黄遵宪吟诗为日本担忧》,《世界知识》1979年第7期。

黄遵宪与儒学

儒学作为中华民族传统文化的主干部分，它必然深深地渗透到客家民系的生活之中，并且对黄遵宪这位成长于 19 世纪后半期的客家著名人物有巨大影响。黄遵宪是卓越的爱国者、外交家和杰出的诗人，他所写反映客家生活的脍炙人口的诗篇，就包含有许多儒家思想与客家礼俗密切关系的珍贵素材。而他的革新进取思想，则是发扬儒学中的积极精神与时代风会相结合的产物。直到晚年，他还在探索如何使儒学这一传统学说更新问题，反映出这位近代客家名人对民族命运的深刻思考。

一、反映客家礼俗民风与古代儒家文化的联系

黄遵宪成长于嘉应客乡，一向热爱乡邦文化。戊戌前后，他已成为著名的政治人物，并且被誉为"诗界革命"的旗帜，仍然怀着深沉的感情写下多首反映客家历史和礼俗生活的诗篇。客家先人于晋代、唐末、南宋末几次大规模由中原南迁，历经战乱，辗转流徙，逐渐扩大散居在今广东、福建、湖南、江西、广西、四川、台湾等地的山区。尽管由于交通偏僻险阻、土地贫瘠，造

成客家地区在经济发展和文化教育上,无法与条件优越的平原地区相比。但是,客家人十分重视他们系由中原旧族南迁的"根",自称"三代之遗民",世代相传,珍视本民系中保存的中原儒家文化的传统。这也有力地说明了:在晋、宋以后千百年间,深藏于客家中的儒家思想传统具有坚强的维系力和久远的传衍力。而且,恰恰由于客家人几经流徙,而最后则在偏僻山区定居下来,成为稳定的居民群体,正好有利于儒家文化传统(如宗法制度等)的保持。有的古代礼俗、居住格局等,在中原地区因历经多次大规模战乱,引起大范围内居民的播迁混居,往往早已荡然无存,而在客家地区却能找到明显的遗存。如果把中华民族祖先活动的中心地区中原譬作"都",那么客家人所定居的偏僻山区则是"野",孔子所说"礼失而求诸野"这句话,用在这里则颇为合适。黄遵宪很清楚这一点,他强调客家"礼俗多存古意"。并且写了多篇诗文发掘、记载客家礼俗民风与古代中原儒家文化的联系。归纳起来有三个方面:

一是宗法礼俗和孝道观念。儒家的宗法礼制是在先秦形成的,客家人虽然几经播迁,而宗法关系却仍然强烈地存在着。黄遵宪用诗句形象地描述:"筚路桃弧展转迁,南来远过一千年。方言足证中原韵,礼俗犹留三代前。"[①] 客家人到处重视族谱、祠堂、族规,故黄遵宪又有诗云:"宰相表行多谱牒,大宗法废变祠堂。犹存九两系民意,宗约家家法几章。"并加自注:"各姓皆聚族而居,皆有祠堂。纠赀设牌,视捐金之多寡,以别位置。初意以联宗族,通谱牒,而潮州、惠州流弊亦或滋讼狱,生械斗。故乾隆间,江西巡抚辅德有禁祠之奏。"诗中的"九两",就是儒家经典《周礼》中所说:"以九两系邦国之民:一曰牧,以地得民;二曰长,以贵得民;三曰师,以贤得民;四曰儒,以道得民;五曰宗,以族得民;六曰主,以利得民;……""两"即是两人相对、互相维系的意思。

---

① 《人境庐诗草》卷九《己亥杂诗》,钱仲联笺注本,上海古籍出版社,1981年版。以下未注明出处者同此。

聚族而居的客家人重视宗族、谱牒、族规、辈分,而在一些大家庭中的日常生活,也浓厚地保持着宗法式礼制分明、长幼有序、子孙孝敬老人的特点。遵宪《拜曾祖母李太夫人墓》一诗,细致地描述他儿时由曾祖母李太夫人掌管七十口人组成的大家庭的生活情景:"太婆每出入,笼东挂一杖,后来杖挂壁,时见垂帷帐。夜夜携儿眠,呼娘搔背蜅。展转千捶腰,殷殷春雷响。佛前灯尚明,窗隙见月上。大父搴帘来,欢笑时鼓掌。琐屑及乡邻,讥诃到官长。每将野人语,眴作鬼魅状。太婆悄不膺,便知婆欲睡。户枢徐徐关,移踵车轮曳。明朝阿娘来,奉匜为盥洗,欲饭爷捧盘,欲羹娘进匕。大父出迎医,觍缕讲脉理。咀嚼分尝药,斟酌共量水。自儿有知识,日日见此事。"① 遵宪的祖父几十年经商,已经一大把年纪了,对李太夫人犹处处奉行儿子的孝道,迎医治病,细细与医生讨论老人病情,仔细审视药物,亲尝药味,斟酌着量水煎煮。夜晚归家,在太夫人未睡之前,细细讲述一天所见以及乡里市头新异可笑的消息,甚至为讨老母欢笑,装扮起鬼脸。遵宪的父母则每日早晨端饭奉匙,侍候饮食,……读着这样的诗句,不禁使人联想到《汉书》《后汉书》上所载孝廉名儒服侍高堂老母的事迹。遵宪另撰有《曾祖母李太夫人述略》一文,所记李太夫人管束全家情景,正可与此诗相补充:"太夫人治家严,虽所爱,或不顺遂,辄怒责,或呼杖。诸孙妇十六七人,不许插花,不许掠耳鬓,不许以假发拖长髻尾。晨起如厕,必遍历孙妇室外。诸孙妇必于未明时严妆竟,闻太夫人履声,即出垂手立户外问安。或未见,辄问病耶?睡耶?或惕息不敢违。……每岁十月,太夫人寿辰,必会亲戚,长幼咸集,酣嬉歌呼,作十日饮乃已,太夫人亦顾而乐之。"② 用族法家规约束,保持大家庭内幼尊敬老、下服从上的秩序,这在客家居民中是普遍的,而在历经战乱的中原地区反不多见。遵宪笔下的宗法式大家庭生活图,从社会学角度看,等于提供了有助于我们了解古代

---

① 《人境庐诗草》卷五《拜曾祖母李太夫人墓》。
② 见《黄遵宪全集》第二编《文录》,中华书局,2005年版,第269页。

儒家思想支配下的宗法制度和家族生活的"活化石"。由于宗法制度是维系人与人关系的重要纽带，所以客家人对祭祀祖先一类活动也极其重视，且有本地方的特色。遵宪有诗写客家地区扫墓祭祖的情景："螺壳漫山纸蝶飞，携雏扶老语依依。红罗伞影铜箫响，知是谁家扫墓归。"并加注云："扫墓每在墦间聚食，喜食螺，弃壳于地，足以征其子孙之众多也。乐用铜箫，亦土俗。"

二是勤俭的美德。中华民族向有艰苦奋斗、勇于开拓、勤劳节俭的传统。由于客家人世代辛勤劳动，筚路蓝缕，以启山林，把嘉应地区贫瘠的山岭垦辟成良田。从妇女身上，尤其体现出这种异乎寻常的吃苦耐劳精神："妇女皆勤俭，世家巨室，亦无不操井臼、议酒食、亲缝纫者。中人之家，则无役不从，甚至务农业商，持家教子，一切与男子等。盖客人家法，世传如此。五部洲中，最为贤劳矣！"遵宪形成这种看法甚早，并与他从小了解从高祖母起本家族妇女的生活经历有直接关系，一再记述、歌咏她们从年轻时起就具有的勤俭美德。如他记述高祖母："年十四，以童养媳来归我朴泉公。既入门，井臼缝纫，操劳如成人。逮府君设典肆，内事悉以任之。"① 当遵宪年二十岁出头，妹妹出嫁，他写诗反复表达对客家妇女劳苦艰辛的崇敬和感慨："就中妇女劳，尤见风俗纯。鸡鸣起汲水，日落犹负薪。盛妆始脂粉，常饰惟綦巾。汝我张黄家，颇亦家不贫。上溯及太母，劬劳无不亲。客民例操作，女子多苦辛。送汝转念汝，恨不男儿身。"② 遵宪有东西方世界的丰富阅历，他有文化比较研究的眼光，故对客家人勤劳的特点有独特的理解。譬如客家妇女世代天足，在当地习以为常，其理由也极明显：是因妇女长年参加劳动，下田上山的需要所决定的。遵宪却用比较的眼光来赞扬客家妇女勤劳的美德和健美的姿态："西人束腰，华人缠足，惟州人无此弊，于世界女人，最完全无憾。"并写下诗句："窅娘侧足跛行苦，楚国纤腰饿死多。说向妆台供媚妾，人人含笑看梨涡。"他自豪地认为：比

---

① 黄遵宪：《高祖妣钟太夫人述略》，《黄遵宪全集》第二编《文录》，中华书局，2005年版，第221页。
② 《人境庐诗草》卷一《送女弟》。

起那些浓妆打扮、供权势者作为玩物的不幸妇人来，客家妇女矫健的身姿，才真正使人觉得优美。

三是具有高尚的民族气节。正直的儒家人物崇尚气节。孟子讲："富贵不能淫，贫贱不能移，威武不能屈。"客家祖先有参加南宋抗元的传统，客家后代对民族英雄文天祥尤为景仰。嘉应地区客家人迁入时间，是遵宪经过采访父老口传和多方调查，才初步弄清楚的，是为：迁到嘉应地区的客家人先后有两批，先前一批，传世已四五十辈。相对于后来迁到者言，先前的客家人也可称为"土著"。早到的客家人除居住在嘉应州附近外，还分布在今丰顺、大埔等地，这批客家人在南宋末年抗元斗争中付出了巨大牺牲，历经千年之后，在今天居民中仍可找到保留下来的一些宋代生活习俗。黄遵宪这样追溯早先客家人的历史："梅州之土人，今惟存杨、古、卜三族。当南宋时，户口极盛。其后㬎（南宋恭帝赵㬎）、昺（南宋幼主赵昺）播迁，文（天祥）、陆（秀夫）号召，土人争从军勤王。崖山之覆，州人士死者十盖八九，井邑皆空。故客人从他邑来。今丰顺、大埔，妇人皆戴银髻，称孺人，相传为帝昺口敕，此亦足补史传之缺也。"如嘉应松口卓姓在宋元时即为大族，据《嘉应州志》载："元世祖至元十四年，文信国（即文天祥）引兵出江西，沿途招集义兵，所至响应。相传梅民之从者极众。父老流传，松口卓姓有八百人勤王，兵败后，只存卓满一人。"遵宪用诗句赞颂早先客家人抗击暴虐和保存民族气节的传统："男执干戈女甲裳，八千子弟走勤王。崖山舟覆沙虫尽，重带天来再破荒。"现今的嘉应人元时迁来，祖先抗元的高尚民族气节深深地遗留在民众之中，"重带天来再破荒"的诗句即表达了客家民众所具有的勇于抗击暴虐的无畏精神。

客家民系是汉民族的一个分支，它与整个汉民族有着在共同文化基础上形成的共同心理，儒家思想在客家居民生活各个层面的深刻渗透就是证明。历史上儒家思想影响社会生活的某些特征，后来在中原地区已很难找到其遗留，反而在辗转迁徙的客家居民群众中有浓厚的保存，这也证明客家居民群体本身具有异乎寻常的凝聚力，因而能在漫长的年代中把礼俗传承下来。黄遵宪的诗作为这一意义巨大的事实提供了生动、真切的记载,无疑是极可宝贵的。

二、儒学精华对黄遵宪成长的积极影响

作为晚清时代的客家名人,黄遵宪的成长与儒家又有怎样的关系呢?这是又一个很有意义的问题。

黄遵宪生于1848年。1877年至1882年任驻日使馆参赞之时,他即以一个有学问、有识见的干练外交官员享誉东瀛,后又担任过驻旧金山总领事、驻新加坡总领事,都受到当地华侨的爱戴。1894年底从新加坡回国后,成为维新变法运动的骨干人物。从黄遵宪上述经历即可看出,自19世纪70年代末、80年代初以后,他的才识逐渐受人注目了。所以,决定他思想成长的根本因素,仍是传统儒家文化的积极面对他的影响。鸦片战争以后,西方知识逐渐传入,但在19世纪八九十年代以前所产生的影响毕竟极其有限,更不容易达到地处偏僻的嘉应山城。进化论思想的传播,更迟至19世纪最末几年。若论西方思想对他的影响,乃是后来的事,故奠定黄遵宪进取精神之基础的,毫无疑问是儒家思想的积极面。弄清楚这一点,我们对《人境庐诗草》中他在青年时代所写的诗篇,直至他晚年评价儒学的言论,就能有深刻的了解。

黄遵宪这位成长于嘉应州的客家子弟,一生最得力处,是他有比较清醒的态度,区分儒学中的优良传统与俗儒的迂腐主张,尽量地吸取前者,尖锐地批评后者。《人境庐诗草》开卷第一篇《感怀》,是遵宪刚二十岁时作,诗中表述的观点令人惊异,分明体现出传统文化精华部分对他的深刻影响。他提出儒学传统中存在"贵识今"和"道皇古"两种对立的学风,严肃地批评当时盛行的烦琐考据和理学空谈的流弊:

> 世儒诵诗书,往往矜爪嘴,昂头道皇古,抵掌说平治。
> 上言三代隆,下言百世俟,中言今日乱,痛哭继流涕。
> 摹写车战图,胼胝过百纸,手持井田谱,画地期一试。

> 古人岂我欺，今昔奈势异。儒生不出门，勿论当世事。
> 识时贵知今，通情贵阅世。

他的诗句形象地讲了古今时势不同的哲理，呼吁学术风气的根本转变。鸦片战争后，社会危机日益深重，照搬陈旧教条只能是迂腐可笑。他清醒地认识到："当世得失林，未可稽陈编。"必须发挥图强进取的精神，研究当代，寻找救国之方。在当时，统治者仍然极力提倡宋明理学、乾嘉考据、科举制度这一套封建货色，士人们也仍旧视为神圣而趋之若鹜，黄遵宪却一概予以尖锐的抨击。他斥责宋明理学的空疏无用："宋儒千载后，勃窣探理窟。自诩不传学，乃剽思孟说。讲道稍僻违，论事颇迂阔。"又贬斥考据学的琐屑饾饤："读史辨豕亥，订礼分袒袭。上溯考据家，仅附文学列。"最后指出两者都是对国计民生毫无裨益的陈腐东西："均之筐篚物，操此何施设？"① 这首诗所提出的是与当时弥漫朝野的因循保守思想相对立的新的价值观，是青年黄遵宪确立关注当代时局、积极进取的人生目标的宣言书。

此后，他便沿着这一方向刻苦自励，不断取得进展。二十三岁时（1870），遵宪到广州参加乡试，时值天津教案发生，他十分关注这一事件，设法搜集《万国公报》及江南制造局所译西学著作研读，从此一直"究心时务"。他途经香港，敏锐地观察到两方面事实。一方面，他亲眼见到这里成为英国侵略中国的据点，"虎穴人雄据"，"高垒矗狼烽"；另一方面，他又赞美这里经济文化的先进："博物张华志，千间广厦开"，"中外通喉舌，纵横积货财"，"官山还府海，人力信雄哉！"② 在陌生的西方文明面前，黄遵宪一开始就能相当中肯地看到它具有先进性和侵略性两重性质，说明他在图强进取的认识路线上又跨进了一大步。二十七岁至二十九岁时（1874—1876），他因北上应廷试，曾客居天津、烟台，这段时间，遵宪关心时局的志向和见识，引起了当时一些办外交、洋务的关键人物的注意。他在烟台见到正在办马

---

① 《人境庐诗草》卷一《感怀》。
② 《人境庐诗草》卷一《香港感怀十首》。

嘉理案的李鸿章，言谈之后，李鸿章对别人称许遵宪是"霸才"，即中国求富强所需要的人才。此时，另外两位客家乡亲有心提携他，丁日昌（广东丰顺人）时任福建巡抚，对遵宪很器重，欲延至其幕下，但因遵宪欲应考而未果。随后，何如璋（广东大埔人，遵宪的父亲鸿藻的朋友）于1877年被清政府任命为驻日公使，他早就闻知遵宪通达时务，因而推荐遵宪任驻日使馆参赞。黄遵宪能走出国门，成为具有东西洋阅历的外交官和政治家，显然是他在嘉应山城贬斥"道皇古"的迂腐习气，确立了"贵知今"的进取精神奠定了基础的。

在日本，遵宪亲身经历了明治维新学习西法、革故取新的巨大变化，又接触了民权学说，经过思想上剧烈震动后，他相信人类最终要走向民主制度。他热情赞扬日本实行新政的巨大成效，认为中国必须仿效日本，走上富强道路。对于一个长期生活于专制政体下的清朝官员来说，这些新观念的确立是多么困难的事，但由于遵宪早已树立革新进化思想，他胜利地过了这一关。而他所撰《日本国志》一书，成为最早系统地介绍日本实行新政经验的名著，后来在戊戌时期产生了直接影响。1882年至1885年担任驻美国旧金山总领事期间，他保护华侨利益，和美国地方当局歧视华侨的政策作坚决斗争，成为深受美国华侨爱戴的外交官。1891年至1894年任驻新加坡总领事，到任伊始，倡立图南社，又巡视各岛，了解华侨的情况和要求，指出华侨大都热爱祖国，反对清政府对归侨的歧视政策。经他力争，清政府开始颁布几条保护归侨的规定。此后，他又向华侨颁发"护照"，保护华侨在当地的正当权利。回国不久，国内维新运动掀起高潮，他任湖南署按察使，对于推动地方实行新政、使之成为"国内最有生气的省份"，出力甚大。

三、晚年对儒学命运的探索

赞扬明治维新，相信民权学说，保护华侨利益，倡导国内改革,黄遵宪这位客家名人在19世纪70年代至90年代所做出的多方面的贡献,当然是他体察新事物和迎接新潮流的结果,而归根结底,其思想前进的深层原因,乃是传统儒学的积极面滋养了他,推动了他。这从他晚年,即因参加维新运动而被顽固派革职"放回"原籍以后数年间,深刻反思传统文化和思考民族前途的论述,可以得到充分的证明。他反对康有为创孔教、把孔子作为教主顶礼膜拜的主张,而阐述孔子学说的精华在于切近于社会生活、治国平天下,故说:"各教均言天堂、地狱,独孔子于事鬼神曰'未能事人,焉能事鬼';于明器,曰'之生而致死为不仁,之死而致生为不智'。而其教人,则曰'朝闻道,夕死可矣',曰'死而后已,不亦远乎!'""格致日精,教化日进,人人知吾为人身,当尽人道于一息尚存之时,犹未敢存君子止息之念,上不必问天堂,下不必畏地狱,人人而自尽人道,真足以参赞天地。世界至此,人理大行,势必舍一切虚无玄妙之谈,专言日用饮食之事,而孔子之说胜矣。……孔子所言之理具在,千秋万世,入人之心,人类不灭,吾道必昌。"黄氏认为,处在事变急迫,竞争激烈的当代世界,可以用孔子学说中有益于进取向上、自强不息的部分来鼓舞人们,使我们民族得以自立。同时引申孔子关于三代礼乐制度必有所损益,使之适用于当世的主张,阐述孔子的学说是因时而变:"吾胸中有一孔子,其圣在时中。所以时中,在能用权;所以能权,在无适无莫,毋固毋我。无论何教,欲挟彼教之长以隘孔子,吾能举孔子之语以正之拒之;无论何人,欲抉孔子之短以疑孔子,吾能举孔子之语以解之驳之。"

遵宪又认为,孔子对于君臣关系的主张,也不是讲臣对君必须绝对服从,而是对君也要用礼制约束,故说"孔子言忠君,有礼有义,有分有制"。黄氏始终主张要把儒学的精华与迂腐学说、陈旧礼制区分开来。他认为,这样的儒学可以综合其他各学各派的精华部分,故又说:"若我孔子,则综九流,冠百家,不得以儒术限。"当时,西太后专权的清政府搞假维新,却要在已举办的新学堂中把"五经""四书"作为学习的重点。黄氏对此坚决反对,他主张学校学习的重点科目,应是近代自然科学及历史、地理等有用知识，对于"五经""四书""当择其切于日用近于时务者，分类编辑"，让学生阅读，其他考据注解之类，则不应规定为学校科目，有兴趣者可以自学，反对强迫死读经书。当梁启超在报上激烈批评儒学被历代统治者不断附会，为专制制度服务之时，黄氏写信表示赞同。

  黄遵宪作为当时一位有世界眼光、大力主张改革的政治人物，他已充分意识到原原本本保持儒家学说，在近代已不适用，中国需要有新学说、新文化。他晚年立下宏愿，要创立新说，开风气之先。他写信给梁启超，告知他有一项计划，要著《演孔篇》，定好十六篇的篇数，参考书则有培根、达尔文等西方近代名著。遵宪计划中有哪些篇名我们不得而知，但其撰述意图则很明显：要吸收西方近代进化论等社会学说，结合对中国近代社会变迁的观察，来演绎发挥孔子学说的精华。[①] 遵宪对此本来表示很有把握，结果却没有著成。晚年多病体弱固然是一个原因。但更为根本的，是因为儒学这一产生于宗法封建社会的学说，随着封建社会的崩溃，它的整个思想体系决不能再保存下去了，只能吸收其中有积极意义的部分，作为创立新的近代学说体系的思想养料。这是儒学在近代的必然命运。黄遵宪未能认识到这一点，没有做到前进得更远，达到新的突破，这正是时代的局限和他个人的局限。对此加以总结，对于研究黄遵宪的思想历程和整个近代思想文化史，都有不可忽视的意义。

  [①] 黄遵宪晚年反思儒学的言论，均见他先后致梁启超的信件，见《梁启超年谱长编》1902 年，并参见钱仲联《黄公度先生年谱》，《人境庐诗草》附录二。

进化论传播与近代史学的产生

进入19世纪最后十年的中国,民族危机空前严重,由于时代的刺激,向西方学习的思潮,发展到直接吸取西方进步学术思想的阶段,出现了中国近代思想史上划时代事件——《天演论》的问世。由于这一崭新哲学思想的指导,自鸦片战争以来孕育的近代爱国史学思潮,至此达到质的飞跃,20世纪初年,梁启超著成《新史学》,夏曾佑著成《中国古代史》,分别以史论和通史的形式,标志着近代史学的正式产生。

一、哲学苦闷时代

一个世纪以前,约在甲午战争爆发的前一二年,在北京琉璃厂街新会会馆,经常有三个来自南方的青年人几乎每天都要在这里见面,三个人各自操着浓厚的广东、浙江、湖南口音,有时彼此交谈相当吃力,却总要聚集在一起长谈或高声争论问题,直至夜阑方散。这三个南方青年就是梁启超(广东新会)、夏曾佑(浙江杭州)和谭嗣同(湖南浏阳)。几年之后,他们将是中国政治舞台、学术舞台上的名人,而当日却是因应考而来北京。他们血气方刚，原先都受过良好的教育，对中国传统学问很有根底，特别是思想敏感，关心时局，对于清朝统治日益腐败、列强不断侵侮中国感到愤慨、忧虑，他们经常在一起争论的，就是为了挽救危亡时局而需要的指导思想——哲学问题。事后梁启超有过这样的回忆：

> 我们几何没有一天不见面，见面就谈学问，常常对吵，每天总大吵一两场。但吵的结果，十次有九次我被穗卿（夏曾佑的字）屈服，我们大概总得到意见一致。
>
> 这会想起来，那时候我们的思想真"浪漫"得可惊，不知从哪里会有怎么多问题，一会发生一个，一会又发生一个。我们要把宇宙间所有的问题都解决，但帮助我们解决的资料却没有。我们便靠主观的冥想，想得的便拿来对吵，吵到意见一致的时候，便自以为已经解决了。①

梁启超他们当时处于"学问饥荒时代"，指的就是哲学苦闷时代。这些英拔锐进的青年，"生育在此种'学问饥荒'之环境中，冥思枯索，欲以构成一种'不中不西即中即西'的新学派"。② 为了追求精神的解释，探索新哲理，他们公开树起"排荀"的旗帜，表示决心与为旧制度服务的旧学术、旧哲理分道扬镳。他们认为，"中国自汉以后的学问全要不得的，外来的学问都是好的"，而他们企图构建新的哲学体系的思想资料却严重不足。中国书籍中，他们只读儒家经书和周秦诸子，特别重视《公羊》"三世说"；外国书则只有当"宝贝"看待的教会译书，如《格致启蒙》一类的工艺书，或《泰西新史揽要》《佐治刍言》之类的政法史地书；再加上自己"主观的理想"。因此，他们虽然热情奔涌，苦苦思索，所提出来的却是事后被证明为"主观"和"幼稚"的思想。③ 正如梁启超所概括的当时思想界的情况："盖固有之旧思想既深根固蒂，而外来之新思想，又来源浅觳，汲而

---

① 《亡友夏穗卿先生》，《饮冰室合集》文集之四十四（上），第20页。
② 《清代学术概论》第二十九节，《饮冰室合集》专集之三十四，第71页。
③ 均见《亡友夏穗卿先生》。

易竭；其支绌灭裂，固宜然矣。"①

二、具有划时代意义的新鲜世界观

时代迫切需要崭新的哲学。正是严复，这位被毛泽东同志称誉为近代向西方学习代表人物的启蒙思想家，在此国家前途极其危险、智识界极度渴求的时刻，大力介绍西方进化论学说，提出了具有划时代意义的新鲜世界观。

严复（1854—1921）于十三岁时考入洋务派左宗棠、沈葆桢创办的一个海军学校——福建船政学堂，五年中，学习了英文、数、理、天文及航海术各门课程。毕业后在军舰上学习。二十三岁时（1876），被派往英国学习海军。在英国三年，学习高等数学、物理、化学、海军战术等。同时热心研读哲学和各种社会思想学说，还曾去法国考察。在英期间与洋务派重要人物郭嵩焘（清朝驻英大使）有交往，谈论中西政体异同，很得郭之赏识。回国后，在天津北洋水师学堂，历任总教习、会办（副校长）、总办（校长）。甲午战争爆发，严复亲见老大腐败的清皇朝被由于学习西方而骤强的日本打得惨败，更加引起他对国家命运的深沉忧虑。1895年，他先后在报上发表《论世变之亟》《原强》《辟韩》《救亡决论》等论文，并着手翻译赫胥黎所著《天演论》一书（1898年出版）。在这些论文和译作中，严复怀着"警世"的强烈愿望，系统地介绍西方进步社会学说和进化论哲学思想，由此标志着中国近代思想界进入了新纪元。

严复介绍进化论学说，何以产生了振聋发聩的强烈作用，并且具有巨大生命力呢？

首先，是因为他破除了封建统治长期造成的蒙昧观念，传播了科学思想，开启了人们的视野。

自鸦片战争以后，先进的中国人向西方学习真理，经历了千

---

① 《清代学术概论》，《饮冰室合集》专集之三十四，第71页。

辛万苦，其间走过了几个重要阶段。19世纪40年代魏源编撰《海国图志》，提出"师夷长技"，学习西方的"船坚炮利"，主要是从技术着眼。至七八十年代，以郑观应著《盛世危言》为代表，提出开设议院、设立商会、保护关税等主张，说明思想认识上升到学习资本主义制度的阶段。到八九十年代康有为把公羊"三世说"和儒家的"大同"理想与资产阶级民主共和思想相糅合，提出了由君主立宪—民主共和的政治设想，作为鼓吹维新变法的理论基础，标志着学习西方又向前进了一大步。但是康有为对西方制度无直接研究，只凭观察西方殖民者在香港和租界的管理形成的印象，他所了解的西方学说又间接获得，未能得其精神实质。历史前进的要求，是从根本上了解西方，认识西方资本主义获得迅速发展和中国积贫积弱的根源，认识中国在世界上的落后地位和当前的危险处境，由此寻找中国富强之路。严复自觉地担当了这一时代责任，提供一套能够解释世界现状、中国目前处境、中国往何处夫的崭新的哲学思想。

1895年，严复在《原强》等文章中即介绍了西方进化论学说。《原强》一文劈头就提出："今之扼腕奋矜，讲西学、谭洋务者，亦知近五十年来，西人所孜孜勤求，近之可以保身治生，远之可以经国利民之一大事乎？"① 就是说，比起当时盛行的讲西学、洋务知识以来，还有一项理论学说更加重要，它可以指导个人正确行动，指导国家走向富强。然后他用最简洁的话概述达尔文"天演论"的基本观点：

"物竞"者，物争自存也，"天择"者，存其宜种也。……是故每有太古最繁之种，风气渐革，越数百年数千年，消磨歇绝，至于靡有孑遗。……动植如此，民人亦然。

严复强调说，正是这一激励人类不断适应于外部环境，求得自强进步的学说，造成了欧美各国社会观念实现了一次质的飞跃，国家政治也获得巨大进步，"一新耳目，更革心思"，"学术政教，

---

① 本节严复《原强》《论世变之亟》《救亡决论》等篇引文，均见于中国近代史资料丛刊《戊戌变法》第三册，上海人民出版社，1957年版，第41—74页。

一时斐变"。

　　严复锐意以翻译西方学术著作进行"启蒙",破除因长期封建专制统治造成的闭塞和愚昧,"但令在野之人与夫后生英俊洞识中西实情者日多一日,则炎黄种类未必遂至沦胥"。① 他把希望寄托于不当权的知识分子和平民,特别寄托于青年人,深刻地说明他满怀救国激情。吴汝纶评论《天演论》亦说:"其言皆与时局痛下针砭,无空发之议",②"使读焉者怵焉知变"。③ 为了找出中国积贫积弱的根源,严复打开人们的眼界,从宏观上进行中西思想观念、价值取向的比较,认为:中国"好古忽今",西方"力今胜古","中国最重三纲,而西人首明平等。中国亲亲,而西人尚贤。中国以孝治天下,而西人以公治天下。中国尊主,而西人隆民。中国贵一道而同风,而西人喜党居而州处。中国多忌讳,而西人众讥评"。④ 并进而总结西方各国强盛的根源,"于学术则黜伪而存真;于刑政则屈私以为公"。⑤ 而中国旧学的致命弱点,在于"无用""无实",⑥"师心自用,不实验于事物,抑笃信古人之说者"。⑦ 他还猛烈抨击封建君主是"最能欺夺者",是从民众手里窃去权柄的大盗贼!⑧"秦以来,皆以奴虏等我民!"⑨ 这些论述,的确揭示了资本主义与封建主义在制度上、文化上的先进与落后的巨大差异和对立,洋溢着"尊民叛君,尊今叛古"⑩的激进精神,帮助当时忧心时局的人们更加认识封建专制制度和腐朽文化的祸害,并且为人们打开了认识西方进步思想文化的广阔视野,奋起变革图强,从而有力地把民族救亡事业向前推进。

---

① 《致张元济书》,《严复集》第三册,中华书局,1986年版,第525页。
② 吴汝纶《桐城吴先生全书》尺牍一,光绪王恩绂等刻本。
③ 赫胥黎原著,严复译著:《天演论》,吴汝纶序,商务印书馆,1981年版。
④ 严复:《论世变之亟》。
⑤ 严复:《论世变之亟》。
⑥ 严复:《救亡决论》。
⑦ 严复:《穆勒名学》部甲按语。
⑧ 严复:《辟韩》。
⑨ 严复:《原强》。
⑩ 蔡元培:《五十年来中国之哲学》,见申报馆编《最近之五十年》,1923年版。

其次，严复介绍进化论学说的巨大意义，又在于他阐发了生存竞争、优胜劣败而形成进化发展的普遍规律，对处于民族危亡局势的人们具有强烈的警醒力量。

赫胥黎的通俗著作《进化论与伦理学》出版于1894年。严复选择这本书及时地译述，在当时情况下，他不作原书直译，而采取意译、改写、插入议论和加上大段案语的方法，着眼于中国国情，就原著某一内容或观点加以发挥，抒发本人的哲学思想和政治观点，以达到"警世"的目的。他阐述了：一、进化发展是宇宙的普遍规律。英国南部多产黄芩，它们是远古时代当地植物的遗留，在当时，英伦三岛气候寒冷，黄芩生长更加茂盛。山丘和谷地，自远古至当代也在不断变化。在陆地之下，如果挖出白垩，则可断定这里在遥远的古代是海，白垩就是由古代浅海地带的蚌壳堆积而成的。"今兹所见，乃自不可穷诘之变动而来。""地学之家，历验各种僵石，知动植庶品，率皆递有变迁。"① 总之，小至草木虫鱼，大至天地日月，"一切民物之事，与大宇之内日局诸体，远至于不可计数之恒星，本之未始有始以前，极之莫终有终以往，乃无一焉非天之所演也"。② 天地一切都在变化，只有"天演"的规律是永恒的。二、严复赞赏斯宾塞把生存竞争、自然淘汰的规律引到人类社会的观点。严复认为：人类自远古以来，也各争以自存。"其始也，种与种争，及其稍进，则群与群争，弱者常为强肉，愚者常为智役，及其有以自存而遗种也，则必强忍魁桀矫捷巧慧，而与其一时之天时地利人事，最其相宜者也。"③ 人成为"万物之灵"，也是自己奋斗的结果。甚至人脑也是进化的结果。"群治进，民脑形愈大，襞积愈繁，通感愈速。"④ 在严酷的生存竞争中取得优胜的人群、人种，必定是在毅力、体力、智慧上更强，而且能够适应变化了的环境的这一部分人。严复还举出：美洲、澳洲的土人，在白种人进入实行殖民

---

① 赫胥黎原著，严复译著：《天演论》卷上导言一《察变》，第2页。
② 《天演论》导言二《广义》，第6页。
③ 严复《原强》。
④ 《天演论》导言十五《最旨》，第37页。

之后,由于落后,在竞争中处于劣势,数量已逐渐减少,以至近于灭绝!① 三、适应环境,不断进化,产生新特性、新能力,这是在激烈的生存竞争中取胜的根本条件。严复称此为"体合"。他强调:"于此见天演之所以陶熔民生,与民生之自为体合。(自注:物自变其形,能以合所遇之境,天演家谓之体合。)体合者,进化之秘机也。""进者存而传焉,不进者病而亡焉!"② 在当时,清朝统治腐败,外国列强虎视眈眈,加紧策划直接瓜分中国。严复阐发"适者生存"的规律同样适用于人类社会的道理,是使人们警发"保群进化之图"。"惟外境既迁,形处其中,受其逼拶,乃不能不去故以即新",③ 只有学习西方,变革图强,中国才能生存。否则民族前途将十分危险。他警告当权者:不要以为中国人口众多,可以苟且偷生,"区区人满,乌足恃也哉!"对于"徒高睨大谈于夷夏轩轾之间者",④ 无疑是有力的警告。

第三,严复传播进化论之所以有巨大意义,尤在于他改造了斯宾塞的学说,强调自强、自立,"以人持天"、"与天争胜"、"胜天为治",鼓舞弱小民族可以争取光明的前途。

严复肯定斯宾塞论述天演规律适用于人类社会的贡献,但他译述《天演论》的一项重要宗旨,是反对斯宾塞"任天为治"的观点。所谓"任天为治",是指在人类社会生存竞争中任凭自然选择、优胜劣败的规律起作用,人们不要干预,甚至主张政府不办教育、不搞福利,……任由强者自强、弱者自亡。这种主张反映了大英帝国殖民主义者欺压、掠夺被压迫民族的霸权立场,鼓吹弱肉强食的反动逻辑。赫胥黎则与之不同,他主张人类不应任由物竞天择命运的摆布,人类应发挥力量加以干预。严复是为了东方被压迫民族寻找救亡图强真理的,自然与斯宾塞"任天为治"的观点相对立,因而予以摒弃,他对赫胥黎的论点创造性地加以发挥,使《天演论》全书以激励处于危急关头的中国人民

---

① 《天演论》导言三《趋异》,第11—12页。
② 《天演论》导言十五《最旨》,第36—37页。
③ 《天演论》导言十六《进微》,第41页。
④ 《天演论》导言三《趋异》,第12页。

"自强保种"为最大特色。吴汝纶所写序言中即强调了严复译作所体现的这一宗旨:"赫胥黎氏起而尽变故说,以为天下不可独任,要贵以人持天。以人持天,必究极乎天赋之能,使人治日即乎新,而后其国永存,而种族赖以不坠,是之谓与天争胜。"严复也说:"赫胥黎氏此书之旨,本以救斯宾塞任天为治之末流,其中所论,与吾古人有甚合者,且于自强保种之事,反复三致意焉。"①

因此,严复在书中启导激励人类掌握自己的命运:"人欲图存,必用其才力心思,以与是妨生者为斗。负者日退,而胜者日昌,胜者非他,智德力三者皆大是耳。"② 反对任凭"天择"起作用,故一再阐发荀子、刘禹锡、柳宗元"制天命而用之"的思想,相信"世道必进,后胜于今"。③ 特别是在《天演论》全书带总结性的末篇(卷下论十七《进化》,此节严氏几乎全部改写)中,他明确地批评"法天行"与"避天行",即完全屈服于"天择"的自然趋势和根本不顾客观趋势两种趋向,而提出与天争胜、发挥人的努力、变害为利、胜天为治的光辉思想:"今者欲治道之有功,非与天争胜焉,固不可也。法天行者非也,而避天行者亦非。夫曰与天争胜云者,非谓逆天拂性,而为不祥不顺者也。道在尽物之性,而知所以转害而为利。……是故善观化者,见大块之内,人力皆有可通之方,通之愈宏,吾治愈进,而人类乃愈亨。"只要认清形势,把握时机奋发自强,目前处于弱小地位的民族,前途也是光明的!关键在于相信科学道理,根除无所作为、畏难苟安的劣根性,自强、自立,坚韧不拔地同心努力奋斗:"诚使继今以往,用其智力,奋其志愿,由于真实之途,行以和同之力,不数千年,虽臻郅治可也。……居今之日,藉真学实理之日优,而思有以施于济世之业者,亦惟去畏难苟安之心,而勿以宴安偷乐为的者,乃能得耳。""吾辈生当今日,固不当如鄂谟所歌侠少之轻剽,亦不当学瞿昙黄面,哀生悼世,脱屣人

---

① 吴汝纶序,译《天演论》自序,第1、10页。
② 《天演论》导言十五《最旨》,第37页。
③ 《天演论》导言十八《新反》,第47页。

寰，徒用示弱，而无益来叶也。固将沉毅用壮，见大丈夫之锋颖，强立不反，可争可取而不可降。所遇善，固将宝而维之，所遇不善，亦无懔焉。早夜孜孜，合同志之力，谋所以转祸为福，因害为利而已矣。"结尾严氏引用英国诗人丁尼孙的诗句：

> 挂飓沧海，风波茫茫，或沦无底，或达仙乡。二者何择？将然未然，时乎时乎！吾奋吾力，不竦不懋，丈夫之必。①

正当国家存亡危急之秋，严复满怀热情鼓舞人们勇敢地战胜困难，强立不反，同心协力，转祸为福，因害为利，争取祖国光辉的未来，正是处于上升时期的民族资产阶级对于自己力量充满信心的表现。

《天演论》阐述了人类社会发展变化的规律，它又是传统学术闻所未闻的进步历史观。书中还具体论述到历史发展的一些重要问题：导言十二《人群》中论述了人类的祖先是猿猴；论三《教源》中，论述人类社会先为游猎之世，后进为文明之世；论十七《进化》中，论述自太古至于今，人类进步的程度，是以人力对自然斗争，"所胜之多寡"为尺度，试看由部落到国家进化的历史，归根到底，都是"取天地之所为，被以人巧"，现在达到的进步，足以使古人认为是鬼神所为；而近代以来的进步，超过了过去二千年；人类的未来，进步不可限量！这些自成体系、乐观向上、奋发进取的历史观点，为当时热心接受新事物的学者打开了一个新天地，使他们掌握了纵观几千年历史的理论武器。

《天演论》出版时，正是民族危机最严重、举国人心激奋、思变思强的时刻，严复以达尔文进化学说为基础，吸收了斯宾塞（把生存竞争引入人类社会）、赫胥黎（反对"任天为治"，主张"以人持天"）的思想，经过自己的综合、创造，形成了一套新鲜的世界观、历史观，极大地鼓舞了中国人民的斗志和信心。"天演论"学说具有强烈的时代性，满足了中国人民批判腐朽封建帝

---

① 《天演论》论十七《进化》，第93—95页。

制、挽救民族危亡的需要。同时，它的进化发展的理论，是从大量的实例中归纳出来的，可以动植物、人体、地形、地质、化石来作验证，因而具有严密的科学性和鲜明的实证性的优点。在此以前，梁启超、夏曾佑以及其他晚清学者所盛谈的公羊三世说虽然比之僵死的封建思想具有进步性，但又具有粗疏原始、主观和神秘的致命弱点。它所讲的变易历史哲学，是靠阐释古代经典中的"微言大义"而得，在很大程度上建立在主观推论和比附的基础上，未能摆脱封建学术的旧体系，而且很带争论性，使很多人对之感到怀疑甚至骇异。"天演论"学说则是近代的学术体系，高出整整一个历史时代。难怪乎1896年底，夏曾佑来到天津，听严复讲述"天演论"哲学，他顿时仿佛置身于新的天地，表示无比倾心激动，贪婪地学习、领会、消化。梁启超在致严复信中也说："南海先生读大著后，亦谓眼中未见此等人。"① 进化论哲学的传播，为立志改革、争取祖国富强的人们提供了新的观察历史和民族命运的思想武器。如革命派机关报《民报》即评论说："物竞天择之理，厘然当于人心，而中国民气为之一变。"② 严复译作出版后，成为空前畅销书，书肆争相翻印，版本达三十多种，新的哲学观风行全国。

三、《新史学》的批判锋芒和创新精神

梁启超等人在阅读《天演论》以前，都经历过推崇公羊三世说的时期，这一朴素的进化变易思想是他们迅速接受进化论学说的基础。梁启超在致严复信中，就由进化论而联系到"《春秋》之言治也有三世，曰据乱，曰升平，曰太平"。③ 他所写《说群序》（1896）一文中也按"据乱""升平""太平"三世划分治群

---

① 梁启超：《与严幼陵先生书》，《饮冰室合集》文集之一，第110页。
② 胡汉民：《述侯官严氏最近政见》，《民报》二号，1905年11月。
③ 梁启超：《与严幼陵先生书》，《饮冰室合集》文集之一，第108页。

办法的不同。①

梁启超确立了进化论哲学观之后,随即以他"天才宣传家"的敏锐性和出色才华大力加以宣扬。在与《新史学》发表同一时期,他著《论学术之势力左右世界》,指出进化论在哲学领域引起了一场革命:"达尔文者,实举十九世纪以后之思想,彻底而一新之者也。是故凡人类智识所能见之现象,无一不可以进化之大理贯通之:政治、法制之变迁,进化也;宗教、道德之发达,进化也;风俗、习惯之移易,进化也。数千年之历史,进化之历史;数万里之世界,进化之世界也。……此义一明,于是人人不敢不自勉为强者为优者,然后可以立于此物竞天择之界。无论为一人,为一国家,皆向此鹄以进。""虽谓达尔文以前为一天地,达尔文以后为一天地可也。"并且预言进化论学说"将磅礴充塞于本世纪而未有已也"。② 同年还著有《天演学初祖达尔文之学说及其略传》,再次强调进化论学说问世"近四十年来,无论政治界学术界宗教思想界人事界,皆生一绝大之变迁"。认为人类社会各个领域,"无大无小,而一皆为此天演大例之所范围"。③

反映时代学术的先进哲学思想④为社会前进开辟道路,同时为学术创辟新境界注入新鲜的活力,显示出其明效大验。梁启超写于1902年的《新史学》一文,即成为激烈批判封建旧史、宣告具有不同时代意义的"新史学"到来的宣言。当时,新思想的输入如火如荼。爱国留学生们大量翻译日本出版的新著作,其中有《史学原论》《史学概论》等多种,与要求推翻封建专制的时代大潮相互呼应,掀起了批判"君史"、提倡"民史"的热潮。《新史学》即是这一思潮的代表作。

---

① 《饮冰室合集》文集之二,第4页。
② 《饮冰室合集》文集之六,第114页。
③ 《饮冰室合集》文集之十三,第12、18页。
④ 本文论述进化论的进步性是指在当代社会条件下,即马克思主义传入中国以前的时代而言。《天演论》把社会进步归结到"物竞天择"的规律是并不科学的。如恩格斯所说:"想把历史的发展和错综性的全部多种多样的内容都总括在贫乏而片面的公式'生存斗争'中,这是十足的童稚之见。"(《马克思恩格斯全集》第三卷,第572页)

梁启超对旧史进行了激烈批判，其理论基石是国民意识和进化观念。前者是戊戌变法失败后进步社会力量要求推翻帝制，最终实现民主的时代潮流的产物，后者则来自《天演论》。《新史学》开宗明义标明史学的地位和作用，认为史学应是"学问最博大而最切要"的一门，是"国民之明镜"，"爱国心之源泉"。而造成旧史陈腐落后的根源，正在于完全违背国民意识和进化观念："盖从来作史者，皆为朝廷上之君若臣而作，曾无有一书为国民而作者也。""夫所贵乎史者，贵其能叙一群人相交涉、相竞争、相团结之道，能述一群人所以休养生息、同体进化之状"，旧史界却"未闻有一人之眼光能及见此者"。① 由此而造成旧史"四蔽""二病"："知有朝廷而不知有国家"；"知有个人而不知有群体"；"知有陈迹而不知有今务"；"知有事实而不知有理想"；"能铺叙而不能别裁"；"能因袭而不能创作"。② 致使旧史简直成为二十四姓之家谱，是墓志铭、相斫书、蜡人院的偶像。这些批评虽属过当，却打中要害。旧史是封建时代的产物，层层堆积，封建意识根深蒂固。近代史学要为自己开辟道路，就必须以凌厉的攻势，廓清其谬误，使人们猛醒过来，认清封建毒素的危害。

因此，梁启超大声疾呼要实行"史界革命"，即用国民意识和进化论哲学观为指导，对旧史实行彻底改造，创造出符合于"提倡民族主义，使我四万万同胞强立于此优胜劣败之世界"这一时代需要的新史学，发挥激励爱国心和团结合群之力的巨大作用。

在激烈批判旧史的基础上，梁启超贯彻以进化论学说为指导，进行理论创造，提出新史学的方向，从三个层次对"新史学"的性质、内容加以界定：

一、阐述"历史者，叙述进化之现象也"，划清旧史一治一乱的循环史观与新史学认为历史的变化"有一定之次序，生长

---

① 《新史学》，《饮冰室合集》文集之九，第1、3页。
② 《新史学》，《饮冰室合集》文集之九，第3—5页。

焉,发达焉",即由低级向高级进化的界限。

二、阐述"历史者,叙述人群进化之现象也",① 划清旧史把史书变成孤立的人物传的做法,与"新史学"要求写出人类"藉群力之相接相较、相争相师、相摩相荡、相维相系、相传相嬗,而智慧日进焉"的界限。

三、阐述"历史者,叙述人群进化之现象,而求得其公理公例者也",提出史家应善于通过比较研究和纵贯联系考察,"内自乡邑之法团,外至五洲之全局;上自穹古之石史(即远古的石器时代),下至昨今之新闻",从人类活动总背景中去求得人群进化的真相,并且重视史学与其他学科的关系,总结出历史进化的公理公例。最后总结出历史哲学的理论,"以过去之进化,导未来之进化",使后人循历史进化的公例公理,"以增幸福于无疆"。②

梁启超对"新史学"的规划虽嫌简单,但他的理论与正在酝酿的革命潮流相合拍,从此宣告在指导思想上、内容上跟以帝王将相为中心的旧史迥然不同的新史学时代的到来,其开辟创始之功是巨大的。

在同一时期,梁启超还撰著有《中国史叙论》(1901)和《论中国学术思想变迁之大势》(1902),分别提出修撰中国史的初步设想,叙述数千年中国学术思想演进的历史趋势,可以视为是在进化论哲学思想指导下的著史上的尝试。《中国史叙论》也很有理论上的创新意义,它先立"史之界说"一节,强调"近世史家"的任务与旧史家很不相同,近世史家要"必说明其事实之关系,与其原因结果","必探察人间全体之运动进步,即国民全部之经历,及其相互之关系"。这些论述已经提出了《新史学》中理论主张的雏形。《叙论》显示出远比旧史家开阔得多的眼光:论及了中国史与世界史的关系;论及地理与历史的关系,不同地理条件养成了不同的民族性,又不同历史时期地理条件作用相异,故在历史舞台上占有主动力的民族古今不同;概述了中国的

---

① 《新史学》,《饮冰室合集》文集之九,第7、9页。
② 《新史学》,《饮冰室合集》文集之九,第10—11页。

人种；介绍西方学者的观点，史前人类经历过"石刀、铜刀、铁刀"三期，"此进化之一定阶段也"；① 介绍斯宾塞《群学》的论点：远古的人类社会，一群之中常分为"最多数之随属团体""少数之领袖团体""最少数之执行事务委员"三种人，"盖其初时，人人在本群，为自由之竞争，非遇有外敌，则领袖团体，殆为无用。其后因外敌数见，于是临时首领，渐变而为常任首领……而兼并力征之势日盛，久乃变成中央集权之君主政体"。并认为这是"历代万国之公例"。②《叙论》中提出划分中国历史为三个阶段的看法：上世史（自黄帝以迄秦之一统）；中世史（自秦一统后至清代乾隆之末年，又认为这一段时间太长，可再分为三小时代）；近世史（自乾隆末年以至于今日）。

《论中国学术思想变迁之大势》是我国史学界运用进化论哲学指导研究思想史第一次结出的硕果。梁启超以八万余字的简要文字，概述了中国数千年学术思想演进的历史趋势，划分为七个时代（一、胚胎时代，春秋以前；二、全盛时代，春秋末及战国；三、儒学统一时代，两汉；四、老学时代，魏晋；五、佛学时代，南北朝隋唐；六、儒佛混合时代，宋元明；七、衰落时代，近二百五十年。今日则为复兴时代）。精辟地评价了数以百计的思想家及其著作，相当有说服力地论述各个时代思想的主要特点、成就和缺陷，这些特点又何以产生，前一时代的学术思想如何成为这一时代的渊源，这一时代的思想又对后代产生了什么影响。几千年发展演进的趋势顿现在读者面前，宛如浑浩流转的大河，起伏曲折可望，又如蜿蜒绵亘的特长链条，环环相扣在目。中国史学有重视学术史的传统，至清初黄宗羲撰《明儒学案》《宋元学案》（后者系由全祖望续撰完成），体裁臻于成熟，但只限于记载一个时代各学派的人物经历、学术主张、继承关系及代表性论著等项，从来未见到有像此文这样对几千年学术史发展作出纵贯的总结，而且阶段分明、脉络清晰、因果变化清楚，

---

① 《新史学》，《饮冰室合集》文集之九，第1、9页。
② 《中国史叙论》，《饮冰室合集》文集之六，第10页。

论述精到。是进化论和其他进步社会学说使他站到新的时代高度，给了他前人所不具备的魄力、见识、智慧，而前人的具体研究成果，都成为他有用的资料任由驱使。前所未见的高度的洞察力、概括力和理论性，是《论大势》一文最突出的成就。

深入中肯的分析，富有唯物倾向和朴素的辩证因素，是《论大势》的又一突出成就。梁启超对学术史大势作鸟瞰式的宏观研究，建立在深入的具体分析基础之上，二者密切地相结合。他的精彩分析，有对思想家的主要倾向、功过的评价；有对复杂的时代条件如何形成了一代学术思潮的剖析；有对一个时期学者学术倾向的不同类型及相互间的同异的缕析、归纳。前一项在文中俯拾皆是，此不具论。后二项，则是《新史学》下述观点的体现："群与群之相际（群指人群，也可指学派），时代与时代之相续，其间有消息焉，有原理焉，作史者苟能勘破之，知其以若彼之因，故生若此之果，鉴既往之大例，示将来之风潮，然后其书乃有益于世界。"①

关于战国时代学术思想为何勃兴？梁氏论述了如下七点：（1）由于前代学术思想蕴蓄之宏富；（2）由于社会急剧变动的刺激；（3）由于思想学术之自由：政权下移，游士往来列国之间，出现了处士横议的时代风气，正所谓"海阔凭鱼跃，天高任鸟飞"；（4）由于交通之频繁；（5）由于人才之见重；（6）由于文字之趋简，著述及传播较前容易；（7）由于讲学之风盛，学术思想得到有效的传播。——这是分析学术思想变迁与时代关系的成功例证。②

关于两汉儒学的不同类型和倾向。梁氏划分两汉是"儒学统一时代"，但所谓"统一"，是指儒学在当时处于独尊地位，而当时的儒家学者，却不是铁板一块，而是具有不同的类型和倾向。梁氏分之为：（一）说经之儒；（二）著书之儒。前者又可分为四种：口说家，只知口传而缺乏创造；经世家，以经术言政治者；

---

① 《新史学》，《饮冰室合集》文集之九，第4页。
② 《论中国学术思想变迁之大势》，《饮冰室合集》文集之七，第11—15页。

灾异家，附会讲阴阳灾变者；训诂家，专门从事校勘诂释笺注者。后者，梁氏首推董仲舒、司马迁，称董仲舒发挥《春秋》微言大义，究天人相与之故，堪称为西汉学派的代表。司马迁著《史记》，不但是卓越的史著，而且他尊奉儒学，本纪、世家、列传，都精心地托始于孔子所表彰的人物，立孔子为世家，为孔子弟子立传，其撰书宗旨以继《春秋》自任，故是"汉代独一无二之大儒"，《史记》一书也是"上古学术思想之集大成"。① 对于刘向、扬雄、王充、王符、仲长统等，也分别作了评价——这是辨析同一时代学者学术倾向异同及其相互关系的成功例证。

具有鲜明的批判精神，尖锐地抨击专制政体和文化专制的祸害，是《论大势》又一出色成就。梁氏一再用进化、竞争学说，说明政治上、文化上的专制主义对社会及学术的发展造成严重阻碍，其中一段说："进化与竞争相倚，此义近人多能言之矣。盖宇宙之事理，至繁赜也，必使各因其才，尽其优胜劣败之作用，然后能相引以俱上。若有一焉，独占势力，不循天则以强压其他者，则天演之神能息矣。……学说亦然，使一学说独握人人良心之权，而他学说不为社会所容，若是者谓之学说之专制。苟专制矣，无论其学说之不良也，即极良焉，而亦阻学问进步之路，此征诸古今万国之历史而皆然者也。……故罗马教会最全盛之时，正泰西历史最黑暗之日。……吾中国学术思想之衰，实自儒学统一时代始。"② 关于西汉儒学独尊对于社会及学术的影响，我们今日自可以比梁氏所论作更深入、具体的分析、评定，但梁氏大力针砭文化专制主义阻碍学术的发展，则是击中要害的。这种鲜明的批判精神，来自梁氏对民权学说的信仰，而这种浓厚的国民意识，乃是梁氏在学术上作出有进步意义的巨大贡献的重要精神支柱之一。

以上三项，是《论中国学术思想变迁之大势》成就之荦荦大者。作为九十年前的论著，今天来看自然有其缺陷，主要是：书

---

① 《论中国学术思想变迁之大势》，《饮冰室合集》文集之七，第52页。
② 《论中国学术思想变迁之大势》，《饮冰室合集》文集之七，第56—57页。

中流露出作者惧怕、反对革命的错误观点（梁氏当时虽然思想激进，但内心深处却与其师康有为的改良主义观点相应和）；对隋唐"佛学时代"的论述，未能把握佛教唯心虚妄的实质，并且错误地低估韩愈、柳宗元、刘禹锡等人的思想成就。但这类不足比起文中所取得成就来，显然居于次要地位。梁氏旧学根底深厚，精熟于典籍，眼光锐敏，运用进化观的哲学武器后，他的见识极大地提高，视野空前开阔，辨析问题更左右逢源。全文囊括了中国几千年学术思想演进的历史趋势（尚缺宋、元、明一节），气势磅礴，其中精义纷出迭现，令人目不暇接。它充分显示出梁氏前期学术论著的饱满创造力，也显示出：我国学术蕴积深厚，一经新思想照耀即能迸发异彩。梁氏于先秦、两汉、清代学术研究尤擅长，文中有关的基本论点，以后扩展为多部很有影响的专著。我们评价《论中国学术思想变迁之大势》是运用进化论哲学进行史学研究取得的第一个硕果，是"新史学"理论主张的出色实践，是恰当的。

四、《中国古代史》：别开生面的通史撰著

在梁启超《新史学》问世后不久，夏曾佑撰成《中国古代史》（1904—1906，原名《最新中学中国历史教科书》，已完成上古至隋朝），它们分别以史论和通史撰著形式，标志着近代史学的正式产生。

夏曾佑早先深研公羊学，写有"瑟人申受出方耕，孤绪微茫接董生"① 的名句，概括清代今文学派的系统颇为精到。至1896年底，夏曾佑来到天津，并与严复相结识，两人遂密切往还，朝夕相处。通过严复的讲述，夏氏倾心于西方进化论学说，哲学观点由此实现了飞跃。又据夏循垍《夏穗卿传略》载，当时严复译

---

① 瑟人，龚自珍；申受，刘逢禄；方耕，庄存与；董生，董仲舒。此诗为梁启超所转述，见《饮冰室合集》专集之三十四，第54页。

《天演论》《原富》等，常"与先生反复商榷而成篇"。① 反复探究、互相切磋，使夏氏对进化论有更深刻的理解，故梁启超誉之为"晚清思想界革命的先驱者"。② 夏氏本来发宏愿要撰写阐述进化论的哲学著作，但未能实现，却独力撰著了《中国古代史》这部以进化观为主导思想的历史著作。

夏氏以进化发展的观点，高度概括了中国历史的总趋势，对自古到今几千年的中国历史，系统地提出了划分为各具特点的不同阶段的崭新看法。中国历代"正史"的编撰，均以朝代起迄定终始，体例沿用不变，编年体史书则按年代先后逐年编年，也一向无所改易。至夏曾佑出，才破天荒第一次以进化发展观点为指导，提出了一套划分中国历史发展阶段的自成体系的学说。他认为中国历史经历了三个大的阶段：自传说时代至周末，为上古之世；自秦至唐，为中古之世；自宋至今，为近古之世。上古之世又可分为二期："由开辟至周初，为传疑之期。因此期之事，并无信史，均从群经与诸子中见之，往往寓言、实事，两不可分，读者各信其所习惯而已，故谓之传疑期。由周中叶至战国为化成之期。因中国之文化，在此期造成。此期之学问，达中国之极端，后人不过实行其诸派中之一分，以各蒙其利害，故谓之化成期。"中古之世，又可分为三期："由秦至三国，为极盛之期。此时中国人材极盛，国势极强，凡其兵事，皆同种相战，而别种人则稽颡于阙廷。此由实行第二期人之理想而得其良果者，故谓之极盛期。由晋至隋，为中衰之期。此时外族侵入，握其政权，而宗教亦大受外教之变化，故谓之中衰期。唐室一代，为复盛之期。此期国力之强，略与汉等，而风俗不逮，然已胜于其后矣，故谓之复盛期。"近古之世，也可再分为二期："五季、宋、元、明为退化之期。因此期中，教殖荒芜，风俗凌替，兵力、财力逐渐摧颓，渐有不能独立之象。此由附会第二期人之理想，而得其恶果者，故谓之退化期。清代二百六十一年为更化之期。此期前

---

① 见《史学年报》1940 年三卷二期。
② 梁启超：《亡友夏穗卿先生》，《饮冰室合集》文集之四十四（上），第 18 页。

半,学问、政治集秦以来之大成,后半世局人心,开秦以来所未有。此盖处秦人成局之已穷,而将转入他局者,故谓之更化期。"① 夏氏这样划分历史阶段,所注重的是国势强弱、文化发展及民族关系(当时他尚未能做到重视经济的发展,仅是论国势强弱略包含有经济因素)。他还特别重视"世运""变局",即历史发展的转折时期。总之,由于他已站在进化发展和注重考察因果关系的哲学高度,才能高屋建瓴地概括历史发展的趋势,对于清末历史即将出现的转折,尤其具有真知灼见。

在探究具体历史问题时,夏氏同样创造性运用了进化论观点而多所创见。他阐释了古代传说与信史的划分和联系。中国历代儒生,往往"尚古""嗜古"成癖,总想把中国历史往上拉得越远越好,大谈"盘古开天""三皇五帝"之类,以此当作信史相夸耀。夏氏则以截断众流的勇气,指出儒生们所侈谈的大多是不能据信的传说、神话。他将具体区分的界限放在炎黄之际,认为:"中国自黄帝以上,包牺、女娲、神农诸帝,其人之形貌、事业、年寿,皆在半人半神之间,皆神话也。故言中国信史者,必自炎黄之际始。"② 尽管作这样划分仍属推得太前,但夏氏的论述表明他无愧为近代探索科学古史体系的先驱者之一。同样可贵的是,对于神话传说材料,夏氏也不是简单抛在一旁,而是认真抉剔,以人类社会进化的理论加以分析,找出其中所保留的上古初民社会生活的史影。此项在今日为普通常识,但在当时却需要很高的见识。他根据庖牺氏"结绳而为网罟,以畋以渔。制以俪皮嫁娶之礼"的传说,用社会进化观点作出新鲜的解释:"案包牺之义,正为出渔猎社会,而进游牧社会之期。此为万国各族所必历,但为时有迟速,而我国之出渔猎社会为较早也。故制嫁娶,则离去知有母而不知有父之陋习,而变为家族,亦为进化必历之阶段。"③ 夏氏又根据神农氏斫木为耜,揉木为耒,播五谷相

---

① 《中国古代史》第一篇第四节《古今世变之大概》,河北教育出版社,2000年版,第12页。
② 《中国古代史》第一篇第一章第十节《神话之原因》,第18页。
③ 《中国古代史》第一篇第一章第七节《包牺氏》,第15页。

土地，尝百草，察水泉的传说，用人类进化的共同规律作出解释，认为这正表明社会进入了更高一级的农业社会阶段，论述人类的生活需要如何促进生产的发展和文化的进步，婚姻和家庭关系如何变化，各种国家制度又如何产生，社会又如何由低级阶段向高级阶段演进。这些全新的科学知识，乃在传统学术之闻所未闻，包含着人类社会演进的基本原理，在当时确有开扩读者心胸和启迪智慧的巨大作用。同时，夏氏注重考察历史因果关系，对于历史上的转折时期每有独到的分析。譬如，他认为春秋时代学术上的变化，已为战国的社会变革开辟了道路。他说："古今人群进化之大例，必学说先开，而政治乃从其后。春秋之季，老子、孔子、墨子兴，新理大明，天下始晓然于旧俗之未善。至战国时，社会之一切情状，无不与古相离，而进入于今日世局焉。"这样强调新的学说具有转变旧的风气、解放人们思想的巨大作用，正是20世纪初先进的人们大力倡导并身体力行的观点，是一种极为宝贵的近代意识。又如阐述经济范畴之改革时，夏氏卓越地论及商鞅变法标志着由农奴制度向私有土地制的转变。他认为西周至春秋，"土地为贵人所专有，而农夫皆附田之奴，此即民与百姓之分也。至秦商君，乃克去之，此亦为社会进化之一端"。"民得蓄私产之法，即起于此。"① 继夏氏之后，经过近代学者半个多世纪的探索，证明上述论断大致都符合于后人研究得出的结论。

夏氏在书中还激烈地批判专制主义的罪恶，反映了20世纪初进步思想界要求结束专制制度的时代潮流。夏曾佑不仅一再痛斥独夫民贼的虐民，而且这样尖锐地批评儒学为专制统治者提供了很便于利用的学说，正是当时激烈批判专制主义的时代潮流的反映。在为严复译《社会通诠》一书所写的序中，他还批评"孔子之术，其的在于君权，而径则由于宗法。盖借宗法以定君权"。② 这些精警言论都是很有进步意义的。有的论者认为夏氏在

---

① 《中国古代史》第一篇第二章第二十四节《战国之变古》，第193、195页。
② 夏曾佑：《〈社会通诠〉序》，《严复集》第五册，中华书局，1986年版，第1556页。

书中"尊孔",这个说法显然失于笼统。《中国古代史》中论及东汉弊政更为耐人寻味。指出:"终东汉之世,外立者四帝(安、质、桓、灵),临朝者六后(窦太后、邓太后、阎太后、梁太后、窦太后、何太后),莫不定策帷帟,委事父兄,贪孩童以久其政,抑明贤以专其威,任重道远,利深祸速,终于亡国而后已!"① 夏氏著书时,不正同样是那拉氏专制,"定策帷帟","贪孩童以久其政,抑明贤以专其威",造成行将亡国的危险局面吗!联系到其现实背景,我们更能感受到他的论述所具有的战斗意义。激烈地批判专制主义及其意识形态,是夏曾佑思想中民主性的精华。可惜,他只是一度激进,而晚年却鼓吹"孔教",走到了他本人前期思想的反面。严复和梁启超也都在宣扬进化论的高潮时期表现激进,梁启超自1903年以后即转向保守,严复晚年甚至赞成复辟帝制,思想完全陷于颓唐。这些都是思想史上很深刻的教训。

总之,夏氏以进化论和因果规律为指导,对中国历史的演进作了别开生面的论述。跟书中新鲜的内容相适应,他在编撰上也运用了新颖的形式,借鉴于当时刚刚传入的外国史书分章叙述的方法,同时吸取了中国纪事本末体的优点,将二者糅合起来。这样,《中国古代史》的出版,确实使人一新耳目,被评价为"上下千古,了然在目",使人读之"有心开目朗之感"。此后多次重印,至1933年,又被当时的教育部列为"大学丛书"之一,至新中国成立初期又被再版。

梁启超和夏曾佑是中国最早接受进化论哲学观的学者中之佼佼者,他们分别在史学理论和历史著述上做出出色的贡献,产生了深远的影响。从此,具有比较完整意义的中国近代史学便正式展开了它的篇章。

---

① 《中国古代史》第二篇第一章第二十八节《光武中兴三》,第301页。

1992年初版后记

"史学女神向来不爱讲自己的历史。"西方学者这句谑语,说明了一种颇为普遍的状况:尽管人们为人类创造世界的活动写下了大量著作,可是对于历史著作本身的演变却常常顾不上去研究它。我国过去很长时间之内又何尝不是如此?然而最近十年来,情况却有很大变化,我们欣喜地看到,在学术园地中,史学史的花圃相继绽开出朵朵鲜花,呈现出一派活泼的生机。

出现如此令人鼓舞的局面,首先要感谢学术界前辈辛勤开拓和苦心浇灌之功。由于老一辈历史学家的远见和努力,早在20世纪60年代,以现代科学理论为指导、开展史学史研究的课题即被郑重地提出来,这对以后研究工作的开展产生了极为深刻的影响。可敬的前辈学者们还身体力行,撰写出许多论著,为这门学科的建设作奠基、示范,并不断拓展其领域。中青年同志的研究工作,是继续前辈历史学家的业绩进行的。

时代风会是学科建设获得可喜进展的又一根本性原因。打倒万恶的"四人帮"以后,我国历史进入新时期,国家安定,学术繁荣。智识界打碎了禁锢他们的桎梏,思想获得解放,勇于提出新问题,并力图解决。为了反思历史、实现振兴祖国的宏图,20世纪80年代以来出现了"文化热",这对史学史的研究也产生了有利的影响。文化史研究所强调的整体性，有力地启发史学史研究者更加自觉和充分地考察优秀的史著如何反映了时代精神，这样的史著出现之后又对社会发生了怎样的积极影响？"从文化视角研究史学"，大大开阔了研究者的视野，启发了智慧，使我们对于自孔子、司马迁以来的许多杰出史家、史著，以及对于一些主要问题的认识大大深化了，对于中国史学演进的规律（中国史学为什么走的是这条道路，而不是别的道路）的看法也向前推进了。

本书即是对史学与文化双向考察的尝试。我所注重的是，中国史学演进过程中史学思想最为活跃、史学风格变化最为明显的两头；采用了个案研究与总括论述相结合的方法，最后写在书中的是总论在前，而按实际研究过程说，自然只能是先作个案研究，最后作归纳概括。回忆20世纪60年代初大学毕业之时，我即有志于史学史的研究，当时处在那种特殊环境下却未能如愿。时隔十五年后，祖国上空阴霾扫尽，万象更新，我们又迎来了科学的春天，而我毕竟赶上了这个伟大的时代，从这个意义来说，我感到自己仍是幸运的。因此，我希望这本书能熔进我们时代的风采，力图通过剖析一些有意义的问题，写出我对于我们伟大民族的优良传统和文化珍品的挚爱，写出我对于实现振兴中华宏伟目标的渴求。

白寿彝师对于我的研究工作一直给以关怀和帮助。书目文献出版社的同志对本书的出版予以大力支持，在当前学术著作出版艰难的情况下，他们的支持是尤为宝贵的。还有许多师长朋友对我的研究工作和本书出版给予关心鼓励。本书有的问题，曾作为专题写成文章在刊物上发表，编辑同志为此付出过辛勤的劳动。谨此向尊敬的师长和朋友们致以深切的谢忱！

最后热诚地希望专家和读者们对本书多予批评指正。

陈其泰

1991年8月

于北京师范大学史学研究所

1999年增订本跋

　　拙著《史学与中国文化传统》初版于1992年由书目文献出版社印行，不久书即售罄。读者的这种厚爱，不仅是对作者本人的鼓励，而且更重要的是表达出生活在我们这个历史悠久、文化灿烂的大国的当代人们，对于总结史学遗产和弘扬优良文化传统的关注。现在，承蒙学苑出版社的盛情厚意，决定为本书出版增订本，我对此举由衷地感谢，其中很重要的原因，是我长时间记挂在心的初版中两项不应有的缺陷可以借此机会得到弥补。一者，初版因校对的疏忽，有一些错字和标点错误，这次能得改正。二者，我还应当写上一段话，作为书中有关篇章的补充，以求对问题的表述更全面一些。

　　史学史研究的重要任务是对我国丰富的史学遗产加以总结，取其精华，弃其糟粕，而以发掘和阐释其中的精华为主。这样做无疑是恰当的，因为我们研究祖国文化的源流发展，主要的目的是要从中吸取思想营养，增强民族自信心，并且获得今天发展民族新文化的借鉴，这就当然地要求应以"发掘和表彰其中的优良面为主"。至于文化遗产中的消极面，则适当地将它指出来就可以了，不是论述的重点，因为它对于今天"吸取营养、获得借鉴"并无直接的裨益；而且一般地说，发掘和阐释精华是要付出很大力气的，而要宣布过去的许多东西陈腐谬误、充斥着封建主义气味，则是比较容易的，此诚如陈寅恪先生所言，"数千年前之陈言旧说，与今日之情势迥殊，何一不可以可笑可怪目之乎"（《冯友兰中国哲学史上册审查报告》，见《金明馆丛稿二编》）。以上原则，是我在学习和研究中国史学史及清代、近代学术思想史过程中所恪守的，并且相信这样做尚属允当。本书《孔子与中国史学传统》篇中，运用许多史实，论述孔子修《春秋》在中国史学史上是一件大事情；他打破了"学在官府"、史册秘藏于王宫府库的局面，开创了私人修史的传统；重视"史义"，使史学与社会紧密联系，成为中国史学注重经世致用思想的源头；立了史法，开创了按照一定体例编撰史书的传统；创立了重视文献，加以访求、考订的传统，以后司马迁大力发扬，形成了体现实事求是精神的"考信"方法。此篇中着重从上述几个方面，阐发孔子修《春秋》对中国古代史学的积极意义，是确有根据和很有必要的。对于孔子和《春秋经》在中国史学史上造成的负面影响，此篇中主要指出两点：一是，"《春秋经》重视褒贬大义的做法，同《论语》中表达的孔子十分重视'正名'是一致的，目的即在'正名'，维护'君君臣臣父父子子'的等级名分。历史上大量事实证明，等级制是封建社会的特点。孔子的学说提倡维持等级名分，所以在封建社会中特别受到尊崇"。二是，"从我们今天的观点来看，孔子用春秋书法寄寓褒贬、维护等级名分，其中确有不少是保守性的东西。春秋笔法中还讲'为尊者讳，为亲者讳，为贤者讳'，更与孔子所赞扬的史家'直笔'精神相矛盾"。前一点，孔子维护"君君臣臣"的等级制度，是他老先生反对"僭越"、"犯上"、维护旧统治秩序的政治态度在历史著述中的表现；而要结束封建制度、实现民主制度，就必须实行破除等级森严界限、破除政治上血缘关系上种种特权的深刻变革：这一层意思比较显豁，早已被近代以来大量史实所昭示，故此可不必多费笔墨。后一项，作为《春秋经》重要特点的褒贬书法，在史学史上曾带来严重的负面影响，当时因本书交稿匆促而对此未加论述，这里应该有所申论。

1999年增订本跋

《春秋经》严格讲褒贬书法，固然有其合理性的一面，但同时，又因为过分强调褒贬书法，"为尊者讳"，而掩盖或歪曲了史实。除篇中所举隐公十一年，鲁隐公被弑，而记为"公薨"，又鲁桓公与齐侯会于泺，齐使公子彭生杀桓公，而《春秋经》记为"公薨于齐"以外，其他很典型的例子，我们还可举出：僖公二十八年，"天王狩于河阳"；哀公十二年，"夏五月甲辰，孟子卒"。僖公二十八年践土之会，是周王应晋文公之命赴会，孔子反对以臣召君的做法，因而加以隐讳，记载为："天王狩于河阳。"鲁昭公夫人吴孟子娶于吴，按春秋时代通例，应称为"吴姬"，周代的礼法是"同姓不婚"，鲁和吴都是姬姓，为了隐讳鲁君违背"同姓不婚"的礼制，故《春秋经》记曰："孟子卒。"对《春秋经》这种"为尊者讳"而掩盖了史实真相的做法，唐代刘知幾在《史通·惑经》篇中已作了批评：

> 苟爱而知其丑，憎而知其善，善恶必书，斯为实录。观夫子修《春秋》也，多为贤者讳。狄实灭卫，因桓耻而不书；河阳召王，成文美而称狩。斯则情兼向背，志怀彼我。苟书法其如是也，岂不使为人君者，靡惮宪章？虽玷白圭，无惭良史也乎！（按，刘氏批评的前一事，指闵公二年《春秋经》载："狄入卫。"《穀梁传》范宁注："不言灭而言入者，《春秋》为贤者讳。齐桓不能攘夷狄，故为之讳。"）

刘知幾尊敬孔子，但他并不对《春秋经》盲目崇拜，而是发扬"独断"和理性批判的精神。他以"实录"为标准，指出《春秋经》这两处记载中，由于要为齐桓、晋文讳饰，而掩盖了历史事实。刘知幾的论述，本应引起后代学者重视，引以为戒，然而，在两宋时期，由于重视纲常伦理、君臣名分、气节道德，强调"严夷夏之大防"，强调正统与闰位等观念的盛行，致使《春秋经》的褒贬书法明显地对史学产生了不利的影响。最为突出的是欧阳修撰《新唐书》《新五代史》，朱熹撰《通鉴纲目》，竭力效法《春秋》褒贬书法，造成许多重要史实被掩盖、被歪曲。这种倾向，与宋、明一些学者竞相撰写宣扬理学家伦理观念、不顾历史时势、专凭主观臆断评论历史的风气相配合，致使中国古代史学重视"实录""直笔"的优良传统受到严重的挑战和损害。于是有另一些史学家、著作家认识到这种弊病对于"追求历史真实性"的重要原则的危害，他们发扬了儒学朴素理性主义的精神和实事求是的原则，起而加以抵制。在道理上和史实上作了有力针砭的是清乾嘉时代学者王鸣盛、钱大昕和赵翼，这三位考史名家总结了史学演进的经验教训，严肃批评专凭主观爱憎任情褒贬、舞文弄墨的流弊。王鸣盛《十七史商榷》卷九十三，专列有"欧法《春秋》"条目，说："欧（阳修）不但学《史记》，并往往自负法《春秋》。……愚谓欧公手笔诚高，学《春秋》却正是一病。《春秋》出圣人手，义例精深，后人去圣久远，莫能窥测，岂可妄效！且意主褒贬，将事实壹意删削，若非旧史复出，几叹无征。"钱大昕《廿二史考异》卷四十六"《宰相表》"条，也尖锐地批评欧阳修、朱熹误学《春秋》笔法以表示褒贬予夺，企图用一两字用词的不同寓含是非善恶的评判，结果是复杂多样的历史真相成为扑朔迷离的疑团，读史"几同于刑部之决狱矣"。赵翼《廿二史劄记》中也专门写有"《新唐书》本纪书法"条目，指出："欧公本纪则不免草率从事，不能为之讳也。""凡书伏诛者，以其有罪而正法也。玄宗讲武骊山，以仪注有失，斩唐绍，绍死后，玄宗追悔之，是其罪本不至死，而书'唐绍伏诛'。（原注：《旧书》，'唐绍斩于纛下'。）封常清与禄山战，败，奔陕郡，劝高仙芝速守潼关。仙芝至关，缮守备，贼至不得入，乃去。是二人皆无死罪也，而书'封常清、高仙芝伏诛'。（原注：《旧书》，'斩常清、仙芝于潼关'。）是不亦太刻乎！此数人皆书伏诛矣，宦官陈宏志弑宪宗，幸逃其罪，文宗始赐死于青泥驿。《新书》于《宪宗纪》既书'陈宏志反，帝暴崩'矣，又于《文宗纪·论》谓：'帝能诛宏志，亦足伸其志矣。'则青泥驿之赐死，自必应书伏诛，乃反书'杀陈宏志'，一似无罪而枉杀者，此更两失之也。"审视宋代以后史学的演变可以看出，孔子强调《春秋》笔法曾对后代史学确实产生了严重的负面影响。而另一方面，孔子又有告诫人们"毋意，毋必，毋固，毋我"一类富有朴素理性

1999 年增订本跋

精神的格言，此等都与"实录""直笔"精神相一致。后代具有通识的史学家根据对史学发展正反面经验的总结和时代所达到的新的认识高度，大大发扬了这种理性意识，他们已达到相当自觉地追求历史的真实性，因而对纠正任情褒贬、歪曲史实的有害倾向做出重要贡献。讨论孔子与中国史学传统之关系这一问题，在重点论述孔子对中国史学的积极贡献之后，还需要用一定的篇幅来分析孔子《春秋》书法造成的负面影响，这样对问题的阐发才较为全面，也有助于进一步理解孔子学说之具有多方面性，进一步理解中国史学的每一前进都是从曲折中走过来的。

此次增补的内容共有《司马迁在中国文化史上的崇高地位》《钱大昕治史的特色》《黄遵宪与儒学》三篇。原来的篇章只有一两处地方在文字上略作改动，其余内容则仍保持原貌。史学史研究的前辈杨翼骧教授题写了书名，为本书增添了光彩，谨致以衷心的谢忱！

末了，我还有一点感触：学术的繁荣不止要靠广大研究工作者的努力，还亟靠尽可能多的把振兴学术和为民族的文化积累做贡献视为己任的编辑同仁和出版社的大力支持；有时后者的支持帮助甚至更为重要，因为如果没有这种热心支持，学者的研究成果将无法问世，只能让书稿永藏箱底。基于此，我要向热心于发展学术的学苑出版社和责任编辑郭强同志表示最诚挚的谢意！

作　者
1999 年元旦
写于北师大丽泽 8 楼寓居

跋　语

读书治学之路崎岖曲折
却又充满欣喜格外充实
大学里种下梦想
研究生阶段幸遇名师指导
从此走进学术殿堂
深深庆幸自己赶上这伟大时代
沐浴着学术发展的大好春光
刻苦自励辛勤耕耘
三十几个寒暑
三百万字篇章
抒写我对祖国优良文化传统的挚爱
对新世纪学术灿烂前景的渴望

　　上面这段话，表达了我编完《史学萃编》全书后的真切感受。直至此刻，我的心中仍然洋溢着殷切的感激之情，因为这九种著作的相继撰成和全书汇集出版，论其根源都应得力于时代之赐！这也正如我在最近完成的《历史学新视野——展现民族文化非凡创造力》一书后记中所言："置身于这个伟大的时代，我才有真情、有毅力为深入发掘和理性对待祖国优秀传统文化而接连写出这些论著，并且充满乐观和深情地展望我们民族的未来。"

北京师范大学历史学院对本书的汇集出版给予了宝贵的大力支持。华夏出版社对全书出版予以热心帮助，责任编辑杜晓宇、董秀娟、王敏三位同志为编校工作付出很大心力。为这九本书稿做查核引文、校正错字、规范注释的工作甚为复杂繁重，幸赖各位教授、博士热心为我帮忙，细致工作，付出很大心力，他们是：晁天义、张峰、刘永祥、屈宁、焦杰、李玉君、张雷、施建雄、宋学勤、谢辉元。谨在此向以上单位和朋友郑重表示衷心的谢忱！夫人郭芳多年以来除尽力服务于其本职工作和照顾家庭之外，又为帮助我电脑录入、校对文稿等项付出辛勤的劳动，也在此向她深切致谢！

书中不当之处，诚恳地期望专家、读者惠予指正！

陈其泰

2017 年 8 月 12 日